남북의 가치·정서·문화 충돌과 포스트 통일 연구의 방향

통일인문학 연구총서 036

남북의 가치·정서·문화 충돌과 포스트 통일 연구의 방향

초판 인쇄 2022년 5월 10일
초판 발행 2022년 5월 15일

기획 건국대학교 통일인문학연구단
지은이 박민철, 박영균, 이병수, 김종군, 김종곤
박재인, 도지인, 전영선, 정진아
펴낸이 박찬익
펴낸곳 패러다임북 ❙ 주소 경기 하남시 조정대로45, 미사센텀비즈 F749호
전화 031) 792-1193, 1195 ❙ 홈페이지 www.pjbook.com
이메일 pijbook@naver.com ❙ 등록 2015년 2월 2일 제2020-000028호

ISBN 979-11-92292-04-5 93340

* 책값은 뒤표지에 있습니다.

* 이 책은 2019년 대한민국 교육부와 한국연구재단의 지원을 받아 제작되었습니다.
(NRF-2019S1A6A3A01102841)

036

통일인문학
연구총서

남북의 가치 · 정서 · 문화 충돌과 포스트 통일 연구의 방향

건국대학교
통일인문학연구단 기획

박민철 · 박영균 · 이병수 · 김종군
김종곤 · 박재인 · 도지인 · 전영선
정진아 지음

패러다임북

'포스트-통일 연구'의 의의와 방향: '사람의 통일'과 '코리언의 자기 이해'

지난 2009년 공식 출범한 건국대학교 통일인문학연구단은 '사람의 통일'이라는 모토하에 남북 주민들 사이에 있는 가치, 정서, 문화적인 분단을 극복하고 통일의 인문적 비전을 제시하고자 노력해 왔다. 특히, '사람의 통일'을 추구하는 통일인문학은 '북한학'이 아니라 '통일학'을 지향하며 통일의 인문적 비전 위에서 '소통·치유·통합의 패러다임'을 구축하고자 노력해 왔다. '분단 아비투스(habitus of division)', '분단 트라우마(trauma of division)', '민족공통성(national commonality)', '역사적 트라우마(historical trauma)', '치유(healing)'와 개념들은 이런 연구의 산물이기도 했다.

통일인문학연구단은 2010년 3월부터 2019년 7월까지 KCI 등재(후보)지 238편, 기타 국내외 학술지 15편, 저서 29권, 총서 32권 등의 연구 성과들을 냈을 뿐만 아니라 국내 및 국제 학술대회 총 70회, 사회적 확산 사업(시민대중 및 청소년, 전문가 강좌 등 연인원 총 326,419명) 총 1,160회를 개최했으며 『통일인문학』(등재지, 연 4회)과 S/N Korean Humanities(영문 학술지, 연 2회)를 발간하고 있다. 또한, 2014년 9월부터 대학원 '통일인문학과'에서 통일인문학을 전공한 석·박사들을 배출하고 있으며, 2019년 3월부터는 건국대학교 문과대학 연계 전공인 '통일인문교육'을 운영하고 있다.

이에 통일인문학연구단은 지난 2019년 9월 지난 10년을 총괄 마무리하고, 앞으로 7년 동안 "포스트 통일시대의 통일인문학과 통합적 코리아학"이라는 아젠다를 중심으로 하는 사업을 수행하기로 결정했다. '포스트 통일'의 '포스트(post)'는 '넘어서', '이후', '탈'이라는 뜻을 가진 말로, '포스트 통일'을 직역하면 '통일을 넘어서', '통일 이후'로 번역될 수 있다. 하지만 '포스트'는 단순히 시간적인 '이후'를 의미하지 않는다. 그것은 '넘어서'라는 의미도 담고 있다. 즉, 그것은 남북 간의 체제나 제도적인 국가 통합 차원의 통일을 넘어서 '남북 주민들 사이의 가치, 정서, 문화적인 통일'로 나아간다는 의미를 담고 있다.

일반적으로 사람들이 생각하는 통일은 '남북 두 국가 간의 통일'로 생각하는 경향이 있다. 그러나 독일 통일이 보여 주듯이 두 국가가 평화적으로 통일을 이룬다고 하더라도, 양쪽이 서로 합쳐 살게 되면 정작 두 주민들 사이의 가치·정서·문화적 차이로 인한 갈등과 충돌이 나타날 수 밖에 없다. 이런 점에서 통일의 진짜 문제는 바로 이와 같은 '사람들 사이에의 통합'이다. '포스트 통일'은 이런 문제의식을 화두로 삼아 내놓은 '개념'이다.

실제로, 통일인문학연구단은 이미 2015년 이미 4년 동안의 아젠다 수행 목표를 "'포스트-통일'과 인문적 통일 비전의 사회적 실천"으로 잡고 '포스트-통일'이라는 화두 아래 '사람의 통일'에 대한 의제를 본격화했었다. 하지만 이 당시의 연구는 주로 거시적인 이론적 차원에 머물렀으며 가치, 정서, 생활문화에 대한 구체적이고 미시적인 차원에서의 연구로까지 나아가지는 못했다. 이에 통일인문학연구단은 2019년 9월, 남북의 국가 공식 담론 및 생활세계에서 나타나는 가치, 정서, 문화 등의 차이들을 연구함으로써 통일 이후 발생할 수 있는 사람들의 충돌을 예측하고 이를 해결할 수 있는 대안들을 연구하는 '포스트 통일 연구'를 본격화하기로 한 것이다.

아울러 통일인문학연구단은 향후 7년 연구 중 1단계 목표를 "통일을 대비한 코리언의 가치, 정서, 생활문화 충돌 예측"으로, 2단계 목표를 "코리언의 자기 이해와 통합적 코리아학의 구축"으로 나누었으며, 1단계를 현재 주어진 가치, 정서, 문화의 차이를 분석하고 충돌 가능성을 예측하는 '현재 진단적 연구'로, 2단계를 통일의 인문적 비전을 만들어 가는 '미래 기획적 연구'로 규정했을 뿐만 아니라 우선적으로 1단계 연구의 연차별 목표를 확정했다. 각 연차별 목표는 다음과 같다.

1단계 1년차의 과제는 "국가담론에서의 남북 가치-정서-문화 비교 연구"이다. 세 팀은 각각 '남북의 국가담론에서 가치관 비교 연구'(사상·학술), '자본주의 & 사회주의 국가담론을 통해 본 남북 일상(everyday life)의 충돌 예측'(정서·치유), '국가담론에서의 남북 생활문화 비교 연구'(생활·콘텐츠) 등을 목표로 삼고 연구를 진행할 것이다. 1년차 연구의 특징은 세 팀 모두 '국가담론의 층위'를 분석의 대상으로 한다는 점에서 공통적이지만, 이를 분석하는 내용은 각기 가치, 정서, 문화 등으로 나뉜다.

1단계 2년차의 과제는 "생활세계에서의 남북 가치-정서-문화 비교 연구"이다. 2년차 연구 과제를 달성하기 위해 세 팀은 각각 '남북의 생활세계에서 가치관 비교연구'(사상·학술), '분단체제와 일상 간의 어긋남과 접속 예측'(정서·치유), '생활세계에서의 남북 생활문화 비교 연구'(생활·콘텐츠) 등의 연구를 진행할 것이다. 2년차 연구의 특징은 세 팀 모두가 '생활세계'를 분석의 대상으로 삼아 연구를 진행하며 그 분석 내용은 각기 가치관, 일상, 생활문화로 나누어진다.

1단계 3년차의 과제는 "통일 이후, 사회적 충돌 양상에 대한 예측적 대안 연구"이다. 3년차 연구 과제를 달성하기 위해 세 팀은 '통일 이후, 가치 충돌 양상에 대한 예측적 대안 연구'(사상·학술), '코리언의 정서적 유대와 연대의 사회 공동체 형성 방안'(정서·치유), '통일 이후, 문화 충돌 양상에 대한 예측적 대안 연구'(생활·콘텐츠) 등에 관한 연구를 진행할 것이다. 3년차 연구의 특징은 1~2년차에 팀별로 연구한 '국가담론'과 '생활세계'에서의 차이를 통해서 통일 이후 발생할 사회문화적 갈등을 예측하고 이에 대한 대안을 제시한다는 점이다.

하지만 아무리 좋은 이념이라고 할지라도 자신의 뿌리가 없는 것들은 낯설고 어색할 수밖에 없다. '포스트 통일', 오랫동안 분단된 채 살아온 사람들이 함께 더불어 살아가는 것은 서로의 분열을 극복하는 과정일 뿐만 아니라 서로의 차이들을 나눔으로써 코리언의 자기 정체성을 새롭게 만들어 가는 과정이기도 하다. 따라서 남북, 코리언 디아스포라의 역사 속에서 이루어진 코리언의 자기 이해라는 역사적이고 문화적인 자산 속에서 통일의 인문적 비전을 찾아내야 한다. 이를 위해서 '코리언의 자기 이해'를 연구할 필요가 있다.

통일인문학연구단은 앞으로 3년차 연구가 종료되면 "교과서를 통해 본 코리언의 자기 이해", "사상사-문학사-근현대사 서술에 나타난 코리언의 자기 이해", "남남 갈등 해결을 위한 소통·치유·통합 방안 연구", "인문적 이념의 구현으로서 통일과 통합적 코리아학의 비전" 등과 같은 연구 주제들을 통해 통일을 만들어 가는 인문적 가치를 우리의 역사 속에서 찾아내고 이를 통해 통합적 코리아학의 비전을 제시하는 연구를 본격화할 것이다. 따라서 이렇게 코리언의 자기 이해를 찾아가는 과정은 그 자체로 '한국학'과 '조선학'이라는 반쪽짜리 코리아학을 넘어서서 '통합적 코리아학'을 만들어 가는 발걸음이 될 것이다.

하지만 "'포스트-통일'과 인문적 통일 비전의 사회적 실천"이라는 아젠다는 이전 연구와 별개의 연구가 아니며 지난 연구의 계승이자 이전 연구 성과에 기초한 확장이자 구체화이기도 하다. 첫째, 향후 7년 연구에서의 1단계 연구 목표로 삼고 있는 "포스트 통일시대의 통일인문학"은 위의 문제의식을 본격화하는 것이다. '포스트 통일'은 통일을 전제하고 통일 이후 시대를 다룬다는 것을 의미하지 않는다. 여기서 '포스트'는 단순한 제도-체제 통합을 벗어나 그것을 넘어서는 사람의 통일을 지금부터 연구하여 이를 실천한다는 것을 의미한다. 따라서 이 연구는 이전의 제도-체제 연구를 넘어서 일상생활의 미시적 삶으로 '통일 연구'를 구체화한다는 것을 의미한다.

둘째, 북한학과 달리 통일학은 남북의 분단을 극복하고 건설하는 통일국가의 가치와 이념 및 학문을 다루는 것이다. 이제까지 통일 연구는 북한 지역을 연구하는 것, 즉 북한학과 같은 지역학으로 간주되는 경향이 있었다. 하지만 이것은 통일학이라고 할 수 없다. 통일학은 남과 북을 넘어서 양자를 포괄하는 학문이 되어야 한다. 따라서 향후 7년 동안 진행되는 연구에서 제기하는 2단계 목표 "통일인문학과 통합적 코리아학"은 통일학으로서 한국학에 관한 연구가 시작되었음을 의미한다.

지난 10년을 돌이켜 보면 통일인문학연구단이 이토록 성공적인 연구를 수행할 수 있었던 것에 대한 뿌듯함도 있지만 감사함도 있다. 통일인문학연구단의 풍부한 연구 성과 및 사회 실천적 프로그램들의 개발이라는 성공의 배경에는 분단 극복의 실천적 의지에 이끌려 같이 연구를 했던 동학들과 연구원들뿐만 아니라 건국대학교의 여러 동료 교수들을 비롯하여 우리와 함께 한 국내외 연구소의 연구자들 사이의 협력과 도움이 있었기 때문이다. 통일인문학연구단의 2주기 사업의 진전도 이런 협력과 도움 없이 가능하지 않을 것이다. 지난 10년이 그랬듯이 언제나 좋은 동료, 선배이자 때로는 가르침을 주는 스승이고, 배우는 제자가 되어 가는 관계 속에 함께하는 자리가 되었으면 하는 바람을 전함으로써 새롭게 시작하는 부담과 벅참, 설렘의 감정을 대신하고자 한다.

사람의 통일, 인문정신을 통한 통일을 지향하며
건국대학교 통일인문학연구단장 김성민

남북의 사회문화적 통합을 위한 세 번째 연구성과

남북은 서로 다른 체제와 제도 및 가치를 지향하면서 경쟁을 벌여온 분단국가이다. 남북은 분단이라는 특수한 지형 위에서 각각 자본주의와 사회주의라는 상이한 체제를 국가 정체성의 한 축으로 삼고 그에 걸맞는 생활방식과 인식체계를 각각의 주민들에게 요구하면서 가치와 정서, 생활문화 면에서 상당한 차이를 형성해왔다. 더욱이 두 분단국가는 체제경쟁을 벌이면서 서로 다른 가치와 생활문화들을 민족적인 대표성을 지닌 것으로 내세워왔다. 따라서 이와 같은 가치지향성과 행동 양식의 차이는 남북 구성원들의 상호 충돌과 갈등으로 나타날 수밖에 없다. 일을 통해서 마음의 장벽을 허무는 과제는 단순히 체제 중심의 통일 논리로만 해결할 수 없다. 여기에 통일인문학 연구의 중요성이 있다. 통일을 인문학적으로 다룬다는 것은 통일을 체제나 제도의 통합과 같은 방식으로 다루는 사회과학적인 연구방법을 벗어나 남북 두 주민들 사이의 가치, 정서, 생활문화적인 갈등의 해결과 통합의 문제를 다룬다는 것을 의미한다.

건국대 통일인문학 연구단은 "통일은 단순히 체제의 통일만이 아니라 남북 주민이 하나의 공동체를 이루며 살아가는 '사람의 통일'"이라는 대명제 아래 사회문화적 통합을 위한 남북비교연구를 1단계 3년 차에 걸쳐 수행했다. 이는 남북의 국가공식 담론 및 생활세계에서 나타나는 가치, 정서, 문화 등의 차이에 대한 연구를 본격화함으로써 통일 이후 발생할 수 있는 충돌을 예측하고 대안적 통합 방안을 모색한 연구라고 할 수 있다. 우선 1-2년 차에서는 '국가담론'과 '생활세계'에서 남북의 비교연구를 수행했다. 1, 2년 차 연구를 통해서 국가담론 차원에서, 생활세계 차원에서 남북의 가치, 정서, 문화의 양상이 어떻게 다르면서도 갈등 소지가 있는지 확인한 연구였다. 1년 차 연구총서는 『국가 담론을 통해 본 남북의 가치·정서·문화 연구』로, 2년 차 연구총서는 『생활세계를 통해 본 남북의 가치·정서·문화 연구』로 이미 출간되었다. 이번에 출간된 3년 차 연구총서(『남북의 가치·정서·문화 충돌과 포스트 통일 연구의 방향』)는 1-2년 차의 '국가담론'과 '생활세계'의 남북 비교연구를 바탕으로 통일 이후 발생할 사회문화적 충돌양상을 예측하고 이에 대한 대안을 제시하는 내용을 담고 있다. 3년 차 연구총서는 제1부 〈통일 이후, 가치 충돌 양상에 대한 예측적 대안 연구〉, 제2부 〈코리언의 정서적 유대와 사회공동체 형성 방안〉, 제3부 〈조화로운 코리아: 코리언의 생활문화 충돌예측과 상생〉으로 구성되어 있다.

제1부 〈통일 이후, 가치 충돌 양상에 대한 예측적 대안 연구〉는 3편의 논문을 싣고 있다. 첫 번째 글, "남북의 가치충돌 양상에 대한 예측적 연구 1: 혈연공동체"(박민철)는 남북의 가치충돌 가능성을 전망하고 그것을 구성하는 세부내용과 극복 대안 등을 미리 예측하는 데 목적을 두고 있다. 특히 그러한 가치충돌을 명확하게 인식하기 위한 하나의 방법론적 영역으로서 '혈연공동체'라는 범주를 설명하고 그 범주에서 드러나는 가치관과 그 변화양상을 추적하고 있다. 결론적으로 이 글은 '부부관계'의 차원에서는 '자본주의적 부부관'에 대한 남북의 갈등, 그리고 남북과 탈북

부부 사이에서의 젠더갈등의 가능성이 더욱 커질 것이며, '부모-자녀관계'에서는 자본주의적 생활양식에 대한 비판과 가족주의의 양가성이 나타나고 있음을 확인하고 있다. 또한 '친족관계'에서는 자본주의 적응을 둘러싼 현실적인 어려움을 같이 헤쳐나가는 혈연적 연대의 대상으로 친족이 환기되는 한편, 이를 통해 한국의 친족관과 충돌 가능성이 확대되고 있음을 확인하고 있다.

제1부의 두 번째 글, "남북의 가치충돌 양상에 대한 예측적 연구 2: 사회공동체"(박영균)는 가치관 중에서도 사회공동체라는 범주 아래에 사제관, 우정관, 직업관을 다루고 있다. 이 글에 따르면 남쪽 사람들은 일반적으로 체제통합 이후, 북의 우상화나 체제 이데올로기가 가장 큰 충돌을 유발할 것으로 생각하지만 정작 탈북자들은 우상화나 체제 이데올로기를 쉽게 포기하고 남쪽의 생활에 적응했다. 또한, 남북 가치관의 충돌은 개인주의 대 집단주의의 대립이 아니라 자족적 도시 생활을 하는 북쪽의 삶의 양식과 극한 경쟁 속에서 성과 중심으로 이루어지는 남쪽 삶의 양식이 서로 충돌하는 것이었다. 그러므로 이 글은 주목해야 할 갈등 지점이 탈북자에 대한 편견 또는 남쪽의 일방적 가치평가라고 주장한다. 남쪽 사람에 의한 북쪽 사람의 오리엔탈리즘적 타자화와 남쪽의 능력주의적 혐오 문화가 앞으로 가치충돌을 일으키는 가장 큰 요인이 될 것이므로 세계 시민성에 기초하여 북쪽 사람들의 문화와 삶의 방식, 가치들을 배우고 소통하려는 자세를 길러야 한다고 결론짓고 있다.

세 번째 글, "남북합의문의 의의와 남북 가치충돌 해소 방향 "(이병수)은 종래의 남북합의문에 함축된 핵심적 '가치'를 탐색함으로써 남북관계의 긍정적 진전을 위한 토대를 가시화하는 데 초점을 두고 있다. 남북합의문이 중요한 이유는 체제 우선적인 일방적 통일방안보다 남북이 합의한 것인 만큼, 미래의 한반도 통일을 사유하는 데 매우 유용한 지침을 담고 있기 때문이다. 남북합의문이 지닌 중대한 의의에도 불구하고 다양한 국내외적 요인의 영향력으로 그 합의 내용의 실행이 어려웠다. 하지만 이 같은 불이행은 남북합의문이 지닌 가능성 자체를 무효화하는 것은 아니다. 통일을 향한 도정에서 준거로 삼아야 할 가치들이 내포되어 있기 때문이다. 상호체제 인정을 통한 민족적 화해와 연대의 가치는 통일의 큰 방향을 보여주는 가치다. 그리고 자주와 평화는 이런 큰 방향을 달성하기 위해 남북이 합의한 핵심적 두 가치다.

제2부 〈코리언의 정서적 유대와 사회공동체 형성 방안〉 역시 세 편의 논문을 싣고 있다. 2부의 첫 번째 글 "코리언의 제사문화 속 본향의식을 통한 정서공동체 형성 방안"(김종군)은 코리언의 정서공동체 형성 방안을 남과 북, 동북아지역의 코리언 디아스포라의 제사문화에 드러나는 본향의식을 통해 제시하고 있다. 남과 북의 주민들과 달리 재중조선족이나 고려인, 재일조선인들은 이동권이 제약되고, 거주국 문화와 자기 민족문화가 충돌하는 가운데 문화향유권을 제약받는 열악한 상황 속에서, 제사를 본향의식의 발현 기제로 고수하고 있다. 이들에게 제사는 조상 추모라는 제사의 본질보다도 자신의 뿌리를 더듬어 확인하는 위안의 장치로써 위상을 갖는다. 이주 과정에서 제사문화가 변형되었지만, 그 가운데 코리언임을 드러내는 요소들을 문화코드화하여 굳건하게 전승하고 있다. 이 글은 이 점에 주목함으로써 코리언 정서공동체 형성이 가능할 것으로 예측하고 있다. 아울러 남북이 그들에게 한으로 자리 잡은 본향의식을 행복한 그리움으로 변화시킬 의무가 있음을 강조한다.

두 번째 글, "통일 이후 과거청산을 위한 '듣기의 윤리'"(김종곤)는 통일 이후 전시 학살의 기억이 서로 다른 남북이 과거청산을 하고자 할 때 상호 지향해야 하는 바를 논의하는 데에 그 목적이 있다. 이 글이 문제 삼는 것은 가해자를 밝혀내는 데에만 집중하면서 생존피해자의 증언을 사법적이고 실증주의적으로 다루는 듣기의 방식이다. 가해자 규명이 과거청산의 필수적인 과정이지만, '가해자 가려내기'에 과도하게 집중하여 증언을 듣는 방식은 생존피해자가 '고백'하는 고통의 소리에 둔감하게 만든다는 한계를 낳는다. 그런 이유로 이 글은 1950년 북의 신천학살사건을 하나의 사례로 살펴보면서 생존피해자가 배제되지 않는 증인과 청중 간의 정동적 관계맺음을 '듣기의 윤리'로 제시한다. 또 그러한 윤리에 기초할 때 비로소 생존피해자의 비언어적인 '발화'(고통의 고백)에 청중이 실천적으로 '응답'하는 앙가주망이 가능해질 수 있음을 논의한다. 마지막으로 이 글은 증인과 청중 간의 발화-응답의 관계 맺음이 '집단기억'을 형성하는 데 바탕이 될 때 생존피해자의 회복과 권리 보장을 위한 사회적 지지를 확대·강화할 수 있는 정치문화의 형성이 가능하다고 주장한다.

세 번째 글, "남북 이산가족 문제에 대한 코리언의 문학적 상상력과 치유의 길"(박재인)는 남북 이산가족 문제를 코리언의 문학들을 통해 살펴보고 있다. 이들 문학작품에는 이산가족의 아픔뿐만 아니라, '상봉'으로 확인되는 차가운 현실을 묘사하면서도 그 치유를 위한 사유의 지평들이 담겨져 있음을 확인하고 있다. 그리고 코리언들의 문학적 상상력에는 현실 비판에서 나아가 치유의 길도 제시하고 있음을 보여주고 있다. 북녘과 조선족의 문학에서는 탈이데올로기적 통일의 길과 얼굴을 마주한 소통의 필요성을 상상하고 있으며, 남녘의 문학에서는 나에게도 결핍되었던 무언가를 상대를 통해 확인하면서 형성되는 연대의식과 인간적인 이해, 친밀성 등을 그려내고 있다고 주장한다. 이를 통해 분단의 장벽이 허물어지는 과정을 치유의 길로 제시한다. 왜냐하면 이러한 사항들은 통일한반도에서 '가족적 연대 문화'가 새로운 공동체의식으로 자리 잡을 수 있는 가능성을 확인할 수 있기 때문이다.

제3부 〈조화로운 코리아: 코리언의 생활문화 충돌예측과 상생〉 역시

총 세 편의 논문을 싣고 있다. 첫 번째 글, "북한의 "남녀평등"과 한국의 "여권신장" 비교"(도지인)는 남과 북에서 체제 수립기인 1950년대 중반부터 1960년대를 중심으로 수립된 "남녀평등"과 "여권신장"의 기원, 특징, 결과를 비교함으로써 젠더평등의 발전요인과 제약요인을 검토하고 있다. 북에서는 조기에 남녀평등권법령이 발포되었음에도 불구하고 "사회주의적 남존녀비"가 존속되고 여성의 사회적 지위 향상이 수반되지 않았다. 남의 경우, 여성 활동가와 운동가들의 활약으로 인해 "여권신장"이 아래로부터 추동되었지만, 해방 전부터 지배적이었던 현모양처 이상형이 경제사회적 발전에도 불구하고 존속되었다. 북한과 한국에서 공통적으로 체제 공고화 시기 경제발전의 경로가 가부장제를 완화하기보다는 변형된 형태로 유지 강화하는 방식으로 전개되었다는 것이다. 결국 체제의 차이를 막론하고 남북국의 젠더문화와 질서는 탈가부장제에 있어서 한계를 보였다는 것이 이 글의 결론이다.

두 번째 글, "남북의 식생활 전통 인식과 보호 정책"(전영선)은 남북의 식생활 문화 전통 인식과 보호 정책을 비교하여 통일 과정에서 발생할 수 있는 충돌을 예측하고 통합의 방향을 제시하는 데 목적이 있다. 김정은 체제가 시작된 2012년 이후 비물질유산을 발굴하였는데, 비물질유산 중에서 식생활 문화가 다수 포함되어 있다. 북한이 국가비물질문화유산으로 지정한 음식문화는 크게 네 가지이다. 첫째, 전국적인 분포를 가진 일상음식이다. 둘째, 명절과 관련한 절기음식이다. 셋째, 전통주 유산이다. 넷째, 지역 음식이다. 북한은 식생활 문화를 발굴하기 위해 각종 요리경연대회를 개최하여 식생활 문화 진흥을 꾀하고 있다. 이 글에 따르면 남과 북의 전통식생활 문화유산에 대한 가치 평가와 산업화 정책은 상당히 비슷하지만 계승하고 보존하고자 하는 식생활의 구체적인 대상에서는 차이가 있다. 따라서 남북 교류 과정에서 식생활문화를 비롯한 생활 문화에 대한 적극적인 정보 교류, 공동조사, 학술교류와 소통을 위한 인적·물적 인프라 구축이 필요함을 결론적으로 강조하고 있다.

세 번째 글, "남북의 농업협동화 경험과 통일농업의 미래: 남의 협업농장과 북의 협동농장을 중심으로"(정진아)는 통일이 어느 한 시점의 사건이 아니라 과정이라면, 지금부터 남북이 가진 농업협동화의 경험을 바탕으로 통일농업의 미래를 만들어나가야 한다고 주장한다. 남의 협업농장과 북의 협동농장은 분산적이고, 비계획적이며 영세한 농업의 문제점을 극복하고 계획적인 공동생산, 농기계의 공동이용, 농산물 공동판매, 공동분배 등 협동적 영농을 통해 대농 경영의 유리성을 추구하고자 한 농업협동화 모델이다. 체제운영의 근본적 차이에도 불구하고 남의 협업농장과 북의 협동농장은 생산과 분배 운영방식에 있어서 친연성을 가지고 있다는 것이다. 따라서 이 글은 남북의 교류협력과 통일이 상생과 공존의 길을 함께 찾아가는 과정이라고 할 때, 남의 협업농장과 북의 협동농장 경험을 활용한 통일 농업의 미래를 적극적으로 탐색할 필요가 있음을 강조한다. 이는 곧 화해협력과 남북연합의 농업모델을 만들어가는 과정이기 때문이다.

남북 사회문화적 통합에 대한 관심이 고조되고 있지만, 여전히 남쪽 중심주의를 벗어나지 못하고 있다. 이를 잘 보여주는 것이 북을 통일의 파트너가 아니라 지역학적 대상으로 간주하는 연구풍토라 할 수 있다. 그러나 통일학은 남과 북을 넘어서 양자를 포괄하는 학문이 되어야 한다. 본 연구단이 지난 3년 동안 수행한 남북의 비교연구는 남북의 가치·정서·생활문화의 차이를 있는 그대로 밝히고 이에 기초한 충돌 예방 및 사회통합방안을 연구한다는 점에서, '한국학'과 '조선학'이라는 반쪽 코리아학을 넘어서는 통일학적 지향을 지닌다. 앞으로 수행될 2단계 4년의 연구는 이러한 1단계 연구지향을 분단체제 하 지성사, 문학사, 역사학으로 확대함으로써 명실공히 통일학으로서의 한국학 즉 통합적 코리아학 수립을 목표로 진행될 것이다. 남북을 사회문화적 층위에서 비교분석하는 연구는 그 영역의 광범위성 때문에 3년간의 연구로 충족되었다고 볼 수 없으며, 앞으로 계속되어야 연구과제다. 그러나 9명의 연구단 인력들이 3년 동안 하나의 연구과제를 중심에 놓고 집단적으로 공동연구를 수행한 것은 의의가 깊다고 자평하고 싶다. 전공의 다양성에도 불구하고 3년에 걸쳐 유기적 통일성을 지닌 3권의 책을 내놓을 수 있었던 성과는 오로지 연구단 선생님들의 몫이다. 연구단 선생님들의 그동안 노고에 깊은 감사를 드린다.

건국대 통일인문학연구단 학술연구부장 이병수

| 차례 |

제1부

통일 이후,
가치 충돌 양상에 대한
예측적 대안 연구

남북의 가치충돌 양상에 대한 예측적 연구 1
: 혈연공동체

박민철

1. 남북의 가치충돌, 그 예비적 탐색의 의의

적대적이었던 두 사회의 진정한 통합은 그 사회의 서로 다른 삶에 주목하는 객관적인 이해로부터 출발한다. 특히 내전과 그것이 남긴 적대적 관계를 오랫동안 유지하고 있는 오늘날 한반도에서 이는 필수이다. 하지만 이와 같은 이해로 가기 위한 길은 여전히 멀기만 한 것처럼 보인다. 다른 무엇보다 분단체제를 유지하는 적대성 및 그러한 적대성에서 출발하거나 기생하는 몇 몇의 굴절된 시선들이 남북의 진정한 통합을 가로막고 있기 때문이다. 이런 상황에서 남북 분단극복과 통합이 순조롭지 않을 것이며, 아마도 가장 큰 걸림돌은 남북 각각에서 만들어 온 가치체계가 될 것이라는 전망은 충분한 설득력을 갖는다. 이미 남북의 가치충돌은 '예상'이 아니라 지금 우리 사회가 직면하고 응답해야만 하는 '현실'에 가깝다. 예를 들어 현재 우리가 목격하고 있는 '먼저 온 미래', '먼저 온 통일'

로서 북한이탈주민의 생생한 증언은 향후 발생할 남북의 가치충돌을 예시한다. 과반수가 넘는 북의 인민들이 남북통합은 어렵지 않을 것이라고 답변한 실증조사에서도 생활풍습·역사인식·언어사용보다 가치관의 차이는 크다는 결과[1]가 보고되고 있는 것처럼, 70년의 분단체제와 함께 남북에 내재화된 사회문화적·상징적·심리적 가치체계의 차이는 매우 중요하게 작동할 것이다.

이렇듯 남북 가치체계에 대한 상호 이해의 부족이 향후 커다란 문제로 확대될 것이라는 전망은 진리에 가깝다. 하지만 남북의 서로 다른 가치체계와 그 충돌양상을 대표해온 '자본주의 대 공산주의', '개인주의 대 집단주의', '물질주의 대 정신주의'와 같은 단순구분은 남북의 진정한 통합에 있어서 추상적인 대응 내지 기계적 중립만을 준비하게 만들었다. 나아가 남북의 가치충돌을 결국 자본주의에 순응하게 될 사회주의적 가치의 필수적인 적응과정으로 접근하는 방식 역시도 가치충돌이 불러올 폐해와 부작용에 대해 소극적으로 대응하게 만들었을 뿐이다. 남북의 가치충돌의 가능성을 냉철하게 전망하고 그 세부내용과 대안 등을 미리 예측하는 것은 여전히 요원하기만 하다. 물론 최근 '북'을 대상으로 한 연구들에서는 북 사회구성원들의 내밀한 생각과 감정, 신념과 지향에 대한 파악의 중요성이 반복적으로 지적되면서 기존의 한계들을 극복하려는 시도들이 활성화되고 있다.

이를테면 사회주의 국가담론과 구별되는 인민들의 일상적인 생활영역

---

1 강동완·박정란, 『사람과 사람: 김정은 시대 '북조선 인민'을 만나다』, 너나드리, 2016, 105~106쪽. 그리고 180~182쪽. 이 책은 단기 체류를 목적으로 공식적인 국가승인을 통해 현재 중국에서 머물고 있는 북 인민 100명을 조사한 결과이다. 이 연구 중 "통일이 되면 남북 주민들은 잘 어울려 지낼 수 있을까?"라는 질문에 대해 과반수가 넘는 56명이 '매우 잘 어울려 지낼 것이다'를 선택했다('그럭저럭 어울려 지낼 것이다.' 14명). 하지만 가치관의 차이에 있어서는 '많이 있다' 65명, '다소 있다' 17명('별로 없다' 11명, '전혀 없다' 4명)으로 차이가 있다는 비율이 압도적으로 많았다.

을 드러냄으로써 현실 정치로부터 비켜나간 인민들의 생생한 생각, 거기에 담긴 욕구과 감정들, 변화되는 가치지향들을 본격적으로 살펴야 한다는 의견 등이 힘을 얻고 있다.[2] 뿐만 아니라 그동안 북한연구는 주로 북한사회와 북한주민에 대한 연구이지 그 사회의 내적 삶에 대한 연구가 아니었으며 더욱이 그것이 남한사회를 이해하는 거울로서 작동하는 연구가 되지 못했다는 지적[3]도 강한 호응을 얻고 있다. 북에 대한 객관적 평가 이전부터 오랫동안 체화된 왜곡된 인식과 이데올로기의 개입이 북 사회와 그 구성원들에 대한 올바른 이해를 가로막았던 것을 고려한다면, 이러한 반성적 평가들은 매우 타당하다. 그럼에도 불구하고 더욱 중요한 것은 특정 사회를 이해하는 데 있어서 그 사회와 질서를 창조해 온 공동체적 규범과 가치체계에 대한 객관적인 인식이 선행되어야 한다는 점이다.

그런데 이와 같은 접근도 북의 가치체계에 대한 단순 인식에만 그친다고 한다면 반쪽짜리 연구에 불과할 뿐이다. 즉 북의 가치체계에 대한 분석은 '통일 이후'를 선제적으로 문제화, 초점화하는 연구주제로 고양시켜 접근할 필요가 있다. 구체적으로 그것은 강고하게 유지되어 왔던 남북의 상이한 가치체계가 남북통합이라는 과정에 접어들면서 발생하는 가치충돌에 대한 예측이다. 이는 다양한 위상과 범주에서 발생할 수 있는 가치

---

2 북의 일상생활세계 연구는 사회구성원의 평범한 내면을 엿볼 수 있다는 점에서 활발하게 연구가 진행되어 왔다. 특히 '거시와 미시의 종합', '지배질서의 저항과 순응'과 같은 방향을 설정할 수 있다는 점에서 '북'이란 폐쇄사회를 해석하는 주요한 관점으로 관심을 받았다. 박순성·고유환·홍민, 「북한 일상생활연구의 방법론적 모색」, 박순성·홍민 엮음, 『북한의 일상생활세계: 외침과 속삭임』, 한울, 2010, 189~199쪽. 사적영역과 담론, 일상성과 생활세계 등에 주목한 이러한 흐름에 최근 '혼종성'이라는 관점을 도입한 연구도 추가되고 있다. 이러한 방법론 역시 이분법적 시각을 넘어 그 모순적 공존양상을 추적한다는 데 목적을 둔다. 고유환 외, 『북한의 사회변동과 혼종성 1: '주체사회'의 모호한 경계들』, 한울아카데미, 2021. 이 논문 역시 그러한 방법론들로부터 많은 시사점을 얻었다.

3 박경숙, 『북한사회와 굴절된 근대: 인구, 국가, 주민의 삶』, 서울대학교출판문화원, 2014, 1쪽.

충돌의 양상들을 예비적으로 전망하는 것이기도 하다. 그럼에도 불구하고 현재 북 가치관 연구는 그 가치관이 사회주의 고유의 집단주의, 국가주의적 사고방식을 강하게 보유한다는 도식적 정의로부터 벗어나지 못하고 있다. 북의 가치관이 향후 '시장경제와 민주주의 체제 적응에 걸림돌이 될 것'[4]이라는 맥락의 주장은 남북의 가치충돌 및 그 극복을 위한 어떠한 실천적 지침도 제공해주지 못한다.

북에서 강조된 '사회주의 강성대국 건설'과 같은 표어는 인민들의 혁명적 의무감을 증폭시키는 대신 개별 주체의 욕망을 통제하는 것을 전제로 한다. 국가주의적 가치와 발전주의적 자본주의를 강조하면서 주체들의 욕망을 통제해온 남쪽의 역사 역시 이와 크게 다르지 않았다. 하지만 북의 가치체계가 앞으로 "개인과 집단의 관계에서 집단과 유리된 개인의 독립성을 추구하게 될 것이고 따라서 개인적 존재에 몰두하게 되는 '인간적 자아'의 출현"[5]있을 것과 같은 주장은 북에 대한 남의 비교우위적 시선을 전제로 하고 있다. 이처럼 기존에 수행된 북한이탈주민의 가치관 연구들이 이른바 '남한사람화'와 같은 일방적응의 기준을 통해 수행되었음을 부인하기 힘들다. 하지만 단적으로 집단이건 개인이건 주체성은 존재해왔으며 개인들은 국가와 사회 등 다양한 공동체와의 상호작용을 통해 자발적이고 능동적으로 자신들의 가치체계를 만들어가고 있음에 주목해야 한다. 즉 앞으로 남북 관계에서 기존 가치관의 변용과 해체, 전승과 유지 등으로 전개되는 가치충돌 양상이 존재할 것이라는 사실은 필연적이다.

본 논문은 바로 여기서부터 출발한다. 구체적으로 본 논문은 우선 사회

---

4 이정민, 「광복 70년에 생각하는 분단 70년-북한이탈주민을 통해 본 남북한 가치관의 차이」, 『지식의 지평』 19, 대우재단, 2015, 3쪽.

5 함택영·구갑우, 「북한의 공(公)과 사(私): 이론화를 위한 비교」, 『현대북한연구』 11-2, 북한대학원대학교, 2008, 126쪽.

공동체, 민족공동체와 대비되는 북 혈연공동체 차원의 부부관·부모-자녀관·친족관의 가치체계를 구체적으로 파악할 것이다. 나아가 그러한 가치체계가 남쪽으로의 이주 이후 어떠한 충돌을 일으켰는지를 살펴봄으로써 향후 남북의 가치충돌 양상에 대한 예측적 탐색을 진행할 것이다. 이를 위해 본 논문은 국내에 정착한 북한이탈주민들 중 '의도적 표집(purposive sampling)' 방식을 통해 면접대상자를 '집단으로 선별(focusing group)'하였으며, 이렇게 선별된 면접대상자들에게 '반구조화된 심층면접(Semi-structured Interview)'을 진행하였다. 이러한 방법은 곧 '초점집단면접(Focusing Group Interview: 'FGI')'이었다.[6]

본 연구가 수행한 FGI의 개요는 다음과 같다. 우선 표본선정에 있어서 유의미한 분석을 가능하게 하는 변수요인들을 설정하고, 이에 따라 '부부관'에서는 '기혼'을, '부모관'에 있어서는 '부모'와 '자녀'라는 요인을, '친족관'에서는 도시와 농촌의 거주 및 세대라는 요인을 기준점으로 삼았다. 모든 인터뷰는 기관생명윤리위원회(Institutional Review Board: 'IRB') 승인을 받은 질문으로 2018년 9월 8일부터 2019년 3월 30일까지 총 9회(각 관계별로 3회씩 수행)로 이루어졌다. 인터뷰 시작 전 IRB의 지침에 따라 연구윤리와 관련된 모든 내용을 상세하게 설명하고 동의를 구했다. 면접시간은 토론의 집중을 위해 3시간 내로 국한하였다. 면접이 진행된 2018-2019년을 기준으로 면접참여자의 기본정보는 아래와 같다.

---

6 북한이탈주민을 대상으로 한 면접조사는 대체로 자료의 신뢰성과 타당성이 지적된다. 최봉대, 「탈북자 면접조사 방법」, 경남대학교 북한대학원대학교 엮음, 『북한 연구방법론』, 도서출판 한울, 2003, 329~334쪽. 본 연구의 FGI는 이러한 한계를 극복하기 위해 선택된 방법론이다. FGI의 장점 등에 대해서는 박민철·도지인, 「FGI 방법을 활용한 북한이탈주민의 가치관 연구: 그 필요성과 방법 및 의의를 중심으로」, 『통일인문학』 79, 건국대학교 인문학연구원, 2019, 20~22쪽을 참고. 그리고 북한이탈주민의 '부부관', '부모-자녀관', '친족관'의 내용에 대해서는 박민철, 「북의 생활세계에 나타난 가치관의 균열과 변화양상 연구 1: 혈연공동체」, 『통일인문학』 87, 건국대학교 인문학연구원, 2021, 6~10쪽을 참고.

〈표 1〉 면접참여자 기본정보

회차	가치관	이름	나이	성별	탈북 시기	입국 시기	탈북 전 직업	현재 직업	결혼 년도	배우자	자녀	북에서의 거주지
집단 1	부부관	박○순	53	여	2017	2018	주부	주부	1989	○	○	양강도
		이○정	50	여	2007	2016	주부	주부	1991	○	○	함경북도
		오○경	30	여	2008	2009	직장인	간호사	2018	○		함경북도
		한○정	25	여	2012	2013	학생	대학생	2018	○		함경북도
집단 2		김○국	67	남	1999	2000	직장인	무직	1981	○	○	함경북도
		김○성	44	남	2005	2006	군인	회사원	2009	○	○	평안남도
		이○명	33	남	2000	2008	학생	회사원	2013	○	○	함경북도
		윤○수	46	남	2005	2007	직장인	회사원	2001	○	○	함경북도
		전○복	62	남	2008	2009	직장인	무직	1990	○	○	함경북도
집단 3		박○하	38	남	2010	2012	대학생	회사원	2015	○	○	함경북도
		서○애	53	여	2013	2017	주부	대학생	1988	○	○	양강도
		이○실	40	여	2007	2009	주부	회사원	2009	이혼	○	양강도
		우○보	42	남	2005	2006	직장인	회사원	2005	이혼	○	함경북도
집단 4	부모자녀관	김○준	56	남	2001	2001	직장인	직장인	1991	○	○	함경북도
		이○영	60	여	2001	2003	주부	주부	1983	○	○	함경남도
		주○선	63	여	2011	2011	주부	주부	1980	○	○	양강도
		주○봉	65	남	2015	2015	직장인	무직	1982	○	○	함경남도
집단 5		김○	31	남	2007	2010	농장원	자영업	2014	○	○	함경북도
		김○혁	20	남	2015	2016	학생	학생	미혼			양강도
		이○림	27	여	2007	2014	학생	학생	미혼			함경북도
		이○연	32	여	2014	2015	주부	대학생	2013	○		평안남도
집단 6		김○순	49	여	1996	2001	주부	주부	2001	○	○	함경북도
		김○도	48	남	2010	2011	직장인	회사원	1999	○	○	함경북도
		이○원	72	남	2013	2014	무직	무직	1970	○	○	평안북도
		조○혁	28	남	2017	2018	직장인	회사원	미혼			개성시
집단 7	친족관	김○운	41	남	2000	2000	직장인	회사원	2007	○	○	평안북도
		기○우	32	남	2017	2018	직장인	회사원	미혼			남포시
		함○정	57	여	2009	2017	주부	주부	1986	○	○	함경북도
		전○정	20	여	2017	2017	학생	학생	미혼			함경남도

집단 8		김○금	65	여	2009	2010	주부	주부	1977	○	○	함경북도
		이○	23	여	2015	2017	학생	대학생	미혼			양강도
		전○복	62	남	2008	2009	직장인	무직	1990	○	○	함경북도
		조○일	32	남	2004	2004	학생	회사원	미혼			함경북도
집단 9		이○복	25	여	2015	2015	직장인	주부	2017	○	○	양강도
		한○희	65	여	2001	2007	주부	주부	1978	사망	○	함경북도
		전○화	60	여	2008	2009	주부	주부	1990	○	○	함경북도
		장○희	26	여	2014	2017	직장인	학생	기혼		○	양강도

2. 부부관의 충돌: 가부장적 시선과 '자본주의적 부부관'에 대한 반발, 젠더갈등의 가능성

현재 하나의 가치체계로서 북의 부부관은 공식담론에서 강조되는 '평등한 혁명적 동지관계', 그와 대비되는 생활세계에서의 '가부장적 부부관의 변용과 와해' 등으로 규정된다.[7] 중요한 것은 북이 성평등적 가치관을 강조하고 여성 지위에 대한 근본적인 개혁을 추진하면서 봉건적 가부장제를 공식적으로 철폐했음에도 불구하고, 그러한 평등기획이 실질적인 부부관계로까지 파고들지 못했다는 점이다. 실제로 1946년 7월 「북조선 남녀평등권에 대한 법령」의 공포 이래 북 사회의 모든 영역에서 공식적으로 남녀평등이 선언되었지만 국가권력 강화와 통치방식의 효율성 증대를 위해 가부장적 논리들은 긴밀히 지속적으로 재구성되었다. 그러한 과정은 전통적인 가부장제의 강화라기보다 가부장 이데올로기를 국가권력이 적극적으로 활용하는 방식으로 진행되었다. 따라서 북의 가부장제가 "전통의 사적인 가부장제의 유제를 근절하지 못한 결과라기보다 국가통

---

7 박민철, 「북의 생활세계에 나타난 가치관의 균열과 변화양상 연구 1: 혈연공동체」, 『통일인문학』 87, 건국대학교 인문학연구원, 2021, 16~23쪽.

치를 위해 주도면밀하게 기획되고 강력한 물질적, 이데올로기적인 토대"[8] 를 가지고 있었다는 평가는 사실에 가깝다. 결과적으로 이는 곧 통치이데올로기가 가족을 전유하면서 만들어 낸 '국가가부장제'의 탄생을 의미하는 것이었다.[9]

이런 점에서 사회주의적 평등가치를 담보한 제도들의 시행과는 달리 오늘날 북의 가부장적 제도와 생활양식은 많이 남아 있다고 지적된다. 특히 뒤에서 다루겠지만 '충효(忠孝)'와 같은 논리는 가족을 지배하는 핵심적인 가치였고 이는 가족 내 부부관계 내 위계질서를 강화하는 방식으로 나아갔다. 그런데 국가가부장제에 종속된 부부관에 일종의 균열이 일어나게 된 것은 1990년대 북의 경제위기와 식량난을 통해서였다. 내부적으로는 사회주의 계획경제의 비효율성 증대와 연이은 자연재해 발생, 외부적으로는 대북제제에 의한 국제적 고립과 남북관계의 악화 등으로 야기된 1990년대 북의 경제난과 식량난은 강고하게 유지되던 북의 가치체계에 커다란 충격을 불러왔다. 특히 심각한 경제난에 따라 비공식 영역의 경제활동에 참여할 수밖에 없게 된 여성은 국가적 통제로부터 자유로워진 대신, 가부장이 담당했던 가족의 생계 역시 떠맡게 되었다. 이것은 여성들의 입장에서 볼 때 생계의 부담이 크게 증가하는 반면 '순종'과 '양육'과 같은 가부장적 의무로부터 벗어날 수 있었던 이중효과를 가지고 있다.[10]

---

8 박경숙, 『북한사회와 굴절된 근대: 인구, 국가, 주민의 삶』, 서울대학교출판문화원, 2014, 144쪽.

9 박영균, 「북의 국가담론: 봉건적 가부장에서 젠더화된 민족국가로」, 『시대와 철학』 31-4, 한국철학사상연구회, 2020, 51~55쪽.

10 이재경·조영주, 「선군 시대 북한의 여성과 가족」, 이화여자대학교 통일학연구원 편, 『선군시대 북한 여성의 삶』, 이화여자대학교출판부, 2010, 13쪽.

따라서 '고난의 행군'이 가족 내 가부장적 위계구조 전체를 완벽하게 해체한 것은 아니었을지라도 그 변화는 분명한 것이었다. 특히 성불평등에 대한 기초적인 인식과 그에 대한 비판의식은 당연했다. 이렇게 볼 때 시장의 급속한 증가가 '사적 욕망의 확대와 세계관의 변화'[11]를 내재한 새로운 여성들의 탄생을 불러왔다는 것은 어느 정도 분명한 사실이라고 할 수 있다. 실제로 많은 탈북여성들은 '새로운 여성(성)의 등장'을 공통적으로 증언한다.[12] 단적으로 여성의 경제활동은 그들로 하여금 이전까지 등장하지 않았던 새로운 가치체계와 의미지향 등을 만들어내게 했다는 것이다. 하지만 이러한 진단이 맞고 틀린지가 중요한 것은 결코 아니다. 오히려 중요한 것은 북한 주민이 그동안 보편적으로 노출했던 고정적인 성역할 의식의 변화, 이를테면 가족의 주인은 가장이고 남편에게 가족 모두가 순종해야 하며 가족 내에서 남녀의 역할 역시 차이가 있다는 기존 인식의 변화라고 할 수 있다.[13] 오늘날 북에서 여성은 더 이상 '주변화', '수단화'된 존재로 남겨져 있지 않다. 북의 여성들은 북쪽 사회가 강제하는 고정적인 성역할에도 불구하고 경제활동, 가사, 부양의 의무 등의 다층적 부담을 지면서도 스스로를 능동적이고 적극적인 존재로 고양시키기 때문이다. 남북 가치충돌의 지점은 우선 여기서부터 발생한다. 남쪽으로 이주한 탈북여성들은 모두 남쪽에 잔존하는 가부장적 시선을 지적한다.

---

11 노귀남, 「시장이 움직인 북한여성의 길: 시장, 경쟁과 욕망, 북한여성」, 홍민·박순성 엮음, 『북한의 권력과 일상생활: 지배와 저항 사이에서』, 한울아카데미, 2013, 319쪽.

12 "애들 숙제 챙기는 거 그런 거 엄마가 장마당 가기 전에 하고요. 저녁에 아빠가 도와주기도 해요."(집단 4 주○선: 여성, 63세), "애들 아빠가 바닥이랑 닦아줘요. 힘들어하니까 닦아 줘야겠다하고 닦다가도 아줌마들 목소리 들리잖아요. 그러면 언제 닦아줬냐 싶게 방안으로 쏙 들어가 버려요."(집단 4 이○영: 여성, 60세). "여자들이 하는 일이 많고, 남자들이 이제 집에서 밥도 하고. 예전같으면 생각도 할 수 없던 일이란 말이에요."(집단 4 주○봉: 남성, 65세)

13 박현선, 『현대 북한사회와 가족』, 한울아카데미, 2003, 119~121쪽.

"제 경험을 놓고 보면, 대한민국에서 정착하기가 조금 버거워요. [……] 여기 와서 소개팅도 좀 받아봤는데, 와, 오히려 조금 실망을 많이 했어요. 내가 생각한 것보다 한국남자들도 아직도 가부장 그런 게 너무 많고요."(집단 1 이○정: 여성, 50세)

"솔직히 보면 그런 게 있어요. 북한은 남자가 좀 우울하고 여자가 좀 낮게 순종적이다, 조금 순진하다, 그런 생각을 갖고 있는 거예요. 여기 남성분들이. 그건 진짜 잘못된 생각들인 거예요." (집단 1 오○경: 여성, 30세)

북한이탈주민의 부부관은 한국에서의 체류 경험이 증가할수록 왜곡된다는 연구[14]도 존재하지만, 실제로 성역할의 편견과 가부장제에 대한 탈북여성들의 비판적 인식은 한국사회로의 진입을 계기로 조금 더 민감하고 확실하게 증가한다. 사회주의의 평등 지향과 달리 북 사회 전반에 걸쳐 가부장적 위계문화가 잔존하고 있는 것에 대한 비판은 자본주의 사회인 남쪽에서 그것이 동일하게 경험될수록 증폭되기 때문이다. 탈북여성들이 가부장적 위계화 그리고 탈북민 자체로 향하는 한국사회의 위계화라는 이중적 억압구조에 놓인 구조도 비판의식을 증폭시킨 계기가 된다. 탈북남성들에게 "내재되어 있는 남존여비 사상"[15]은 "60-70% 여자가 남자한테 복종해야 한다는 생각"[16], "북한 여성들은 아직까지 남편에 대한 존경심이 있는 편"[17] 등으로 반복되면서 탈북입남(脫北入南)의 과정에서도 크게 달라지지 않았던 반면, 자본주의 사회에 적응하고 있는 탈북여성들

---

14 이기영·성향숙, 「탈북자 가족 구성원의 가족관계 인식에 관한 조사연구: 탈북자 가구주 및 그 배우자의 인식을 중심으로」, 『한국사회복지학』 47, 한국사회복지학회, 2001, 265쪽.

15 (집단 2 윤○수: 남성, 46세)

16 (집단 2 김○국: 남성, 67세)

17 (집단 8 전○복: 남성, 62세)

에게 이러한 '남존여비'는 결코 참을 수 없는 억압으로 위치하게 된다. 결국 "이전의 성 차별적인 역할분담과 가부장제적 질서유지에 문제의식을 갖는 등 의식의 변화"[18]와 함께 탈북여성들의 변화 지향은 분명하게 표현된다.

> "이제 남들은 마트 가니까 진짜 남자가 애기 업고 막 가방 들고 카트 끌고 다니고 여자는 막 가방 하나 딸랑 메고, '아 요고 요고 이거 이거 괜찮아', 뭐 이러는데 보니까 저는 애 업고 가방 메고 제가 막 이렇게 뭘 선택해야 되고 이렇더라고요. 그래서 안되겠다 싶어서, 어느 날 계기가 있어가지고 선언을 했죠. '야 남한은 흐름이 이렇더라 너는 애기까지 업진 않아도 너는 가방이라도 들어', 이렇게 하니까, '미쳤냐'고 아 주제에 또 그런 건 또 잘 봐둬가지고 그런 나쁜 쪽으로 물이 빨리 든다고, 그래서 싫으면 네가 애를 봐, 내가 나가서 장 보고 올게."(집단 3 이○실: 여성, 40세)

그동안 많은 연구들은 이와 같은 가치관 변화를 특히 2002년 이후 본격화된 북의 시장화 정책으로부터 연역하면서 '사상보다 물질', '국가의존적 사고로부터 개인주의와 시장의존형', '권위주의적 사회시스템의 해체'와 같은 가치지향의 전환과정 속에서 위치시킨다. 이러한 지적은 일정정도 타당성을 갖는다. 북에서의 시장화 및 남에서의 자본주의 생활양식의 경험은 그동안 유지되던 가부장적 위계화에 대한 거부뿐만 아니라 사회구성원들의 상호의존관계와 수평적 연결망을 느낄 수 있게 해준 계기가 되었기 때문이다.[19] 그런데 이외에도 그동안 그들이 쉽게 체감하지 못했던 또 다른 가치지향의 체험, 자본주의적 가치체계에 대한 반작용 효과

---

18 이미경, 「탈북여성과의 심층면접을 통해서 본 경제난 이후 북한여성의 지위변화 전망」, 『가족과 문화』 18-1, 한국가족학회, 2006, 41쪽.

19 홍민, 「북한 시장일상생활연구: 그로테스크와 부조리극 '사이'에서」, 박순성·홍민 엮음, 『북한의 일상생활세계: 외침과 속삭임』, 한울, 2010, 298쪽.

등에 주목할 필요가 있다. 이를테면 새롭게 구성되는 자본주의적 위계화는 그들에게 결코 반갑지 않은 북에서의 위계화를 또다시 떠올리게 만든다. 즉 자본주의 자체의 위계화와 가부장적 위계화에 대한 거부는 동근원적으로 발생한다. 이때 중요한 것은 이러한 자본주의적 인간관계에 대한 비판이 우선적으로 부부관계의 재상징화를 통해 등장하고 있다는 점이다.

> "아프다고 하면서도 그런데 (※ 남편이) 다리 끌면서도 그냥 일을 하시는 거야. [……] 그래가지고 내 그랬거든, 아무리 자본주의 사회라도 사람 났고 돈 났지, 돈 났고 사람 났냐, 나는 그런 말도 했거든요. 그러니까 내가 내 몫, 그 상대방이 뭐 어느 정도로 힘들어서 지쳐서 그래 있으면 그 사장의 입장에서는 그래도 좀 베풀 건 베풀고 그래야 되는데 그런 게 없다는 거예요."(집단 3 서○애: 여성, 53세)

이렇듯 면접참여자들은 남한사회의 적응에 있어서 남성들의 어려움과 책임감을 대리하거나, 가족 내 남성이 느낄 수 있는 소외감 그리고 그러한 힘듦을 나눌 수 있는 새로운 부부관계의 기획 등을 증언한다. 자본주의 사회를 살고 있는 탈북민들에게 자본주의적 가치관과 '사회주의 체제 아래서 체화되고 전승된 가치관'은 지속적인 상호작용을 펼친다. 특히 탈북민들에게 남쪽의 자본주의는 부부관계의 측면에서도 곧이 곧대로 흡수할 수 없는 가치인 것으로 보인다. 물론 배금주의와 물신주의로 비판되었던 자본주의가 어찌됐건 그들이 적응해야 할 척박한 일상이었다고 하더라도, 그러한 자본주의 사회를 함께 적응해야 할 진실한 동지적 관계의 가장 근본에 부부관계가 놓여 있다는 것이다. 북에서 자본주의 적응이 여성에게만 부가되었던 막중한 임무였던 반면 남쪽에서는 부부 모두에게 주어진 실존적 과제였기에 동지적 연대감이 강하게 발현되기 때문이다.

즉 이러한 '사회주의 혁명동지에서 평등한 관계의 부부 윤리'[20]로의 전환은 부부관과 관련된 핵심적인 변화 지점이라고 할 수 있다.

면접참여자들은 대체로 한국사회가 물질주의가 만연했다는 점에 동의했다. 동시에 그들은 북에서 경험한 시장화를 남쪽에 대한 긍정적인 인식과 통일에 대한 긍정적인 지지로 연결[21]시키지 않았다. 오히려 그들은 부부관을 중심으로 자본주의 사회의 대안적 관계와 가치들을 만들어가고 있었다. 이를테면 탈북여성들이 앞으로 만나고 싶은 파트너를 '진실되고 따뜻한 남자'라고 말하는 것에는 자본주의적 기준으로 상대방을 평가하지 않는 태도이자 상대방을 진심으로 대하는 자세에 대한 갈망이 담겨있는 것이었다.[22] 이러한 고백은 향후 남북 가치충돌이 발생할 수 있는 대표적인 사례를 제공한다. 통일부의 조사에 의하면, 탈북민 76.4%가 '남한생활에 만족함'이라고 답변[23]하지만 그럼에도 불구하고 많은 탈북민들이 증언하듯 남한사회로의 적응은 '편견과 차별의 과정'[24]이자, 동시에 힘겨운 '생존경쟁의 장'이다.[25] 남한사회에서의 힘겨운 적응과정에서 살아남지 못하면 더 이상 갈 곳이 없다는 인식은 그들에게는 하나의 정언명법

---

20 박민철·도지인, 「북한의 '부부관'과 그 변화양상: 북한이탈주민 'FGI(Focus Group Interview)'를 중심으로 」, 『통일연구』 24-1, 연세대학교 통일연구원, 2020, 67쪽.

21 이용희, 「북한 시장화가 주민 가치관 변화에 미친 영향」, 『통일전략』 20-1, 한국통일전략학회, 2020, 69~70쪽.

22 "저는 진실하면 되요. (돈도 없어도 되구요?) 예, 진실하면 되요. 같이 벌어서 사는 거죠. [……] 나는 돈을 앞세우지 않아요. 절대. 왜? 우선 건강하면 되는거구. 우리가 건강해서 같이 벌어서 하면 되는 거지, 그게 행복이지. 진실하면 행복이 저절로 오는 거예요." (집단 1 박○순: 여성, 53세)

23 통일부, 「2021년도 북한이탈주민 정착지원 시행계획」, 2021.5, 3쪽.

24 유시은·오경자·정안숙·전우택, 「북한이탈주민의 의식 변화에 대한 질적 연구: 남한 입국 3년 된 북한이탈주민들을 대상으로-」, 『통일연구』 16-2, 연세대학교 통일연구원, 2012, 107~108쪽.

25 이도희·박희정, 「북한이탈주민의 남한사회 적응경험에 대한 현상학적 연구」, 『한국사이코드라마학회지』 23-1, 한국사이코드라마·소시오드라마학회, 2020, 58~59쪽.

처럼 작용한다. 이러한 상황에서 부부관계는 그들이 남한사회 적응을 위한 최소한의 필요관계이자 자본주의적 가치를 극복할 수 있는 대안적 관계로 형성되어야만 하는 영역으로 자리매김된다. 남의 부부관계가 못마땅하게 느껴지는 부분이 여기서 가장 두드러진다.

"그러니까 우리 같은 경우를 보면, 오늘 이렇게 친구 안에서 만나면, 오늘 내가 차 살게, 그러면은 뭐 계산하는 거잖아요. 근데 한국 친구들이 생기다 보니까 알게 된 건데, 그걸 돈을 이렇게 반따이 하는 거예요 다 얼마얼마 이렇게 더치페이를 가는 거예요 이게. 그게 너무 불편하더라고요 [……] 한국 와서 제일 놀란 건 그건데, 부부관계도 그렇다는 거예요."(집단 3 우○보: 남성, 42세)

하지만 여기서 남성과 여성의 분명한 차이를 보인다는 점은 남쪽으로 이주한 탈북부부의 충돌가능성을 보여주는 것이기도 하다. 자본주의 시장경제에 상대적으로 적응을 빨리한 여성들은 대안적 가치를 부부관계로부터 확보하고자 하는 것에 반해, 남성은 자본주의 적응의 문제에서 발생하는 일종의 열등의식을 북의 가치관으로부터 정당화한다. 면접참여자들 중 탈북남성은 대체로 체제전환 이후 자본주의적으로 급변해버린 탈북여성의 모습을 강하게 비판했다. 그들의 인식 속에서 자본주의 사회의 적응을 위한 가치관 변화는 컸으며, 그러한 적응과정에서 발생한 갈등은 매우 중요한 것이었다.

"한 마디로 말해서 여자들이 여기 와서 많이 변했다. 돈 밖에 모르게 됐다. 모든 것을 눈의 초점을 돈에 맞춘다. 이래가지고 절대로 행복 못해요. 사람 욕심이 끝이 없단 말이야. [……] 그러니까 만족을 못 느끼니까 불안하고, [……] 스트레스 받고 가정이 파탄되고. 이런 현상이 많이 나타나지 않나." (집단 2 김○국: 남성, 67세)

"누가 뭐 어디에 시집가서 돈 많은 집에 가서 뭐 매달 100만 원을 받고 뭐 어쩌고 하면서, 그래서 나도 당신 붙잡지 않는다. 당신 아무 생각해도 당신 생각대로 놔두겠으니까 결심대로 해라. 그렇지만 그게 행복이 아니다, 전부가 아니다. 보라 이제 돈 많은 사람한테 가봐라 노예다 넌. 내 이렇게 말했다고."(집단 2 윤○수: 남성, 46세)

향후 남북의 부부관과 관련된 차이는 더욱 분명하게 드러날 것이며, 특히 탈북부부 사이에서의 가치충돌 역시 좀 더 커질 것으로 전망된다. 자본주의 적응이 결국 공식적인 영역에서 시장화에 참여할 수 없었던 북쪽에서도, 이주 후에는 남쪽의 경쟁에 뒤쫓아가지 못해 자본주의 노동시장에서도 소외당하는 남성들에게 좀 더 취약한 것은 분명 사실이다. 이들은 자본주의 부적응 문제를 부부관계의 내부로까지 확장시키고 있었다.

3. 부모-자녀관의 충돌: 자본주의적 생활양식에 대한 비판과 가족주의의 양가성

북의 공식역사와 국가발전이 탈식민적 기획들에 의해 추동되어왔다는 점에 주목하면서 북을 근본적인 '탈식민적 정치체'[26]로서 규정하는 분석이 존재한다. 이러한 분석은 '민족', '자주', '주체'와 같이 탈식민적 수사를 통해 국내 정치를 이끌어가는 현재 북의 통치방식을 볼 때 중요한 관점을 제공한다. 특히 탈식민적 수사가 권력의 정통성을 확립하는 데 도움을 주지만 결국 공동체 내부의 다양한 의견과 목소리를 억압할 수 있다는 점에서 그러하다. 실제로 북의 통치방식이 탈식민의 지향으로 시작되었음 분명해 보이는 반면, 그러한 탈식민성은 오히려 수령제와 같은 퇴행적

---

26 권헌익·정병호, 『극장국가 북한』, 창비, 2013, 27쪽.

방식으로 전락했다.

오늘날 북의 통치이데올로기는 국가적 차원에서는 국가와 수령에 대한 충성을 정당화하고, 가족 내에서는 남녀와 세대의 가부장적 질서를 강조한다.[27] 전통적인 혈연관계를 해체하는 대신 국가와 가족의 유기적 연결을 강조하는 것은 국가통치자를 아버지의 역할로 상징화하고 인민에게는 어버이에 효(충)를 다하는 자식의 의무를 부여함으로써 국가가부장제를 완성하기 위한 것이었다. 결과적으로 인민 모두가 식구이자 혈육이며 어버이 수령을 모신 '사회주의 대가정'은 현재 북의 공식적인 표어이다. 중요한 것은 '어버이 수령-어머니 당-자녀 인민'으로 구성되는 사회주의 대가정의 핵심가치가 수령에 대한 충성으로 집약된다는 점이다. '효'라는 가족의 기본가치를 확대하여 국가적 가치라고 할 수 있는 '충'과 일체화시켜 절대적인 윤리로 고양시키는 북의 독특한 가치체계는 가족 내부의 재생산 방식을 통해 발전동력을 확보하고 있었다. 탈북민들에게 가장 먼저 확인가능한 지점은 바로 이러한 충과 효의 일치였다.

> "저 아들들은 물론 지금 세가 난 아들도 월급 얼마만큼 떼서 어머니 댁에다 주는데 며느리인 내가 엄마한테 돈 안 주고 월급 탄 거 안 주고 내가 그냥 썼다 하면, 단방에 소문나죠. 뭐 또 시엄마가 나서서 우리 며느리는 월급도 안 준다 어쩐다 하며 [……]" (집단 4 주○선: 여성, 63세)

이와 같은 증언에서 드러나듯 효라는 가치는 실질적인 가족관계로부터 실현되지만 다시금 사회적 맥락으로 확증되면서 유지되는 것이었다. 북은 봉건적, 퇴행적이라고 규정한 전통을 공식적으론 부정하면서도 권력

---

27 윤미량, 「여성의 위상과 역할」, 북한연구학회 편, 『북한의 여성과 가족』, 경인문화사, 2006, 82~88쪽.

의 강화와 집중을 위해서 유교적 가치를 적극적으로 소환했다. 북 가치체계의 특수성은 충과 효의 결합을 추구했던 정치적 기획, 다시 말해 가족관계의 영역이 정치적 영역에서만 의미를 획득하게 함으로서 양자를 하나로 전일화시키는 방식에 있었다. 북에서 양육의 첫 번째 목표로 상징화된 '공산주의 가치의 내재화와 사회주의 혁명가로의 육성'은 이러한 기획을 전제로 한 것이었다. 실제로 현재 북의 부모-자녀관은 남쪽보다 훨씬 더 전통적인 방식으로 유지되고 있다고 알려졌다.[28] 하지만 '고난의 행군'은 일대 변화를 가져왔다. 기존 연구들을 종합할 때 고난의 행군 이후 북에서는 무엇보다 "국가에 대한 가부장적 의존성을 약화"[29]와 "개인주의적 성향의 강화"[30]가 전면적으로 진행되고 있다고 평가된다. 하지만 오랜 시간을 거치면서 사회구성원들에게 체화된 가치체계는 쉽게 변화할 수 없다. 북의 가치체계를 여전히 체화하고 있는 탈북민에게 극단적으로 치닫는 한국의 부모-자식관계는 충격적으로 다가왔을지도 모른다. 면접참여자들은 이러한 충격을 우선적으로 고백했다.

"저는 여기 와서 깜짝 놀란 게 처음에, 자식이 제 아버지들 막 죽이고 불태워 죽이고 집에 가서 돈 안 준다고 막 불 지르고 칼로 찌르고, [……] 깜짝 놀랐거든요. 근데 북한은 그런 일이 정말로 좀 드물어요." (집단 4 김○준: 남성, 56세)

"자세히 몰라서 그러지, 왜요. 많아요. 근데도 우린 뉴스화 안 되니까. 많아요 못사는 사람들 중에서 거기 최근에는 칼부림하는 게 얼마나 많다고 [……]"(집단 4 주○선: 여성, 63세)

---

28 김은영·김경미·홍욱화, 「북한의 가족생활」, 민족화해협력범국민협의회 편, 『북한주민의 일상생활과 대중문화』, 도서출판 오름, 2003, 266쪽.

29 박형중·정세진, 「'고난의 행군'과 북한주민의 일상생활 변화」, 민족화해협력범국민협의회 편, 『북한주민의 일상생활과 대중문화』, 도서출판 오름, 2003, 36~37쪽.

30 김병로, 『북한, 조선으로 다시 읽다』, 서울대학교출판문화원, 2016, 452쪽.

그런데 여기서 독특한 지점이 드러나는데, 사실 이 증언은 서로 다른 주장을 하고 있지만 동일한 가치론적 지평 속에 놓여 있다. 전자는 효라는 가치가 자본주의 사회인 남쪽에서는 완전히 붕괴되었지만 북에서는 여전히 중요하게 작동하고 있다는 주장이며, 후자는 남쪽과 마찬가지로 북에서도 시장경제로 인한 빈부격차가 생겨남으로써 효라는 가치체계의 붕괴가 일어나고 있다고 주장하기 때문이다. 이렇듯 탈북민들에게 자본주의와 시장경제는 효라는 가치체계의 반대쪽에 위치한 지평으로 인식되고 있었다. 자본주의적 생활양식에서 오히려 사회주의적 가치가 그들에게 복원되는 것은 어쩌면 자연스러운 경로였을지도 모른다. 중요한 것은 그러한 방식 속에서 부모-자녀관을 중심으로 하는 남북의 가치충돌이 탈북 부모세대와 자녀세대들의 충돌을 전유하여 등장하고 있다는 점이었다.

> "그러니까 자식들은 모두, 너무, 차라리 장가간 다음에 데려오는 편이 낫겠다, [……] 저는 아들이 다 커서 왔어요. 여기 와서 장가갔는데, 그때 뭐 장가가는 말, '됐어 엄마 삐치지 마 내 인생은 내가 살아', 아 이 말 툭 하니까 숨이 턱 막히더라고요. '야 이놈 자식아 내 너를 어떻게 데리고 왔는데', 아 그러니까, '엄마 어떻게 데려왔든 내 인생은 내가 다 해.'"(집단 4 주○선: 여성, 63세)

> "제 생각에는 북한식으로 애들을 교육하는 거는 그렇게 하는 게 오히려 낫다고 봐요. 여기처럼 애들 무작정 그저 이쁘다 이러니까, 제 새끼가 예쁘지 않은 게 어딨어요. 그러니까 이쁘다고 또 못 때리지 손도 못 대게 하고, 애 때부터 요렇게 키워갖고 따박따박 먹겠다는 거 다 맥이고. 이래 놓으니까 애들 버릇이라는 게 또 없고 교양도 제대로 못 하고 하니까 말을 막하니까 [……]"(집단 4 김○준: 남성, 56세)

"애들이 제멋대로 군다."[31]라는 고백처럼 남의 자녀관은 탈북 부모세대들에게는 쉽게 허락되는 않는 가치체계들이다. 부모-자녀관은 오히려 북쪽에서의 과거 경험들이 긍정적으로 환기될 정도로 탈북민들에게는 일상적 충돌이 발생하고 있는 영역이었다. 그럼에도 불구하고 남쪽의 환경은 부모세대들에게는 결국 순응할 수밖에 없는 실존적 조건이다. '자녀관에 대해서 많이 바뀌셨죠?'라는 질문에 대다수의 면접참여자들은 '많이 바뀌었고 더 바뀌어야 한다'고 말했다. 그 변화는 그들에게 당위로서 요구되는 것이었다. 하지만 그들에게 결코 용납할 수 없는 한쪽에는 "부모한테 마구 대하는 거"[32]인 '버릇없음'과 같은 전통적 맥락의 가치규범이 놓여 있었고, 다른 한쪽에는 자본주의적 생활양식에 대한 걱정과 우려와 같은 이데올로기적 맥락의 지향이 놓여 있었다. 특히 탈북 부모세대들은 자신들의 자녀가 남쪽의 자본주의 문화에 휩쓸리는 것을 부정적으로 인식하고 있었다. 그리고 남쪽의 부모-자녀관과 대비되는 자신들만의 가치체계를 적극적으로 유지하려고 노력하고 있었다.

> "그런 것보다는, 애들이 돈 벌어서 그 쓰는 걸 좀 간섭하고 싶은데 이거는 젊은 거라고 주말에도 그저 차 갖고 놀러가고, 이야 그러지 말고 저기 자린고비처럼 돈을 아껴 써서 돈 좀 모았으면 좋겠는데 그걸 제일 간섭하고 싶은데 [……] 말 안 하고 있는 게 제일 속상해요."(집단 4 주○선: 여성, 63세)

"저도 우리 아들 교육시키는 게 딱 북한식으로 시켜요"[33]라고 말할 만큼 남쪽의 자녀 교육은 쉽게 수긍하기 힘든 부분이다. 이미 북 사회의 개인주의적 가치관의 확산은 10여 년 전부터 지적되었으며 현재 일반화된 결론으로 인정받고 있다.[34] 하지만 위의 증언에서도 볼 수 있듯이 개

---

31 (집단 6 이○원: 남성, 72세)

32 (집단 4 주○봉: 남성, 65세)

33 (집단 6 김○순: 여성, 49세)

34 김갑식·오유석, 「고난의 행군과 북한사회에서의 의식의 단층」, 최완규 엮음, 『북한

인주의적 가치관 확산의 반작용도 충분히 진행되고 있는 것처럼 보인다. 이를테면 경제위기와 식량난의 고통스러운 경험은 인민들로 하여금 한편으로는 통치자와 당으로 대표되는 집단적 권력으로부터 탈주하려는 개인주의적 욕망을 불러왔지만, 동시에 다른 한편으로는 자신들을 보호해줄 수 있는 가족이라는 또 다른 울타리에 대한 갈망을 가져왔다. 가족의 생존이란 목적 아래 가족구성원들의 상호 보살핌과 결집을 매우 중요시하는 새로운 가족주의의 재구성이 북에서 이뤄지고 있음은 분명 사실이다. 여기에는 북의 국가차원에서 부모의 자녀에 대한 양육의 책임과 자녀의 부모에 대한 봉양의 책임을 강조하는 것[35]도 영향을 끼쳤다. '고난의 행군' 이후 북쪽 사회가 광범하게 경험한 가족의 붕괴라는 충격은 '가족이 제일 소중하다'는 강력한 가족 결속력을 불러왔다. 이러한 가치관은 남쪽에 온 이후에도 변화하지 않고 동일하게 작동한다. 많은 탈북민들은 부모-자녀관의 핵심적인 가치에 훈육과 양육이라는 세부적인 지향을 핵심적으로 담아내고 있었다. 하지만 그러한 가치는 북에서 유지되는 전통적인 가치와는 거리가 먼, 남쪽의 가치체계에 대한 비판과 대안 제시의 방식으로 구성되고 있었다.

> "북은 그런게 강한 거 같아요. 어디가서 훔쳐왔다하면 그날 바로 회초리를 때려서. 남의 것 훔치면 안 되고 남 피해주면 안 되고 그런 거 굉장히 엄격했어요. 근데 여긴 좀 그런게 소홀하지 않나 싶었어요, 사이코패스도 많고"(집단 5 김○: 남성, 31세)

> "하나원에서 가정체험할 때 중학교 딸이 학교 하교하는데 차 태워서

도시의 위기와 변화』, 한울아카데미, 2006; 김근식, 「북한의 실리사회주의와 체제변화」, 『북한연구학회보』 11-2, 북한연구학회, 2007; 김창희, 「북한 사회의 시장화와 주민의 가치관 변화」, 『한국동북아논총』 52, 한국동북아학회, 2009. 등을 참조.

35 정순화·임정하, 「남북한 가족가치관의 비교고찰」, 『인간발달연구』 21-4, 한국인간발달학회, 2014, 110~112쪽.

딸이 유명한 아이돌 노래 들려주면서 알려주는데 엄마가 따라하려고 하고 재밌다 재밌다 하면서 같이 노래부르고 너무 감동받았어요. 너무 비교가 되는 거예요. 제가 어렸을 때 진짜 그림 그리고 싶었거든요 근데 엄마가 그림은 무슨 그림. 먹고 살기도 힘든데 그랬는데. 그래서 나중에 내가 엄마가 되면 꼭 저런 엄마가 되야겠다 이런 생각했었어요."(집단 5 이○림: 여성, 27세)

위에서 볼 수 있듯이 부모-자녀관의 재구성은 보편적인 부모-자녀관계에서 요구되는 합당한 가치들에 대한 보존과 연관되어 있었다. 이를테면 탈북 부모세대들은 북쪽 사회의 방식대로 여전히 옳고 그름에 대한 명확한 가르침을 제공해야 한다는 훈육의 의미를 긍정적으로 보존하고 있었다. 또한 그들은 남쪽사회의 방식대로 자녀세대들의 주체성을 걱정하며 자녀들과의 진솔한 소통을 강조하고 있었다. 이 둘 모두는 가족의 의미와 환기이자 부모-자녀관계의 능동적인 재구성이라고 할 수 있다. 이미 북 사회에서도 '물질과 풍요에 대한 열망'이 적절한 수준에서는 중요한 가치로 받아들여지고 있는 것처럼[36] 북한이탈주민의 물질주의적, 탈물질주의적 가치 추세는 동시에 발견된다. 특히 탈북 부모세대들은 자녀들이 적당한 수준에서의 물질주의적 가치를 흡수하길 원하지만, 그렇다고 해서 남쪽 사회의 과도한 경쟁주의에 휩쓸리기를 원하지 않았으며 자신들의 주체성[37]을 갖고 기본적인 예의범절을 갖추길 원하고 있었다.

---

36 이우영, 「북한체제 내 사적 담론 형성의 가능성: 공적 담론 위기를 중심으로」, 『현대북한연구』 11-1, 북한대학원대학교, 2008, 143~146쪽.

37 북의 가치체계를 평가하는 중요한 지표인 집단주의와 개인주의의 대립은 도구적 설명틀에 불과하며 '전체화-개별화'의 연관 속에서 발생하는 주체성의 새로운 형태라고도 볼 수 있다. 한재헌, 「개별화-전체화의 혼종양식으로서 북한의 '집단주의': '북한 사회의 개인화' 연구를 위한 서설」, 『개념과 소통』 25, 2020, 149~151쪽. 실제로 예상과는 달리 남북 주민들 모두는 개인주의보다 약간 강한 집단주의적 경향성을 보인다고 조사되고 있다. 양문수·이우영, 「남북한주민 마음의 비교: 물질주의와 개인주의에 대한 정량적 분석」, 『북한연구학회보』 20-1, 북한연구학회, 2016, 58쪽.

4. 친족관의 충돌: 자본주의 적응과 비판의 사이에서

물론 북의 공통적 규범과 가치체계가 사회주의 국가건설과 그 이데올로기로서 집단주의라는 고유한 지평에 기초해 있음은 분명하다. 이러한 가치지향이 가장 구체적으로 추진된 것은 부부관계, 부모-자녀관계보다 친족관계에서였다. 1960년대 사회주의 국가건설이라는 목적 아래 기존 가문·문중 중심의 기존 친족제도를 봉건적이라고 비판하면서 사회주의적 가족관계로 대체하는 한편, 친족의식을 강화할 수 있는 기존 장례·혼인·제사 등 전통적인 풍습을 사회주의 생활양식으로 간소화하려는 국가적 정책들이 시도되었다.[38] 이 시기의 친족관계는 사회주의적 평등사회 건설이라는 명분 아래 재구성되어야 하는 봉건적 신분제도에 가깝다는 규정을 벗어나지 못했다.

전통적인 친족관계의 해체를 통해 사회주의적 국가체제를 강화하려는 의도는 1970년대에도 지속된다. 특히 이 시기부터 사회주의적 가치의 내면화를 위한 의도 속에서 혁명적 동지애를 바탕한 집단주의가 북에서 강조되었다. 전통적인 가족형태에 기반한 친족관계 전체를 사회주의적 집단주의로 변형시키고자 하는 노력은 1980년대 중후반까지 지속되었다. 더군다나 1980년대 말부터 시작된 경제상황의 악화는 그러한 가족관계와 그에 기반한 친족관계의 해체를 급속도로 가져온 계기가 되었다. 결과적으로 오늘날 북의 실질적인 친족관계와 친족의식은 남쪽에 비해 매우 약하다고 알려진다. 실제로 북에서 4촌만 넘어서면 이미 '먼 친척'으로 여기고 있었다. 많은 면접참여자들은 친족에 대한 경험없음과 '고난의 행군' 이후 더욱 가속화된 친족관계의 해체를 담담하게 고백했다.

---

38 김은영·김경미·홍욱화, 「북한의 가족생활」, 민족화해협력범국민협의회 편, 『북한주민의 일상생활과 대중문화』, 도서출판 오름, 2003, 275~277쪽.

“친족은 4촌까지만 알아요. 외촌으로는 5촌으로 보기는 하였으나 친척이라고 생각되지는 않았어요. [……] 친형제들하고는 차원이 틀리죠. 4촌은 어떻게 보면 남보다 못하다고 생각할 때도 있었어요.” (집단 7 김○운: 남성, 41세)

“잘 살아도 도와준다는 친족이 별로 없죠. 거기에 있을 때 형제도 필요 없고 친척도 필요 없다고 많이 느껴졌죠. 친형제 사이에도 갈등이 생겼고 [……] 이전에는 설이나 명절 때 인사하러 다니고 그랬지만 지금은 그런 일이 거의 없다고 봐요. 이전에는 친척 간 의리가 좋았지만 지금은 찾아보기 힘들고요.”(집단 7 함○정: 여성, 57세)

하지만 1990년대 ‘고난의 행군’에서 최고조로 이르게 되는 북의 경제난과 식량난이 가족을 포함한 친족관계 해체라는 단 하나의 결과만을 가져온 것은 아니었다. 이전까지 국가가 수행한 가족 부양의 의무를 이제 가족구성원들이 직접 책임져야만 하는 상황의 도래는 고난을 함께 겪어내는 가족의 의미가 다시금 강조됨으로써, 우선 혈연공동체로서 가족의 긍정적 회복과 넓게는 친족관계의 재구성이라는 결과를 일정 정도 불러왔기 때문이다. 현실적인 경제난과 식량난은 친족관계의 단절을 불러오는 측면도 있었지만, 그것에 대한 환기 역시 동시에 진행되고 있었다. 경제난과 식량난을 극복하기 위해 그들이 기댈 수밖에 없었던 것이 혈연관계였다는 것은 당연한 결과였다. 특히 ‘고난의 행군’은 혈연관계에 기반한 친족관의 재인식, 즉 가족의 가치와 유대에 대한 그리움을 불러왔다. ‘고난의 행군’ 이후 친척관이 변했는지를 묻는 질문에 면접참여자들 ‘그래도’ 혈연적 친족관계가 주는 안정적 느낌을 고백하고 있었다.

“제 경험으로는 아마도 친척들이 다 못살았거든요. 그래도 남보다는 친척이예요. 같이 굶어도 그냥 오면 죽이라도 같이 먹고 조금이라도 지워주고 갈 때는 뭐라도 챙겨주고 [……] 그래도 혈육이예요.”(집단

8 조○일: 남성, 32세)

"항상 저희 아빠가 얘기했는데 물보다 진한 건 피라고, 그래도 물보다 피가 왜 더 진하겠냐고, 부정할 수 없는 게 아니겠냐고 [……] 그래도 남보다는 친척이 낫다고 생각했어요."(집단 8 이○: 여성, 23세)

여기서 유추할 수 있는 것은 '고난의 행군' 이후 북 사회의 지향이 사회주의 대 자본주의, 계획경제 대 시장경제, 집단주의 대 개인주의, 정신주의 대 물질주의와 같은 이분법적 구도에서 전자로부터 후자로의 전환으로만 이뤄진 것은 아니라는 사실이다. 많은 면접참여자들로부터 확인할 수 있었던 점은 '고난의 행군'이라는 압도적인 경험이 공동체를 파괴하고 생존이라는 최대 명제를 달성하기 위한 개인주의적이고 물질주의적인 여러 현상들을 불러온 것도 사실이지만, 그와 동시에 이를 통해 인민들의 적극적인 연대의지, 상호부조와 공동체의 가치 등도 환기되었다는 것이었다. 물론 이 역시 식량난을 극복하기 위한 북의 국가적 의도와 정치적 필요성에 따라 내재화된 가치지향일 수 있다는 가능성을 부인할 수 없다. 그럼에도 불구하고 자본주의적 가치에 대응할 수 있는 상호부조, 공동체적 연대와 같은 대안적 가치들이 친족관계를 통해 인민들에게 선택되고 있다는 점은 매우 중요하다.

특정 공동체의 정체성과 가치체계는 선전과 교육 등만으로 이뤄지는 것이 아니라 그 공동체가 유지해온 전통의 연속과 변용의 과정 속에서도 이뤄지는 것처럼 혈연적 유대관계에 대한 관심과 이끌림은 여전히 그들에게 남아 있다. 이런 점에서 북의 가치체계가 집단주의 대 개인주의와 같은 이분법적 구도의 존속이 아닌 가변적인 이중성을 갖는다는 평가[39]

39 서재진, 『또 하나의 북한사회: 사회구조와 사회의식의 이중성 연구』, 나남, 1995, 363~364쪽.

는 또 다른 시사점을 건네준다. 이러한 이중성은 탈북민들의 남한사회로의 적응과정에서 동일하게 표출되기 때문이다. 즉 탈북민은 북쪽 사회를 가난과 통제라는 부정적 표상 그리고 따뜻한 정이 남아 있는 사회라는 긍정적 표상으로 구분하는 것과 마찬가지로, 남쪽 사회를 풍요와 자유의 긍정적인 표상 그리고 비인간적인 경쟁사회와 같은 부정적인 표상을 모순적으로 교차시킨다는 것이다.[40] 특히 이러한 가치평가의 교차적 시선은 친족관계를 통해 가장 분명하게 드러난다.

> "고난의 행군이후 갈등이 더 심해졌죠. 지금은 친척간의 단합이 못되죠. 너나 없이 다 힘들게 되니까, 다 풍부해야 서로 보고싶고 오라 가라 하는 정이 생기지만 거기서부터 무너지니까. 정이 없어지고 그렇게 됐죠. [……] 경제적인 것이 많이 작용하죠." (집단 9 전○화: 여성, 60세)

> "남한과 조금 다르다고 느껴요. 남한이 형제간에 의리가 더 없다고 생각하게 되었다고 해야 하나. 뭔가 친척간 도움자체도 받고 싶지 않은 것 같은 그런 생각이 들어요. 만약 도움을 받으면 자신이 친척에게 해를 끼친다고 생각하는 것처럼 보이고요 [……] 연봉이 많아도 돈 문제로 많은 갈등이 있다는 것을 알게 되었어요. 뭔가 돈이 많아서 그러나 하는 생각도 들었어요." (집단 7 김○운: 남성, 41세)

이처럼 '경제적인 것'은 그 부족 때문에 북에서도 친족 간에 다툼을 유발한 이유였지만 동시에 상대적인 여유로움이 있는 남에서도 다툼과 갈등을 유발하는 핵심적인 이유로 지적되고 있었다. 물론 현재 자본주의적 발전주의에 대한 욕망은 북 주민한테도 적지 않은 상황이다. 하지만 "고난의 행군 이후 시장화의 경험이 '자본을 중심으로 사회주의 이념을

---

40 김창근, 「북한이탈주민의 남한사회 적응과 통일교육」, 『윤리연구』 80, 한국윤리학회, 2011, 161쪽.

대체할 것이며 북쪽 주민의 집단주의 가치관과 배치되는 자본주의적 인간형으로 변모할 것'[41]이라는 전망과 현실과 거리가 멀었다. 비슷하게 북한이탈주민에 대한 면접조사를 통해 그들의 '물질욕구와 소비욕구가 강하다'고 주장하는 연구[42]들은 겉으로 드러나는 피상적인 욕구가 아닌 탈북민들에게 내재되어 있는 근본적인 또 다른 욕구를 발견해내지 못하고 있었다.

단적으로 말해 앞선 혈연공동체로서 부부관과 부모-자녀관, 친족관을 통해 확인하고 있듯이 사회주의적 삶의 양식과 가치체계는 자본주의 생활양식의 체험만으론 결코 사라지지 않는다. 오히려 경쟁의 일상화, 개인주의와 이기주의, 경쟁주의와 물질주의 등에 대한 비판은 많은 면접참여자들의 공통된 의견이었다. 그들의 이러한 비판적 사회인식은 탈북민의 가치체계를 대표하는 영역이 된다. 즉 물질주의적 성공에 대한 반성적 성찰과 대안적 가치에 대한 관심 역시 그들에게 보이는 현상이다. "물질적인 만족으로 자아성취를 이룰 수 없다는 것을 깨닫고 진정한 자아 성장이 무엇인지 의미를 생각"[43]하는 반성적인 성찰을 통해 그들은 남의 가치체계를 비판하고 그 대안적 가치와 삶의 형식 등을 고민하고 있었다. 특히 가족을 포함하는 친족관계의 환기는 이를 대표한다.

---

41 최완규·노귀남, 「북한주민의 사적 욕망」, 『현대북한연구』 11-2, 북한대학원대학교, 2008, 95쪽.

42 이기춘·나종연, 「북한이탈주민의 북한과 남한에서의 소비생활경험 연구」, 『소비자정책교육연구』 3-2, 한국소비자정책교육학회, 2007, 112~114쪽.

43 김기화, 「쉼터 거주 경험이 있는 북한이탈주민의 남한사회 적응에 대한 연구」, 『교육문화연구』 22-5, 인하대학교 교육연구소, 2016, 395쪽. 이러한 가치체계의 재조정 과정을 단순하게 "가치관의 혼란과 문화적 충격으로 인해 소외감을 느끼고 자신의 존재에 대한 자존감을 상실하며 이러한 무력감으로 인해 사회적응에 실패하는 경우가 많다"(신원식·배지철, 「북한이탈주민의 한국사회 적응에 대한 인식 유형」, 『사회과학연구』 17-3, 동국대학교 사회과학연구원, 2010, 56쪽)와 같이 규정하는 것은 오류에 가깝다.

"한국 문화가 뭔가 잘못된 거 같단 생각이 들었어요. 북한에서는 없어도 나눠서 살아보려고 하는데 남한은 그렇지 않은 것에 대해 잘못되었다고 생각해요. 그러고나니 형제간에도 각방을 쓰고 너와 나의 것을 가르는 것에 대해 많은 충격을 받은 것 같아요. 뭔가 1:1 문화라고 생각들었고요. [……] 특히 앞으로 자식을 키우는 입장에서 (※ 이런 문화 때문에) 힘들지 않을까 생각하게 되었죠." (집단 7 기○우: 남성, 32세)

"몇 번 느꼈어요. 열심히 일하면 잘 산다고 보는데 잘 사는 사람들이 오히려 재산문제로 더 사이가 나빠지는 것을 봐요. 형제가 귀중하고 자나 깨나 기도를 하던, 속으로 무엇을 하던 그런 생각을 하는데 남한 사람들은 돈으로 더 원수로 지내는 것을 보면 이상하다 하는 생각이 들었어요. (※ 친척들에게) 나몰라라 하는 자본주의 생활이 너무 많아서 조금 충격이 있었어요." (집단 9 전○화: 여성, 60세)

남한사회에서 긍정적인 적응을 유도하는 기제로서 탈북민들의 가족안정성 내지 가족결속력 등은 반복적으로 지적되어왔다.[44] 이와 비슷하게 탈북민들이 자신의 사회적 연결망을 가족에만 한정함에도 불구하고 삶의 만족도가 크다는 결과[45]도 제시되었다. 하지만 결과들은 그 가족이 담보해내는 가치와 의미에 대해서는 상대적으로 주목하지 못한다. 가족의 단순유무가 아니라 어떤 측면에서 가족이 긍정적인 요소로 작용하는지 그 실제적 효과에 주목해야 할 필요가 있다. 북에서 경험한 식량난과 그에 따른 가족의 붕괴는 오히려 가족 가치관을 강화시킨 계기가 되었다. 북주민들은 경제난과 식량난 이후 국가의 일방적 통치를 수동적으로 따르

44 조정아·임순희·정진경, 『새터민의 문화갈등과 문화적 통합 방안』, 한국여성개발원·통일연구원, 2006, 45~46쪽; 김창근, 「북한이탈주민의 남한사회 적응과 통일교육」, 『윤리연구』 80, 한국윤리학회, 2011, 149쪽.

45 염유식·김여진, 「북한이탈주민의 사회연결망 형성과 유형에 대한 근거 이론 연구」, 『한국사회학』 45-2, 한국사회학회, 2011, 124쪽.

기보다, 현실적 위기에 대한 능동적이고 적극적인 생존전략을 가족관계로부터 시작하고 있었다. 가족의 의미와 중요성 그리고 가족관계의 능동성은 탈북민에게서 더욱 커진다.

"지인들을 보면 핏줄 때문에 남한에 온다고 보는 사람들도 있었어요."[46], "그래도 친척이니까 어떻게 살고 있나 보고 싶고 어떤 상황인지, 어렵게 사는 건 알겠는데 보고 싶기도[……]"[47] 한 것처럼, 가족과 친족을 중심으로 하는 혈연관계는 탈북의 이유이자 생존의 이유가 되는 정도의 의미망을 획득하고 있었다. 집단주의와 사회주의 강성대국 건설이라는 목적 아래 억압되었던 친족 개념은 '고난의 행군' 이후 북쪽 인민들의 욕망이 다시금 거기에 투영되면서 '상상의 대상'으로 재구성되고 있는 지향이었다. '그래도 혈육이 더 낫다'고 생각하거나 '물보다 피가 진하다고 친척이 낫다'는 면접참여자들의 증언에서 볼 수 있듯이 친족관계에 부여한 대안적 의의와 가치는 그들 모두에게 어느 정도 확인되는 결과였다. 이러한 상황에서 남쪽으로 온 탈북민들에게 남쪽의 친족관계는 결코 받아들여지기 힘든 모습이었을지도 모른다.

> "친척이라는 개념에 대해 되게 좋은 인상을 가지고 있거든요. [……] 한국에 와서부터는 막장 드라마의 영향이 많아서인지, 친척들을 보면 남보다 더 치열하게 싸우는 거 같아요. 친척간의 이원다툼 이런 걸 보면 저는 아직 못받아들여요. 친척끼리 왜 그러지, 한국의 친척은 그냥 친척이라고 하기가 조금 그렇다. [……] 지금도 받아들이기가 힘들어요."(집단 8 조○일: 남성, 32세)

남의 친족관계를 비판할 뿐만 아니라 북의 친족관계를 남한에 적용하

46 (집단 9 장○희: 여성, 26세)

47 (집단 8 김○금: 여성, 65세)

고 싶은지를 묻는 질문에 많은 면접참여자들은 활발하게 자신들의 의견을 밝혀나갔다.[48] "북한이탈주민은 빠른 사회적응을 위해 사회적 연결망을 확장하기보다 오히려 최소한의 연결망을 유지하고자 하는 습성을 보인다."[49]는 지적은 타당하다고 할 수 있다. 이때 중요한 것은 사회적 연결망의 집약이 가족과 친족을 중심으로 이뤄지고 있다는 점이다. 이는 혈연관계에서 확보되는 정서적 유대관계가 그들의 적응에 가장 필요한 요소이기 때문일 것이다. 친족관계로까지 확장되는 정서적 유대관계는 탈북민들에게 한국사회를 살아가는 데 있어서 필수적인 요소이다. 한국사회에서 느끼는 상실감과 외로움은 결국 정서적 연대를 통해 회복되기 때문일 것이다. 따라서 친족관계가 급속하게 단절된 남쪽 사회의 모습은 탈북민들에게는 또 다른 충격과 좌절을 건네는 것일 수 있다. 비자본주의적인 의미와 가치를 담고 있으며 자본주의의 척박한 환경을 위로해줄 수 있는 친족이라는 잊혀진 실체들은 계속해서 탈북민들에게 등장할 것이다.

5. 포스트 통일 시대의 남북 가치충돌과 그 대안모색의 출발점

북한이탈주민의 심층면접조사를 통해 미리 선취할 수 있었던 남북의 가치충돌 양상은 단순하지만은 않았다. 위에서 살펴봤듯이 부부관, 부모-자녀관, 친족관 등 남북의 가치충돌 양상은 '자본주의 대 사회주의', '개인

---

48 "이웃간이든 친척간이든 명절에 우리 북한은 아무리 못살아도 떡이라도 다 돌리고 그러는데, 여기오니까 남한은 그런 것이 전혀 없어서 안타까웠어요. 옆집이 오는지 안오는지 쳐다도 안보고 다 모른척하고 이러니 안타깝더라고요."(집단 9 한○희: 여성, 65세); "북한에서 명절 때나 생일때나 할아버지 환갑때서 서로 모여서 먹고 놀고 하는 것이 [……] 하지만 여기서 그렇게 하고 사는 것을 아직 보지 못했거든요."(집단 9 장○희: 여성, 26세)

49 민희, 「북한이탈주민의 사회적응: 정서적 상태, 소셜 미디어 이용 그리고 남한생활 만족도」, 『정보화정책』 25-2, 한국정보화진흥원, 2018, 81쪽.

주의 대 집단주의'라는 일반적인 대립구도를 벗어나 있으며 비판적 수용과 절충, 공존과 대안제시의 양상으로 전개되고 있었다. 이는 자신들의 판단에 따른 미래기획, 북에서부터 내재화된 습성과 전통지향, 한국에서 최근 축적하고 있는 여러 세밀한 욕망들이 중첩되기 때문이다. 따라서 남북의 가치충돌을 비교우위적 관점 아래 사회주의적 가치체계가 자본주의적 가치체계로 차츰 수용되는 자연스러운 양상, 즉 '적대하면서도 동시에 동경하는 모순', '의식적으로 거부하면서 무의식적으로 받아들이는 사고' 등으로 단순규정[50]하는 것은 일면적이라고 할 수 있다.

중요한 것은 정착과정에서 겪는 북한이탈주민의 사회문화적 갈등은 향후 본격적으로 진행될 남북 통합의 어려움을 미리 예측해 볼 수 있게 한다는 점이다. 그동안 북한이탈주민이 경험한 사회문화적 갈등에 대한 연구는 대체로 사회통합이라는 대전제 아래 정착 지원제도 개선과 심리적 지원 등이 주로 이뤄져왔다. 하지만 그러한 갈등과 충돌양상을 남북의 서로 다른 가치체계가 어떻게 구성되었는지를 살펴볼 수 있는 또 다른 현미경으로, 그리고 상대적으로 객관화되지 못했던 남쪽의 가치체계를 반성적으로 돌아볼 수 있는 거울상으로, 나아가 남북의 분단극복과 진정한 평화공존을 위해 필요한 새로운 가치체계의 형성을 위한 실천적 지향 등으로 발전시킬 수 있는 연구에 대해서는 상대적으로 관심을 두지 못했다.

북한이탈주민이 '79 대 11'로 자본주의 지지의 의견을 압도적으로 표현하고 있으며 통일방식으로서 남한체제를 선호하는 사람도 '48% 이상'으로 조사되고 있으며 결과적으로 북 주민이 '자본주의 내지 시장경제를 갈구하고 있다'는 결과[51]가 제시되고 있음에도 불구하고 한반도의 통일이 이렇게 일방적일 수 없다는 것은 진리에 가깝다. 남북 사이의 이분법적

50 한성훈, 『인민의 얼굴: 북한 사람들의 마음과 삶』, 돌베개, 2019, 108쪽.

51 김병로, 『북한, 조선으로 다시 읽다』, 서울대학교출판문화원, 2016, 334쪽.

선호가 한반도의 통일과정에서 결코 적용될 수 없는 구조라는 것은 지금까지의 남북관계 그리고 북한이탈주민들의 생생한 증언들로부터 확인되기까지 한다. 그럼에도 '한쪽에 자유민주주의·개인주의·합리주의·근대지향·가족행복·자유 등을 설정하고, 다른 한쪽에 사회주의·집단주의·전통지향·국가주의·평등' 등을 설정[52]하는 이분법적 도식구조는 남북의 가치체계에 대한 연구에 있어서 여전히 막강한 힘을 얻고 있는 실정이다.

하지만 인간의 이성, 감정과 태도 등의 지향성이 내재되고 따라서 특정 사회의 보편적 이념과 정서, 생활문화적 특성이 집약되는 가치체계는 이분법적 도식으로 평가할 수 있을 만큼 단순하지 않다. 더군다나 남한주민에 대해 느끼는 북한이탈주민의 친밀감 90.6%와 북한이탈주민에 대한 남한주민의 친밀감 29%의 괴리감이 존재한다는 연구결과[53]가 증명하듯 남북 구성원들의 가치체계는 굉장한 민감성과 복잡성을 갖는다. 따라서 북 가치체계의 이해와 그 충돌가능성에 대한 예측들은 남북 통합의 실현을 위한 필수적 요소라는 점을 기억해야 할 필요가 있다. 특히 남쪽으로 이주 이후 진행되고 있는 북한이탈주민들의 행위 주체성은 중요한 분석 대상이자 남북의 통합을 직접적으로 수행하는 역량 그 자체가 된다.

실제로 위에서 살펴봤듯이 '먼저 온 미래', '먼저 온 통일'은 자기 나름의 주체성을 고유한 방식으로 실현해 가고 있었다. 그것이 적대적인 이데올로기로 영향을 받고 때론 모순적이고 이중적으로 표현되고 있을지라도 남북의 가치충돌과 그 대안제시가 지속적으로 수행되고 있는 것이다. 따라서 "주체사상에 세뇌된 인민들은 스스로 사유할 수 있는 능력을 박탈당

---

52 채정민·이종한, 「심리학적 관점에서의 남북한 문화이질성: 북한이탈주민의 심리적 적응을 중심으로」, 『한국심리학회지: 사회문제』 10-2, 한국심리학회, 2004, 83쪽.

53 서울대학교 통일평화연구원, 『북한주민 통일의식 2016』, 2017(김종원, 「북한이탈주민의 재이주: 남한주민의 정치 인식을 중심으로」, 『글로벌정치연구』 12-1, 한국외국어대학교 글로벌정치연구소, 2019, 51쪽).

했다."[54]와 같은 인식은 현실에서도, 이론에서도 받아들여질 수 없다. 이미 그들은 북한사회의 급격한 변화에 직면하게 된 1990년부터 지금까지 30여 년 정도의 기간을 "매우 능동적으로 자신의 삶을 주도해 나가는 데 필요한 시도를 다각적으로 추진"[55]해왔다. 가장 중요한 것은 그들의 삶과 우리들 삶의 소통은 피할 수 없는 과정일 것이며, 그렇다면 이것을 어떻게 만들어가야 할지를 먼저 물어야 한다는 것이다.

북의 가치체계 그리고 그에 기반한 남북 가치충돌의 가능성을 선제적으로 검토하는 것은 한반도의 통합과정에서 발생할 수 있는 다양한 충돌과 갈등을 예측할 수 있게 해준다. 부부관과 관련해서 발생할 수 있는 남북의 이데올로기적 갈등과 해소과정은 이미 또 다른 젠더갈등을 포함하고 있으며, 부모-자녀관을 통해 발생하는 자본주의적 생활양식에 대한 비판과 대안적 재구성은 탈북가족 내 세대갈등을 통해 전유되고 있었다. 친족관에서는 혈연적 연대감과 정서적 유대관계라는 극복들이 제시되면서도 동시에 사회문화적 소외감이 중첩되고 있었다. 이런 점에서 다른 사회와의 소통과 연대를 위해 상대가 되는 그 사회(구성원)의 총체적 삶의 맥락을 이해하는 것은 필수라고 할 수 있다.

결국 다시금 되돌아오는 지점은 '포스트 통일' 시대의 낯선 이들과 평화로운 공존을 위해서 우리사회가 준비해야 할 것은 무엇인가라는 기본 질문이다. 한반도 분단체제가 정치이념과 제도의 적대성이 아닌 한반도 구성원들의 내밀한 가치와 신념 등을 자양분으로 삼아 유지되어왔던 점을 상기한다면 남북 가치체계를 비교하고 그 충돌가능성을 진단하며 대

54 김기봉, 「북한에 대한 일상사연구의 가능성과 의미」, 박순성·홍민 엮음, 『북한의 일상생활세계: 외침과 속삭임』, 한울아카데미, 2010, 116쪽.

55 김석향, 「1990년 이후 북한주민의 소비생활에 나타나는 추세 현상 연구: 북한이탈주민의 경험담을 중심으로」, 『북한연구학회보』 16-1, 북한연구학회, 2012, 208쪽.

안들을 모색하는 다양한 시도는 그 자체로 분단체제 극복을 위한 시도가 된다. 그런데 남북의 가치충돌은 이미 현실로서 작동하고 있지만, 동시에 이로부터 북의 가치체계에 대한 단편적이고 왜곡된 이해, 그에 상응하는 가치와 이념들에 대한 남쪽의 비교우위적 시선, 그리고 가치충돌의 양상을 둘러싼 표상적인 연구와 이해방식 등이 확대되고 있다. 이런 점에서 중요한 것은 남북의 가치충돌 양상을 남북 사회통합을 위한 기초자료로 삼아 그것들을 다양한 영역에서 활용하는 것이다. 이러한 과정을 통해서만 통일한반도의 새로운 가치체계의 모색과 실현이 가능해질 것이기 때문이다.

남북의 가치충돌 양상에 대한 예측적 연구 2
: 사회공동체

박영균

1. 들어가며: 남북 가치충돌 양상 연구의 난점과 방법

'통일 이후, 남북의 가치충돌 양상에 대한 예측적 연구'는, 독일 통일이 보여주듯이 체제통합 이후 30여 년이나 지속했던 사회문화적 충돌, 특히 "분단으로 인해 생긴 낯섦"과 "동독인들에게 서독의 가치를 일방적이고 전면적으로 강요하는 이질적인 것의 지배라는 문제"[1]에 대처하기 위해 지금부터 연구되어야 할 과제다. 나의 시선 속에서 타자의 낯섦, 이질성을 재단하는 '문화적 폭력'은 내가 폭력인지조차 의식하지 못한 상태에서 행해지기 때문에 무엇보다도 먼저 그것이 '가시적인 것'으로 초점화되어야만 예방할 수 있다. 따라서 남북의 체제가 통합되기 이전에 이를 밝힘으로써 '초점화'하는 연구가 진행되어야 한다. 하지만 이런 연구는 쉽지 않다. 연구의 특성상 현실적으로 수행하기에 어려운 정치적이고 사회적

1 김누리 편저, 『머릿속의 장벽』, 한울, 2006, 54쪽.

인 장벽 및 인식론적 어려움을 가지고 있기 때문이다.

첫째, 포스트 통일이라는 관점에서 체제통합 이후 본격화될 남북의 가치충돌 양상을 연구하고자 한다면 남·북 가치관이 각각 무엇인지를 먼저 밝혀야 한다. 하지만 남·북 가치관 각각을 규명하는 작업은 쉽지 않다. 두 가지 이유 때문이다. 하나는 북쪽 사람들이 가진 가치관을 우리가 직접 연구할 수 없다는 점이며 다른 하나는 사람들의 가치관이 매우 다양한데, 이를 남이나 북의 가치관으로 일반화할 수 있는가의 문제가 있다.[2] 그런데도 이는 연구 자체가 불가능한 것은 아니다. 연구에는 직접적인 연구 이외에도 간접적인 방식이 있으며 남·북의 가치관에 대한 일반화도 모든 개인이 가진 생활 태도 및 가치관을 가리키는 것은 아니기 때문이다.

그렇기에 문제는 이런 장벽이나 어려움 때문에 연구를 포기하는 것이 아니라 오히려 이런 간접적인 연구 방식이 지닌 한계로 인한 왜곡이나 굴절을 끊임없이 재확인하면서 연구 결과를 자기 비판적인 성찰을 통해 수정·보완하는 작업을 반복하는 것이다. 또한, 남·북의 가치관이라고 일

2 이 문제는 북쪽보다 남쪽이 훨씬 더 어렵다. 북쪽은 정치화된 이념적 국가이기 때문에 비교적 생활 세계와의 간극이 적지만, 남쪽은 국민이 대표자를 선출하는 대의제 국가이기 때문에 복잡다단한 이해관계가 충돌하는 생활 세계와의 간극이 크다. 그래서 "한국인의 의식이나 가치관의 경우는 그 실체를 파악하기가 매우 어렵다"(김종철, 「한국어교육에서 한국문화교육의 쟁점과 전망」, 『국어교육』 133, 한국어교육학회, 2010, 345쪽)고 하거나 "한국인들이 지역, 세대, 성별, 직업, 재산 등의 차이에 따라 너무나 다른 가치관과 행태를" 보이기 때문에 "모든 한국인들이 공유하는 절대적인 가치관은 없다고 해도 과언이 아니다"라고 주장한다(조용호, 「외국인을 위한 한국문화교육, 무엇을 어떻게 가르칠 것인가?」, 『한국고전연구』 29, 한국고전연구학회, 2014, 10쪽). 반면 북쪽은 국가가 완전히 이데올로기적으로 세뇌하는 국가이기 때문에 국가담론=사람들의 가치관이라는 식으로 보는 경향이 있다. 하지만 이것은 가치관을 관념적이고 이데올로기적 형태로만 보거나 남쪽의 관점에서 북쪽을 보기 때문에 발생하는 오류다. 이데올로기는 언제나 물질성을 가지고 있다. 이때의 물질성은 우리의 생존과 생활 전반을 장악하고 있는 자본-임노동과 같은 생존적 조건들이다. 따라서 남쪽은 북쪽과 다르지만, 경제 권력이 정치 권력을 압도하며 자본이 일상을 지배하는 사회로서, 이런 물질성에 의해 생산되는 가치들의 체계가 존재한다.

반화한 것도 고정불변하거나 본질주의적인 것이 아니라 현재 남·북에 사는 사람들이 가진 지배적인 가치나 관계 및 생활 태도의 흐름, 추이이기 때문에 우리는 그 변화를 반복해서 반영하는 연구를 반복적으로 수행해야 한다. 특히, 이와 관련해 남·북의 가치관을 일반화할 때, 가장 많이 범하기 쉬운 오류는 남·북 사회의 상징자본을 독점하고 있는 국가담론을 그대로 남북의 사람들이 가진 가치관으로 규정하는 것이다.

어느 사회에서든 국가담론이 생활세계를 완전히 장악할 수는 없다. 국가담론을 수용하는 사람은 로봇이 아니다. 그들은 자신에게 유리한 방식으로 국가담론을 비틀거나 변용한다. 또한, 그들이 사는 삶의 관계나 물질성이 변화하면 일상을 살아가는 사람들의 생활방식이나 태도, 인식도 변할 수밖에 없다. 따라서 둘째, 남북의 가치충돌 양상에 관한 연구는 남북이라는 2차원적 평면의 대립으로 환원될 수 없으며 남-국가담론/생활세계 대 북-국가담론/생활세계라는 3차원의 입체적 조합이 될 수밖에 없다. 그러나 통일 이후 남북의 가치충돌 연구는 여기서 멈추어서는 안 된다. 어떻게든 3차원의 입체적 조합을 통해서 대강의 그림을 그려내더라도 남과 북쪽 사람들이 막상 일상을 함께 할 때, 남·북 간의 차이와 대립들이 모두 사회적 충돌로 비화하는 것은 아니기 때문이다.

어떤 생활 태도나 가치관은 간극의 폭이 크고 대립적임에도 불구하고 생각보다 쉽게 변화하거나 서로를 맞추어 가기도 한다. 하지만 어떤 생활 태도와 가치관들은 그렇지 않다. 또한, 지금 보면 매우 강력한 것처럼 보이는 것도 실제로는 쉽게 변하기도 한다. 그렇기에 예측적 연구는 3차원의 입체적 조합 이외에도 이들 중에서 어떤 것이 통일 이후 사회적 갈등을 유발하는 가치충돌이나 문화적 폭력으로 비화할 것인지를 보여주는 연구 대상 선택이 중요하다. 이 경우, 남북의 가치충돌 양상에 대한 예측적 연구에 가장 좋은 연구대상은 남·북 사람들이 만나서 일상을 함께 하는 경우들이다. 하지만 현재 상황에서 이런 연구대상은 존재하지 않는다.

최근 남북관계가 진전되면서 다양한 접촉지대들이 생겨나기는 했지만, 개성공단조차도 일상을 함께 하는 공간은 아니다. 일상의 차원에서 본다면 개성공단이나 제3지대 보다 현재 남쪽 사람들과 일상을 함께 하는 '탈북자'들이 낫다. 물론 한계는 있다. 탈북자들은 경제적이든 정치적이든 간에 북을 떠나 남쪽으로 왔다는 점에서 이산의 상처로 인한 북에서의 생활 및 가치들에 대한 과도한 부정 또는 향수를 가질 수 있으며 자본주의 체제가 지배하는 일상의 공간을 살아가기 때문에 그 적응 과정에서의 상처로 인해 남쪽 생활을 객관화하지 못할 수도 있다. 그런데도 탈북자들은 남쪽 사람들과 일상 속에서 다양한 사회적인 관계 맺기를 한다는 점에서 가치충돌의 양상을 보다 직접적으로 확인할 수 있다는 장점이 있다.

이 글은 지난 3년간 진행된 프로젝트, "통일 이후, 남북주민의 가치충돌양상에 대한 예측적 연구: FGI 방법을 활용한 북한이탈주민의 가치관 분석"을 토대로 하여 작성된 것으로, 이미 이전에 발표된 연구를 전제로 하고 있다. 앞에서 밝힌 것처럼 '남북의 가치충돌 양상에 대한 예측적 연구'는 남북이라는 2차원적 평면의 대립이 아니라 남-국가담론/생활세계 대 북-국가담론/생활세계라는 3차원의 입체적 조합을 필요로 한다. 이에 본 연구는 기존에 발표된 「북의 국가담론: 봉건적 가부장에서 젠더화된 민족국가로」(2020), 「북의 생활세계에 나타난 가치관의 균열과 변화양상 연구 2: 사회공동체」(2021)를 전제로 하여 논의를 전개하고 있다.[3]

또한, 가치관 전체를 하나의 논문에서 다룰 수 없으므로 분업에 기초한

3 박영균, 「북의 국가담론: 봉건적 가부장에서 젠더화된 민족국가로」, 『시대와 철학』 31-4, 한국철학사상연구회, 2020; 박영균, 「북의 생활세계에 나타난 가치관의 균열과 변화양상 연구 2: 사회공동체」, 『통일인문학』 87, 건국대학교 인문학연구원, 2021.

협업적 연구가 필요하다. 이 글에서도 선행 연구들과 마찬가지로 가치관 중에서도 사회공동체라는 범주 아래에서 '사제관', '우정관', '직업관'만을 다루고 있다. 그렇기에 연구 방법으로 사용한 'FGI'에서 진행한 대상자 명단과 인터뷰 일정 및 진행방식은 이전과 같다.[4] 다만, 인터뷰 중에서 '가치충돌의 예측적 연구'라는 주제에 맞춰 진행된 인터뷰 내용, 즉 남쪽에 와서 느낀 충격이나 경험, 어려움 및 그들의 생각하는 남북의 차이와 장단점 등을 주요 연구대상으로 삼았다는 점에서 이전과 다르다.

2. 남북 사제관의 차이와 변화추이 및 가치충돌의 양상들

오늘날 교육은 '국민교육'이다. 그렇기에 교육의 목적 및 가치, 내용에서 가장 강력한 힘을 행사하는 것은 국가이며 국가는 이런 교육제도들을 통해서 상징자본의 독점체로서 자신의 힘을 행사한다. 따라서 사제관에 가장 많은 영향을 미치는 것은 남이든 북이든 그 국가가 요구하는 교육의 목적 및 가치와 제도적 편제, 교과 내용 등이라고 할 수 있다. 게다가 국가가 요구하는 교육은 기본적으로 그 사회의 정치, 경제체제에 부합하는 인재를 길러내는 것을 목표로 한다. 따라서 남은 자본주의체제에 맞는 방식으로, 북은 사회주의체제에 맞는 방식으로 기술과 지식, 인성을 부여하고자 한다.

하지만 남·북의 국가담론이 공식화하는 가치체계에는 정치, 경제체제만 반영되는 것이 아니라 각 국가가 처한 특수한 상황과 전승되어 온

4 사제관·우정관·직업관별 인터뷰 집단 구성방식 및 참여자의 명단은 이미 앞선 발표 논문에 밝힌 바 있어서 분량상 이로 대신한다(박영균, 「북의 생활세계에 나타난 가치관의 균열과 변화양상 연구 2: 사회공동체」, 『통일인문학』 87, 건국대학교 인문학연구원, 2021, 50~53쪽).

역사-문화 양식들을 포함하고 있다. 이런 점에서 남·북은 역사적으로 전승된 전통문화와 관습적인 가치체계들을 공유하면서도 각기 자신의 역사적 특수성 및 상황에 맞추어 이를 각기 다른 방식으로 변형하거나 전유한다. 게다가 냉전체제에서의 분단은 남방삼각 대 북방삼각이라는 동서냉전 및 미/중이라는 세계체제의 대립축과 긴밀하게 결합하여 있다. 따라서 남·북은 이런 세계체제에서 각기 나름의 건국과 통치의 역사를 반영하는 국가담론을 만들고 이를 교육과정에 투여함으로써 '국민-만들기'를 수행해왔다.

물론 남북은 분단 이전까지 같은 전통을 공유하는 민족공동체였다. 그렇기에 그들 모두 '유교'에서 '군사부일체(君師父一體)'라는 덕목을 가져온다. 하지만 이것은 봉건적 가치관의 단순한 반복 또는 재판(再版)이 아니라 각 국가의 통치양식에 맞는 국민-만들기의 차원에서 불러온 것이다. 북에서 군사부일체는 사회주의 대가정론을 따라 구축된 젠더화된 국가의 유비적 상징으로서 아낌없이 사랑을 베푸는 존재인 '어머니=스승'과 어머니를 절대적으로 믿고 따르는 '자식=제자'의 관계로 덕목화한 것이라며 남쪽에서의 군사부일체는 각 개인이 사회에서 성공하기 위해 자신의 실력을 길러야 하는데, 그런 실력을 가르치는 '스승'과 가르침을 따르는 '제자'의 관계로 덕목화한 것이다.

하지만 이런 전통적 사제관은 한국의 경우, 1980년대 중반 자본주의의 실질적 포섭과 정치적 민주화를 거쳐 신자유주의 지구화 속에서, 북은 1990년대 중반 고난의 행군을 거치면서 해체되기 시작했다.[5] 물론 전통적 사제관이 완전히 무너진 것은 아니다. 하지만 남과 북 양자 모두에게서 사제관은 정(情)적이고 개인적인 친밀성의 관계에서 이해 중심적인 관

---

5 박영균, 「북의 생활세계에 나타난 가치관의 균열과 변화양상 연구 2: 사회공동체」, 『통일인문학』 87, 건국대학교 인문학연구원, 2021, 59~60쪽.

계로 변해가고 있다. 남쪽은 1980년대 중반을 거치면서 자본 권력이 정치 권력을 압도하기 시작하면서 교육 자체가 기업에 하위 편제되었고, 북도 고난의 행군 이후 국가의 물적 기반이 무너지면서 경제 자본을 중심으로 하는 학교 권력의 재편 및 교사의 경제난 타개를 위한 시장편입, 사교육 등 교육의 시장화가 진행되고 있다.

그런데도 남·북의 시장화는 질적인 차이를 가지고 있다. 북쪽에서는 국가의 정치 권력을 중심으로 하면서 시장화라는 균열이 진행되고 있는 반면에, 남쪽에서는 1990년대 이미 시작된 교육의 신자유주의화를 통해서 학교 교육 자체가 완전히 상품화되었기 때문이다. 완전히 상품화된 교육시스템에서 선생과 제자의 관계는 교육 서비스를 제공하는 생산자와 이를 소비하는 소비자의 관계일 뿐이기에 인성과 품성의 함양은 교육의 핵심이 아니다. 오히려 교육의 주목적은 자기 노동력의 가치를 고품질로 극대화하는 것이다. 그렇기에 탈북자들이 남쪽에 와서 가장 충격적으로 느끼는 것도 선생에 대한 무례한 태도와 인성교육의 부족이었다.

하지만 남·북 교육 및 사제관의 차이에는, 이 이외에도 남·북 체제의 교육시스템이나 환경의 차이가 낳은 것들도 있다. 학생의 진학 및 진로가 북에서는 국가에 의해 결정되고 인력이 배치되는 국가화된 교육시스템이라면 남쪽에서의 진학 및 진로는 개인의 선택이며 그 결정은 개인들 간의 경쟁을 통해 이루어진다. 그렇기에 구술자들은 남쪽 교육이 매우 치열한 경쟁 중심이라면 북쪽 교육은 국가가 모든 것을 해주는 교육이라고 하면서 남쪽 교육의 장점은 학생들이 경쟁에서 이기기 위해 각자 열심히 공부하는 반면 단점은 너무 치열한 경쟁으로 인해 부모가 아이들을 도와주거나 사교육에 지나치게 의존하는 것이라고 말했다.

특히, 한 구술자는 '학종(학생부종합전형)'을 돈으로 스펙을 쌓는 것으로, 형평성에 문제가 있다고 말하면서 폐지를 주장하기도 했다(1차 인터뷰, 김

○환). 심지어 드라마 '스카이캐슬' 이야기를 하면서 남쪽에서의 지나친 교육열은 자식 사랑이라기보다는 자식을 자신의 자랑거리, 보여주는 대상으로 사물화하는 것이라고 비판하는 구술자도 있었다. "자기 자식을 사랑이 아니라, 그냥 자기 자식이 아니라 나의 그 자랑, 아니면 나의 무슨 권력, 나의 권위를 생각하는 것 같아서. … 근데 그냥 그럴 때마다 그냥 보면서 자식이 아니라 물건처럼 생각하는 게 아닌가 싶더라고요. 어차피 될 사람은 높게 되지만, 안 될 사람은, 그 억지로 하게 되면 중간 삐끗해서 잘못 나갈 텐데. … '드라마니까 저렇지 실제로 저런 일, 있겠어' 했는데, 있더라고요."(1차 인터뷰, 김○경)

하지만 그렇다고 이들이 남쪽의 교육 및 사제관에 대해 비판적이고 배타적이기만 한 것은 아니다. 북쪽 사람들이 남쪽에서 겪는 가치충돌의 변화양상은 '수용', '거부', '동요'로 나타나는데, 이는 사람마다 차이가 있음에도 일정한 경향이 있고, 이때 결정적 요인은 '그것이 어떤 가치나 태도, 행동방식인가'였다. 첫째, 남쪽 사람들이 남북통일 이후 가장 극심한 충돌을 일으키리라 생각하는 북의 우상화나 체제 이데올로기[6]는 실제로 큰 충돌을 유발하지 않았다. 이들은 남쪽에서는 북쪽처럼 '우상화 교육'이 없다는 점을 매우 긍정적이었으며, 심지어 북쪽의 우상화 교육을 조롱할 정도로 좋아했다.[7] 따라서 우상화 교육이나 체제 이데올로기는

6 이런 생각은 기본적으로 북 사회를 세뇌 때문에 총체적으로 지배되는 사회라고 생각하는 남쪽의 편견에서 나온 것이다. 그러나 북 주민들에게도 자율성이 있으며 남쪽과 같은 공통의 가치기초가 있다(전태국, 『사회통합과 한국 통일의 길: 내적 장벽을 넘어서』, 한울, 2013, 89~90쪽).

7 "사회주의에서는 아우, 정말 공부할 때마다 그 경애하는 위대한 수령, … 그런 거 전혀 없이, … 전공만, 공부만 잘하면 되고, 이런 장단점은 최고로 좋았었고"(3차 인터뷰, 김○연) / "최○철: 여기 교육의 장점은 내 생각엔 사상 과목이 없어서 좋은 것 같아요. 우리 북한 교육은 이 사상 교육이 육십 프로 칠십 프로? / 이○혜: 거의. / 김○화: 거의 다 거기지. / … / 이○혜: 요즘은 두 명이 더 붙어 나가지고 힘들다고 하대요. 김정은이 나왔지, 그 부인인지 뭔지. / … / 함○정: 아이고 세대가 더

통일 이후, 남북 가치충돌을 유발하는 중요한 요인이 되지 않을 것으로 보인다.

둘째, 이들은 남북한의 장단점에 대해서도 자기 나름의 판단을 통해서 남쪽의 장점을 적극적으로 수용하는 태도를 보였다. 예를 들어 북쪽의 국가화된 교육시스템은 아이들의 공부를 추동하지 못하지만, 남쪽은 거세게 공부를 시켜 개인을 발전시킨다고 말한다. "한국은 개인적으로, '아, 내가 무조건 공부를 해야 한다'라는 의욕이 있는데, 북한은 그런 게 없어요."(이○림) / "북한에서는 공부를 해서, 약간 어떤 친구는 필요 없다는 그런 게 되게 많아요. 그, 그래 가지고, 친구들, 공부 안 하는 애들 많고, 뭐 군대나 가고 말지, 뭐. 이렇게 애들이 생각하고, 그렇기 때문에 공부를 열심히 안 하는 게 단점이고, 그리고 빡세게 시키니까 할 수밖에 없잖아요. 공부를 열심히 해야 자기 노력한 것만큼 할 수 있고, 그렇게 해야 그래도 좋은 대학 가고, 뭐 그런 직업도 가질 수 있으니까."(맹○심, 1차 인터뷰)

하지만 셋째, 이들은 남쪽의 변화된 교육 환경 때문에 가치관의 동요나 혼란을 겪기도 한다. 이 경우, 가치충돌은 어느 한 편으로 귀결된다기보다는 분열, 분화의 과정을 겪는 것으로 보인다. 대표적으로 전통적인 사제관이나 경쟁 위주의 교육을 보는 데에서 그러했다. 구술자 중에는 이를 받아들이면서도 혼란스러워하거나[8] 이를 두고 자기들끼리 의견이 갈려

갈수록 늘어나는 거지."(2차 인터뷰)

8 "자유주의다 보니까 애들이 자유롭잖아요. 그러다 보니까 어떤 애들은 정말 올바르게 크지만, 이렇게 버릇이 없어지고 욕하는 거에 죄책감이 없어요, 애들이. … 선생님 뒤에서 욕하는 것이 나쁜 거지만 안 들으면 사람이 상처는 안 받잖아요. 근데 너무 앞에서 대놓고 욕하고 그러는 게."(1차 인터뷰, 김○경) / "저, 자녀 자식 있는데 6살인데, 그 학교 어린이집 보내면서 보니까 와, 저 어머니들이 교육열이 장난이 아니더라고요. … 북한에서는 저만 잘하면 되는데, 여기에서는 저만 잘하는 게 아니라, 자식을 쫓아다니면서 해야 되는 이런 거."(3차 인터뷰, 김○연)

쟁론을 펼치기도 했다.[9] 그럼에도 불구하고 이들이 북쪽과 비교해서 남쪽 교육에 대해 가장 아쉬워하는 것은 성적 중심의 극단적인 경쟁과 공동체적 협력 또는 인간적인 관계가 부족하다는 점이다.

북에서는 선생님이 성적과 상관없이 학생들 각각을 지도하고 공부 잘하는 학생과 못하는 학생을 묶어서 협력적 파트너십을 만들어주는 반면 남쪽에는 성적 위주의 극한적인 경쟁이 이루어지기 때문에 개별 학생들이 자신의 실력을 키울 수 있지만 인간적이지는 못하다는 것이다. "저는 개인적으로는 선생님 교육의 퀄리티나 뭐, 그런 거는 한국이 당연하게 높은데, 북한의 약간 좀 좋다고 봐야 되나? 어쨌든 뭐, 장점이면서 단점일 수 있는데, 약간 조직 생활의 문화? 그래서 약간 조직 생활을 통해서 친구 간의 유대가 좀 더 강화되고. 한국에서는 사실 수업 끝나면 바로 뭐 학원을 가거나, 뿔뿔이 다 흩어지잖아요. 사실 북한은 아침부터 저녁까지, 사실, 친구들하고 같이 공부도 하지만, 또 같이 뭐, 체육활동 이런 것도 즐기고, 또 같이 뭐, 사회활동, 그건 좀 반강제적이지만, 그런 걸 통해서 일단은, 뭔가 친구 간의 유대관계가 강화되고, … 또 학생들도 선생님의 권위에 존중할 줄 알고. 한국에서도 좀, 그런 게 좀 필요하다고 생각되는 것 같아요."(3차 인터뷰, 김○현)

9 "이○혜: 좋은 것 같아요. 저는. 존엄이 없어지지만 좀. / 최○철: 아니 그러니까, 선생님에 대한 그런 거가 너무 어떻게. / 이○혜: 그러니까 선생님에 대한 존엄이 너무 손실된 거는 맞는데. / 최○철: 그러니까 어떻게 선생님이 자기 존엄이 다 떨어졌는데 교육하면 어떻게 제대로. / 이○혜: 존엄 떨어지더라도 선생님이 잘 가르치면 존경을 받을 수밖에 없죠. 선생님이 나쁜 짓을 안 하고 안 하면야. 뭐, 어떤 나쁜 놈이 그 사람을 모해하지 않는 이상은."(2차 인터뷰)

3. 남북 우정관의 차이와 변화추이 및 가치충돌의 양상들

위의 인터뷰가 보여주듯이 남북 가치관의 충돌이 보여주는 것은 '개인주의 대 집단주의'라는 평면적인 대립이 아니다. 표현은 '조직 생활'이지만 핵심은 '공동체적 성격' 또는 '인간적 유대'다. 이것은 북의 정치문화에 기인한 것이지도 하지만, 생활 세계의 차원에서 보면 북쪽에서의 일상생활이 개인적인 삶과 공적인 삶이 통합된 자족적 도시(self-sufficient city)라는 공간적 특성을 가진 곳에서 이루어지기 때문이기도 하다. 여기서는 자기가 먹고 자는 집 근처에 학교와 직장, 상업시설이 배치되어 있기에, 이들 대부분은 태어난 곳에서 함께 학교에 다니고 직장생활을 하며 소비와 여가생활을 즐긴다.[10] 그렇기에 북의 사회주의 대가정론이나 젠더화된 국가 이데올로기는 이런 삶을 물질적인 토대로 가지고 있다.

북의 국가담론이 요구하는 우정관도, 어머니-자녀와 같은 사제관이 그러하듯이 아버지 수령과 어머니 당, 자녀로서 인민들 사이에서 맺는 혁명적 동지의 관계로 형상화된다. 여기서도 기본적인 유교적 관념인 친구간의 믿음(信)과 의리(義)라는 덕목이 출현한다. 하지만 그것은 사람들이 쉽게 판단하듯이 봉건적인 것이 아니다. 그것은 '사회정치적 생명체론'을 따른 정치적인 의미에서의 수령을 중심으로 한 믿음과 의리다. 따라서 북쪽의 국가담론이 요구하는 우정관은 국가가 요구하는 정치적 관계가 개별적인 친밀성을 지배한다. 하지만 개인들 간에 자연스럽게 우러나오는 친밀성은 사라질 수 없기에 탈북자들이 '호칭'에서 겪는 혼란이나 어려움처럼 균열은 필연적이다.[11]

---

10 사회주의 도시로 설계된 북쪽 도시와 북쪽 도시들의 특징에 대한 논의는 박영균, 「통일의 녹색비전과 남북의 생태도시협력」, 『시대와 철학』 28-1, 한국철학사상연구회, 2017, 92~97쪽을 참조하시오.

11 박영균, 「북의 생활세계에 나타난 가치관의 균열과 변화양상 연구 2: 사회공동체」,

하지만 남쪽에 온 이들이 겪는 혼란과 어려움은 이런 균열과 착종되면서 더욱 강한 정서적 반응을 낳는다. 예를 들어 다음의 사례처럼 북에서의 '동지', 또는 '동무'라는 호칭에 잠재된 정치적 과잉화에 대한 거부감은 거꾸로 남쪽 호칭인 '친구'라는 호칭에 대한 과잉 의미화를 불러오기도 한다. "네, 동무는 너무 많아요. 한 학급도 다 동무구요, 어쨌든, 동무는 흔해요. 그런데 친구는, 이렇게 딱 집어서 이렇게 특정한 인물, 자기 친구, 이렇게 볼 수 있죠. 다 친구가 아니거든요. 다 동무는 동무지만, 친구는"(5차 인터뷰, 민○남). 하지만 남쪽에서도 '친구'란 호칭은 반드시 고유한 대상을 지칭하는 데에만 사용되는 것은 아니다. 따라서 이것은 북쪽 동무가 남쪽 친구보다 인간적으로 친밀하지 않다거나 정치적이라는 것을 의미하지 않는다. 이것은 북에서의 정치적 억압성 때문에 '동무'라는 호칭을 회피하고 남쪽에서 새롭게 배운 '친구'라는 호칭을 통해서 더욱더 깊고 친밀한 관계 맺음에 대한 욕망을 드러낸 것이다.[12]

실제로, 구술자들은 내밀하고 깊은 관계를 맺고자 하는 욕망이 강렬한데도 남쪽에서 친구관계를 맺는데 힘들어하며 북쪽에서 살 때의 친구들을 노스텔지어적으로 회상하기도 한다. "친구, 이게, 한국에 와서 아직, 이제 북한에서는, 저는 친구 복(福)이 있어서 많은 친구들하고 관계가 있고, 정말 힘들 때마다 토론도 하고, 도움도 받았는데, 한국에 오니까 정말 힘들어요. 이거, 이게, 교회댕기면서 우리 다 친구들이 교회도 댕기고, 뭐. 하나님 만나 가지고 다 친구가 됐는데, 아이 뭐. 근데 이거, 세상의

『통일인문학』 87, 건국대학교 인문학연구원, 2021, 63~65쪽.

12 "조○일: 그러니까 친구라는 말은 정말 가까운 친구, 허물없이 대화할 수 있는 게 그게 친구고, 동무란 말은 좀 중간에 뭐가 있죠. 뭐가 있어갖고 거기서 컨트롤하는 거죠. 뭐 누구 동무하면은 동무하면서 내가 약간 거리가 있는 거죠. / … / 송○올: 친구라고 하면 그저 뭐 이렇게 내 머리에 생각나는 거 아무 생각 없이 말할 수 있는 게 친구라고 보면, 동무라는 건 이게 정치적 선이 있어 가지고 그 선을 넘지 않는 한 안에서 이렇게 말하고. 이야기야."(4차 인터뷰)

친구하고, 또 달라요. 너무나도 힘들어요."(4차 인터뷰, 송O울) 그렇다면 이들은 왜 이렇게 남쪽에서 친구관계를 맺는데 힘들어하는 것일까? 인터뷰에 드러난 이유는 다음의 세 가지이다.

첫 번째는 또래 집단이 관계를 형성하는 놀이 문화나 관계 맺음의 방식에서 드러나는 '문화적 차이'라고 할 수 있다. 하지만 이것은 남·북이라는 체제 차이에서 나타나는 문화적 차이라기보다는 PC, 모바일과 같은 기술적 생활환경의 차이이다. 북쪽이 주로 신체적인 활동이나 직접적인 접촉을 통해 관계를 맺는다. 하지만 남쪽은 비대면적인 활동이나 간접적인 접촉을 통해서 관계를 맺는데, 1990년대 이전까지 남쪽도 그랬다. 북쪽 친구들은 신체적으로 격한 부딪힘이 있어도 잘 참는다. 하지만 남쪽 친구들은 그렇지 못하며 북쪽 친구들은 밖에 나가 축구를 하지만 남쪽 친구들은 PC방에서 게임을 한다(5차 인터뷰, 조○명). 심지어 북에서는 아직도 패싸움을 하는 친구들이 있다. 하지만 구술자들에 따르면 지역마다 다르며 이것도 점차 변해가는 것으로 보인다(6차 인터뷰, 주○빈, 심○경, 김○혁).

두 번째로, 탈북자들이 느끼는 어려움은 남쪽의 개인주의적이고 이익중심적인 관계들이다. 이들은 더치페이와 외교적인 인사말을 대표적인 사례로 들었다. 그러나 더치페이의 경우, 어느 한 사람에게 일방적인 부담을 주는 것을 피하기 위한 행위로 볼 수 있으며 '가식'의 경우에도 상대방에게 호감을 표현하기 위한 말로 볼 수 있다. 그런데도 그들이 여기서 느끼는 정서는 정이 없는 삭막한 '개인주의'와 진실성 없는 '가식'이다. 5차 인터뷰를 진행했던 김○복은 단적으로 "계산적이라고, 계산적이라고 봐요."라고 말하며 김○연은 "딱 그 자리에서 경계를 긋는 것 같았어요. 그래서 다음에는 다시 밥 먹기가 꺼려지는"라며 부정적 정서를 그대로 표현했다. 또한, 6차 인터뷰를 진행한 김○우와 주○빈은 서로 아는 사이로, 주○빈은 형인 김○우가 지나가듯이 '밥 먹자'고 한 사례를 이야기하면서 "저 사람을 내가, 나를 원래 북한에서 지낸 사람 맞냐고, 진실을 담은 말이 한마디도 없는 거예요. 다 가식적으로, '오후에 봐'(라고), 한국 사람"이라는 식으로 비판하기도 했다.

하지만 이런 탈북자들의 태도를 남쪽 상황을 이해하지 못하는 북쪽 사람들의 지나치게 정(情)인 관계 맺음이나 도시화 되지 못한 삶의 방식에서 나온 것으로만 단정 짓는 것은 성급하다. 물론 이런 측면이 없는 것은 아니다. 하지만 고난의 행군 이후, 북에서도 '경제난'을 함께 이겨내면서 "합리적이고 타산적인 우정관"이 나타나고 있다. 즉, "무조건적 믿음과 의리, 헌신에 기초한 정적이고 정서적인 관계에서 자신의 생활을 스스로 꾸려가면서도 대등하게 만날 수 있는 개인들의 관계로 변화하고 있는 것"[13]이다. 게다가 구술자들도 만나고 싶은 친구로, '진실하고 뭐든 털어놓을 수 있는 사람'을 가장 많이 들지만 "책임감이 있는 사람"(4차 인터뷰, 최○경, 조○일), "경제적 관념이 있는 사람"(6차 인터뷰, 심○경)이라고 답하기도 했다. 따라서 그들의 거부감은 지나치게 정적이거나 순진하기에 나온 반응이 아니다.

그렇다면 무엇 때문인가? 남쪽의 인간관계가 주로 자본주의 체제에 맞춘 도구적이고 이기적인 계산에 근거한 타산적 관계이기 때문이다. 5차 인터뷰의 구술자들은 "이해관계가 없으면 잘 안 친해지는 것 같아요."(김○주)라며 인간관계가 '자본 중심'이라고 말하거나 입학 초기에는 친구처럼 생각했는데, 막상 나중에 보면 과제나 돈이 필요하면 연락을 한다(김○

---

13 박영균, 「북의 생활세계에 나타난 가치관의 균열과 변화양상 연구 2: 사회공동체」, 『통일인문학』 87, 건국대학교 인문학연구원, 2021, 68쪽. 이것은 지금보다 15년 전에 이루어진 연구에서도 확인되는 바이다. '동네 주민들이 점점 더 자기만 생각하는 개인주의적 경향으로 변해가고 있다'는 물음에 대해 93.2%(매우 그렇다 77.9%, 약간 그렇다 15.3%)가 동의하고 있다(전우택, 『사람의 통일, 땅의 통일: 통일에 대한 사회정신학적 고찰』, 연세대학교출판부, 2007, 152쪽).

명)고 말한다. 그렇기에 그들에게는 절대로 나쁜 감정을 표현하지 않거나 에둘러 표현하는 것들이 '외교적 가식'이고 뭔가 자신을 '경계'하는 태도(김○복)로 보이는 것이다. 게다가 그들 중 많은 구술자가 남쪽 사람 대신 북쪽 사람과 깊은 관계를 맺고 싶은데, 북에서 알고 지낸 친구들조차 여기 와서 변했다고, 이익을 중심으로 하는 사람들로 변했다고 탄식을 하기도 했다. 따라서 그들의 반응은 남쪽의 사물화되고 도구화된 인간관계가 만들어낸 것이라고 할 수 있다.

세 번째로는, '정치-종교적 관심'과 '공유기억의 부재' 및 '탈북자에 대한 편견' 또는 '남쪽식의 가치평가' 등이 있다. 6차 인터뷰를 진행했던 심○경은 남쪽 사람들이 정치-종교에 너무 민감하다면서 이것이 같지 않으면 친구가 될 수 없는 것 같다고 하자 김○우는 정치-종교적인 이야기를 했다고 심한 공격을 받았던 경험을 이야기하면서 동의를 표했다. 또한, 김○혁은 친구라면 공유하는 것이 있어야 하는데, 서로 성장한 사회적 배경과 과거 체험이 달라서 한계가 있다고 하면서 남쪽 친구는 북쪽 친구와 비교해 공감하기 어렵고, 그래서 남쪽 친구에게는 묻는 것에 대해서만 알려준다고 말하기도 했다. 하지만 이런 '정치-종교적 관심의 일치'와 '공유기억의 부재'는 이후, 예측 가능한 충돌 지점이기는 하지만, 개인적이거나 극히 실존적 문제로, 사회적 차원에서 해결할 수 있는 문제가 아니다.

이런 점에서 주목해야 할 갈등 지점은 '탈북자에 대한 편견' 또는 '남쪽식의 가치평가'다. 6차 인터뷰를 진행한 주○빈은 같은 반 학생 중 4명 정도가 "북한 사람은 뭐 싸움, 아무 사람이나 싸우고 잘하고, 무섭고 막, 그렇게 자기는 생각"한다는 말을 들었다고 하면서 남쪽 사람들이 북쪽 사람들에 대해 가진 편견에 분노했다. "북한 애들이 뭐라고 할까, 좀 직선적이잖아요. 북한 애들이랑 사람들이랑, 나쁘면 '뭐, 잘했어? 야, 너 왜 그래', 이렇게 하잖아요. 근데 남한 사람은 뭐 아무리 나빠도, 뭐 앞에서

'하하'거리다가 뒤에서 욕하잖아요." 그러면서 그는 부모와 자식 간에 믿지 못하는 남쪽 문화를 비판하면서 남쪽 아이 중 아빠를 "미퉁, 미충(모자란 놈)"이라고 욕한 것을 봤다며 남쪽 사람들은 도덕과 진실이 없는 사람들이라고 비꼬았다.

그러므로 주○빈은 북쪽 사람들이 싸움을 잘하고 무섭다고 생각하는 남쪽 사람들의 편견이 남쪽 사람들의 시각으로 북쪽 사람들의 행위방식이나 태도를 재단한 것처럼 거꾸로 뒤집어 북쪽 사람의 관점에서 남쪽 사람들의 행위방식이나 태도를 평가함으로써 남쪽 사람들이 하는 것과 똑같으로 되갚아주고 있다. 실제로, 남쪽 사람들이 가진 '호전적'이고 무서울 것이라는 이미지와 달리 북쪽 사람들은 일반적으로 '순박'하고 '단순'하며 '직선'적이다. 그렇기에 남쪽 사람들이 가진 도시풍의 세련됨은 북쪽 사람들이 가진 시골풍의 투박함과 대비적이며 이것이 북쪽 사람에 대한 편견을 생산한다. 하지만 겉보기와 달리 실제로 자기의 이익을 위해 타인과 경쟁하는데, 오히려 투쟁적이며 호전적인 것은 남쪽이다. 그런데도 남쪽 사람들은 북쪽 사람의 순박성과 투박함을 남쪽의 시각에서 보면서 그들의 순박성과 투박함을 '호전적'이고 '야만적'인 이미지로 바꿈으로써 그들을 '오리엔탈리즘'적으로 타자화하고 있다.

4. 남북 직업관의 차이와 변화추이 및 가치충돌의 양상들

에리히 프롬은, 특정 사회에 그 체제에 어울리는 "사회적 성격(social character)"이 있다고 하면서 그것은 그 사회의 경제체제에 근거한 생활양식에 부합하는 방식으로 형성된다고 말했다.[14] 그처럼 남·북의 사회적

14 "부모의 성격과 부모의 양육방식은 소속된 문화권의 사회구조에 의해 결정된다. 일반적으로 가정은 사회의 정신적 중재자다. … 어떤 사회계급이나 문화에 속한 구성

성격 형성에 가장 많은 영향을 미치는 것은 자본주의-시장경쟁체제에 근거한 생활양식과 관료적 사회주의-국유화된 계획경제체제에 근거한 생활양식이라고 할 수 있다. 그렇기에 남쪽 사람들이 가진 경쟁적 이기성, 개인주의적 행동방식, 외교적인 세련됨은 개인이 경쟁 속에서 자신의 생존과 생활을 그 스스로 쟁취해야 하는 시장경쟁체제에서 살아남기 위해 사회적으로도 개인적으로도 취할 수밖에 없는 성격이듯이 북쪽 사람들이 가진 순박성, 투박성, 직선적 성격 등은 국가가 모든 생산수단을 가지고 있고 각 개인의 교육과 직업, 생활 전반을 계획하고 통제하는 국가 관료적 계획경제체제에서 체화된 성격이다.

그렇기에 북쪽 사람들은 남으로 와서 그들 스스로 선택하고 만들어가는 삶에 적응하는 데 어려움을 느낀다. 예를 들어 그들은 학교에서 다 해주었던 방식과 달리 집에서 아이들을 교육해야 하는 부모의 역할에서부터 직업 선택까지 자기 스스로 결정하고 만들어가는 삶에 대해 힘겨워한다. 하지만 다른 한편으로, 그들은 자기 스스로 선택하고 만들어가는 자유와 그 힘겨움 속에서도 자기가 만들어가는 삶에 성취감을 느끼기도 한다. "여기는 본인이 선택하고 능력이 안 되면 자기가 원하는 곳에 못 가고, 특히 한국은 더 경쟁사회고, 더 힘들죠. 그 속에서 보람 느끼는 사람 있고, 도태되는 사람도 있고요."(이O하) / "북한은 직업을 나라에서 정해주고, 여기는 본인이 알아서 찾아서 해야 한다는 것이 좋은 점인 거 같아요. 자유도 좋긴 하지만 처음 온 사람들은 스스로 찾는 거에 익숙하

원들에게는 대부분 어떤 성격의 중요한 부분들을 공유하고, 그 문화권에 속한 대부분의 구성원에게 공통된 성격구조를 핵심적으로 보여주는 사회적 성격이 존재한다."(에리히 프롬, 강주헌 옮김, 『자기를 위한 인간』, 나무생각, 2020, 100~101쪽). 이때, "경제체제의 특징이 개인을 위해 결정해준 생활양식은 개인의 성격 구조 전체를 결정하는 주된 요인"(에리히 프롬, 김석희 옮김, 『자유로부터의 도피』, 휴머니스트 출판그룹, 2020, 34쪽)이며 "사회적 성격은 인간의 본성이 사회구조에 동적으로 적응한 결과"(에리히 프롬, 강주헌 옮김, 『자기를 위한 인간』, 나무생각, 2020, 320쪽)이다.

지 않아서 그거에 대한 스트레스 엄청 받더라구요. 좋은 건데, 힘들어 하더라구요."(진O영, 이상 9차 인터뷰).

그러나 이것은 강도나 적응 능력의 차이만 있을 뿐, 특별히 북쪽 사람들만 겪는 문제는 아니다. 자본주의 체제에서 살아가는 우리 또한 매일 겪는 일이다. 또한, 학교에 우상화 교육이 없는 것을 반기듯이 직장에서도 '총화'가 없다는 것에 대해 이들은 너무나 좋아했다. 반면 이들이 겪고 있는 다른 문제들, 예를 들어 직장문화의 차이나 인간관계에서 발생하는 문제들은 통일 이후 발생할 가치충돌을 보여주는 것들이다. 남쪽의 직장생활에서 발생하는 가장 큰 문제로 구술자들 대부분은 '인간관계'를 들었다. 3차례의 그룹인터뷰에서 이들은 모두 다 인간관계 때문에 굉장한 스트레스를 받고 있다고 했다.[15] 그러면서 그들은 직장생활이 어려운 이유로, ①속내를 드러내지 않는 인간관계, ②위계적으로 서열화된 질서, ③직업-직위에 따른 차별, ④지속적인 경쟁관계로서 직장생활, ⑤탈북자들에 대한 편견, ⑥전문용어 사용의 차이 순으로 많이 언급했다.

북쪽 사람들은 일반적으로 자신이 태어난 곳에서 자라 학교에 다니고 직장생활을 해서 서로를 너무 잘 알기에 '직설적'이다. 그렇기에 북쪽에서 살 때, 이들은 자신이 부당하다고 생각하거나 기분 나쁜 일이 생기면 상사든 동료든 상관없이 앞에서 표현하고, 심지어 치고받기까지 하면서 문제를 해결했다.[16] 그러나 남쪽에서는 자신이 부당하다고 느끼더라도

---

15 "저는 많이 느껴서 지금도 역시, 직장 문제 때문에 스트레스받고. 경리로 들어가기는 했는데 사람들 사이가 제일 힘들어요. 왕따 당하고 있어요. 제가 지금 3번째 직장이거든요. 학원 다니고 그 이후 두 번을 직장 옮기고 그랬는데 지금은 너무 힘들어요."(7차 인터뷰, 박○윤) / "한국에서도 업무가 힘든 것보다 인간관계, 서로 간에 한국에서보다 북한은 인간관계, 이런 거에 스트레스받는 것이 덜한 것 같애요."(9차 인터뷰, 이O하) 등등.

16 "북남이 다른 것이, 북에서는 스트레스를 덜 받는 것 원인이 그냥 싸우잖아요. 화나면 그냥 싸워요. 그리고 저녁에 화끈하게 화해하고 그러거든요. 남에서는 그러지 않

아닌 척해야 하고 자신의 감정을 그대로 드러내면 안 된다는 것을 그들 또한 점차 알아간다.[17] 그렇기에 그들은 속내를 직접 표현하는 북쪽과 달리 에둘러 표현을 하는 남쪽 사람들의 속내를 알 수 없어 답답해하고 스트레스를 받는다. 게다가 그들은 남쪽 사람들이 자신의 뒤통수를 칠까 봐 두려워할 정도로 겉과 속이 다른 인간들로 생각하기도 한다.[18] 하지만 어릴 때부터 같이 크고 자란 북쪽과 달리 남쪽은 생판 모르는 사람과 직장생활을 하기에 감정을 있는 그대로 표현할 수 없다. 그런데도 그들이 이것을 이해하지 못하는 것은, 이런 속내를 드러내지 않는 문화가 직장 내에서의 서열적 위계 구조 및 무한경쟁적인 사회 현실과 결합하면서 반인간적이고 이기적인 투쟁 상태를 만들어내기 때문이다.

그렇기에 구술자들은 남쪽의 직업문화가 반드시 북의 직업문화보다 우월한 것은 아니라고 생각한다. 그들이 보기에 남쪽의 직장생활은 너무 경쟁적이어서 서로 협력을 잘 하지 않고, 조직적이지도 않다. 게다가 업무시간도 그렇게 자유롭지도, 편안하지도 않다고 말한다. "제 생각에는 다른 업무를 하는데 일반적으로 협조하는 것은 북한이 더 좋은 것 같애요. 여기는 비협조적이드라구요. 자기를 먼저 앞세우고 사람들이 많고, 마음을 정해놓고 진심을 다해서 도와주는 거는 적고", "싫으나 힘드나

거든요. 여기에서는 그렇게 품고 있어요. 뒤에서만 공격을 하는 거죠. … 여기는 상사가 강해요."(7차 인터뷰, 정○택)

17 "여기서는 스트레스는 많이 받아도 이것을 표현하면 '안 되는구나'하고 생각했어요. 같은 배를 탔으니 속으로 욕을 해도 겉으로는 웃으면서 잘 넘어가는 것이 지혜로운 것이라고 생각해요."(9차 인터뷰, 김O민)

18 "북은 서로 의견이 있으면 앞에서 말을 하는 데 여기는 말을 안 해요. 내같은 경우는 사람의 속을 잘 모르겠어요. 여기 사람들은 뒤에서는 말을 잘하죠."(8차 인터뷰, 채○석) / "북한은 친구들끼리 진짜 속 터놓고 같은 회사 사람들이면 서로 몰려다니며 집 가서 술 먹고 놀고 하는데 항상 가까운 친구도, 회사 안에서도, 회사 안에서만 말하고 헤어지면 남남이 되고 어느 순간에는 경쟁자 같은 느낌, 경쟁심. … 이런 게 가장 충격받은 거 같아요."(8차 인터뷰, 김○수)

보상이 따르니까, 남한은, 나쁜 점은 자유가 없어요. 일단 출근을 하면, 그 안에만 들어가면 압박감이 있고. 북은 눈치나 압박이 없거든요."(7차 인터뷰, 서○철, 박○윤) 따라서 이들은 북의 조직문화가 남쪽보다 낫다고 하면서 북에서의 조직생활이 남쪽에서의 직장생활을 하는 데 도움이 되었다고 말한다(9차 인터뷰). 따라서 그들은 직장생활 때문이 아니라 남쪽에 만연해 있는 차별문화에 의해 고통을 받고 있는 것이다.

그들은 기본적으로 서로의 편의를 봐주는 정(精)적인 북의 직장문화에 비해 능력과 성과를 중시하는 남쪽 문화가 더 우월하다고 생각한다. 그러나 직업의 귀천이나 직위에 따른 차별이 심하지 않은 북쪽과 달리, 남쪽에서는 직업이나 직위에 따라 대우가 다르고 대놓고 차별을 하는 때도 있어서 이를 참을 수 없다고 말한다.[19] 이들이 보기에 남쪽은 학벌주의를 넘어서 '학력 자체'가 수군거림과 차별의 대상이 된다.[20] 게다가 남쪽 사회에 만연하는 차별문화는 탈북자의 경우, 분단폭력과 결합하여 탈북자들에 대한 편견이나 선입견, 따돌림, 수군거림 등으로 비화한다.[21] 따라

19 "북에서 의사, 간호사 관계가 그렇게 수직관계는 아닌 것 같애요. 차이는 있죠. 그래도 인간적으로 비하하고 내려보거나 명령하고 하지는 않아요. 여기는 간호사는 의사의 명령받아서 하는 사람이라고 법규에 돼 있거든요. … 그래서 완전 가부장적인거 같아요. 수직적인 거 같애."(9차 인터뷰, 진○영) / "저도 북한에서 보면 직속상관이라고 하는데 자기 딱 위에 있는 상사를 말하는데 허물없이 대할 수 있는데 직계상관 등의 사람들은 잘 만날 수 없고 자기가 불만스러운 말을 할 수도 없고"(8차 인터뷰, 김○수)

20 "그, 제 선배 언니들이 이렇게 연수를 하는데, 대한민국에 그런 게 좀 있더라고요. 대학교 안 나오면 무시를 한다고 하더라고요. 똑같은 잘못을 해도 너는 '고졸 주제에 뭐'", "회사 내부에서도 그렇게 말 안 하고 직원들끼리 밥 먹을 때나 이제 뒷담화하는 게 있죠. 쟤는 '뭐뭐 이렇더라' 근데 알고 보니까 고졸인 거에요."(1차 인터뷰, 김○경, 장○혁)

21 "자기, 요즘 말투가 왜 그래. 요즘 회사에 이상한 놈이 들어와서 말까지 이상해졌다.", "지금 일하는 직원들이 저보고 북한 사람이라고 해서 당연한 것이 없다. 대한민국에서 받아 준 것만 해도 고맙게 생각해야지 하면서 남자 직원이 그렇게 말해요."(7차 인터뷰, 서○철, 박○윤) / "북을 하등하게 바라보는 남한의 그게 있는 거죠.", "북에서 왔다는 딱지는 뗄 수 없어요. 저는 운명처럼 생각하고 포기하고 살면 편해요,

서 이런 남쪽 문화는 독일 통일에서 나타났던 '2등 국민'이라는 차별적인 사회적 폭력으로 발전할 가능성이 크다. 그리고 이 경우, 남북의 어투 차이와 전문용어 사용의 차이까지 그들을 차별하는 기제로 전화할 가능성이 크다.

하지만 불행하게도 현재 한국사회는 브레이크 없는 기관차처럼 '능력지상주의'라는 한 방향을 향해 질주하고 있다. 2019년 한국인의 의식·가치관 조사에 따르면 '우리 사회의 경제적 양극화가 심각하다'는 물음에 10명 중 9명(90.6=매우 심각 27.6%+심각한 편 63.0%)이 찬성할 만큼 불평등하다고 생각한다.[22] 하지만 아이러니하게 한국인들은, 주변국인 일본 25.1%, 중국 25.8%에 비해 두 배 이상 높은 수치(58.7%)로, '노력한 만큼 소득이 차이가 나야 한다'는 경쟁적인 소득분배를 선택했다.[23] 또한, 한국사회는 1인당 GDP가 3만 5천 달러 이상의 선진국이 되었지만, 경제성장, 사회질서 유지, 안보라는 전통적 가치에 집착하고 있으며 사회적 신뢰는 낮지만, 소수자나 이방인에 대한 관용은 너무 적다. 실제로, 이것은 최근의 많은 연구가 보여주는 것이기도 하다.

1990년대 중반 한국사회가 대중 소비 사회로 발전하면서 풍요를 즐기는 쾌락주의가 나타나고, 2000년대 한국문화가 성장하면서 저녁이 있는 삶이니 '가치 소비'니 하는 담론이 사회화하면서 한국인들도 탈물질주의를 추구하는 것처럼 보였다. 이에 엥겔하트가 제시한 것처럼 한국사회도 안정 및 질서, 경제성장 등과 같은 물질적 가치를 추구하는 사회에서 자기표현, 삶의 질, 탈권위, 사회참여, 환경 등과 같은 탈물질적 가치를 선

그래서 노출을 하지 않는 것이 지혜로운 거예요. 나중에 선택할 때 차별 아닌 차별같은 사회적 편견이 분명 있거든요."(9차 인터뷰, 박○명, 이O하)

22 문화체육관광부, 『2019년 한국인의 의식·가치관 조사 결과보고서』, 갤럽, 32쪽.

23 문화체육관광부, 『2019년 한국인의 의식·가치관 조사 결과보고서』, 갤럽, 29쪽.

호하는 사회로 발전할 것이라는 낙관적 전망 하에서 많은 연구가 진행되었다. 하지만 연구 결과는 이와 달랐다. 탈물질화의 경향이 계속 상승하는 것이 아니라 오히려 역전되는 경향을 보이기도 하며 탈물질주의 수치도 '혼합형'이기는 하지만 다른 선진국에 비해 너무 낮다. 게다가 한국에서는 소득이 높은 사람들이 거꾸로 물질주의적인 성향이 강하며 세대 간의 차이가 없거나 오히려 젊은 세대가 중년 세대보다 물질주의 경향이 강한 결과가 나오기도 했다.[24]

그렇기에 한국인들의 능력주의는 물질주의와 결합하면서 자신이 소유한 아파트와 자동차, 명품들로 사람들의 가치를 평가하고, 그것을 갖지 못한 낮은 지위의 사람들을 천시하고, 각종의 서비스를 제공하는 사람들의 노동을 돈 주고 산 것이라고 마구 대하는 '갑질 문화', '능력주의적 혐오'가 사회 전체로 번지고 있다. "능력주의적 혐오는 '괴물이 된 20대'라는 말처럼 청년세대만의 유별난 특성으로 회자되곤 했지만 실은 그렇지 않다. 한국의 많은 기성세대는 청년세대와 마찬가지로 능력주의를 정의로 여기며 학력, 재산, 외모, 신체 능력에서 평균 혹은 정상에 들지 못하는 타인을 아무렇지 않게 멸시한다. 강한 물질주의, 소수자·약자에 대한 낮은 관용, 공정과 능력에 대한 집착은 세대와 계층을 초월해 한국인에게 내면화된 습속이다."[25]

---

24 소득이 높을수록 물질주의적 가치가 만연해 있다는 분석은 이정복, 『한국정치의 분석과 이해』, 서울대학교 출판부, 2008를, 연령이 낮을수록 물질주의 성향이 높게 나타났다는 연구는 양해만·조영호, 「한국의 사회경제적 변화와 탈물질주의」, 『한국정치학회보』 52-1, 한국정치학회, 2018; 이민아송리라, 「소득, 물질주의와 행복의 관계」, 『한국인구학』 37-4, 한국인구학회, 2014; 김영신·박지영, 「소비자 소외감, 물질주의가 충동구매에 미치는 영향」, 『한국가정관리학회지』 24-3, 한국가정관리학회, 2006 등을 참조하시오.

25 박권일, 「한국의 능력주의 인식과 특징」, 『시민과 세계』 1-39, 참여연대 참여사회연구소, 2021, 33쪽.

그런데 더 큰 문제는 이런 능력주의란 현재 그가 가진 능력이 아니라는 점이다. 오히려 여기에서 능력주의란 사법·행정·외무고시처럼 한 번의 시험으로 잡은 특권을 독점적으로 유지하는 "지대추구적 시험주의"이거나 "위장된 신분제"일 뿐이다.[26] 그렇기에 그들은 사법고시나 행정고시로 판검사나 고위 관료가 된 다음에는 더 노력하지 않으며 자기들만의 카르텔을 만드는데 열심이며 일은 오히려 아랫사람들을 시키거나 심지어 부하의 공적을 빼앗아 자신의 것으로 만들기까지 하는 일이 아무렇지 않게 저지르고 있다. 따라서 남북주민들이 가지고 있는 생활문화와 관계 맺음의 방식들, 가치관의 차이들은 통일 이후, 남북 주민들이 함께 살게 되었을 때, 단순한 차이들로 남아 있는 것이 아니라 오히려 그들에 대한 폭력을 생산하는 기제로 전화될 가능성이 크다.

과거 남쪽 사람들은 북이 전쟁을 일으킬 것이라는 공포에 시달렸다. 그러나 지금 남쪽 사람들은 북쪽 사람들을, 마치 서구인들이 아프리카 원주민을 보듯이 열등한 존재로, 그리하여 우리가 가진 가치와 규칙, 문법을 따라야 하는 자들로 '식민화'하고 있다. 따라서 통일 이후, 남북주민들의 가치충돌에 대한 예측적 연구는 남·북이 추구하는 가치들에 대한 단순 비교를 넘어서 남·북의 가치적 차이를 남·북 사람들의 능력과 품격의 차이로 바꾸어 놓는 인식체계를 해체하고 남과 북의 주민들이 서로의 차이를 가르치고 배우는 관계로 만들어가는 대안을 모색하는 작업이 되어야 한다.

---

26 박권일, 「한국의 능력주의 인식과 특징」, 『시민과 세계』 1-39, 참여연대 참여사회연구소, 2021, 34쪽.

5. 나가며: 포스트 통일, 가치충돌에 대한 대안적 모색

이번 집단면접에서 탈북자들은 깊고 내밀한 삶을 나눌 수 있는 관계를 희구했다. 특히, 그들은 북에서 맺은 관계를 이야기할 때와 달리 이곳에서의 관계에 대해 말할 때, 속내를 나눌 '진실한 사람'을 만나고 싶다는 욕망을 강하게 표출했다. 하지만 이것은 탈북자들만이 아니라 남쪽 사람들이 가진 욕망이기도 하다. 그런데 남쪽 사람들은 이미 무한경쟁의 신자유주의적인 삶의 방식을 체화하고 있고, 그 현실에 투항했기 때문에 '직장'을 가장 중요하게 생각하면서 '책임감'에 시달리고, 내가 믿을 수 있는 것은 가족뿐이라는 식으로 사회적 삶을 최소화하고 있다. 하지만 '헬조선', 'N포세대'라는 유행어들이 보여주듯이, 나아가 0%(0.98%)대로 내려간 출산율이 보여주듯이 한국사회는 '능력'과 '공정'이라는 이름으로 행해지는 비인간적인 무한경쟁으로 병들어 가고 있다.

그런데도 사태의 심각성을 깨닫지 못하는 것은 한국인들이 그 자신을 속이는 이중적 잣대로 사회와 자신의 욕망을 보기 때문이다. 최근 몇몇 연구들이 보여주듯이 한국인들은 한국사회가 물질주의적 가치를 추구하지만, 자신은 아니라고 생각하는 경향이 있다. 계층의 차이가 있기는 하지만 자기는 '자기 주도성'과 '쾌락주의'를 중요하게 여기는 반면, 다른 한국인들은 집단적인 전통적 가치를 중시하며[27] 자신은 자비심이나 보편주의를 추구하는 반면 한국사회는 그렇지 않다는 대학생들의 인식[28]이 바로 그렇다. 외견상 이런 조사 결과는 사회적 추세와 개인의 선택 간의 갭으로 보인다. 하지만 전통적이고 물질적인 가치를 선택하는 개인들이 많기 때

27 전혜빈·박혜경, 「사회 계층에 따른 가치 차이: 자기 참조 가치 대 문화 참조 가치」, 『한국심리학회지: 문화 및 사회문제』, 24-4, 한국사회심리학회, 2018, 583쪽.

28 윤소천, 「대한민국 대학생들의 남북한 사회가치 인식 비교-Schwartz 가치척도를 중심으로」, 『통일연구』 30, 연세대학교 통일연구원, 2016, 108쪽.

문에 한국사회의 일반적 추세가 그렇게 나오는 것이기 때문에 이들 개인과 사회 간의 갭은 그만큼 이중적인 한국인이 많다는 것을 보여줄 뿐이다.

그러므로 '포스트 통일, 남북의 가치충돌에 대한 예측적 연구'는 남북의 가치를 하나로 만들어가는 것, 즉 '이질화의 극복과 동일화의 추구'라는 관점에서 진행되는 연구가 아니다. 이런 연구는 오히려 통일 이후, 구조적이고 문화적인 폭력을 생산하고 심지어 이를 정당화하는 것이 될 것이다. "동일화의 요구 뒤에는 중앙주의적 내적 식민화에 대한 동경이 숨어 있"기 때문이다.[29] 또한, 이 연구는 북쪽 주민들이 얼마나 김일성주의에 의해 세뇌되어 있으며 그것이 무엇인가를 찾고 북 주민들을 이런 이데올로기에서 벗어나게 이끄는 연구도 아니다. 앞에서 본 것처럼 이런 요소들은, 남북 사람들이 실제로 함께 살게 되었을 때는 오히려 쉽게 극복될 수 있는 것들이기 때문이다.

그렇다면 이 연구에서 진짜 중요한 것은 무엇인가? 그것은 '통일 이후' 발생할 구조적이고 문화적인 폭력을 최소화하기 위해 지금부터라도 한국인들, 한국사회에 만연한 '능력주의적 혐오'와 무한경쟁, 사회적 보장 장치가 없는 개인에 대한 무한 책임 부여 등과 같은 사회적 병폐를 제거해 가는 실천적 대안을 모색하는 것이다. 남북이 통일되면 남북의 경제적 격차 및 체제 특성 때문에 한동안 북쪽 사람들은 경쟁에서 밀릴 수밖에 없다. 하지만 이것을 근본적으로 해결할 방법은 없다. 물론 통일 이전에 남북 간의 경제나 기술-과학협력 등을 통해서 경제력의 격차를 해소함으로써 최소화할 수는 있다.

그렇기에 지금처럼 남북 간의 공동번영을 위한 협력을 다방면적으로, 최대한 확대해야 한다. 특히, 이번 구술자들이 말하고 있는 바이지만 북

---

29 전태국, 『사회통합과 한국 통일의 길: 내적 장벽을 넘어서』, 한울, 2013, 167쪽.

쪽 사람들이 경쟁력을 가지기 위해서는 북쪽에서 배운 전문지식과 기술들이 활용가능해야 한다. 하지만 현재는 용어부터 너무 다르다. 남북 사람이 만나면 나누는 일상 언어는 충분히 소통 가능하다. 하지만 학문적이거나 기술적인 전문용어는 너무 달라 아예 소통할 수 없다. 따라서 지금부터 남북이 학문과 과학 기술들의 용어 통일 문제부터 시작해서 전문기술이나 지식이 소통될 수 있는 교과서 개발 및 남북학자 교류를 통한 전문지식들의 상호 호환체계들을 만들어가야 한다.

하지만 독일 통일이 보여주듯이, 이렇게 한다고 해도 통일 이후에 나타날 비대칭적 경쟁력을 완전히 해소할 수는 없다. 서독은 동독과 '접촉을 통한 변화'라는 기조에 근거해서 1972년 동서독 기본조약의 체결 이후, 약 18년간 동독에 막대한 규모의 경제 지원을 해 동독경제의 발전을 돕고 대신에 동서독 주민의 상호 방문 등의 인적이고 문화적인 교류를 진행했다. 그런데도 체제통합 이후, 동독의 '2등 국민화', '식민화'를 막지 못했고, 결국 지난 30년 동안 사회문화적 갈등으로 인한 후유증을 겪었다.[30] 또한, 준비를 아주 잘해서 남과 북이 동등한 사회적 경쟁력을 가진 상태로 통일이 이루어진다고 하더라도, 경쟁에서 패배한 사회적 약자가 북에 편중되지 않을 뿐, 남북 양쪽에서 대량의 실업자들이 출현할 수밖에 없다. 따라서 복지제도를 비롯해 사회적 약자를 보호하는 다양한 법-제도적

---

30 이는 최근 연구에서도 다시 확인되고 있다. 국가가 고용을 책임지는 사회주의 체제에서 자본주의 체제로 전환하면서 '대규모 실업'이 발생했고, 이런 '경제적 어려움'과 '동서독의 경제적 격차'는 동독 주민들의 자존감 훼손으로 이어지면서 사회통합을 어렵게 하는 결정적 요인이 되었다(김상철, 「독일 통일 후 구 동독지역의 사회정책과 사회통합」, 『질서경제저널』 22-2, 한국질서경제학회, 2019). 따라서 가치, 정서, 문화적 통합이 정치, 경제적인 체제통합보다 오래 걸리고, 통일 이후에 본격화된다는 점에서 통일 이전부터 준비되어야 한다. 하지만 사회적 통합에서 먼저 고려되어야 할 것은, 남쪽의 단점으로 실업과 비정규직 등 직업의 불안정성을 든 것(8차 인터뷰, 김○수)처럼 양 지역 주민들 사이의 경쟁이나 삶의 격차를 최소화할 수 있는 정치 경제적인 통합이다.

장치와 인프라의 구축이 필요하다.

하지만 이를 위해서는 무엇보다도 지금-여기서 사회적 약자들에 대한 공감(empathy)과 연대(solidarity)를 만들어가야 한다. 경쟁에서 패배한 사람들은 능력이 부족하기 때문에만 그렇게 된 것은 아니다. 자본주의가 완전히 구조화된 오늘날과 같은 사회에서 경쟁력을 좌우하는 요소는 개인의 노력보다는 가부장제나 학벌과 같은 사회적 구조, 특히 어떤 집에서 태어났는가와 같은 혈연적 특권들, 투기와 같은 우연적인 행운 등과 같은 것들이다. 따라서 사회적 약자들의 보호에 관한 사회적 합의는 우리가 직면한 삶의 공통성, 내가 선택해서 태어난 것이 아님에도 불구하고, 우리가 서로 협력하지 않으면 삶을 살 수 없으며, 한 번도 살아본 적이 없기에 미지의 삶에 대한 해답은 없음에도 불구하고 우리는 살아야 하기에 누구나 항상 실패할 위험에 처해 있다는 공통성에 기초하고 있다.

그러나 오늘날 사회에서는 이런 사회적 약자에 대한 존재론적 공감과 측은지심의 감정조차 동정과 시혜대상으로 바꾸어 놓는다. 한 연구에 따르면 한국인들은 탈북자들에게 '이곳을 잘 모르니 내가 알려주겠다거나 어려우니 내가 베풀지'라는 식으로 접근하는 시혜적 태도를 보이는 경우가 많다. 하지만 이것은 그들을 열등한 자로 보는 비대칭적 관계이기 때문에 탈북자에게는 오히려 차별적 시선으로 느껴질 수밖에 없다.[31] 따라서 가치충돌이 차별적 시선으로 전락하지 않기 위해서는 그들의 사고와 가치 지향성을 우리식으로 읽고 재단하는 것이 아니라 오히려 배우려는 자세가 필요하다.

예를 들어 그들은 남쪽보다 인간미를 중요시하고 진실한 인간관계를

---

31 탈북자에 대한 이런 태도가 낳는 역효과와 문제들 및 대안적 논의는 이형종, 「마음의 연대를 위한 공감의 실천: 북한이탈주민의 '공감경험'에 대한 분석을 통해」, 『문화와 정치』 6-3, 한양대학교 평화연구소, 2019를 참조하시오.

갈망한다. 하지만 이것은 북쪽 사람들이 원래 우월하기 때문이 아니라 앞에서 본 것처럼 북쪽의 도시가 우리처럼 대도시가 아니라 생산-소비의 생활공간과 녹지가 어우러진 자족적 도시이기 때문이다. 따라서 이들은 생산과 소비가 다른 익명적인 개체들이 아니라 공동체적인 개체들이다. 물론 이와 같은 생활환경이 북에서는 사회주의 대가정론-사회정치적 생명체론으로 이어지는 국가담론의 물질성을 제공하기도 한다. 하지만 북의 도시들은 유대관계가 없는 개체화를 낳은 도시가 아니라 개체들의 연합으로서 도시건설에 시사점을 제공하고 있다. 그러므로 남북의 가치 차이를 일방적으로 재단하거나 이데올로기적으로 집단화하는 것이 아니라 그들에게도 좋은 점이 있고, 배울 것이 있다는 점에서 먼저 그들에게 배우고, 나의 '다름'을 가르치면서 그들이 가진 가치의 차이를 이해하는 열린 문화를 만들어가야 한다.

하지만 이것은 '북한 바로 알기 운동'과 같은 차원의 문제만은 아니다. 지금 한국은 다양한 종족과 인종들이 함께 사는 다인종적이고 다문화적인 사회이다. 하지만 이들에 대한 개방적이고 호혜적인 자세는 부족하기에 현재 한국사회가 처한 사회적 갈등을 해결하기 위해서도 이런 열린 문화가 필요하다. 게다가 '다문화 수용성이 높을수록 탈북자 대한 수용도와 정부 지원 확대에 대한 지지도, 탈북자에 대한 친근감 등이 높다'[32]는 점에서 다문화적 수용성이 평화-통일을 저해하는 것은 아니다. 그러므로 통일 이후 가치충돌에 의한 사회적 갈등을 최소화하기 위해서는 사회적 약자에 대한 존재론적 공감 위에서 연대의 체계를 만들고, 다인종-다문화에 대한 수용성과 가치 개방성을 높임으로써 세계 시민적 덕성을 함양하는 윤리적인 실천을 동시에 진행해야 한다.

---

32 정진원, 「북한이탈주민에 대한 한국인의 태도 결정요인」, 『사회과학연구』 30-1, 충남대학교 사회과학연구소, 2019, 176쪽.

남북합의문의 의의와 남북 가치충돌 해소 방향

이병수

1. 들어가는 말

남북은 1948년 분단 정부를 수립한 이래 치열한 체제 경쟁을 벌여왔다. 그 핵심은 자기체제의 우월성과 정통성을 내세우면서 서로의 국가성을 부인한 점에 있다. 남과 북은 각각 자신의 정부만이 합법적이고 한반도 전체를 대표하는 중앙정부이며 상대방을 괴뢰집단 혹은 반국가단체라고 규정했다. 남북은 서로를 태생적 결함을 지닌 집단이라는 정치적 부인에 기초해 1948년 출범한 이래 자신의 국가체제가 우월한 정치체제라는 도그마를 지속해왔다. 그 결과 분단 이후 서로를 자기체제 중심으로 재단하는 갈등과 적대의 역사가 이어져 왔다. 같은 민족의 두 국가지만, 오히려 그렇기 때문에 일반적인 국가와 국가 사이에서 나타나는 적대성과는 비교할 수 없을 정도로 그 강도는 컸다.

그러나 분단 이후 이러한 갈등과 적대의 역사 가운데서도 남북은 숱한 남북합의문들을 공동으로 발표해왔다. 분단정부 수립 이후 24년이 지난 1972년 남북 최초의 합의문인 7·4 남북공동성명이 발표되었고, 20년이 지난 1992년 '남북기본합의서'가, 2000년대에 6·15 공동선언(2000년)과 10·4 공동선언(2007년)이 각각 발표되었으며, 10여 년이 흐른 2018년 4·27 판문점선언이 발표되었다. 남북합의문 발표가 24년, 20년, 8년, 7년, 10년이란 시기적 간극을 보이는 것은 '장기간의 갈등과 짧은 화해, 합의의 불이행, 기약 없는 미래'라는 남북관계의 특징을 드러내고 있으며, 이런 점에서 남북합의문 역시 분단 적대 70여 년의 역사와 분리될 수 없음을 알 수 있다. 분단체제의 현실 속에서 남북은 자기체제의 정치경제적 이익과 군사안보의 필요성을 우선했다. 따라서 남북합의문 역시 순전히 민족적 화해 의지에 의해 추동된 것이라기보다, 국제정세의 변화와 더불어 남북 두 분단국가의 체제생존, 군사안보적 필요성이 중요한 요인으로 작용했음을 부인할 수 없다. 그러나 5차례의 남북합의문 가운데 7·4 공동성명을 제외하고 나머지 합의문들이 모두 탈냉전 이후의 시기에 집중되어 있음에 주목할 필요가 있다. 특히 탈냉전이란 국제환경의 변화에 의해 규정된 남북기본합의서는 서문의 남북관계 특수성 규정과 제1조 1항의 상호체제 인정을 합의함으로써 이후 발표된 남북합의문들의 바탕이 되었다. 이후 남북합의문들은 남북의 분단체제 유지 지향성과 미국의 대남, 대북정책이란 구조적 원심력에도 불구하고, 민족적 화해와 연대, 그리고, 한반도 문제의 당사자 원칙, 한반도 평화체제의 지향성이라는 구심력을 꾸준히 재확인하고 발전시켜왔다. 이런 점에서 남북합의문의 역사는 분단 적대의 역사를 반영하고 있는 동시에 그 극복의 지향도 아울러 포함하고 있다. 이 글은 남북합의문에 대한 비판적 성찰을 통해 남북이 상호체제를 인정하면서도 체제를 넘어 공유할 수 있는, 가치충돌의 해소 방향을 모색하는 데 있다. 이를 위해 우선 남북합의문은 비록 그 이행의 지속성이 이루어지지 못했지만, 장기적으로는 남북 모두에 규범적 제약을 가하며, 남북관계의 발전방향을 규정한다는 점에서. 한반도 통일을 사유하는 데 매우 유용한 지침을 담고 있는 데 그 의의가 있음을 지적했다.(2장) 그리고 남북합의문이 합의 이후 실천적으로 이행되지 못하고 남북관계의 단절이 반복된 이유를 정치군사적 적대성이라는 분단체제의 구조적 영향, 북핵문제와 그로 인한 북미갈등, 대북 정책을 둘러싼 남남갈등, 혹은 대북적대성에 있음을 해명했다.(3장) 끝으로 남북관계에서 합의문 이행을 저해하는 요인들을 극복하고 남북의 체제적 가치 충돌을 해소하는 방향은 남북의 체제가치 가운데 어느 일방을 선택하는 것이 아니라 남북이 서로 합의할 수 있는 가치지향에 의해 가능하다는 점을 주장했다. 이러한 가치지향은 임의로 도출된 것이 아니라 남북합의문들에서 찾을 수 있다. 상호체제 인정을 통한 민족적 화해와 연대의 가치, 민족자주 혹은 민족자결의 가치, 평화의 가치는 남북합의문들의 역사에서 계속적으로 확인되면서 구체적으로 발전시키고 있는 지향들이다.(4장)

2. 남북합의문의 의의

남북 두 분단국가는 수많은 회담을 통해 여러 합의문을 만들어왔다. 남북의 공동 합의가 담겨 있는 남북의 공동선언들은 구조화된 남북의 체제적대성으로 인해 제대로 이행되지 못했지만, 분단 이후 갈등과 긴장의 남북관계 역사 속에서도 이를 극복하기 위해 남북관계의 발전방향을 규정한 획기적인 사건이다.

우선, 분단 이후 남북의 당국자들이 공식적으로 발표하고 공유한 합의문은 통일이 어느 일방이 아니라 남북이 함께 만들어간다는 점에서 남북갈등과 적대의 역사를 종식시키는 거의 모든 방안과 해결방향을 포함하고 있다. 남북은 자기 체제에 유리한 주장을 내세우면서 대립하기도 하였지만, 오랜 시간에 걸쳐 서로 양보하면서 체제 이해관계를 뛰어넘어 어렵게 합의한 결실이란 점에서 그 자체만으로도 매우 큰 의의를 지닌다. 남북합의문들의 특징은 최종적인 통일국가의 미래상보다, 상호체제를 인정하면서 남북 사이의 화해협력, 평화공존을 증진시켜 통일을 모색하는 데 있다. 냉전 시기의 7·4남북공동성명을 제외한 모든 남북 합의문은 상호체제의 인정을 명시적으로 밝히고 있다. 그러기에 남북은 분단 이후 숱한 합의문을 만들어냈지만 최종적인 통일국가체제와 관련해 합의한 적은 한 번도 없었다. 70년 이상 서로 다른 사상과 체제를 유지해온 남북이 자신의 사상과 체제를 스스로 양보할 리 없기 때문이다. 남과 북 모두 자기 체제의 우월성을 확신하고 있기 때문에 체제통일은 합의 자체가 불가능한 사안이며, 체제통일을 처음부터 통일의 전제조건으로 삼을 경우, 가장 기본적인 교류협력조차 불가능하다. 그래서 6·15 공동선언, 10·4 선언 4·27 판문점선언 등 1990년대 이래의 탈냉전기에 남북이 합의한 내용의 핵심은 통일의 최종 모습을 미리 정하지 말고, 남북이 각자의 체제에 충실하면서도 교류협력과 평화공존을 통해 점차적으로 결합정도를 높여가자는 데 있다. 남북합의문에서 합의한 사항은 통일의 원칙, 통일방안뿐만 아니라, 경제·사회 문화교류, 이산가족 문제, 군사적 신뢰구축 등 대부분의 영역을 망라하고 있다. 이런 점에서 남북 합의문은 체제 우선적인 일방적 통일방안보다 남북이 합의한 것인 만큼 미래의 한반도 통일을 사유하는 데 매우 유용한 지침을 담고 있다.

둘째, 1992년 남북기본합의서 이래 4차례의 남북합의문은 이전 합의문의 주요 의제들을 계승한 연속성을 지닌다는 점이다. 우선 남북기본합의서는 1972년 7·4 남북공동성명을 계승했다. 남북기본합의서 서문에는 "7·4 남북공동성명에서 천명된 조국통일 3대 원칙을 재확인하고"라고 명시적으로 표현했다. 또한 2000년 6·15 선언 제1항 "남과 북은 나라의 통일문제를 그 주인인 우리 민족끼리 서로 힘을 합쳐 자주적으로 해결해 나가기로 했다"는 표현은 7·4 남북공동성명의 자주 원칙을 계승하고 있다. 나아가, 이산가족 문제 해결과 비전향 장기수 문제 등 인도적 문제의 조속한 해결(3항), 민족경제 균형 발전과 사회, 문화, 체육 등 제반분야 교류협력 활성화(4항) 등은 남북기본합의서의 남북교류와 협력의 상당 부분을 포함하고 있다. 이러한 제반 분야의 교류 활성화와 인도적 협력 정신은 이후의 모든 합의문서에 일관되게 나타나고 있다. 2007년 10·4 선언 제1항 중 "우리 민족끼리 정신에 따라 통일문제를 자주적으로 해결해 나가며"는 7·4 남북공동성명의 자주 원칙을 계승하고 있으며 "6·15 공동선언을 고수하고 적극 구현"한다는 명시적 표현은 10·4 선언이 '6·15 공동선언'을 기반으로 한 합의문이라는 점을 보여주고 있다. 특히 10·4 선언은 남북기본합의서의 화해, 상호불가침 및 교류협력의 핵심 합의 사항을 전반을 포괄적으로 다루고 있다. 2018년 4·27 판문점 선언은 제1조 1항 "남과 북은 우리 민족의 운명은 우리 스스로 결정한다"에서 7·4 남북공동성명의 통일 3원칙 중 하나인 민족 자주의 원칙을 재확인했다. 또한 항구적 평화정착의 방안들로 거론된 '단계적 군축실현'과 '불가침 합의 재확인'은 남북기본합의서의 핵심 내용이기도 하다. 그리고 6.15 공동선언과 10·4 선언은 아예 합의문에 명시되고 "이미 채택된 남북선언들과 모든 합의들을 철저히 이행"한다는 내용을 담았다. 즉 4·27 판문점 선언은 이전의 모든 합의문의 계승을 분명하게 밝혔다. 이상으로부터 남북간에 합의된 모든 공동선언문들이 이전 합의문들을 의식적으로 계승하고 있으며. 따라서 내용적 연속성을 지니고 있음을 알 수 있다. 이런 점에서 비록 남북합의문들이 그 이행을 가로막는 여러 요인들에 의해 실천되지 못했지만, 남북 모두에 규범적 제약을 가하며, 앞으로 있을 남북합의문에도 영향을 끼칠 것은 분명하다.

셋째, 남북합의문은 역대 기존의 합의문들을 계승하는 한편, 더욱 내용을 발전시켜 구체화하고 있다는 점이다. 남북기본합의서는 7·4 남북공동성명과는 달리 서문에 남북관계를 잠정적 특수관계로 규정함과 동시에 제1조에서 상호 체제인정 조항을 합의했다. 또한 남북기본합의서는 원래 명칭인 '남북사이의 화해와 불가침 및 교류협력에 관한 합의서'란 말에서 볼 수 있듯, 통일 과정에서 필요한 군사안보 조치와 경제 등 다양한 분야에서의 남북협력 내용을 종합적이고 포괄적으로 담고 있다. 남북이 상대방을 사실상의 정치적 실체로 인정하고, 포괄적인 영역에서 남북협력을 합의함으로써, 평화에 대한 구체적 진전을 이루고 있다. 6·15공동선언은 제2항에서 "남과 북은 나라의 통일을 위한 남측의 연합제안과 북측의 낮은 단계 연방제안이 서로 공통성이 있다고 인정"함으로써 남북기본합의서 서문의 '통일을 지향하는 과정'이라는 과정으로서의 통일개념을 통일방안으로 구체화하였다. 10·4 선언은 포괄적이고 선언적인 성격이 강했던 6·15 공동선언의 합의 내용을 다양한 분야의 남북 간의 사업으로 구체화하는 한편, 6·15 선언에서 합의하지 않았던 군사 분야의 합의, 즉 종전선언 등 한반도 평화체제 구축을 위한 단계적 접근 내용을 보완하였다. 나아가 4·27 판문점 선언은 "남과 북이 정전협정 65년이 되는 올해에 종전선언을 선언하고, 정전협정을 평화협정으로 전환하며 항구적이고 공고한 평화체제를 구축을 위한 남·북·미 3자 또는 남·북·미·중 4자회담 개최를 적극 추진해 나가기로 하였다"라고 선언했다.[1] 평화협정을 언급함으로써 '종전선언-〉평화협정'이라는 한반도 평화체제의 로드맵을 더욱 구체화했으며, 기존 남북합의문에서는 찾을 수 없는 비핵화의 명문화로

---

1 김창희, 「한반도 평화정착과 4·27 판문점 선언」, 『한국정치외교사논총』 40-1, 한국정치정보학회, 2018, 141쪽.

이후 북미정상회담으로 가는 징검다리가 되었다. 이처럼 4개의 공동선언서는 기존 합의문을 계승하는 연속적 특징을 보이면서도 한반도 평화체제의 수립이라는 하나의 방향성을 향해 점차 그 내용을 구체적으로 발전시켜왔음을 알 수 있다.

넷째, 탈냉전 이후 남북합의문을 성사시킨 정부와 남북합의문을 무시한 정부의 남북관계가 뚜렷이 대비된다는 점이다. 남북합의문 이행은 정부의 정책적 기조 및 특성과 큰 상관관계를 갖는다. 북한의 체제적 필요성과 국제정세의 변수도 있지만, 정부의 대북정책이나 남북합의서 이행 의지가 남북관계 개선 혹은 악화에 미치는 중요한 변수로 작용했음을 알 수 있다. 남북경협과 민간교류 협력이 확대되면서 비교적 순탄한 관계를 유지해왔던 김대중 정부 및 노무현 정부의 대북정책과, 남북관계를 갈등과 대결의 관계로 다시 돌려놓은 이명박 정부와 박근혜 정부의 대북정책을 비교하면 이점은 뚜렷하게 나타난다. 이명박, 박근혜 정부의 대북 압박정책은 남북관계 개선을 위한 남한 사회 내 지지를 감소시켰으며, 경협과 인도적 지원을 사실상 끊어버린 5·24 조치와 개성공단 폐쇄조치에서 보듯 남북관계의 단절을 가져왔다. 이처럼 두 정부에서 남북관계가 갈등을 넘어 적대가 심화된 것은 한 마디로 기존 남북합의문들을 무시한 대북정책 때문이었다. 무엇보다 두 정부는, "핵문제 해결을 남북관계 발전의 조건으로 만듦으로써" "한반도문제의 국제화를 심화시켜 남북관계의 자율성을 크게 약화시키는 결과를 초래했다."[2] 두 정부는 7·4 남북공동 성명 이래 남북합의문을 통해 거듭 확인해온 민족 자주의 원칙, 혹은 당사자 해결원칙을 무시하고, 선비핵화론을 남북대화의 전제조건으로 삼음으로써 미국의 대북정책에만 주파수를 맞추었다. 그 결과는 북한의 핵미사

2 임을출, 「지속가능한 남북관계 발전조건: '4·27 판문점 선언'을 중심으로」, 『통일정책연구』 27-1, 통일연구원, 2018, 5쪽.

일 능력의 고도화였다. 다음으로, 두 정부는 1992년 남북기본합의서 이래 남북이 발전시켜온 '과정으로서의 통일'을 무시하고 결과로서의 통일만 강조하였다. 남북관계가 악화된 상태에서 이명박 정부는 통일의 재원을 마련한다며 통일항아리 운동을 전개하고 통일자금이 필요하다는 명분으로 통일세 논의에 불을 지폈다. 또한 박근혜 정부는 당장의 적대적 남북관계 개선보다, 통일되면 남이 경제적으로 엄청난 이익을 얻을 수 있다는 통일대박론을 주장하고 통일준비위원회를 발족시켰다. 남북관계가 악화일로에 있던 당시의 상황에서 결과로서의 통일만 강조하는 이런 움직임에 북은 흡수통일을 꾀하는 제도통일론이라고 반발하며 핵·미사일 개발을 촉진하는 명분의 하나로 삼았다. 이로부터 '비핵·개방·3000'이나 '한반도 신뢰 프로세스' 등 새로운 대북정책의 제시보다, 기존 남북합의문의 이행이 남북관계 개선에 보다 중요함을 알 수 있다.

3. 남북합의문 불이행의 이유

남북은 7·4 공동성명, 남북기본합의서, 6·15 공동선언, 10·4 선언, 4·27 판문점 선언 등을 통해 화해협력과 평화를 공고히 하며, 통일을 지향하는 다양한 형태의 남북합의를 이뤄냈다. 그러나 모든 합의문들은 일시적 효과는 있었을지언정 그 실천적 이행은 이루어지지 못한 채 남북대화 중단이 반복을 거듭하였다. 그간 북한과의 여러 합의에도 불구하고 현재 남북관계의 근본적이고 의미 있는 변화는 보여지지 않고 있다. 그렇다면 남북합의문이 제대로 이행되지 못한 이유는 무엇인가?

첫째, 분단체제에서 비롯된 남북의 정치군사적 적대성이라는 구조적 길항관계다. 어느 시대, 어느 국가든 체제안보는 생존 차원의 문제와 직결된다. 6·25전쟁 이후 아직 전쟁이 끝나지 않은 정전상태에서 각자의 체제안보가 우선적인 남북 두 분단국가는 다른 국가들의 관계보다 정치 군사적 상호적대가 더욱 심할 수밖에 없다. 남북은 분단 상황 아래에서는, 북의 무력시위와 및 한미 군사훈련이 숱하게 반복되는 데서 보듯 군사적 대치 상태는 상시적이다. 이러한 정치 군사적 대결의 심화가 남북의 군사적 긴장과 전쟁가능성을 높이는 결정적 요인이다. “남북 간 합의 이후 지속성을 저해했던 요인들 중 공통적인 요인 한 가지는 한 차례의 전쟁과 수많은 군사적 충돌 사태 속에서 축적되고 내재되어 있는 ‘상호안보 위협’”이다. “상대방의 안보를 위협하는 상황이 발생할 때마다, 남북 간 합의 사항은 지켜지지 못하고 깨졌으며, 남북관계 발전을 가로막는 결정적인 요인이 되었다.”[3]

이러한 상호안보 위협은 남북의 모든 합의문 불이행과 연관되는 사항이지만 특히 냉전기에 이루어진 7·4 남북공동성명에서 뚜렷하다. 남북 당국간 최초 합의인 1972년 7·4 남북공동성명은 세계적인 데탕트 흐름에 의해 추동되었지만, 1968년의 적대적 정서와 남북 각각의 정치적 필요에 의해 1년 만에 불발되었다. 특히 1968년의 1·21사태와 울진·삼척 지구 무장공비 침투사건 등 고조된 적대적 정서가 하루아침에 불식될 수는 없었다. 1968년은 한국전쟁 이후 북한의 대남도발이 유례를 찾아보기 어려울 정도 빈번했던 해다. 그러나 전쟁 직전까지 치달은 남북관계는 1972년 극적인 대화국면으로 전환되었다. 그러나 군사적 충돌이 극에 달했던 1968년 이후 증폭된 증오심과 이념적 적대심을 갖고 대화를 했기 때문에 대화는 위태로울 수밖에 없었다. 1973년 6월 남북 유엔동시가입을 제의한 6·23 선언과 8월 김대중 납치사건을 계기로 남북관계는 다시금 얼어붙고 말았다. 박정희 정부는 남북 대화가 중단된 것을 기화로 반

---

3 김신정, 「남북합의 지속성 저해요인 연구」, 동국대학교 대학원 북한학과 박사논문, 2017, 201쪽.

공, 반북 캠페인을 더욱 적극 벌여나갔다. 1974년 8월 15일 박정희 대통령 저격 사건과 남침용 땅굴 발견, 1976년 판문점 도끼사건이 발생하면서 남북관계는 곧바로 1960년대의 적대관계로 되돌아갔다. 남북관계는 1968년의 군사적 충돌, 1972년의 일시적 대화, 유신체제 성립 이후의 반공이데올로기의 강화와 더불어 체제적 적대감의 높은 파동을 그렸다.

7.4 남북공동성명 당시와 같은 정도는 아닐지라도 남북기본합의서의 성사배경에도 체제 위기 극복 전략과 체제 우위 전략이라는 체제적 요인이 놓여 있었다. 남북기본합의서는 탈냉전 이후 남북관계의 새로운 장을 연 합의였지만, 그 배경에는 남북의 체제적 생존전략과 우위전략이 교차하고 있었다. 외교적 고립과 경제위기 상황에서 북한은 자신의 체제를 결속하고(우리식 사회주의) 남한의 흡수통일로부터 자신의 체제를 지켜내려는 필요성에서 남한의 대화제의에 적극 나섰다. 한편 경제력과 국제적 위상이 앞섰던 남한은 체제우위에 대한 자신감을 바탕으로 공세적 대북정책을 추진할 수 있었다. 그러나 1993년 1차 북핵 위기로 고조된 핵무기 개발 논란은 남한에게 안보상의 사활적인 위협으로 작용하여 팀스피리트 훈련으로 대응했고 이로써 남북기본합의서는 1년 만에 사문화되었다. 이는 남북 사이에 체제안보를 위한 군사적 갈등이 구조화된 결과였다. 남북기본합의서 이행을 더욱 어렵게 만든 것은 김일성 사망 직후 '조문파동'을 둘러싸고 진행된 남북갈등이었다. 이처럼 7·4 공동성명과 남북기본합의서에서 보듯 "남북의 장기갈등은 안보이익 갈등과 이데올로기적 체제갈등이 주요한 변수로 작용"했음을 알 수 있다. 하지만 "탈냉전 이후 전개된 두 차례의 남북정상회담은 이데올로기적 체제갈등은 주요한 변수로 보기 어려우며, 체제 위기가 그 자리를 대신하고 있다."[4] 1990년대 중반을 거

4 김신정, 「남북합의 지속성 저해요인 연구」, 동국대학교 대학원 북한학과 박사논문, 2017, 210쪽.

치면서 심화된 체제위기 상황을 극복하기 위해서 북은 남의 지원이 필수적이었다. 그러나 두 차례의 정상회담과 공고해진 남북 간 화해협력 관계에도 불구하고 남북의 군사적 갈등관계가 근본적으로 해소된 것은 아니었다. 특히 북핵문제는 한반도의 체제안보를 불안케 하는 위협요인으로 작용했으며 따라서 남북관계는 언제든지 대화가 중단될 가능성을 내포한 것이었다.

둘째, 남북합의문의 이행을 가로막은 또 다른 핵심 요인은 북핵문제와 그로 인한 북미갈등이었다. 남북관계는 남북만이 아니라 미국, 중국 등 국제사회의 영향력을 받는 복합적인 성격을 지닌다. 특히 한반도 정세에 강한 영향력을 행사하는 미국의 대남, 대북정책의 방향에 따라 남북관계도 직접적인 영향을 받을 수밖에 없다. 즉 "분단구조 속에서 남·북·미 삼각구도의 변화가 남북관계의 진전과 경색을 결정하는 핵심 변수"다. "남북관계 형성의 두 축인 남한과 북한 자체가 미국이라는 외적 환경 변화에 조응하면서 변화를 추구해 나가기 때문이다."[5] 특히 미국의 한반도 정책이 보다 가시화된 계기는 북핵문제였다. "탈냉전 시기에는 북한의 핵문제가 발생하면서" "핵개발에 대한 북·미 갈등"이 "남북대화국면을 지속시키지 못하도록 만들었"다. 즉 "미국의 대 한반도 정책이 남북 간 합의의 지속성을 저해하는 결정적인 요인이었다."[6] 냉전기의 7.4 남북공동성명에서는 미국 등 외부요인이 남북 대화의 동력이 되었지만, 탈냉전 이후 미국 요인은 북핵문제를 계기로 구조적 변수로 등장해 남북관계를 악화시키고 남북 간의 합의문들이 실행되지 못한 원인으로 작용하였다. 탈냉전 이후 북핵문제와 북미갈등으로 인해 남북관계는 북미갈등과 깊이 연

---

5 김신정, 「남북합의 지속성 저해요인 연구」, 동국대학교 대학원 북한학과 박사논문, 2017, 210쪽.

6 김형기, 『남북관계 변천사』, 연세대학교 출판부, 2010, 21쪽.

동될 수밖에 없었다.

1993년 1차 북핵 위기는 남북관계에서 미국 변수가 적극 개입하게 된 계기였다. 남북기본합의서는 그 내용을 이행하기도 전에 제1차 북핵위기로 인한 북미갈등 때문에 1년 만에 사문화되었다. 북핵문제와 북미갈등은 비단 남북기본합의서뿐만 아니라 그 이후 이루어진 6·15 공동선언, 10·4 정상선언, 4·27 판문점 선언의 실천적 이행을 가로막은 핵심 원인이 되었다. 6.15 선언과 10·4 선언의 이행동력을 감소시킨 것도 새로 등장한 부시 행정부의 대북강경정책이었다. 6·15공동선언 이후 남북관계가 진전을 이루었음에도 불구하고 북핵 문제를 둘러싼 북미갈등은 남북합의문을 이행에도 영향을 미쳤다. 뿐만 아니라 2006년부터 시작하여 2017년 말까지 6차례나 강행한 핵실험은 대북정책을 둘러싼 '남남갈등'을 심화시키고 남북관계의 개선에 대한 국민적 지지를 반감시키는 주요한 원인이 되었다. 남북관계 개선과 북핵 문제를 분리해 북핵 문제는 당사자인 미국이 북한과 해결할 수 있도록 도우고 한국은 남북관계 개선에 주력한다는 김대중, 노무현 정부의 방침은 남북관계 개선의 전제 조건으로 선비핵화를 앞세운 이명박, 박근혜 정부의 대북정책으로 무력화되었다.

2018년 4·27 판문점 선언은 남북 사이에 북핵문제 해결방향을 최초로 명문화한 합의문이었다. 제3조 "한반도의 항구적이며 공고한 평화체제 구축" 제4항에서 "남과 북은 완전한 비핵화를 통해 핵 없는 한반도를 실현한다는 공동의 목표를 확인하였다."고 합의했다. 남북합의문들 가운데 정상회담을 통해 비핵화를 명시적으로 언급한 것은 4·27 판문점 회담이 처음이었고 2018년 6월 싱가포르 회담(제1차 북미 정상회담)의 마중물이 되었다. 싱가포르 회담에서는 새로운 북미관계의 수립, 한반도 평화체제 구축, 한반도의 완전한 비핵화 순서로 합의 사항들이 배치되어 북미관계 개선과 평화체제를 통해 비핵화로 나아간다는 의미로 해석되었다. 그러나 2019년 2월 하노이 회담(제2차 북미 정상회담)에서 미국은 종전선언에 앞서 실질적인 비핵화 조치를 주장함으로써 1990년대 초 북핵문제 발생 이후 줄곧 고수해 온 선핵포기 입장이 불변임을 보여주었다. 북한 역시 북핵 문제가 등장한 이래 체제 안전보장도 받지 못한 상태에서 선비핵화란 있을 수 없다는 입장을 고수했다. 하노이 회담 결렬 이후, 남북관계는 다시 후퇴했으며, 남은 판문점 회담의 군비축소 합의 이행은커녕 미국으로부터 첨단무기를 사들이고, 북은 북대로 미사일 발사를 하고, 마침내 북이 2020년 6월 개성의 공동연락사무소를 폭파시키는 파국에 이르렀다. 북핵문제의 해결과 북미관계의 진전 없이 남북관계가 개선되기 힘든 구조가 1990년대 이래 정착되었음을 다시 한 번 확인하는 일련의 사태 전개였다.

셋째, 남북합의문 이행을 가로막은 또 다른 요인은 대북 정책을 둘러싼 남남갈등, 혹은 그 밑바탕에 놓인 혐북의식이었다. 2000년대에는 두 정부의 적극적인 대북정책으로 대북적대성에 균열이 생겼다. 김대중 정부의 대북포용정책은 6·15 정상회담을 성사시켰고 이후 남북교류는 미국의 견제로 불안성이 증가되었지만, 이산가족방문, 경제협력 등 다방면의 민간교류를 중심으로 지속적으로 활성화되었다. 비약적으로 증대된 민간교류로 북의 실상을 직접 보고 느끼는 사람들이 증가하였으며, 이와 더불어 북한을 안보위협의 대상이라기보다 협력관계로 보는 대북인식의 변화가 동반되었다.

그러나 냉전기에 훈육된, 북한을 악마화하는 이데올로기를 통해, 이미 형성된 반북, 혐북의식은 쉽게 극복될 성질의 것은 아니었다. 탈냉전 이후 거듭 반복되는 북한붕괴론이 이를 잘 보여준다. 1990년 독일통일과 1991년 소련 해체, 1994년 김일성 사망, 고난의 행군, 2008년 김정일의 건강 이상, 2012년 김정은 정권의 불안 등을 계기로 시기마다 끊임없이 북한 붕괴론과 흡수통일론은 이어져 왔다. 2000년대의 남남갈등은 이른바, 보수와 진보의 정치적 갈등으로 증폭되었고 대북관과 대북정책을 둘러싸고 심화되었다. 또한 남북관계 진전에도 불구하고 북한은 만족할 만한 수준으로 변화하지 않았고, 서해교전 등 무력도발 사건들도 일어났으며, IMF 위기 이후 경제적 양극화의 심화로 대북지원은 곧 '퍼주기'라는 인식이 대중에게 일정 정도 수용되었다. 또한 남북관계 개선에 도움이 되는 방식으로 추진된 대북지원이 핵개발 자금으로 흘러 들어갔다는 주장도 국민들의 마음을 동요시켰다. 이러한 국민적 정서는 남북합의 내용 이행을 위한 국민적 합의를 이끌어내지 못하게 만들고, 남북관계 개선과 남북합의문 이행을 가로막는 커다란 장애요인으로 작용했다.

이명박, 박근혜 정부 시기에 남남갈등은 더욱 심화되어 종북논쟁으로 치달았으며 남북관계는 역진해서 남북 대결이 강화되고 관계가 단절되기에 이르렀다. 탈냉전적 시대 흐름과 남북 간 화해적 분위기의 고양과 더불어 냉전적 유물로 전락해 가고 있다고 여긴 반북, 혐북의식은 보수정권 9년을 거치면서 '종북몰이'라는 변형된 형태로 나타났다. 신문사와 방송국이 쏟아내는 종북 보도가 사회전반에 걸쳐 반북 분위기를 형성했다. 북은 타도와 척결의 대상이므로 북을 비판하지 않으면 종북 분자가 되는 사회분위기가 촛불항쟁 이전까지 한국사회를 뒤덮었다. 이런 상황에서 남북관계 개선이나 남북합의문 이행은 불가능했다.

4. 남북합의문과 가치충돌 해소의 방향

남북합의문의 이행을 가로막는 요인들은 분단체제에서 공고화된 체제안보와 이념대립이라는 구조적 차원의 문제라고 할 수 있다. 그러나 거듭

된 불이행의 역사에도 불구하고, 남북은 다시 새로운 합의문을 거듭 만들어왔다. 비록 남북합의문이 이행되지 못했지만 새로운 남북합의문으로 이어진 남북합의문들에 담긴 내용을 통해 남북이 서로의 체제를 인정하면서도 공유할 수 있는 가치지향을 이끌어낼 수 있다. 상호체제 인정에 바탕한 민족적 화해와 연대라는 가치는 남북기본합의서 서문의 특수관계론과 제1항 상호체제 인정에 나와 있는 것으로 이후의 합의문에 지속되는 요소로 통일의 큰 방향을 보여주는 가치라고 할 수 있다. 두 국가체제를 상호인정하면서, 남북주민이 소통하고 통합하는 통일의 큰 방향이라고 할 수 있다. 그에 비해 자주와 평화는 이런 큰 방향을 달성하기 위해 남북이 합의한 핵심적 두 가치라고 할 수 있다. 1991년 유엔동시가입 이후 남북이 국제법상 각각 국가로 승인을 받고 있는 오늘날 국제질서에서, 민족자결권의 실현, 한반도 평화체제의 구축은 결국 상호체제 인정을 바탕으로 남북화해, 연대와 불가분의 연관을 지닌다.

첫째, 상호체제 인정을 통한 민족적 화해와 연대의 가치다. 남북 간의 합의를 '같은 민족'이라는 말로 온전히 담아내기도 힘들지만, 그렇다고 '민족적 연대' 없이 설명하기도 어렵다. 자기 체제에 기반을 두고 유리한 협상을 추구하는 두 분단국가의 정치현실에도 불구하고 남북합의문은 남북이 각자의 체제중심적이고 일방적인 이해관계를 넘어서 민족적 협력을 통한 공존을 추구했기에 가능했다. 다시 말해 남북 사이에 합의를 할 수 있었던 것은 체제대립의 원심력이 현실적으로 힘을 발휘하는 가운데서도 민족이라는 규범적 구심력이 일정 정도 작동했기 때문에 가능했다. 한반도의 군사적 긴장과 체제대립의 분단 상황 속에서 민족적 연대가 가능하기 위한 현실적이고 합리적인 출발점은 남북이 서로를 하나의 국가로 인정하는 데서 찾아질 수밖에 없다. 7·4 남북공동성명만 하더라도, 각자가 처한 체제적 문제를 해결하기 위한 체제적 필요성이 강하게 작동하였다.

비록 분단 이후 최초의 합의였고 통일 3원칙을 도출했지만, 상호체제를 인정하지 않았기에 남북 합의를 이행할 의지는 아예 결여되어 있었다. 그러나 1992년 남북기본합의서는 남북관계의 성격을 명확히 하면서, 상호체제를 인정하고 과정으로서의 통일을 합의했다는 점에서 이후 남북합의문이 7·4 남북공동성명의 통일 3원칙과는 다른 의미에서 항상 되돌아가 참조할 수밖에 없는 중요한 준거가 되었다.

그러나 상호체제의 인정이 민족적 연대를 위한 필요조건이기는 하지만 충분조건은 아니다. 왜냐 하면 남북기본합의서 이후의 남북관계에서 상호체제 인정은 서로를 혐오하고 적대하는 속내를 버리지 않는 위선적 방식, 너무 이질적 상태이기에 같은 민족임을 포기하는 무관심의 방식, 분단을 평화적으로 유지하는 분단공고화 방식 등으로 나타났기 때문이다. 상호체제의 인정은 민족적 화해와 연대를 향한 방향성을 지닐 때 그 의의를 살릴 수 있다. 그러나 남북기본합의서에서 상호체제 인정을 합의했음에도 불구하고, 그 이후 자기체제의 우월성과 상대체제의 비난은 불식되지 않았다. 오늘날 대한민국의 공식적인 '민족공동체' 통일방안은 김영삼 정부가 상호 체제존중 아래 영역별로 교류협력하자는 남북기본합의서의에 바탕을 두고, '화해·협력 단계'를 통일과정의 첫 단계로 설정함으로써 완성된 것이다. 그러나 취임 초기 적극적 대북화해정책을 펼치던 김영삼 정부는 1993년 1차 북핵위기, 1994년 김일성 사망을 계기로 북한붕괴론과 흡수통일론이 제기되면서 남북대화를 중단하는 한편, 조문파동에서 드러나듯 냉전기의 적대관계로 되돌아갔다. 반면 상호체제에 대한 인정을 바탕으로 남북화해를 본격적으로 추구한 것은 김대중 정부였다. 김대중 정부는 역대 정부들이 새로 들어서면 항용 앞세우던 '통일방안'이 아닌, '대북정책' 즉 '대북포용정책'을 실행했다. 포용정책은 새로운 통일방안을 제시하기보다는 점진적이고, 평화적인 접근을 통해 남북관계를 개선하고자 하는 의지를 담고 있었다. 포용정책의 결과로 6·15 공동선언이 합의되었지만 이후 2002년 2차 북핵 위기와 2차 서해교전의 발발, 남남 갈등과 혹독한 이념공세, 그리고 9·11 테러 사건 이후 미국이 북한을 테러지원국으로 지정하는 등 북미 관계 악화로 6·15 공동선언을 이행하기 어려운 국내외적 상황이 전개되었다. 그로 인해 남북교류는 부침이 있었지만, 김대중 정부는 그럼에도 불구하고, 경제협력과 이산가족방문 등을 지속적으로 추진하였다. 김대중 정부에 이어 노무현 정부에서는 남북 역사학자 교류, 겨레말 사전 만들기 사업, 그리고 남북 작가회의 교류 등 사회문화 교류도 활발하게 이루어졌다. 두 정부에서 경제, 사회문화 교류, 대북 인도적 지원 등 다양한 분야의 민간 교류협력은 남북관계 발전을 추동하는 중요한 동력이 되었다. 두 정부는 체제 대립의 원심력과 남남갈등, 북미관계의 악화에도 불구하고 민족적 화해 의지가 강력하고 민간교류협력이 활발할 때만 남북의 신뢰를 형성하고 또, 그 바탕 아래 남북합의와 그 이행이 가능함을 보여주었다.

둘째, 민족자주의 원칙 혹은 민족자결 원칙이란 가치다. 7·4 남북공동성명에 합의한 통일 3원칙에 대해 남북은 해석의 차이를 보이고 있다. 하지만 이 차이는 점차 수렴하는 경향을 나타내고 있다. 북한은 자주의 원칙에 대해 외세의 핵심에 해당하는 주한미군 철수를 그동안 일관되게 주장하면서 대남 정치공세에 활용하여왔다. 그러나 6.15 정상회담에서 김정일 위원장은 1991년 12월 합의한 남북기본합의서를 미국에 공식 통보하면서, 미군의 역할을 "북한에 적대적인 군대가 아니라 평화유지군 같은 역할"로 변경한다면 주한미군 철수를 반대하지 않으며, 1992년 초 남북기본합의서 발효 이후 미국에 특사를 보내 주한미군이 "남과 북이 전쟁을 하지 않도록 막아주는 역할을 해달라고" 요청했으며, 현재 주한미군 철수 주장은 북한 인민의 감정을 달리기 위한 것이라는 사실을 김대중

대통령에게 말했다.[7] 또한 북은 6·15 공동선언에서 반외세란 표현보다 "우리 민족끼리 서로 힘을 합쳐"로 표현함으로써, 그동안 남의 체제안보를 위협하는 것으로 인식된 주한미군 등 남북 관계의 걸림돌로 작용한 반외세란 표현을 의도적으로 넣지 않았다. 7·4 남북공동성명에서 "통일은 외세에 의존하거나 외세의 간섭을 받음이 없이 자주적으로 해결해야 한다"와 비교했을 때, '민족공조'에 강조점을 두었음을 알 수 있다. 또한 남북은 6·15 공동선언 제1항에서 7·4 남북공동성명과 남북기본합의서에서 지속된 통일 3원칙을 "우리 민족끼리", 즉 민족공조로 일원화하였다. 한반도 문제가 남북 간의 문제로서, 민족공조와 국제공조의 관계에 대한 입장 차이는 여전히 남아 있더라도 그동안 남한이 줄곧 주장해온 '당사자 우선'의 원칙, 민족 자결의 원칙으로 합의되었음을 알 수 있다.

4.27 판문점 선언이 6·15 공동선언, 10·4 선언과 다른 점은 '우리민족끼리'라는 용어가 사용되지 않았다는 점이다. 남북은 제1조 1항에서 "우리 민족의 운명은 우리 스스로 결정한다는 민족 자주의 원칙을 확인"한 데서 알 수 있듯이, 여기서 민족 자주의 원칙은 남한이 그동안 주장해온 당사자 원칙 혹은 민족 자결 원칙에 가깝다. 곧 남북이 합의한 '자주'의 의미는 한반도의 운명에 대한 자기결정권의 회복, 즉 민족자결권을 의미한다. 2018년 9·19 평양공동선언 서문에는 "민족자주와 민족자결의 원칙을 재확인하고"에서 알 수 있듯 아예 '민족자결의 원칙'이 명문화되었다. 따라서 민족 자주 즉 민족자결권을 천명한 최근의 합의가 판문점선언 제1조와 평양공동선언의 서문이라고 할 수 있다. 판문점 선언의 순서(1조 남북관계의 전면적 개선과 발전, 제2조, 한반도 군사적 긴장상태 완화 제3조 한반도의 항구적인 평화체제 구축(한반도 비핵화)는 남북관계 개선과 군사적 긴장완화가 북핵 문제 및 북미 관계해결의 출발점임을 보여준다는 의미에서 민

7 임동원, 『피스메이커』, 중앙books, 2008, 115~116쪽.

족자결의 원칙을 반영하고 있다. 2018년 싱가포르 회담에서 판문점 선언을 재확인한 것은 그동안 북핵 문제 때문에 민족자결의 원칙이 부차화된 역사와 완전히 대조를 이루는 대목이라고 할 수 있다. 미중 강대국의 영향력이 구조적으로 작동하는 한반도에서, 남북이 중심적 역할을 하면서 이들 국가의 협력을 유도해내었기 때문이다.

셋째, 평화의 가치지향은 7·4 남북공동성명 이래 지속적으로 남북합의문들에 그 내용이 담겨 있으며, 발전적으로 구체화되어 왔다. "남북은 7·4 남북공동성명 이후 평화적 방법에는 공감했지만, 구체적인 통일방안과 관련해서는 '제안 경쟁'을 지속해왔다. 그렇지만 냉전에서 탈냉전으로 전환하는 시기에 남북한의 통일에 대한 접근은 변화된다."[8] 남북기본합의서 서문에서 남북관계는 "나라와 나라 사이의 관계가 아니라 통일을 지향하는 과정에서 잠정적으로 형성되는 특수한 관계", 즉 "통일을 지향하는 민족 내부의 관계"로 규정되었으며, 1조 1항에서 상호체제를 인정하기로 합의하였다. 상호체제 인정과 더불어 상호불가침, 경제를 포함한 다양한 부문에서 교류 및 협력 확대를 규정함으로써 실질적인 평화의 토대를 구축할 것을 합의하였다. 이는 7·4 남북공동성명처럼 평화가 결과로서의 체제통일을 위한 단순한 수단에 그치는 것이 아님을 보여주고 있다. 다시 말해 남북이 서로를 정치적 실체로 인정하면서 통일을 점진적, 평화적 과정으로 이루자는 데 합의했다는 점에서 평화개념은 통일과 유기적으로 결합된 의미로 발전되었다.

'평화'의 가치는 6·15 공동선언에서 통일방안으로 구체화되었다. 물론 6·15공동선언은 평화에 대한 직접적인 언급은 빠져있지만 제2항 "남측의 연합제 안과 북측의 낮은 단계의 연방제 안의 공통성" 인정은 남북기본합

---

8 김연철, 「냉전과 탈냉전기 남북대화 전략의 비교: 7·4, 기본합의서, 6·15를 중심으로」, 『통일문제연구』 43, 통일문제연구소, 2005, 67쪽.

의서에 명시된 '잠정적으로 형성된 특수 관계'에 부합되는 점진적이고 평화로운 과정으로서의 통일과정이 구체화된 것이다. 남북이 잠정적으로 두 체제를 유지하면서, 당장의 통일보다는 평화공존과 분야별 교류협력을 통해 평화통일의 기반을 구축의 기반을 넓혀간다는 측면에서, 통일방안의 공통성에 대한 합의는 곧 평화개념의 구체화라고 할 수 있다. 2007년 10·4 선언을 통해 남북은 종전선언을 추진한 후 점차 한반도 평화체제 구축하자고 합의했다. 즉 제4항에서 "남과 북은 현 정전체제를 종식시키고 항구적인 평화체제를 구축"하고 "직접 관련된 3자 또는 4자 정상들이 한반도 지역에서 만나 종전을 선언하는 문제를 추진하기 위해 협력해 나가기로 하였다" 남북기본합의서에 "정전상태를 공고한 평화상태로 전환시키기 위하여 공동으로 노력한다"는 규정이 보다 구체화된 것이다.

4·27 판문점 선언 제3조는 "남과 북은 한반도의 항구적이며 공고한 평화체제 구축을 위하여 적극 협력해 나갈 것"이라고 명기하고 있고, 제3조 제3항에서는 남과 북은 "정전협정 체결 65년이 되는 올해에 종전을 선언하고 정전협정을 평화협정으로 전환하며" "남·북·미 3자 또는 남·북·미·중 4자회담 개최를 적극 추진"해 나가기로 합의하였다. 즉 4·27 판문점 선언에서 한반도 평화체제 구축을 위해 시기(2018년)와 관련 당사국 그리고 종전선언과 함께 한반도 평화협정 등 구체적 로드맵을 분명하게 적시하고 있다. 그리고 제3조 4항에 "완전한 비핵화를 통해 핵 없는 한반도를 실현한다는 공동의 목표를 확인"함으로써 비록 북미정상회담의 실패로 좌절되기는 했지만, 한반도 평화체제 구축을 위한 실질적 논의를 추진할 수 있는 기반이 마련되었다. 만약 북미 간에 비핵화와 평화체제 문제에서 의미 있는 합의가 진전된다면 "남북관계의 전면적이고 획기적인" 발전이 이루어질 것이다. "북한 핵보유에 따른 국제사회의 고강도 제재"가 "북한과의 인도적 차원의 교류협력마저 거의 불가능하게 만들었"

기 때문에 "남북관계와 북핵문제가 상호 선순환적으로 진전되는 과정에서 교류협력 재개 문제도 논의될 수"[9] 있기 때문이다.

1992년 남북기본합의서에서 2018년 4·27 판문점 선언에 이르는 남북합의문은 '과정으로서의 통일'과 한반도 평화체제 수립의 방향성이 보다 구체화된 내용과 더불어 계속 등장하면서 그 연속성을 보여주고 있다. 통일지향적 평화체제 수립을 향해 필요한 내용이 보다 풍부해지는 과정을 통해 평화의 가치가 구체화되고 있다. 남북합의문에 나타난 평화개념의 구체적 발전과정은 통일과 평화가 서로 긴밀한 연관을 맺고 있음을 보여주는, 이론적인 근거제시와는 또 다른, 남북관계사의 현실적인 근거로 볼 수 있다.

5. 나가는 말

남북 주민의 기대를 한껏 모았던 2018년 4·27 판문점 선언과 9·19 평양선언은 1919년 2월 하노이 북미 정상회담의 결렬로, 그 실천적 이행이 좌절되었다. 1990년대 초 북핵문제가 제기된 이래 남북합의문 이행을 저해했던 '북핵문제로 인한 북미갈등'이란 구조적 변수가 그 주된 요인이었다. 하노이 회담 결렬 한 달 후인 3월에 다시 한미 연합군사훈련이 재개되고, 북한은 다시 미사일 발사로 응답하면서 2019년 이후 남북관계는 또 다시 경색되었다. 북핵 문제를 놓고 북미 협상이 결렬되고, 남북 관계가 얼어붙은 상태에서 국제사회의 대북제재가 지속되는 가운데 북한은 2020년 6월, 남북관계 개선의 상징인 남북공동연락사무소를 폭파하기에 이르렀다. 1990년대 이래 북미갈등에 종속된 남북관계를 보여주는 익숙

---

9 임을출, 「지속가능한 남북관계 발전조건: '4·27 판문점 선언'을 중심으로」, 『통일정책연구』 27-1, 통일연구원, 2018, 9쪽.

한 풍경이 되풀이된 것이다. 넓게 보면 남북관계의 지속적 발전이 지금껏 한 번도 현실적으로 구현된 적이 없는 한반도 분단 역사의 반복이라고도 할 수 있다.

현재 분단 70년 역사에서 줄곧 작동해온, 남북관계를 악화시키고 남북합의문의 지속적 이행을 저해해왔던 요인들은 여전히 상존하고 있다. 남북의 체제적 생존 및 우위 전략이 교차하고 군사적 안보 위협 등 분단체제의 정치군사적 적대관계가 불식되지 않고 있다. 또한 한반도 문제의 국제적 성격을 극명하게 보여주는, 북핵문제와 그로 인한 북미갈등이 남북관계의 경색을 초래해 종전선언 및 평화협정을 통한 한반도 평화체제의 제도화를 가로막고 있다. 나아가 김대중 정부 이후 본격화되고 이명박, 박근혜 정부를 거치면서 더욱 강화된 집단화된 남남갈등, 혐북의식은 정치적 진영화와 더불어 여전히 힘을 발휘하고 있다. 분단체제에서 비롯된 정치군사적 적대, 북핵문제와 북미갈등, 남남갈등 등 남북합의문의 지속성을 저해하는 요인들은 분단 70여 년의 역사에서 되풀이되어왔다. 그리고 이 모든 요인들은 남북관계의 개선과 남북합의문 이행을 가로막는 커다란 장애 요인들로 지금도 작동 중이다.

여기서 다시 확인할 필요가 있는 것은 남북합의문들을 관통하는 기본가치들이다. 민족적 화해 및 연대, 민족 자주, 평화의 가치는 남북이 상호체제를 인정하면서 합의한 가치들로 지금의 남북관계 경색을 돌파하기 위한 근본적 방향성을 제시하고 있다. 남북 사이의 민족적 화해의지가 있어야 신뢰와 협력이 강화되고 분단 극복의 실질적 단계로 접어들 수 있다. 따라서 분단체제의 구조화된 정치군사적 적대와 북미갈등 속에서도 민족적 교류협력을 상시적으로 유지하는 방안을 고민할 필요가 있다. 유엔 안보리와 미국의 대북제재가 지속되는 현실에서 북미갈등의 해소만을 기다리는 소극적 방식이 아니라, 북미 갈등이 있을 때, 오히려 남북관계의 끈을 놓지 않고, 민간 차원의 교류와 접촉을 늘리고, 민간 부문의 자율성을 보장하는 방안을 적극 모색해야 한다. 또한 미국의 대북제재로 인해 한반도 문제는 당사자인 남북이 결정해야 한다는 민족 자주의 가치가 현저하게 훼손되고 있지만, 남북이 한반도 문제의 주인으로써 한미갈등을 조율하고 북한과의 협력을 강화하는 양 방향의 노력을 지속시켜야 한다. 나아가 북핵문제로 인해 동력을 잃은 한반도 평화체제 구축 역시 완전히 닫혀 있는 것만은 아니다. 현재 제기되고 있는 종전선언 논의가 이에 해당할 것이다.

제2부

코리언의 정서적 유대와 사회공동체 형성 방안

코리언의 제사문화 속 본향의식을 통한 정서공동체 형성 방안

김종군

1. 코리언의 이산 및 분단 역사와 본향의식

일제 강점으로부터 시작된 우리의 현대사는 민족 이산과 분단의 비극적인 역사였고, 그 역사는 현재까지 지속되고 있다. 본토에 자리 잡은 남과 북은 분단되어 서로 왕래할 수 없고, 분단 이전 동북아 지역으로 흩어진 코리언은 거주국에 따라 재중조선족·재러고려인·중앙아시아고려인·재일조선인 등의 호칭으로 불리면서, 본토와 거주국의 역학관계 속에서 이동권이 제한되기도 했고, 현재까지 제한적인 경우도 있다.[1] 이러

1 동북아 지역에 거주하던 코리언 디아스포라는 1990년 한소수교, 1991년 소비에트 연방의 붕괴, 1992년 한중수교 이후 본격적으로 남한에 대한 이동권이 보장되었다. 그 이전에는 공산권인 북한에 대한 이동권만 보장된 상황이었다. 일본에 거주하는 코리언은 소속 국적이 대한민국적(大韓民國籍), 조선적(朝鮮籍), 일본적(日本籍)으로 나뉘어져, 조선적은 남한에 대해서, 대한민국적은 북한에 대해 이동권이 제한적이다. 남북 당국으로부터 각각 여행증명서나 방문허가증이 발급되어야 방문이 가능하지만 적대적 남북관계 속에서 발급이 쉽지 않은 상황이다.

한 이동권 제한의 역사는 분단된 남북 주민은 물론이고 코리언 디아스포라에게 심각한 외상으로 작용하고, 인간의 기본권 침해 요소가 되고 있다. 특히 여행이나 사업의 목적이 아니라 같은 민족으로서 조상의 자취를 찾고 친척을 만나기 위한 고향이나 고국 방문을 막는 상황은 세계적으로 사례가 드문 분단국의 비극적 현실이라고 할 수 있다.

인간은 본질적으로 자신의 뿌리에 대한 귀향의식을 가진 존재이다. 자신이 태어난 고향이나 조상의 근거지로 돌아가고자 하는 의식 지향을 귀향의식이라고 한다면, 여러 외부적인 제약으로 고향이나 자신의 뿌리를 찾지 못하고 그리워하는 의식 지향을 이 글에서는 '본향의식(本鄕意識)'[2]으로 칭하기로 한다. 이산과 분단의 역사를 지속하고 있는 우리 민족에게 본향의식은 심각한 향수병(鄕愁病)으로 남았고, 이를 스스로 치유하기 위한 방안으로 애초 떠나올 때 체득한 본토의 전통적인 관습과 문화를 유지하고 있다. 남북 분단으로 고향을 떠나온 월남인이나 월북인들이 고향의 음식과 관습을 유지하는 경향성, 조상의 묘소를 찾아보지 못해 망배(望拜)로써 제사를 대신하는 행위가 그 예일 수 있다. 코리언 디아스포라는 거주국의 언어와 문화 관습과의 충돌 속에서 민족정체성을 유지하는 방편으로, 이주할 때 체득한 문화와 관습을 고수함으로써 본향의식을 더욱 내밀하게 체화하고 있다.

비극적인 민족 분단은 본토에 거주하는 남북 주민들에게 직접적인 영향을 미칠 수 있으므로 이들이 통일의 주체가 되는 것은 당연하다. 하지

2 본향(本鄕)의 사전적 의미는 '본디의 고향'이지만, 기독교에서는 '아버지의 땅'인 천국을 지칭하는 경향이 있다. 여기서는 구체적인 지소로서의 고향보다는 좀 더 확장된 조상의 땅, 고국, 모국이라는 실제적 공간일 수도 있고, 자신의 근본이 존재하는 상상 공간일 수도 있다. 그러므로 본향의식은 실제로 고향이나 고국으로 돌아가기를 갈망하는 귀향의식과 정서적으로 자신의 근원에 대해 탐색하며 정체성으로 안착시키는 문화코드를 포괄하는 용어로 정의한다.

만 현대사 속에서 강제로 이주당하거나 자의로 이주한 후, 해방 이후 본토의 분단체제 속에서 이동권이 제한된 동북아 지역의 코리언 디아스포라도 통일의 주체가 되어야 한다는 당위성으로 이 글을 시작하고자 한다.[3]

이 글에서는 우리 민족의 전통적인 관습 가운데 제사문화에 주목하여 이산과 분단의 역사 속에 각 처에서 살아가는 코리언의 본향의식의 실체를 살피고자 한다. 본토에 거주하는 남북의 주민들과 해외에 거주하면서 이동권을 제약받은 디아스포라의 본향의식은 차이를 보일 것으로 예상되므로 그 공통점과 차이를 파악하고, 같은 민족으로서 갖는 정서적 유대를 통한 공동체 형성 방안을 제시하고자 한다. 이 결과는 분단 극복의 토대가 될 수 있을 것이다.

제사문화는 일생의례의 마지막 단계로, 죽은 조상을 추모하고 숭배하는 의례로서 본향의식을 밝히기에 적절하다. 다른 일생의례인 관례·혼례·상례가 일생 중에 일회적으로 겪는 통과의례라면 제례는 죽은 조상에 대해 베푸는 의례로서, 짧게는 1년에서부터 길게는 100년, 영원성을 갖는 반복적인 일생의례이다. 그러므로 이산과 분단으로 이동권이 제한된 우리 민족의 본향의식을 파악하기에 적합한 대상이 될 수 있다.

제사문화에 대한 연구는 남한의 경우 유교문화, 가족주의, 인류학, 사회학 측면에서 제사의 의미와 본질, 변화 양상을 살피는 연구들이 진행되었다.[4] 코리언 디아스포라의 제사문화에 대한 연구는 민족정체성 연구의

---

3 정치·경제·체제 통일에 주목하는 기존 통일담론의 한계를 극복하고자 근래 인문학적인 통일담론이 대두되고 있다. 통일인문학은 '사람 중심의 통일', '과정으로서의 통일'을 지향하며, 통일의 주체도 남북 주민은 물론이고 코리언 디아스포라까지 포괄하기를 주장한다(건국대학교 통일인문학연구단, 『통일인문학-인문학으로 분단의 장벽을 넘다』, 알렙, 2015, 259~271쪽 참조).

4 이영춘, 『차례와 제사』, 대원사, 1994; 도민재, 「유교 제례의 구조와 의미-기제를 중심으로-」, 『동양철학연구』 42, 동양철학연구회, 2005; 이숙인, 「주자가례와 조선 중

일환으로 진행된 각각의 사례가 있다. 그러나 북한의 제사문화에 대한 연구나 각 권역별 제사문화를 비교한 연구는 흔치 않은 상황이다. 이는 학계의 관심 부족일 수도 있지만, 막상 연구를 수행하고자 해도 구체적인 분석 자료를 구할 수 없는 데서 비롯된 결과이기도 하다. 이 글에서는 남한의 제사문화에 대해서는 기존 연구 자료와 연구자의 경험을 근거로 하고, 북한의 자료는 1970년대 이전 자료로 '조선민속조사자료-관혼상제(1949~1968년 조사, 북한 전역)'[5]와 근래의 자료로 탈북민을 대상으로 구술 조사하여 DB화한 '북한의 생활문화 아카이브(2018~2021년 조사, 북한 전역)'[6]를 주 분석 대상으로 삼는다. 더불어 북한에서 출판된 민속지[7]도 참고한다. 디아스포라의 경우, 재중조선족의 사례는 현지의 실생활이 다수 반영된 민속지[8]를 중심으로 살피고, 재일조선인의 사례는 제사문화에 대해 인터뷰하고 참관한 기존 연구[9]의 기초자료를 대상으로 삼는다. 고려인의 사례로 사할린 거주자는 귀환자의 구술자료[10]를, 중앙아시아 거주

기의 제례문화-결속과 배제의 정치학-」, 『정신문화연구』 103, 한국학중앙연구원, 2006; 김계숙, 「家族主義·祭禮意識·祭禮行禮가 祭禮滿足에 미치는 影響-旣婚男女의 忌祭祀를 中心으로-」, 성신여자대학교 대학원 박사학위논문, 2008; 하정현, 「유교 기제사의 구조와 의미-두 가정의 사례를 중심으로-」, 『종교문화비평』 14, 한국종교문화연구소, 2008; 이욱, 「조상제사의 의미와 기억의 의례화」, 『국학연구』 19, 한국국학진흥원, 2011; 최규홍, 「祖上祭祀에 대한 哲學的考察」, 성균관대학교 대학원 박사학위논문, 2016.

5 조선사회과학원 민속학연구소, 『조선민속조사자료-관혼상제』, 미간행 복사본, 2006.

6 서울대학교 북한민속연구단, 『북한의 생활문화 아카이브』 DB자료.

7 선희창, 『조선의 민속』, 평양; 사회과학출판사, 1991; 조선사회과학원 민속학연구실, 주강현 해제, 『조선민속풍습』, 서광학술자료사, 1992; 조선사회과학원 민속학연구소, 『우리 민족의 전통적인 생활문화와 풍습 11-가정의례』, 평양; 사회과학출판사, 2006.

8 천수산, 『중국 조선족 풍속』, 북경; 민족출판사, 2008.

9 이유숙, 「재일 코리안 사회 속의 제사의 변용과 "한"의 분석」, 『한일민족문제연구』 22, 한일민족문제학회, 2012; 이유숙, 「재일교포 사회에서의 '제사'의 변용과 계승문제 고찰」, 『원불교사상과종교문화』 77, 원광대 원불교사상연구원, 2018; 고정자, 「자이니치코리안의 음식문화에 관한 고찰-조상숭배의례 음식을 중심으로-」, 『제14차코리아학국제학술토론회자료집』, 국제고려학회, 2019.

자는 현지조사 자료[11]를 기존 연구 속에서 발굴하여 분석 대상으로 삼고자 한다.

2. 민족문화로서 제사의 역사와 의미

제사(祭祀)는 신령이나 죽은 넋에게 음식을 바쳐서 정성을 표시하는 행위나 의식을 말한다. 여기서 신령은 인간의 능력으로 통제할 수 없는 대자연과 인간을 둘러싼 환경을 영성화한 것으로, 하늘과 땅, 물, 해, 달, 별, 기후, 질병, 곡식, 위협적인 동물 등에 신이 존재한다고 믿고 신앙하는 대상이다. 이들 신령에 대한 제사를 받드는 주체는 개인일 수도 있지만 대체로 왕조시대의 군왕, 대부, 공동체의 대표 등이다. 죽은 넋은 자신과 직접적인 연관성을 갖는 존재가 죽은 후 숭배의 대상으로 삼는 것으로, 대체로 조상으로 일반화할 수 있다. 그러므로 이 글에서 연구 대상으로 삼는 제사의 대상은 조상의 넋으로 한정한다.

우리 민족에게 제사문화는 고대로부터 존재했다. 삼국시대 이전 부족국가시대부터 부족 차원의 제천(祭天)의식이 존재하였으므로,[12] 이에 영향을 받아 개인이 자신의 조상을 숭배하는 조상제사가 자연스럽게 형성되었을 것으로 유추할 수 있다. 삼국시대에 와서 고구려는 시조 동명왕과 시조모 유화의 제사를 연례적으로 행한 기록이 있으며, 신라에서도 왕위계통별로 오묘를 새롭게 구성하는 기록이 전하는 것으로 보아 왕실의 전례가 민간에도 전파되었을 것으로 보인다. 고려시대에는 불교가 융성하

10 이순형, 『사할린 귀환자』, 서울대학교출판부, 2004.

11 권희영·Valery Han·반병률, 『우즈베키스탄 한인의 정체성연구』, 한국정신문화연구원, 2001; 강정원 외, 『중앙아시아 고려인 전통생활문화: 카자흐스탄』, 민속원, 2017.

12 부여의 영고(迎鼓), 고구려의 동맹(東盟), 예의 무천(舞天), 삼한의 농공시필기(農功始畢期) 제천의식이 행해졌다(진수, 『삼국지』, 「위지 동이전」).

였으므로 조상제사를 절에서 거행한 기록에서 민간에 일반화된 정황을 파악할 수 있다. 현재 관습화된 유교식 조상제사의 전범이 된 『주자가례』가 여말선초에 전래되고, 조선이 성리학을 국시로 삼는 과정에서 왕실의 종묘(宗廟)와 같이 사대부가에서는 가묘(家廟)를 세우도록 강제하는 가운데 유교식 조상제사가 민간으로까지 확산 정착된 것으로 보인다.

『주자가례』에서는 조상제례의 종류를 사시제(四時祭), 초조제(初祖祭), 선조제(先祖祭), 예제(禰祭), 기일제(忌日祭), 묘제(墓祭)의 여섯 종류로 구분하였다. 이는 왕실이나 유교를 숭상하는 지배층에서나 행해진 것이고, 민간에서는 시제(時祭)와 기일제(忌日祭), 속절제(俗節祭)로 구분되어 통상 행해졌고 이것이 관습화되었다. 이는 남한은 물론이고 북한[13]과 재중조선족[14]의 민속지에서도 차이 없이 기록되어 있다. 시제는 초조제, 선조제, 묘제가 합쳐진 형태로, 보통 음력 9월 9일이나 10월에[15] 추수를 마치고 문중별로 정해진 날짜에 성씨의 시조나 입향조를 비롯한 기제사를 지내지 않는 조상의 묘소에서 지내는 대규모 합동 제사이다.[16] 기일제는 봉사하는 직계손들이 사망일에 맞춰 지내는 집안 제사로, 대(代)가 먼 시조나 선조의 묘소에서 지내는 초조제, 선조제, 묘제보다 가까운 조상에 대한 기제사를 중시하는 풍조가 생겨났다. 이런 현상에 대해 정통을 무시하는 처사라고 비난하는 유학자들도 있었다. 기제사가 제사문화의 중심이 된 것은 『주자가례』의 정통 명분론과 직계 조상에 대해 친연성을 느끼는

13 조선사회과학원 민속학연구소, 『우리 민족의 전통적인 생활문화와 풍습 11-가정의례』, 평양; 사회과학출판사, 2006.

14 천수산, 『중국 조선족 풍속』, 북경; 민족출판사, 2008.

15 북한의 경우 1958년 이전까지 유지된 시제는 음력 9월 9일에 지냈다고 한다. 그에 비해 남한의 경우는 문중별로 음력 10월에 날을 정해서 시제를 지낸다.

16 현재 시제가 유지되는 남한의 문중에서는 선조의 묘소에서 시제를 지내는 경우도 있지만, 문중 재원으로 제각 혹은 재실을 마련하고 그곳에 선조의 지방을 모시고 시제를 지내는 경우도 흔하다.

인정론(人情論)이 대립하는 구도 속에서 형성되었다[17]는 진단은 적절해 보인다. 속절제는 명절에 지내는 제사로, 『주자가례』에는 제사의 종류로 따로 명시하지 않았지만, 우리 민족은 설이나 한가위 등의 명절에 지내는 차례나 성묘를 기제사와 거의 대등하게 인식하고 있다.[18] 근대 이전에는 설날과 한가위에는 집안에서 차례를 지내고 성묘를 겸하였고, 한식과 단오절에는 성묘를 하는 방식으로 속절제를 봉행하였다. 그렇다면 우리의 조상제사는 『주자가례』에 근거한 유교 의례를 추종하기보다는 자손으로서의 인정과 관습적 명절 풍습이 작용하면서 지속적으로 변화 형성된 민족문화로서의 위상을 갖는다고 진단할 수 있다.

유교에서는 조상제사의 의미를 효의 연장선으로 보고 있다. 『예기』에 "제사는 죽은 조상을 추모하여 효를 이어가려는 까닭이다"[19]고 하였다. 또는 추원보본(追遠報本)이나 보본반시(報本反始)라고 하여 제사를 통해서 자신을 낳아준 조상을 추모하고 그 은혜에 보답한다는 의미를 강조하고 있다. 이는 제사에서 정형화된 형식으로 읽는 축문에서도 잘 나타난다. "세월이 바뀌어 돌아가신 날이 다시 돌아오니 추모하는 마음에 슬픔이 저 하늘 끝까지 사무쳐(길이 사모하는 마음을 이기지 못하여) 삼가 맑은 술과 몇 가지 음식으로써 공손히 제사상을 차려 올리오니 흠향하시옵소서"[20]라는 공식 구문에서 기제사를 지내는 의미를 명시하고 있다. 축문은 차례에서는 생략하지만, 시제에서도 읽는데, 역시 '추원감시 불승영모'의 구절

---

17 이숙인, 「주자가례와 조선 중기의 제례문화-결속과 배제의 정치학-」, 『정신문화연구』 103, 한국학중앙연구원, 2006, 53~54쪽.

18 "우리 사회에는 기제사가 특별히 중시되고 『주자가례』에 명시되지 않은 차례(茶禮)가 기제사와 함께 제사문화의 중심이 되고 있다."(이영춘, 『차례와 제사』, 대원사, 1994, 81~82쪽).

19 祭者 所以追養繼孝也(『禮記』, 「祭統」)

20 歲序遷易 諱日復臨 追遠感時 昊天罔極(不勝永慕) 謹以淸酌庶羞 恭伸奠獻 尙饗

은 동일하게 삽입되어 있다. 결국은 자손으로서 조상을 추모하는 마음에 제사를 지낸다는 뜻을 조상신에게 전달하는 형식인 것이다. 그리고 제사의 또 다른 의미는 조상과 자손이 감응하는 데 있다고 할 수 있다. 제사의 마지막 절차인 음복(飮福)은 제사를 마치고 조상이 드신 술이나 음식을 자손들이 나누어 먹는 과정이다. 이를 '복을 마신다'고 표현한 것을 보면 조상이 드시던 술이나 음식을 자손이 먹음으로써 조상과 자손이 한 몸이 된다는 동기감응(同氣感應)이 제사의 또 다른 의미라고 할 수 있다. 결국 제사는 죽음 이후에도 조상과 자손을 이어주는 문화적 장치로서의 위상을 갖는다.[21]

그런데 이 감응의 주체는 여러 자손들 가운데 맏자손에게 있다는 유교주의 논리는 다소 문제일 수 있다. 『예기』에는 제사의 주관자로서 맏자손의 역할을 명시하여, "제사는 가례에 의거함이 마땅한데, 반드시 사당을 세우고 신주를 받들고 제전을 두고 제기를 갖추어야 하는데, 종자가 이를 주관한다"[22]고 적고 있다. 이에 근거하여 조선 중기 이후 부계주의(父系主義), 적계주의(嫡系主義)에 기초한 『주자가례』의 영향으로 제사의 주체는 적장자로서의 종자 혹은 종손만이 가능하게 되었다.[23] 제사를 주관하면서 혈통을 계승하는 방법으로서 적장자는 조상의 전통이 일관되게 전승되어 혼란되지 않게 하는 상징적인 존재이다.[24] 이러한 맏자손 중심주의는 경직된 유교문화의 인습으로서, 현대에 와서 그대로 수용하기엔 무리

21 도민재, 「유교 제례의 구조와 의미-기제를 중심으로」, 『동양철학연구』 42, 동양철학연구회, 2005, 252쪽.

22 祭祀 當依家禮 必立祠堂 以奉先主 置祭田 具祭器 宗子主之(『禮記』, 「祭法」)

23 이숙인, 「주자가례와 조선 중기의 제례문화-결속과 배제의 정치학-」, 『정신문화연구』 103, 한국학중앙연구원, 2006, 48쪽.

24 하정현, 「유교 기제사의 구조와 의미」, 『종교문화비평』 14, 한국종교문화연구소, 2008, 230쪽.

가 있다.

제사에서 조상을 모시는데 필수적인 요소는 제수라고 불리는 음식이다. 유교에서는 제사의 필수적인 음식과 제사상차림의 격식을 진설도로 규격화하고 있다. 그 격식이 복잡하여 조율시이(棗栗柿梨)나 홍동백서(紅東白西), 좌포우혜(左脯右醯), 어동육서(魚東肉西), 두동미서(頭東尾西) 등의 구결(口訣)로 제수와 진설의 방식을 전승하고 있을 정도다. 이러한 복잡한 격식과 과다한 제수가 제사의 본질을 흐린다는 우려는 일찍이 『예기』에도 명시되어 있었고,[25] 군왕에서부터[26] 유학자에 이르기까지 반복되었다. 그리하여 '제사는 정성이다', '남의 제사에 배 놔라 감 놔라 하지마라'와 같은 속담이 생길 정도로 격식에 얽매이는 풍습을 경계하였고, 결국은 각 집안의 자율성을 강조하여 '제사는 가가례(家家禮)'라는 말로, 집집마다 제사상차림 방식이나 제수가 다를 수 있음을 인정했다. 그럼에도 여전히 제사상차림과 제수는 제사 절차와 함께 가장 형식적인 규범으로 자리매김하고 있다.

이렇게 준비한 제사를 어떤 절차로 지내야 하는가도 난제였다. 유교에서는 이를 규범화하였고, 이 절차는 지배층에서부터 서민층까지 전파되어 관습으로 정착하였다. 대체로 준비과정을 제외하고 본 제사의 절차는 다음과 같다.

① 奉主就位-參神-降神-進饌-初獻-亞獻-終獻-侑食-闔門-啓門-受胙-辭神-納主-徹-餕(『주자가례』 제례 절차)
② 진설-출주-참신-강신-진찬-초헌-아헌-종헌-유식-합문-계문-사신-납

---

25 제사상에 생선을 놓았는지 육고기를 놓았는지 국을 놓았는지 익힌 것을 놓았는지 날것을 놓았는지 귀신이 그것을 아는가? 그것은 단지 상주가 자기의 성의를 표달할 따름이다(『禮記』, 「郊特牲」 第十一).

26 조선의 세조도 제사에서 가장 중요한 것은 정성과 정결함이지 번화한 것이 아니라고 하였다(祭以誠潔爲貴, 不在繁華. 『國朝寶鑑』 世祖 三年).

주-철찬-음복(율곡 불천위제사 절차)[27]

③ 진설-강신-참신-초헌-아헌-종헌-합문-계문-사신-지방태움-음복(고령신씨 기제사 절차)[28]

위 제사 절차 세 가지 중 ①은 규범으로 제시된 『주자가례』의 본 제사 절차이며, ②는 근래에 조사한 율곡 이이의 불천위제사 절차이고, ③은 근래에 조사한 고령신씨 집안의 기제사 절차를 제시한 것이다. 사당에 신주를 모신 ①과 ②는 제사 시작을 사당에서 신주를 모셔내는 출주로 하고, 마치는 절차는 다시 신주를 사당에 모시는 납주로 배치한다. 임시 신주인 지방으로 제사를 모시는 ③의 경우는 마지막에 지방을 태우는 절차가 배치된다. 신주를 모시는 경우는 참신-강신의 순이고, 지방으로 모시는 경우는 강신-참신의 순이 다를 뿐이다. ①과 ②의 경우는 초헌 절차에 독축이 당연히 포함되어 있지만 ③의 경우는 축을 읽지 않는 것으로 조사되었다. 이처럼 제사의 절차는 유교문화에서 제시한 것을 큰 변화 없이 유지하고 있는 실정이라고 볼 수 있다. 그 이유는 제사의 절차 의미를 되새겨보면 살아있는 귀한 손님을 초청하여 식사를 대접하는 일반적인 순서와 크게 다르지 않기 때문이다. 이러한 일반적인 접대 절차는 제사상차림에도 적용할 수 있는데도, 의례의 형식이라는 심리적 중압감에 지나치게 매몰되어 의례를 박제화하면서 난해하다고 호소하는 것이다.

덧붙여 제사의 시간도 중요한 요소인데, 기제사는 조상의 사망일 첫 시에 음식을 대접해야 한다는 정성의 발로로 사망일 전날에 제수와 제기를 준비하여 사망일 자시(子時)에 제사를 시작하며, 명절 차례는 아침 시

27 하정현, 「유교 기제사의 구조와 의미」, 『종교문화비평』 14, 한국종교문화연구소, 2008, 236쪽.

28 하정현, 「유교 기제사의 구조와 의미」, 『종교문화비평』 14, 한국종교문화연구소, 2008, 238쪽.

간에, 시제는 낮 시간에 제사를 지낸다. 이 규범 역시 대체로 유지되는 실정이다.

이상에서 민족문화로서 조상제사의 역사와 의미, 제사 주관자, 제수, 진설, 제사 절차, 제사 시간 등에 대해 살펴보았다. 제사의 종류는 유교에서 제시한 원조(遠祖)에 대한 제사는 시제로 통합하여 간소화하였고, 가까운 조상의 기제사와 명절 제사가 중요한 비중을 가지면서 정착하였다. 제사의 의미는 유교에서도 죽은 조상에 대한 효와 추모라는 인정의 발로로 규정하고 있으므로 제사를 통해 조상과 자손이 한 몸이 된다는 동기감응의 이치로 자리매김하고 있다. 제사의 주관자는 적장자가 되어야 한다는 부계 중심의 적계주의가 유교의 영향으로 굳건하게 자리를 잡고 있다. 제사의 절차와 제수, 진설은 현실에서 귀빈을 대접하기 위한 음식 준비와 절차로 일반화할 수 있음에도 의례의 격식이라는 심리적 중압감으로 박제화한 상태로 수용하고 있음을 확인할 수 있다.

3. 권역별 코리언의 제사문화 변형과 현황

분단 극복을 위한 코리언 공동체 형성을 논의하면서 그 비교 대상은 남과 북, 동북아 지역의 코리언 디아스포라로 삼는다. 코리언 디아스포라 중 재중조선족·재러고려인·중앙아시아고려인·재일조선인에 주목하는 이유는, 미국이나 캐나다, 유럽 등에도 높은 비율로 코리언이 거주하고 있지만, 동북아시아 거주 코리언은 20세기 초 일제 강점으로 강제 이주당하여 해방과 분단 정국에서 귀향하지 못하고 역사적 트라우마를 간직한 존재라는 특수성을 가지고 있기 때문이다. 남북 주민은 본토에 거주하지만 분단된 상태에서 왕래가 불가하고, 동북아시아 코리언 디아스포라는 이산과 분단의 연속적 역사 속에서 본토 분단의 부정적인 영향을 감내한 존재로서 분단의 주체라고 볼 수 있으므로, 이들을 우선 공동체의 구성원으로 고려하고자 한다.

비교 대상의 제사문화 변형과 현황은 연구자가 자유롭게 왕래하면서 얻을 수 있는 자료가 아니므로 기존 연구의 기초자료나 구술자료, 현지 상황을 충실하게 반영한 민속지를 연구 대상으로 삼을 수밖에 없다. 이들 자료는 일정한 기획에 의해 조사된 자료가 아니므로 매우 방대하기도 하고 산만한 상태이다. 연구의 편의를 위해 각 권역별 제사의 종류, 봉사대상, 제사주체, 제삿날짜와 시간, 제수·진설·제사 절차 등으로 항목화하여 현황을 파악하고자 한다.

3.1. 남한의 현황

(1) 제사 종류

남한의 조상제사는 크게 기제사와 명절 차례, 시제(시향)가 행해진다. 조상의 사망일에 추도의 의미로 지내는 기제사는 설, 한가위 차례와 연동하여 비교적 강한 전승력을 가진다. 1년에 한 번 집안 제사로 지내지 않는 직계 조상을 모시는 시제는 농촌지역에서 시조나 입향조 이하 원조들의 합동 제사로 유지되고 있다. 그러나 시제는 도시화되는 가운데 점점 폐지되고 있으며, 그나마 문중 원로들 중심으로 지내더라도 젊은 세대들은 거의 참여하지 않는 실정이다.[29] 국가 차원에서 제례의 표준으로 제시한 '건전가정의례준칙'에서도 제례를 기제사와 명절 차례 두 가지로 구분하고 있다.[30] 국가의 제도를 수용한다기보다는 남한의 사회구조가 도시

29 농촌지역이나 종가에서 시제를 유지하고자 하는 자구책으로 음력 10월에 행하던 시제를 광복절이나 음력 7월 벌초일로 옮기는 사례도 있다(안동 군자마을 광산김씨 종가와 연구자의 문중 예).

30 (제례의 구분)제례는 기제 및 명절차례(이하 "차례"라 한다)로 구분한다(건전가정의

화, 산업화하는 가운데 자발적으로 시제는 축소되는 것이다. 결국 현 상황에서 남한의 제사문화는 기제사와 명절 차례로 재편되고, 시제는 폐지되는 수순을 밟고 있다고 진단할 수 있다.

(2) 봉사대상

조선 후기부터 기제사의 봉사대상은 상층부 문화를 모방하는 경향성으로 서민들 가정에서도 4대 봉사가 일반화되었다. 이런 관습을 여전히 유지하는 집안도 있지만 기제사나 차례의 봉사 대상은 조부모나 부모로 한정하는 경우가 늘어나고 있다.[31] '건전가정의례준칙'에서는 조부모까지를 봉사하도록 제시하고 있지만[32] 민간에서는 이보다 더 앞서서 봉사대상을 축소하는 방향으로 나가고 있다. 결국 향후 기제사와 차례에서는 부모만 제사의 대상으로 삼는 방향으로 정착할 것으로 보인다. 그리고 부모 모두 사망하였을 때, 아버지의 기일에 어머니도 함께 모시는 합설형식이 일반적이므로 부모의 기일에 각각 제사를 지내기보다는 합제사로 1년에 한 번 기제사를 지내는 방향으로 변형되고 있다.

(3) 제사 주체

제사의 주체는 조선 후기 유교적인 부계주의, 적통주의가 고착되면서 장자(장손)로 일반화되었다. 이러한 관습은 현재 남한에서도 그대로 유지

례준칙(제정 1999. 8. 31 대통령령 제16544호), 제5장 제례, 제19조).

31 기제사와 차례의 봉사대상으로 부모 1대만 지내는 비율이 85.1%, 조부모 2대까지 지내는 비율은 6.3%, 증조부모 3대까지 지내는 비율이 6.1%, 고조부모 4대까지 지내는 비율은 1.3%로 조사되었다(김계숙. 「家族主義·祭禮意識·祭禮行禮가 祭禮滿足에 미치는 影響-旣婚男女의 忌祭祀를 中心으로-」, 성신여자대학교 대학원 박사학위논문, 2008, 부록 참조).

32 기제의 대상은 제주로부터 2대조까지로 한다(건전가정의례준칙(제정 1999. 8. 31 대통령령 제16544호), 제5장 제례, 제20조 ①).

되고 있다. 제사를 지내는 집안의 80% 이상이 장자의 집에서 지낸다고 응답했다.[33] '건전가정의례준칙'에서는 기제는 제주의 가정에서 지내고, 차례는 주손(맏손자)의 가정에서 지낸다고 명시하고 있는데,[34] 이러한 조항이 현실에 맞지 않다는 불만이 최근 표출되기도 하였다. 적장자 중심의 제사문화도 차츰 변형의 길로 접어들고 있다. 본가(시댁) 제사만 지내는 비율이 월등히 높지만, 본가와 처가 양가의 제사를 지내는 비율도 점차 늘어나고 있다.[35] 이러한 제사 주체의 변형은 우선 종교적인 이유를 꼽을 수 있으며, 민법에서 부모 유산은 자녀들의 균등 분배로 법제화하면서 제사 분배에 대해서는 법제화하지 않은 데서 갈등을 불러온 이유도 늘고 있다. 또한 저출산과 남아선호사상의 퇴조로 외동딸을 둔 가정이 늘어나는 가운데 양가의 제사를 지내는 비율은 점점 증가할 것으로 예상된다.

(4) 제삿날짜와 시간

제삿날짜는 전통적으로나 국가 규범에서도 사망한 날에 지낸다고 명시하고 있지만,[36] 사망 전날로 제삿날을 삼는 비율이 사망 당일로 삼는 경우보다 높은 비율로 나타났다. 이와 연동하여 제사 시간 역시 혼동을 초래하고 있다.[37] 기제사 날짜는 사망 당일로 정해 두었지만 자손의 처지에서

---

33 장남이 주관하는 경우가 84.8%, 차남 이하 아들은 6.1%, 아들끼리 돌아가면서 5.8%, 아들·딸들이 돌아가면서 1.3%, 경제적으로 여유 있는 사람이 0.9%, 종교기관 대행주관 0.4%(김계숙. 「家族主義·祭禮意識·祭禮行禮가 祭禮滿足에 미치는 影響-旣婚男女의 忌祭祀를 中心으로-」, 성신여자대학교 대학원 박사학위논문, 2008, 부록 참조).

34 건전가정의례준칙(제정 1999. 8. 31 대통령령 제16544호), 제5장 제례, 제20조 ②, 제21조 ②.

35 본가(시댁) 제사만 지내는 비율이 월등히 높지만 85.7%, 본가와 처가 양가의 제사를 지내는 비율은 13.7%, 처가 제사만 지내는 비율은 0.6%로 조사(김계숙. 「家族主義·祭禮意識·祭禮行禮가 祭禮滿足에 미치는 影響-旣婚男女의 忌祭祀를 中心으로-」, 성신여자대학교 대학원 박사학위논문, 2008, 부록 참조).

36 건전가정의례준칙(제정 1999. 8. 31 대통령령 제16544호), 제5장 제례, 제20조 ②.

조상의 기일을 맞아 첫 시에 모셔서 음식을 대접하고 싶다는 인정의 발로로 전날 음식을 준비하여 밤 11시가 넘으면(기일 자시) 제사를 지내는 관습이었는데, 그 의미가 명확하게 전승되지 않는 가운데 혼동을 불러온 것이다. 기제사를 공휴일로 옮기는 데 동의하는 비율이 매우 낮고, 제사가 평일일 경우 다음날 직장 출근 등의 문제로 이에 대해 문의하는 경우가 많은 점을 보면, 사망일 저녁 식사 시간으로 새롭게 재편될 가능성이 크다.

(5) 제수·진설·제사 절차

제사의 절차나 제수, 진설의 격식은 대체로 전통적인 방식을 따르고자 하는 경향이 강하지만 제사의 절차에서 독축이나 합문, 계문의 절차는 사라지는 추세이며, 제수도 전통적인 제수와 생전에 조상이 즐기던 음식을 함께 올리는 비율이 비등해지고 있다. '건전가정의례준칙'에서는 최대한 간소화 방안을 제시하였지만,[38] 제사에서 상차림이 눈앞에 펼쳐지고, 의례로서의 절차를 준수해야 한다는 의식에서 전통적인 방식이 대체로 유지되고 있다.

---

37 제사 날짜는 사망 전날이 59.6%, 사망 당일이 39.5%, 공휴일이 0.8%였고, 제사 시간은 밤9시~11시가 42.9%, 밤 11시~새벽 1시가 27.7%, 저녁 6시~9시가 24.8%로 조사되었다(김계숙. 「家族主義·祭禮意識·祭禮行禮가 祭禮滿足에 미치는 影響-旣婚男女의 忌祭祀를 中心으로-」, 성신여자대학교 대학원 박사학위논문, 2008, 부록 참조).

38 제22조 (제수)제수는 평상시의 간소한 반상음식으로 자연스럽게 차린다.
제23조 (제례의 절차) 제례의 절차는 별표 5와 같다.
제24조 (성묘) 성묘는 각자의 편의대로 하되, 제수는 마련하지 아니하거나 간소하게 한다.
[별표 5]
가. 신위모시기: 제주는 분향한 후 모사에 술을 붓고 참사자는 일제히 신위 앞에 재배한다.
나. 헌주: 술은 한 번 올린다.
다. 축문읽기: 축문을 읽은 후 묵념한다.
라. 물림절: 참사자는 모두 신위 앞에 재배한다(건전가정의례준칙(제정 1999. 8. 31 대통령령 제16544호), 제5장 제례).

3.2. 북한의 현황

(1) 제사 종류

북한의 제사문화는 국가 차원의 계도에 따라 일생의례 중 상례에 포섭되어 조사가 이루어지고 관념화되었다. 1949년부터 1968년까지 북한 전역을 대상으로 실시한 민속조사에서 혼례와 상례로 이원화하여 조사를 실시하였고, 제례에 해당하는 기제사나 시제, 성묘 항목을 상례의 마지막 절차로 포함하여 조사하였다.[39] 이러한 경향은 북한의 최근 민속지에도 그대로 반영되어 제례를 상례와 구분하여 서술하고 있지만 제사의 종류를 '3년거상중 진행된 제사', '상복을 벗은 다음의 제사'로 크게 나누고 있다. 전자는 '돌제 전의 제사'로 우제·졸곡제·부제를 다루고, '돌제(소상)'와 '3년제(대상)', '담제'를 항목화하여 서술하고 있다. 후자는 '기제'와 '속절제'로 구분한다.[40] 그러나 이러한 민속지의 내용은 전통적인 유교 제례를 우리의 전통문화로 소개하는 차원에서 기술한 것으로, 실제 민간에서 현행되는 풍속은 전혀 반영하지 않았다.

민간의 제사는 1970년 이전까지는 기제사, 속절제(명절 제사, 성묘), 시제가 행해졌다.[41] 그러나 2000년대 이후 탈북민들의 구술에 따르면, 근래에는 시제는 완전히 폐지되었고, 기제사와 생일제, 한가위와 청명 성묘가 일반적으로 남아 있다고 한다. 음력설에 방안에 간소한 음식을 차리는 경우가 있다고 하지만 일반적이지 않고 날씨가 추워서 성묘도 하지 않는다고 하였다.[42] 북한의 제사 종류 가운데 생일제에 대한 언급이 많은데,

---

39 조선사회과학원 민속학연구소, 『조선민속조사자료-관혼상제』, 미간행 복사본, 2006 참조.

40 조선사회과학원 민속학연구소, 『우리 민족의 전통적인 생활문화와 풍습 11-가정의례』, 평양; 사회과학출판사, 2006, 111~126쪽.

41 조선사회과학원 민속학연구소, 『조선민속조사자료-관혼상제』, 미간행 복사본, 2006 참조.

1960년대 민속조사 문항에는 생일제를 별도로 두지 않았으므로 크게 부각되지 않았지만, 2000년대 탈북민의 구술에는 북한의 제사문화의 대표적인 사례로 거론되고 있다. 북한에서는 기제사보다는 생일제를 3년간 지내는 경우가 많은데, 어떤 집에서는 환갑제까지 지내고, 이후에는 생일제를 폐지하고 기제사를 지낸다고 한다.[43] 기제사는 3년제(대상)을 크게 지내는데, 이때는 장례를 도운 사람들을 초청해서 음식을 대접한다고 한다. 그리고 기제사를 폐지하고 한가위 때 성묘로 대신하기도 한다.

(2) 봉사대상

북한 제사의 봉사대상은 1970년까지는 전통 방식에 따라 4대 봉사, 5대 봉사까지도 있었다고 한다. 하지만 현재는 부모나 배우자(남편)의 제사만 지내는 경우가 일반적이다. 탈북민 구술 중 할아버지 제사를 언급하는 경우가 있는데, 이는 그 아버지가 제사의 주체가 되었기 때문에 경험한 것이다.[44] 그리고 북한 역시 부모 모두 사망한 경우는 합설로 제사를

---

42 서울대학교 북한민속연구단, 『북한의 생활문화 아카이브』, 일상의례-제례 참조.

43 답변) 돌아가신 날 해요. 그리고 생일제도 또 환갑 전에 죽었기 때문에 생일제도 또 지내요.
질문) 환갑 전에 돌아갔으면 생일제도 지내야 돼요?
답변) 네.
질문) 생일제는 몇 번지내야 돼요?
답변) 생일제는 환갑이 될 때까지 지내야 돼요.
질문) 환갑을 채울 때까지? 생일제라는게 돌아가서 환갑이 될 때까지?
답변) 계속 생일제를 지내야 돼요. 우리 신랑이 49에 돌아갔는데 환갑 되기 전에 우리 시아버지도 내가 시집가니까 우리 시아버지도 39에 돌아갔는데 생일제를 지냈다 말이에요.
질문) 환갑 되면 더 이상은 안 지내요?
답변) 환갑제 지낸 다음에는 그다음에는 더 이상 안 지내고 그다음에는 돌아간 날 기제사 지내지.(서울대 북한민속연구단, 『북한의 생활문화 아카이브』, 「북한 84」 함경북도, 일생의례-기제사)

44 질문) 그러면 그렇게 하는 거는 아버지대만 하지 할아버지까지는 안 하나요?
답변) 할아버지까지는 안 해요.

지내는데, 1년에 부모 기일 중 한 번만 제사를 지낸다고 한다.

(3) 제사 주체

현재 북한의 제사 주체는 반드시 맏아들에게 한정하지는 않는다. 아들들 가운데 경제 형편이 나은 아들의 집에서 지내고, 맏아들이 고향을 떠나 있을 때도 다른 아들이 지낸다고 한다. 다만 딸들이 제사의 주체가 되는 경우는 드물다. 딸들은 아들이 어리거나 형편이 어려울 때 제수를 전담하여 준비하기는 하지만 제사의 주체는 아들이어야 한다는 의식이 강하다.

기제사나 생일제는 집안에서 지내지만, 그에 대한 기억보다는 묘소에서 제사를 지낸 성묘에 대한 언급이 많았다. 특히 한가위 성묘 때는 자손들이 형편대로 음식을 준비해서 아침도 먹지 않고 묘소로 모여 벌초를 하고 제사를 지낸 다음 점심을 겸해서 먹고 종일 산에서 논다고 한다. 근래 장마당이 활성화되면서는 한가위 성묘가 집안의 부를 과시하는 자리가 되기도 한다.[45]

질문) 안 해요?
답변) 예.
질문) 내가 할아버지 살아 계셨을 때 기억이 나도 안 해요?
답변) 너무 오래된 거는 묘도 안 봐요.(서울대학교 북한민속연구단, 『북한의 생활문화 아카이브』, 「북한99」 평안남도, 일생의례-기제사)

45 좀 여유가 있고 좀 티 내고 싶은 사람은 그것도 역시 90년 이후부터 그런 풍이 돌기 시작했어요. 추석날에 가서 산에다가 불고기판 펴 놓고 부르스타 갖다 켜 놓고 불고기 하고 옆에다 녹음기 짱짱 틀고 춤추고 난리 치고 막 하기 시작한 것이 북한이에요. 그 저마다 우리는 잘 산다는 것을 티 내기 위해서.
질문) 90년대에?
답변) 90년 이후부터 장사하고 뭐하고 해서 국가가 특별히 무슨 뭐 수입 대 지출 안 따지고 잘 산다, 못 산다는 것을 통제를 안 하기 시작한 다음부터는 저마다 잘 사는 티를 내기 시작해서 추석날 하면 그때도 똑같죠. 여건이 되는 놈은 그냥 뭐 벤츠 타고 무슨 뭐 그 우리 스타렉스 같은 거 타고 가서 맛있는 것 턱턱 사 가고 맥주 같은 거 상자로 올려다 놓고. 왜 그러냐 하면 성묘들이 쫙

(4) 제삿날짜와 시간

북한의 기제사 날짜와 시간은 1970년 이전까지는 전통 방식으로 사망 전날 제수를 준비하여 기일 첫 시에 제사를 지냈다고 한다. 현재는 사망일 저녁부터 상을 차려서 자정까지 차려둔다.[46] 기제사를 3년 기한으로 마치는 경우가 많으므로 날짜는 사망일로, 시간은 자정쯤 지내는 것이 보통이지만 근래에는 9시 이전에 모시는 경우도 있다고 한다. 북한에는 명절에 집안에서 제사를 지내는 경우는 드물고, 차례라는 용어보다는 제사라고 칭한다. 한가위에 묘소에 가서 제사를 지내므로 오전에 모여 벌초를 하고, 제사를 지내고 제수로 점심을 대신한다고 한다.

(5) 제수·진설·제사 절차

북한의 제사 격식은 전통적인 방식에서 완전히 벗어났다고 진단할 수 있다. 1970년대 이전까지는 전통 규범을 준수하였지만 당국의 간소화 계도를 수용하여 변화한 것으로 보인다. 제수로는 밥과 냉수, 술·떡·전·삼색과일·삼색나물·가자미나 명태 말린 생선, 닭은 달걀 등이 기본 제수이고, 여유가 되면 돼지고기를 삶아서 덩어리로 올린다고 한다. 특징적인 것은 현재 북한에서는 중부지역인 강원도와 황해남도 인근에서만 국을 따로 끓이고 평양을 비롯한 전역이 국 대신에 냉수를 올리는 것으로 조사되었다. 한가위 성묘에는 바나나나 파인애플 등의 이국 과일을 올리는 것을 부의 과시라고 생각하여 준비한다고 한다. 제수는 정해진 것이 아니

있잖아요. 주변에서 다 본단 말이야 사람들이 다 올라와요, 추석날은. 그때마다 과시하는 거예요. 모든 제사상에다 그냥 파인애플 놓고 뭐 하고 난리다 그러니까. 옛날 관습은 다 없어졌어요.(서울대 북한민속연구단, 『북한의 생활문화 아카이브』, 「북한92」 황해남도, 일생의례-기제사)

46 죽은 날 아무래도 초저녁부터 시작해서 밤 12시까지. 상에다가 사진 놓고 상에다가 제사상을 차리는 것이죠.(서울대학교 북한민속연구단, 『북한의 생활문화 아카이브』, 「북한68」 평안북도, 일생의례-기제사)

라 생전에 좋아했던 음식을 반드시 올린다고 한다.[47] 제사의 절차는 음식을 차리고 아버지·어머니·자녀들이 서열에 따라 술을 올리고 3배(재배 후 반절의 북한 표현)를 한다.

북한의 제사 절차나 제수 준비에서 주목할 부분은 속신을 매우 중시한다는 점이다. 붉은색은 쓰지 않는다고 해서 고춧가루나 팥을 쓰지 않고, 머리카락이 음식에 들어가면 뱀으로 보이므로 조심해야 하고, 과일이나 떡 등의 제수는 반드시 홀수로만 올려야 한다. 또한 제사 후 물밥의 절차를 준수하는데, 이를 고수레한다고 했다. 한가위 성묘 때에도 귀신은 기름 냄새를 피워야 강림한다고 믿어서 불을 피워서 불고기를 굽는다고 한다.

3.3. 코리언 디아스포라의 현황

3.3.1. 재중조선족

(1) 제사 종류

재중조선족의 제사문화는 중국 전역을 휩쓴 문화대혁명(1966년 5월~1976년 12월)을 기준으로 그 이전과 이후의 변화가 크다. 대표적으로 화장문화가 일반화되면서 묘지가 없어져서 성묘의 방식이 달라졌다. 그

---

47 답변) 상이랑 일단은 앞쪽에 사진 놓고 그다음에 사진 앞에다 밥하고 생수 놓고 그다음에 앞에는 과일들 놓고 그다음에 전 같은 거 부치개랑 그다음 돼지갈비 이렇게 삶아서 놓고 그 다음에 뭐 친할머니가 제일 좋아했던 음식 놓고.
질문) 좋아했던 음식이 뭐죠?
답변) 그러니까 생전에 살아계실 때 좋아했던 음식을 한 가지. 아버지가 떠올려서 생각해서, 뭐 우리 엄마가 좋아했던 음식 뭐 고증하라 하면 우리 엄마가 해서 올려놓고. 일단 그 밥 한 숟갈 떠서 물에다 넣고 음식 다 한 점씩 떼서 놓고 그다음에 술을 아버지부터 엄마 누나 나 이렇게 술을 한 잔씩 다 따라 줘요. 따라 주고 그다음에 절 세 번 하고 그다음에 그 말은 그 밥을 나무 밑에다 파서 묻었고 그다음에는 그 상을 하루종일 안 치워요.(서울대학교 북한민속연구단, 『북한의 생활문화 아카이브』, 「북한95」 황해북도, 일생의례-기제사)

리고 조선족은 이주 전 본토의 고향 문화를 고수하는 경향이 강하므로 평안도문화·함경도문화·경상도문화가 섞이지 않고 공존하는 특징을 지닌다.

조선족 민속지에서도 북한과 마찬가지로 상례의 범주에 속하는 우제·소상·대상 등을 제례에서 다루고 있다. 1960년대 이전의 조선족 제사는 우제·소상·대상·기제·졸곡·담제·생일제·명절제사·삭망제사가 행해졌고, 1980년에 와서는 우제·소상·대상·생일제·명절제사 등만 남아 있고 다른 제사는 모두 없어졌다. 본토와의 큰 차이는 기제사가 대상제까지만 유지되고 거의 지내지 않는다는 점이다. 그 이유는 대상을 마치면 탈상하기 때문이라고 설명한다.[48] 예외적으로 길림성 집안시 량수조선족향 연천촌, 료녕성 환인현 야하조선족향 야하촌, 료녕성 영구시 서해향 쌍안촌 등 지방에서는 여전히 기일제사를 지낸다고 한다. 생일제는 사망 후 한번만 지내기도 하고, 이듬해까지 지내기도 하지만 대체로 3년간 지내는 경우가 일반적이다. 환갑 전에 사망한 경우는 3년간 생일제를 지냈어도 환갑제는 따로 지낸다고 한다. 명절제사는 청명과 한가위에 묘소에서 지내는데, 기제사와 생일제는 3년간만 지내는데 비해 명절제사는 성의껏 해마다 지낼 수도 있다. 이주 초기에는 한식에 성묘를 했으나 이후에는 청명으로 바뀌었다.[49] 본토 출신지의 관습을 고수하려는 의식이 강하여 경상도 사람들은 음력 7월에 벌초를 하고 한가위 때는 제사만 지낸다고 한다.[50]

---

48 천수산,『중국 조선족 풍속』, 북경; 민족출판사, 2008, 279쪽.

49 청명절은 중국 고대 주나라 때부터 시작돼 2000여년의 력사를 갖고있습니다. 중국 조선족은 이민초기 청명을 쇠지 않고 한식에 조상제사를 지냈습니다. 지난 세기 5, 60년대부터 중국 조선족은 한족의 영향으로 제사지내는 습관을 한식에서 청명에로 옮겼습니다(유래상식 청명절의-유래 [좌충우돌 한국생활 - 아름다운 미래를 향하여]). (https://cjdthdrhtps.tistory.com/entry, 2021.11.08. 검색)

50 천수산,『중국 조선족 풍속』, 북경; 민족출판사, 2008, 280쪽.

(2) 봉사대상

재중조선족은 기제사나 생일제를 3년까지만 지내기 때문에 제사의 봉사대수는 큰 의미가 없다. 청명과 한가위 명절에 묘소를 돌보고 제사를 지내며, 이주 3-4세대가 생존해 제사의 주체가 되므로 조부모 정도의 묘소가 있거나 문화대혁명 이후 전면 화장문화로 변화하면서 성묘를 굳이 행하지 않아도 되는 실정이다.

(3) 제사 주체

제사 주체 역시 3년간 행하는 제사이므로 특별히 언급하지 않는다. 기간 동안에는 대체로 맏아들이 주체가 될 것으로 보인다.

(4) 제삿날짜와 시간

소상과 대상으로 기제가 마무리되므로 전통적인 방식으로 사망 전날 저녁에 한번 지내고 자정에 지낸다고 한다. 기제사를 계속 지내는 지역에서는 사망일 전날 야밤에 닭 울기 전에 제사를 지낸다고 한다. 생일제는 생일날 아침이나 저녁에 한번 지내는 것이 일반적이나 어떤 지역에서는 전날 저녁에 한번 지내고 생일날 낮에 다시 한번 지낸다고 한다.

(5) 제수·진설·제사 절차

재중조선족은 본토를 떠나 이주한 존재들로서 제사의 절차와 제수, 진설의 방식을 놓치지 않고 유지하기 위해 부단히 노력한 것으로 보인다. 민속지에서는 홍동백서나 조율시이 등의 제수 진설의 구결을 구체적으로 해설하고 있으며, 제사의 절차가 '제사구결(祭祀口訣)'로 여러 지역에서 전승된다고 소개하고 있다.[51]

設主 參香 降神初
啓飯 讀祝 哭再拜
亞終 添揷 正門立
曦啓 茶成 納燒退[52]

이 제사구결은 전통적인 제사 절차를 잊지 않기 위해 구전되는데, 신주나 지방을 모시는 '설주'부터 시작하여 제사의 전 절차와 행위를 첫 글자나 두 글자를 따서 구성하고 있다. 마지막 절차는 '납소퇴'로 신주를 감실에 다시 모시는 납주, 축문을 태우는 소축(분축), 상제나 복인들이 물러나는 행위로 마무리됨을 보이고 있다. 이러한 제사구결은 디아스포라로서 본토와의 정서적 유대를 놓치지 않으려는 간절함으로 다가와서 애틋하다.

3.3.2. 고려인

(1) 제사의 종류

중앙아시아에 거주하는 고려인의 경우 기제사, 생일제와 속절제로 한식과 단오, 추석에 제사를 지내고 있다. 이들은 집안에서 제사를 지내지 않고 묘지에서 모든 제사를 지낸다. 기제사는 고인이 사망한 해를 포함하여 3년 동안 매년 기일에 묘지를 다녀온 후 레스토랑에서 친지들에게

---

51 "사대부계층을 대상으로 하여 제정한 전통적인 제례는 매우 복잡하다. 문화정도가 높지 못한 서민들에게 있어서 복잡한 절차와 방식을 제대로 장악한다는것은 여간만 힘든 일이 아니였다. 하여 사람들은 아래와 같은 구결을 만들어 제사를 지낼 때 그 순서대로 하였다. 중국 조선족가운데서 전해지고있는 제사구결을 조사해보면 지방에 따라 한두글자의 차이가 있으나 대체로 비슷하다."(천수산, 『중국 조선족 풍속』, 북경; 민족출판사, 2008, 284쪽).

52 흑룡강성 녕안시일대와 길림성 화룡시 남평진일대에서 전해지고있는 제사구결이다(천수산, 『중국 조선족 풍속』, 북경; 민족출판사, 2008, 284쪽).

음식을 대접한다고 한다. 3년이 지나면 가족끼리 묘지만 다녀온다고 한다. 사망 후 10년까지 기일과 한식에 반드시 성묘를 해야 하지만 그 이후에는 선택 사항이라고 한다.[53] 생일제는 사망한 해와 그 이듬해까지 의무적으로 고인의 묘지를 찾아 성묘해야 하지만, 그 다음해부터는 의무가 아니다. 한식과 단오, 추석에도 대부분 성묘를 하는데, 소련시절에는 몰라서 행하지 않다가[54] 붕괴 이후 다시 지내게 되었다고 한다.[55] 그 가운데 한식은 고려인들에 '부모의 날'로 자리매김하여 대부분의 고려인들이 성묘를 한다.[56]

사할린고려인들은 기제사를 집안에서 모신 것으로 보인다. 전통적인 방식을 고수하면서 지냈다고 강조했다.[57]

(2) 봉사대상

중앙아시아고려인들은 4대까지 기제사를 지낸다고도 하였고, 2대까지만 지낸다는 경우도 있었다. 이들은 1937년 연해주에서 강제 이주당했으므로 고조의 묘소가 현지에 있을 수 없다. 그럼에도 제사를 모신다는 증

---

53 고가영, 「알마티와 아스타나」, 강정원 외, 『중앙아시아 고려인 전통생활문화: 카자흐스탄』, 민속원, 2017, 85~86쪽.

54 "고려인들은 강제 이주 후, 스탈린 정권 아래에서 민족문화를 드러내는 것이 금지되자 집에서 조심스럽게 4월 참변에 돌아가신 선조들을 기리며 한식 명절을 보존해왔다."('안산시 고려인 동포들, 한식날 합동 차례 지내', "재외동포신문", 2021.04.06.) (http://www.dongponews.net/news/articleView.html?idxno=43888, 2021.11.14. 검색)

55 남영호, 「알마티와 카라간다」, 강정원 외, 『중앙아시아 고려인 전통생활문화: 카자흐스탄』, 민속원, 2017, 105~106쪽.

56 "이러한 배경에는 1920년 4월 4~5일에 벌어진 '4월 참변'이 있다. '신한촌 참변'이라고도 불리는 '4월 참변'은 러시아 적백내전의 막바지에 일본군이 블라디보스톡에 진주해 고려인들을 학살한 사건이다. 이 사건으로 고려인들은 처참한 피해를 입었고, 민족지도자 최재형을 비롯한 수많은 독립운동가들이 체포돼 순국했다."('안산시 고려인 동포들, 한식날 합동 차례 지내', "재외동포신문", 2021.04.06.) (http://www.dongponews.net/news/articleView.html?idxno=43888, 2021.11.14. 검색)

57 이순형, 『사할린 귀환자』, 서울대학교출판부, 2004, 129쪽.

언이 있는데, 집안 제사가 없는 상황에서 어떤 형식으로 지내는지는 파악하지 못했다. 사할린고려인들은 할아버지가 본토 고향의 조상제사를 지냈다고 증언하였으나 몇 대까지를 지냈는지는 알 수 없다.[58]

(3) 제사 주체

중앙아시아고려인들은 집안 제사로 기제사나 생일제, 속절제를 지내는 것이 아니므로 제사 주체에 대한 특별한 의미는 없다. 다만 묘지에서 부부가 함께 술을 올리고 절하고, 다음으로 자녀가 하기도 하고, 함께하기도 한다고 한다.[59] 사할린고려인의 경우는 할아버지가 장남이었기 때문에 집에서 제사를 모셨다고 증언한 것으로 보아 맏아들이 제사의 주체가 된다고 파악할 수 있다.

(4) 제삿날짜와 시간

중앙아시아고려인들은 사망한 날과 생일날 성묘를 한다고 하니 낮 시간에 묘지에서 제사를 지낸다고 볼 수 있다. 사할린고려인의 경우는 전통방식을 고수하여 사망 전날 밤 12시에 제사를 올렸다고 한다.

(5) 제수·진설·제사 절차

중앙아시아의 경우 성묘할 때에는 닭고기·생선·찰떡·보드카, 그리고 차와 과일을 반드시 준비해야 한다고 하였고,[60] 국내에 거주하는 중앙아시아고려인들의 차례상에는 염지채(부추나물), 지름구비(찰떡), 깝초네(훈

58 이순형, 『사할린 귀환자』, 서울대학교출판부, 2004, 129쪽.

59 남영호, 「알마티와 카라간다」, 강정원 외, 『중앙아시아 고려인 전통생활문화: 카자흐스탄』, 민속원, 2017, 105~106쪽.

60 남영호, 「알마티와 카라간다」, 강정원 외, 『중앙아시아 고려인 전통생활문화: 카자흐스탄』, 민속원, 2017, 105~106쪽.

연생선) 등 중앙아시아에서 현지화된 고려인식 차례음식과 독립국가연합에서 주로 소비되는 보드카, 초콜릿 등을 함께 올린다고 한다.[61] 이를 통해 디아스포라로서 거주국과의 문화접변이 이루어졌음을 확인할 수 있으며, 또한 거주국 현지에서 나는 식재료로 우리의 전통 음식을 재현한 음식을 고려음식이라고 부르는 것을 보면 민족의 정체성이나 본향의식을 제사음식을 통해 유지하고 있음도 확인할 수 있다.

사할린고려인의 경우는 제사음식과 제사의 절차를 전통의 방식대로 유지하고 있다고 거듭 강조하면서 편리를 좇아서 변형되는 남한의 제사문화에 대해 충고하기도 하였다.[62]

3.3.3. 재일조선인

(1) 제사 종류

재일조선인들의 본토 출신지는 경남, 경북, 제주도 순이다. 이들 중 대한민국적이나 일본적을 가진 경우는 남한에 자유롭게 입국할 수 있지만, 조선적을 가진 경우는 여행증명서를 대한민국정부로부터 발급받아야 입국 가능하다. 이들은 대체로 민족의 전통문화를 유지하기 위해 노력하고 있다. 현재 3세대에 와서 크게 변화하고 있지만 1세대와 2세대는 코리언으로서의 정체성을 제사문화를 통해 확인할 수 있다. 여기서는 제주도

---

61 '안산시 고려인 동포들, 한식날 합동 차례 지내', "재외동포신문", 2021.04.06. (http://www.dongponews.net/news/articleView.html?idxno=43888, 2021.11.14. 검색)

62 "할아버지 고향은 경상북도이다. 할아버지가 장남이라서 제사를 모시고 있다. 사할린에서는 제사를 형식을 제대로 갖춰서 지냈다. 여기서는 10시에도 제사를 지낸다고 하던데 예전 부모님들이 하던 방식대로 12시에 지내고 음식도 제대로 마련했다. 오히려 한국이 변한 것 같다. 작은아버지가 살아계시는데 부모님 제사지내는 것을 보고 음식도 너무 많이 한다고 그랬고 12시 넘어서 제사를 지내니까 깜짝 놀랐다."(김양순, 1939년생, 여자).(이순형, 『사할린 귀환자』, 서울대학교출판부, 2004, 129쪽).

가 고향인 사람을 대상으로 조사한 내용이다.

재일조선인들은 조상의 기제사와 명절제사를 유지하고 있다. 기제사는 사망일에 집안에서 지내고, 명절제는 설날과 8월명절이라는 한가위에 제사와 성묘를 병행한다. 기제사는 대체로 음력으로 지내지만, 명절은 양력으로 지내는 집안과 음력으로 지내는 집안이 나뉜다.

(2) 봉사대상

재일조선인들의 이주 역사는 일제 강점기이므로 1세대가 대체로 사망하고, 2세대가 제사의 주체가 되고 있으며 3세대는 청년세대에 해당한다. 1세대들은 특별한 경우가 아니면 해외에서 고향의 제사에 참여할 수 없었으므로 장남이 아니라도 부모의 기제사를 지냈다. 장남이라면 그 이상 조상까지도 지낼 것으로 예상된다. 2세, 3세들도 조부모나 증조까지의 제사를 지내는 것으로 보인다.

(3) 제사 주체

재일조선인들은 제사를 통해 코리언이라는 정체성을 확인하고 집안의 가풍을 이어간다는 의식이 강하여 제사는 장남의 몫으로 강하게 인식하고 있다.[63] 그리하여 제사음식의 진설도 장남만 제사를 지내는 방에 들어가서 행하고, 모든 제사의 주관을 장남이 행한다. 혹시 도움이 필요하고 형제들 가운데 제수 진설에 참여하고 싶다고 하면 장남의 허락이 있어야 수행할 수 있다고 한다.[64] 조선인들은 적통주의를 굳건히 지킴으로써 집

---

63 "제를 모시는 방에는 장남만 들어가서 제사상을 준비한다. 이것은 대상자 시댁에서 행해지는 계승 방법인 것 같다. 시댁에서는 제사를 장남만이 행한다고 한다. 제수를 상에 올리는 일은 장남이 하는 일이었다."(고정자, 「자이니치코리안의 음식문화에 관한 고찰-조상숭배의례 음식을 중심으로-」, 『제14차코리아학국제학술토론회자료집』, 국제고려학회, 2019).

안의 전통이 선다는 경직된 의식을 유지하는 것으로 진단할 수 있다. 그에 비해 여성들은 제수를 준비하는 일을 도맡아 하면서도 제사에 참여하지 못한다고 한다. 혹여 아들이 없는 경우도 딸보다는 사위가 양가의 제사를 다 지낸다고 한다.

(4) 제삿날짜와 시간

조선인들은 제사의 모든 의례를 본토의 전통적인 방식으로 규범화하고 있으므로 기제사는 사망 전날에 준비하여 기일 자시에 올릴 것으로 예상된다. 추석 제사에 참관한 조사 자료에 따르면 추석 아침 오전 9시 정각에 가족 전원이 모인 상태에서 장남이 제사 지낼 방에 들어가 상을 차리고, 정각 10시에 제사를 시작한다는 말에 제사를 모실 방으로 가족 전체가 입장한다. 현관 쪽에 문전상이[65] 차려지고, 10시 30분에 제사가 시작되었다고 한다. 이처럼 정해진 시간을 철저하게 준수하는 것을 보면 기제사도 그에 준할 것으로 보인다.

(5) 제수·진설·제사 절차

제수 준비는 조선인들에게 가족음식이면서 민족음식을 전승하는 교육의 장이 된다. 그래서 시어머니는 며느리와 함께 시장을 보며, 본토에서

---

64 "삼남은 제사에 관심이 없었다. 그래서 제사 방법이라든가에 제사에 대한 관심이 없었지만, 장가 가서 얘들을 키우면서 제사에 대한 관심이 많아졌다. 그래서 지금은 열심히 참가하고 있다. 그에 비해 사남은 제사에 관심이 많아서 제사상을 준비하는 장남과 같이 준비를 맡고 있다. 사남이 관심이 있다고 하니 장남은 같이하는 것을 허락하였던 것이다."(고정자, 「자이니치코리안의 음식문화에 관한 고찰-조상숭배의례 음식을 중심으로-」, 『제14차코리아학국제학술토론회자료집』, 국제고려학회, 2019).

65 제주도의 제사에서는 집안 가신을 위한 문전상을 현관 앞에 차려서 먼저 참례한 후 조상 제사를 보시는데, 일본에 거주하는 제주 출신자들도 이를 준수하고 있음을 확인할 수 있다.

올렸던 제수 재료를 구입하기 위해 장거리 이동도 감내한다. 제주도 출신들은 제사에 반드시 옥돔을 올려야 하기 때문에 2시간이나 기차를 타고 오사카의 코리아타운에서 옥돔을 사온다고 한다. 기름떡과 돼지고기 수육을 올려야 하므로 제사에 참여하지 못하는 오사카에 거주하는 딸이 친정으로 제수를 사서 보내기도 한다. 그리고 본토에서의 방식대로 제사상을 차린다.[66]

제사의 절차는 유교식의 방식으로는 보이지 않지만 참석자가 집안의 형제 서열에 따라 술을 올리고 절을 하는 것이 특징이다. 여성들은 맨 마지막에 술을 올리고 절을 한다. 이 역시 철저한 적통주의에서 비롯된 것으로 보인다.[67]

4. 제사문화 속 본향의식의 향방

이상에서 남과 북, 동북아 코리언 디아스포라 제사문화가 전통적인 관습과 대비하여 어떻게 변화하여 행해지는지 그 현황을 항목화하여 정리해 보았다. 본토인 남과 북에서는 외형적으로는 전통을 유지하는 듯하면

---

66 제주도 출신 집안의 추석 제수 : 쇠고기 산적, 돼지고기 산적, 생선(옥돔 대신 도미), 계란, 나물(콩나물, 시금치, 고사리), 기름떡, 빵, 과일(5가지)(고정자, 「자이니치코리안의 음식문화에 관한 고찰-조상숭배의례 음식을 중심으로-」, 『제14차코리아학국제학술토론회자료집』, 국제고려학회, 2019).

67 제주도 출신 집안의 추석 제사 절차 : ① 제주는 장남이 하고 집사는 사남(祭主인 장남이 三獻), ② 문전상에 三拜(祭主), ③ 장남, 장남의 장남, 삼남의 장남 배례, ④ 전원이 묵념, ⑤ 차남, 장남의 차남, 삼남의 차남 배례, ⑥ 삼남, 삼남의 삼남 배례, ⑦ 사남(혼자서) 배례, ⑧ 어머니, 큰며느리, 장남의 장녀 배례, ⑨ 둘째 며느리, 차남의 딸 배례, ⑩ 셋째 며느리, 삼남의 딸, ⑪ 넷째 며느리, 사남의 딸 배례, ⑫ 전원 배례, ⑬ 철상하지 않고 성묘, ⑭ 성묘에서 돌아와 음복(고정자, 「자이니치코리안의 음식문화에 관한 고찰-조상숭배의례 음식을 중심으로-」, 『제14차코리아학국제학술토론회자료집』, 국제고려학회, 2019).

서도 제사의 본질에 대한 인식이 희박해지고 있었다. 이런 이유로 향후 그 변화는 더 클 것으로 예상된다. 그에 비해 디아스포라의 경우는 이주 과정과 거주국 상황의 영향 속에 이미 외형적으로는 많은 변형이 이루어졌지만 제사의 본질에 대한 의미는 고수하려는 경향이 강함을 발견할 수 있다.

남한의 제사문화는 전통적인 유교 규범을 따르면서도 간소화하고 축소되는 양상을 보인다. 그 변화를 추동하는 요인으로 1960년대 후반부터 가정의례준칙과 같은 국가의 정책적 계도가 있었지만 큰 변형을 가져오지 못했고, 오히려 2000년대에 와서 개인의 자율적인 의지로 변형이 이루어지고 있다. 변화 요인은 기독교와 같은 종교와 핵가족을 넘어 일인가구가 증가하는 가족구조의 변화, 산업화, 도시화 등의 사회구조의 변화 등 다양하다. 그럼에도 여전히 차례나 제사를 모셔야 한다는 비율이 72%, 그렇지 않다는 비율의 23%로 3배의 차이를 보였다. 미래의 상황을 진단할 수 있는 지표로 '앞으로 자녀가 차례나 제사를 지낼 것으로 생각하나'에 대해서는 긍정의 답이 46%, 부정의 답이 33%로, 제사문화가 점차 축소될 것으로 예상하고 있었다. 그리고 차례를 지내지 않은 이유로는 종교를 70% 꼽았다.[68]

북한의 제사문화는 당국의 방침에 따라 대체로 간소화되었다. 그 변화의 기점은 1958년과[69] 1967년 5.25교시가 대대적이었다. 1968년부터 기

---

68 '[달라지는 차례·제사 의식] "다들 바쁜데 … 제사 한꺼번에" 25%', "중앙일보", 중앙일보사, 2005.09.16.(https://www.joongang.co.kr/article/1681614#home 2021.11.09. 검색)

69 "북한체제에서 1958년은 중대한 시기라고 할 수 있다. 전후복구와 사회주의 건설기를 1953년부터 1958년으로 구분할 수 있는데, 1958년 3월 제1차 노동당 대표자회의에서 김일성은 '종파주의'의 완전종식을 선언한다. 이 시기 전국적으로 '중앙당집중지도사업'을 전개하여 주민들에 대한 사상검토 작업을 전개하여 김일성중심체제의 기반을 확립하게 된다. 정치적으로는 소련파와 연안파의 숙청을 완료하고, 경제사회

제사나 생일제는 가정에서 행해지는 의례이므로 유지되었지만, 대외적으로 드러나는 청명이나 한가위 성묘는 거의 사라졌다고 한다. 이런 정황을 김일성의 연설을 통해 확인할 수 있다.

> 우리 인민들은 사람이 죽으면 제사를 지냅니다. 물론 사람이란 인연관계가 있기때문에 례절로서 제사를 지내는것을 다 반대할수는 없습니다. 그러나 죽은 사람을 추모하여 꽃다발이나 가져다 놓는다면 몰라도 향불을 피우고 죽은 사람앞에다 떡을 차려 놓는것이 무슨 소용이 있습니까? 이것은 다 봉건시대의 낡은 사상과 습관의 표현입니다.[70]

김일성은 자식으로서 죽은 부모를 추모하는 제사의 본질적인 의미를 인정하지만 전통 방식의 제사문화에 대해서는 봉건시대의 잔재로 규정하고 폐지할 것을 강조하고 있다. 그래서 제수음식 대신에 꽃을 바치자고 제안하고 있다. 그러나 이러한 수령의 지시도 민간의 의례 지속 의지를 꺾지는 못한 것으로 보인다. 1986년 김정일에 의해 우리민족제일주의가 주창되는 과정에서 성묘문화는 전통 방식을 벗어난 새로운 형식으로 성대하게 부활하였고,[71] 변화된 제사문화가 어느 정도 관습화된 것으로 보인다. 그 결과 기제사나 생일제는 3년 기한 동안만 유지되고, 대체로 청명과 한가위의 성묘로써 제사의 의미를 대신하는 것으로 진단할 수 있다. 기제사의 경우는 집안 형편에 따라 부모 제사에 한해서 지속되는 경향을 보인다. 제사는 집안의 일로서 유지 혹은 폐기되는 양상으로 보이며, 그

적으로는 토지의 국유화가 완료된 시기이므로 주민들의 생활문화에 대한 변혁 시도도 이 시기에 함께 이루어진 것으로 추측할 수 있다."(김종군, 「북한의 상제례 문화의 전통과 현대적 변용」, 강정원 편, 『북한의 민속』, 민속원, 2020, 172쪽).

70 김일성, 「학생들을 사회주의, 공산주의 건설의 참된 후비대로 교육교양하자(교육부문 일군들앞에서 한 연설, 1968년 3월 14일)」, 『김일성전집』 40, 조선로동당출판사, 2001, 106쪽.

71 각주 45) 구술 참조.

절차나 제수도 가계 형편에 따라 가가례로 정착하였다고 볼 수 있겠다.

재중조선족의 제사문화는 거주국 중국의 역사적 변혁과 주류 종족인 한족과의 관계 속에서 일정한 문화는 수용하면서도 본토와의 연결고리를 놓치지 않기 위해 부단히 노력한 것으로 보인다. 기제사나 생일제를 3년(만 2년)으로 축소하여 집안 제사가 연례행사가 아님에도 그 절차를 잊지 않기 위해 제사구결과 진설구결을 전승하고 있다. 또한 화장문화의 전면화로 봉분 묘소가 없어졌지만 청명과 한가위에 성묘하는 관습을 본토 고향의 방식대로 유지하고 있다. 이러한 의례의 정전화(正典化) 경향은 디아스포라로서 갖는 본향의식의 발로라고 볼 수 있다.

중앙아시아고려인의 경우가 가장 많은 변형을 보이고 있다. 집안 제사는 사라졌고 묘지에서 모든 제사를 지낸다. 그럼에도 기제사·생일제·속절제의 본질을 변형된 가운데서도 유지하고 있었다. 봉사의 대수도 2대에서 4대조까지 유지하고자 하였고, 무엇보다 제사의 봉행을 의무적으로 인식하는 점이 특징이다. 생일제는 2년을 의무적으로 지내야 하고, 기제사나 한식제는 10년을 의무적으로 행하고 그 이후는 개인의 선택이라는 점이 민족의 정체성과 본향의식을 유지하는 방안이 되고 있다. 이는 통계로도 확인할 수 있는데, 고려인들이 민족 관습에 대해 강한 보수성을 드러낸다는 결과를 볼 수 있다.[72] '고려 관습을 따르냐?'는 질문에 92%가 그렇다는 답변을 했다. 미래를 진단할 수 있는 항목으로, 자녀들이 고려 관습을 따르지 않는 것에 대해서는 77%가 부정적인 입장을 드러내, 괜찮

72 고려 관습을 따릅니까?

항상	36
때때로	56
전혀 따르지 않는다	6
기타	2

다는 비율의 3배 수준이었다. 결국 이들은 비록 현재의 처지는 강제 이주를 당하여 중앙아시아까지 와 있지만 코리언으로서의 본향의식을 강하게 간직하고 있음을 확인할 수 있다. 이런 경향성은 본토와 가까운 사할린고려인에게서는 원형 고수의 형식으로 포착된다. 제수나 제사 시간 등을 본토에서 체득한 방식으로 강하게 고수하는 것이다. 그리하여 "사할린고려인들은 본원지에서는 사라지거나 변화된 전통문화가 오히려 이주자들에게서는 전통 양식 그대로 나타나는 문화화석화(文化化石化) 현상을 볼 수 있다"[73]는 진단은 매우 적절해 보인다.

재일조선인은 다른 디아스포라와는 매우 다른 처지에 있으므로 하나의 잣대로 제사문화를 진단할 수 없다. 서로 선택한 국적이 다르고, 그에 따라 일본 내부에서의 입지도 확연히 다르다. 그리고 그들을 암묵적으로 규제하는 공동체도 이념적으로 대립하는 민단과 조총련으로 갈라져 있다. 본토의 분단을 자신들의 내부에서 직접 겪고 있는 존재들로서, 조국분단의 투사체라고 볼 수 있다. 그래서 제사문화를 비롯한 민족문화에 대한 의식은 남북의 정통성 적자 경쟁의 투사로 볼 수 있겠다. 또한 무엇보다도 현재 거주국이 자신들에게 역사적 트라우마를 남긴 전범의 국가라는 점에서 혼란스러울 수밖에 없다. 그 가운데 자신의 정체성은 다층화되고, 그에 따라 조상제사를 통한 본향의식도 분열적으로 나타날 수 있

자녀들이 고려관습을 따르지 않는 것을 어떻게 생각하는가?	
긍정적으로	22
부정적으로	50
절대 부정적으로	27
기타	1

(권희영·Valery Han·반병률, 『우즈베키스탄 한인의 정체성연구』, 한국정신문화연구원, 2001, 142~143쪽).

73 이순형, 『사할린 귀환자』, 서울대학교출판부, 2004, 129쪽.

다. 일본국적으로 귀화한 집단과 대한민국적을 소지한 집단의 제사에 대한 의식과 조선적을 가지고 민족학교를 다닌 집단의 제사에 대한 의식은 확연히 다를 수 있다. 이러한 심각한 고민을 간직한 존재이므로 제사를 임하는 자세가 매우 진중하고 제사의 본질에 가장 충실할 것으로 보인다. 그 근거는 조사 자료에서 명절제사 전날 온 가족이 모이고, 함께 목욕을 하면서 재계(齋戒)하는 절차에서 찾을 수 있다.[74] 조상을 가장 경건한 자세로 영접한다고 볼 수 있다. 이들에게 제사의 공간은 비록 이국이지만 고향으로 이어지는 자리이고, 제사는 전범국 거주지에서 겪는 불안정한 삶을 조상의 가호로 극복할 수 있다는 믿음을 확인하는 의례인 것이다.[75] 결국 제사를 통한 본향의식을 가장 내밀하게 간직한 존재들일 수 있다.

제사문화를 통해 확인할 수 있는 각 권역 코리언의 본향의식을 비교해 보면, 남과 북의 주민들은 월남인이나 월북인을 제외하고는 본향을 언제라도 찾을 수 있는 존재들이다. 그러므로 제사의 본질적 의미인 조상 추모와 효의 연장 기제로 제사를 인식하면서 편의를 좇아서 제사를 축소 변형하고 그 의미를 희석할 가능성이 크다. 그에 비해 재중조선족이나 고려인, 재일조선인들은 이동권이 제약되고, 거주국 문화와 자기 민족문화가 충돌하는 가운데 문화향유권을 제약받는 열악한 상황 속에서 제사는 본향의식의 발현 기제로 기능할 수 있다. 그리하여 조상 추모라는 제사의 본질보다도 자신의 뿌리를 더듬어 확인하고 이국땅에서 지친 심신을 치유받을 수 있는 위안의 장치로써 위상을 갖는다. 비록 이주 과정에서 제사문화가 본토의 전승 모습에 비해 심각하게 변형되었지만, 그 가운

74 고정자, 「자이니치코리안의 음식문화에 관한 고찰-조상숭배의례 음식을 중심으로-」, 『제14차코리아학국제학술토론회자료집』, 국제고려학회, 2019.

75 이유숙, 「재일교포 사회에서의 '제사'의 변용과 계승문제 고찰」, 『원불교사상과종교문화』 77, 원광대학교 원불교사상연구원, 2018, 354~355쪽 참조.

데 코리언임을 드러내는 요소들을 문화코드화하여 굳건하게 전승될 것으로 보인다. 그것은 제사음식일 수도 있고, 제사의 절차일 수도 있으며, 진설의 방식일 수도 있다.

5. 분단 극복을 위한 정서공동체 형성 방안

남북의 주민들은 분단된 본토에서 살아가면서 분단이 얼마나 불편하고 사람을 제약하는가에 불만으로 토로하고 있다. 가고 싶은 곳을 가지 못하고, 보고 싶은 것을 보지 못하는 것은 분명 불편한 제약일 수 있다. 그것이 미지의 세상이나 사람에 대한 호기심의 대상일 때도 그러한데 자신의 뿌리, 자신의 본향을 가지 못하고 보지 못함은 얼마나 큰 비극인가. 우리 현대사 속에서 이산과 분단으로 본토로 돌아오지 못한 재중조선족, 고려인, 재일조선인이 그들이다.

남북은 70여 년이 넘은 분단체제 속에서 어느 순간 분단 상황에 안주하려는 모습을 보이고 있다. 통일이 되면 좋겠지만 더 이상의 충돌이 없을 것이라는 전제에서 통일이 안 된다고 해도 그냥 이대로 살아가면 무방하다는 안일함을 가지게 되었다. 그러나 이런 본토인들의 의식은 본토의 분단으로 돌아올 기회를 놓친 존재들, 냉전체제로 거주국과 본토의 한쪽이 적대관계를 유지하는 가운데 돌아올 길이 다시 요원해진 존재들, 그 사이 본토의 말과 글을 잃어버리고 누리던 문화까지 잃어버린 존재들에게는 너무나 무책임한 폭력이다. 그들도 본래는 본토의 존재들이었는데 그들을 방치하고 분단체제에 안주하자는 것은 지나친 이기주의이다. 분단체제에 안주하는 안이함 속에 우리가 함께 누리고 살던 민족문화도 편의를 좇아 쉽게 포기하고 변형시키는 것이 현실이다.

관혼상제를 전통풍속에 따라 해야 한다고 생각하는가?[76]

분류	한국인	북한이탈 주민	재러 고려인	재중 조선족	재일 조선인
반드시 그렇게 해야 한다	5.6	22.0	18.4	37.0	3.2
가급적 그렇게 해야한다	40.5	37.6	70.6	46.1	61.1
그럴 필요가 없다	53.8	39.4	10.1	16.8	34.1

위의 표에서 전통문화에 대한 각 권역별 코리언들의 인식을 도출할 수 있다. 남한은 과반이 넘는 사람들이 민족문화를 굳이 지킬 필요가 없다고 하였다. 탈북민이 북한을 대표할 수는 없지만, 그들 역시 높은 비중으로 민족문화의 폐기에 동의하고 있다. 그에 비해 동북아 코리언 디아스포라는 민족문화를 고수해야 한다는 비중이 월등히 높다. 재일조선인의 경우는 달리 해석할 여지가 있다.[77] 조사 대상 중 대한민국적자가 80%를 넘기 때문에 일정 정도 남한과 비슷한 양상을 보일 수 있다. 민족 전통문화는 급변하는 현실에서 불편하고 거추장스러운 존재일 수 있다. 재중조선족이나 재러고려인들도 당연히 인지할 것이다. 그럼에도 이렇게 높은 비중으로 전통문화를 고수하고자 하는 이유는 그것마저 놓치면 코리언으로서의 자격을 상실할 수 있다는 자기 근원에 대한 불안감 때문일 것이다.

본토에 거주하는 남북의 주민들은 편의를 좇아서 민족문화를 변형 축소하면서, 코리언 디아스포라의 민족문화를 두고 원형에서 변형되었다고 부정적으로 재단하는 경향이 있다. 이주 과정에서 거주국 문화와 충돌을 최소화하면서 자기 정체성을 지키기 위한 어쩔 수 없는 자구책이었음을

76 건국대학교 통일인문학연구단, 『코리언의 생활문화』, 선인, 2012, 232쪽.

77 조사 대상 재일조선인의 국적 대한민국적 80.6%, 조선적 8.0%, 일본적 11.1%, 무응답 0.3%(건국대학교 통일인문학연구단, 『코리언의 민족정체성』, 선인, 2012, 274쪽 참조).

인정해야 한다. 비록 원형에서 멀어지고 변형된 형식이지만 그들이 코리언의 문화라고 인식하고 있다면 그 자체를 인정하는 가운데 정서적 유대가 가능하고, 이를 통해 코리언 정서공동체 형성도 가능할 것이다.

그들이 자의가 아닌 타인의 폭력에 의해 자신의 뿌리를 놓친 존재들임을 인정하고 우리의 소속으로 보듬어야 한다. 남북은 분단체제에 안주하지 말고 분단을 극복하는 길로 나서서 그들에게 한으로 자리잡은 본향의식을 행복한 그리움으로 변화시킬 의무가 있다. 분단이 극복되고 전역의 코리언들이 정서적으로 유대할 수 있는 공동체를 만든다면 세계가 우러러보는 민족으로 우뚝 서게 될 것이다.

통일 이후 과거청산을 위한 '듣기의 윤리'

김종곤

1. 통일 이후 과거청산의 난점

한국 전쟁 시기 민간인 희생자(사망자+행불자) 수는 남측이 약 25만 명에서 최대 100만 명[1], 북측은 대략 100만 명에서 최대 200만 명(데이비드 리즈: 약 100만, 김병로: 175만, 브루스 커밍스/와다 하루키: 200만)으로 추정된다.[2] 당시 한반도 인구를 3천만 명으로 잡는다면 전체 민간인 희생자 수가 차지하는 비율은 최대 10% 가까이 된다. 북측이 남측보다 민간인 희

---

1 1952년 한국정부가 발표한 통계자료에 따르면 한국전쟁 시기 남측의 민간인 사망자(폭격, 총격, 피살, 화재로 인한 사망)는 약 24만 명, 학살로 인한 희생자는 12만여 명이었다(정병준, 「한국전쟁기 남한 민간인 인명피해 조사의 유형과 특징」, 『한국문화연구』 14, 이화여자대학교 한국문화연구원, 2008, 166쪽). 하지만 국민보도연맹 희생자 수만 하더라도 10만 명에서 최대 20만 명으로 추산된다는 점을 감안한다면 신빙성이 많이 떨어지는 통계라 할 수 있다.

2 이신철, 「전쟁기 민간인 학살과 국가의 책임」, 『역사와 현실』 54, 한국역사연구회, 2004, 133~134쪽.

생자가 훨씬 많은 이유 중 하나는 3년의 전쟁 동안 지속적이고 대규모로 이루어진 유엔군의 '폭격' 탓이다.[3] 특히 미군의 폭격은 초기에는 군사시설과 산업시설 등에 집중되었지만 점차 민가와 저수지 등으로 확대되었으며, 민간인의 피해를 예견하면서도 무차별적으로 이루어졌다.[4]

그렇지만 전쟁 시기 민간인들이 이토록 많이 희생된 데에는 남북 전역에서 학살(massacre)이 이루어졌다는 점도 무시할 수 없다. 로버트 멜슨(Robert Melson)은 '학살'을 정치권력이 상대적으로 무력한 다수의 사람들을 의도적으로 살해한 것이라 정의하고 단순히 대량살해와 등치시키는 것을 반대한다. 피학살자의 수에 집중하여 학살을 정의하면 다수의 살해와 구분이 안 되며 정치적 성격이 탈각되기 때문이다. 따라서 그는 전시학살이 국가 및 비정부 조직을 포함한 국가의 하수인들에 의해 자행된 '정치적 학살'이라 주장한다.[5] 한국 전쟁 시기에 발생한 학살은 그 수적인 면에서도 대량살해이지만 정규군만이 아니라 민간인들로 구성된 치안대, 청년단, 자치대 등[6]이 정치적 진영이 다르거나 상대편에 부역을 했다는 이유로, 또 후퇴하는 상황에서 적에게 도움일 될 수 있다는 예측 하에 자행하였다는 점에서 정치적 학살(혹은 이데올로기적 학살)이었다.[7]

---

3 1954년 3월 북한주재 소련대사관에서 본국에 보낸 자료에 따르면 폭격으로 인한 민간인 희생자 수는 약 28만 명이며 1970년 『통일조선신문』에서 밝힌 숫자는 약 40만 명이다. 또 강석희의 『조선인민의 정의의 조국해방전쟁사』에서는 약 17만 명으로 기재하고 있다(이신철, 「전쟁기 민간인 학살과 국가의 책임」, 『역사와 현실』 54, 한국역사연구회, 2004, 143쪽). 앞서 밝힌 연구자들이 주장하는 수보다 훨씬 적다.

4 이신철, 「전쟁기 민간인 학살과 국가의 책임」, 『역사와 현실』 54, 한국역사연구회, 2004, 143~157쪽.

5 Melson, Robert, "Theoretical Inquiry into the Armenian Massacres of 1894-1896", *Comparative Studies in Society and History* 24 (3), 1982, pp. 482~483.

6 이러한 조직들은 비정부 조직이지만 남북 정부의 지원과 명령체계 하에 있었다.

7 제노사이드는(genocide)는 종교적, 인종적, 민족적 이유로 자행된 집단살해를 의미한다. 이재승은 한국전쟁에서 이루어진 민간인 학살은 일반적인 제노사이드 개념에 부합하지 않지만, 이데올로기나 사상을 이유로 이루어졌다는 점에서 '이데올로기적

하지만 정치적·이데올로기적 학살이라는 관점은 한국 전쟁 시기의 학살이 소위 '마을 전쟁'과 관련되어 있다는 점을 자칫 소홀히 다룰 우려가 있다. 남북을 막론하고 전시 민간인 학살에는 해방 이전부터 누적되어 온 지주 vs 소작인, 반촌(班村) vs 민촌(民村), 종교 공동체 vs 종교 부정 세력 간의 갈등이 복잡하게 얽히고, 이것이 좌/우 갈등으로 전치되어 마을과 마을, 마을 내 구성원들 간의 살육전으로 비화되었다.[8] 특히 연합군의 인천상륙작전과 중국의 참전으로 전선이 교차하는 상황에서 먼저 피해를 보았던 집단이 지역의 점령 정부가 바뀌면 완장을 차고 상대편에게 보복을 하면서 민간인들의 희생은 더 커졌다.

이러한 특징은 남·북(연합군과 중국군 포함), 좌/우 그리고 양 진영에 섰던 비정부 조직 등이 중층적 갈등 구조 속에서 상호 학살을 자행하였으며, 따라서 이데올로기 진영 논리에 따라 어느 일방만을 가해자로 지목하기는 어렵다는 점을 말해준다[9] 그럼에도 전후(戰後) 남과 북은 피해자의 논리에 따라 가해자로서의 기억을 억압하고 스스로가 피해자였다는 점을 강조해왔다. 남측만 보더라도 한동안 우리에게 알려진 것은 우익인사 학살이었으며, 민간인 피해는 전적으로 인민군이나 빨치산에 의해 자행된 것이었다.[10] 그 이전의 군사정권까지만 하더라도 과거사에 대한 진상규

제노사이드'(ideologicide) 혹은 '정치적 제노사이드'(politcide)라는 개념을 제안한다(이재승, 「화해의 문법-시민정치의 관점에서-」, 『민주법학』 46, 민주주의법학연구회, 2011, 125쪽).

8 박찬승, 『마을로 간 한국전쟁』, 돌베게, 2021 참조.

9 그렇기에 한국 전쟁기의 학살의 가해자는 어쩌면 양쪽 모두라 할 수 있다. 그러나 양쪽 모두가 가해자였다는 것이 곧 책임을 희석시키고 과거는 과거로 묻어둬야 한다는 타협으로 가서는 안 될 것이다. 그것은 진실에 대한 접근성과 피해자의 회복을 가로막고 재발방지를 위한 대책을 수립하지 못하게 만드는 '사람 좋은' 판단이기 때문이다. 또 이행기 정의가 좀 더 민주적인 인권 사회로 나아가려는 노력이라고 한다면 필요한 것은 양쪽 모두의 가해자성을 최대한 명확하게 하고 과거에 대한 반성과 피해자 구제 등의 책임을 다하는 것이다.

명을 요구할 수도 없었으며, 설사 그것을 요구한다고 하더라도 반역으로 몰리면서 재-희생화(re-victimization)의 길을 걸었다. 그나마 한국에서는 문민정부 이후 과거청산이 상당히 진전되었다. 특히 김대중 정부에 들어서면서 진실·화해를위한과거사정리위원회를 비롯한 각종의 과거사 조사위원회가 설치되었고 일정 정도 과거청산의 과정을 밟을 수 있었다. 한국전쟁 시기의 학살이 인민군만이 아니라 상당 부분 남측의 군경에 의해 자행되었다는 점을 말할 수 있었고, 침묵을 강요당해 왔던 피해자들은 비로소 피해자로서의 지위를 인정받을 수 있었다.[11]

하지만 우리에게 다가올 하나의 과제로 남아 있는 것은 전시에 북측에서 발생했던 민간인 학살 문제이다. 1990년대 라틴아메리카의 경우 내전의 종결과 평화협정을 맺는 과정에서 이행기 정의(transitional justice)는 필수적인 조건으로 제시되었다. 마찬가지로 남북의 통일이나 혹은 북미간의 정상수교에 있어 민간인 학살에 대한 과거청산의 필요성 역시 제기될 수 있다. 물론 과거청산을 한다는 자체가 갈등의 요소가 될 수 있다. 여전히 '빨갱이는 죽여도 된다'는 구호가 들리고 반공 이데올로기가 강하게 작동하고 있는 남측에서는 과거청산 자체에 격렬히 반대하는 사람들이 있을 것이다. 베트남 전쟁을 비롯해 수많은 전쟁을 치르며 민간인들을 죽음으로 몰아갔던 미국의 경우에도 그 이전과 마찬가지로 자국의 과오를 드러내지 않기 위해서라도 협조하지 않을 가능성이 매우 크다. 하지만 여전히 생존피해자와 그 유가족들이 과거사로 인해 고통받으며 살아가고

10 이신철, 「전쟁기 민간인 학살과 국가의 책임」, 『역사와 현실』 54, 한국역사연구회, 2004, 133쪽.

11 그렇지만 과거사에 연루되었던 모든 사람들이 피해자가 될 수 있었던 것은 아니었다. 피해자로 인정될 수 있는 사람들은 폭동을 진압하는 과정에서 국가의 과잉 대응으로 인해 희생된 선량한 양민(良民)에 한정된다. 소위 빨갱이는 여전히 죽어도 되는 존재로 남아 있다.

있다면, 미래 통일한반도를 정의로운 사회로 만들어가기 위해서라도 과거 청산은 피할 수 없는 과제일 것이다.

문제는 북측에서의 민간인 학살에 대한 남북의 기억이 서로 다르다는 점이다. 본론에서 자세히 살펴보겠지만 예를 들어 '신천학살사건'의 경우 북측은 공식적으로 미군을 가해자로 지목하는 반면, 남측에서는 미군이 아닌 반공 민간인 조직을 유력한 가해자로 보고 있다. 이때 북측은 생존 피해자를 증인으로 내세워 자신들의 주장을 입증하려는 반면, 남측에서는 주변적인 문헌과 자료들[12]을 통해 그들의 증언이 과장·조작되었다고 반박하고 있다. 즉, 가해자 가려내기를 하는 과정에서 일차적으로 '증언의 신빙성'이 쟁점이 되는 것이다.

증언의 신빙성은 학살의 진실을 밝혀내는 데에 매우 중요한 요소이다. 대체적으로 학살자들은 자신들의 범죄행위를 증명할 만한 자료들을 남겨두려 하지 않기 때문이다. 하지만 가해자를 가려내기 위한 과정에서 증언을 통해 성취하고자 하는 목표가 오로지 '가해자가 누구인가'에 집중된다면 '피해자는 무엇을 말하는가?'라는 물음은 등한시될 수밖에 없다. 다시 말해, 증언은 생존피해자의 발화이지만 정작 피해자가 말하고자 하는 바는 중요하지 않게 된다는 것이다. 진상규명의 목적은 단지 가해자를 가려내는 것 외에도 피해자의 고통에 귀를 기울이고 그들의 파괴된 정체성을 회복하는 등 피해자의 권리를 실현하고 나아가 과거의 상처를 치유하는 데에도 있다. 따라서 증언을 듣는 데에 중요하게 요청되는 바는 피해자가 청중(혹은 사회)를 향해 내뱉는 그들의 '말'[13]을 올곧이 듣는 것이다.

---

12 남측에서 내세우는 주변적인 문헌과 자료들은 학살과 직접적인 관련성이 있기 보다는 예컨대, 미군들의 이동시간 경로를 기록한 전사(戰史), 남측 언론 보도 자료 등으로 추론의 근거가 될 뿐이다. 그런데 이러한 자료 또한 하나의 기록이며, 누군가의 이야기를 듣고 작성되었다는 점에서 그것들의 신빙성 문제를 동일하게 제기할 수 있다.

13 이때의 말은 언어(logos)로 표현된 것뿐만 아니라 맥락 속에서 표현되는 고통의 소리

이에 이 글은 신천학살사건을 살펴보면서 첫째, 전시 학살 생존피해자의 증언은 단지 목격한 바 외에도 자신의 고통을 '고백'하고 있다는 점에서 '듣기의 윤리'(또는 청중의 윤리)가 요청된다는 점을 제안한다. 둘째, 이 글은 이러한 윤리에 기초할 때 오로지 가해자가 누구인지를 밝히기 위해 증언의 신빙성을 따져 묻는 사법적이고 실증주의적인 자세로부터 탈피할 수 있으며, 나아가 증인과 청중은 단지 일방적으로 말하고 듣는 수동적인 수취인이 아니라 '발화-응답'의 어울림의 관계를 맺을 수 있음을 논의한다. 마지막으로 이 글은 그러한 발화-응답의 관계 맺음이 통일 이후의 '집단기억' 형성의 바탕이 될 때 이데올로기적 입장에 따라 과거청산의 과정이 훼손되지 않는 사회적 지지를 확대/강화시킬 것이라고 주장한다.

2. 증인의 고백과 듣기의 윤리

지금까지 전시 북에서 자행된 학살 중 우리에게 가장 많이 알려진 것은 황해도 신천군에서 발생한 '신천학살사건'이다.[14] 이 사건으로 1950년 10월 17일부터 12월 7일까지 52일 동안 주민과 피난민 35,383명(남자 19,149/여자 16,234)이 집단으로 살해당하였다. 북은 1950년 10월 17일에 미군이 신천에 들어와 다음날인 18일부터 학살을 하기 시작했다고 주장한다. 1958년 3월 김일성의 지시로 신천군에 건립된 〈신천박물관〉은 이 사건에 대해 가장 체계적이고 종합적으로 소개를 하고 있는데 곳곳에 배치된 생존자들의 증언에 등장하는 가해자는 미군이며 그 지휘관으로 해리슨이라는 인물을 지목하고 있다.[15] 신천군 경찰서 무장대, 대한청년단

(Phone)를 포함한다.

14 Commission of International Association of Democratic Lawyers, "Report on U.S. Crimes in Korea", 31st March 1952.

단원 등 4명을 대상으로 1952년 5월 25일부터 29일까지 5일간 진행된 재판에 제출된 〈신천군 대중 학살 사건 공판 기소장〉에도 주둔군 사령관 해리슨 중위가 경찰대, 무장대, 치안대 등의 단체를 조직하고 학살을 직접 지시한 것으로 등장하고 있다.[16]

신천학살사건은 1951년 4월 15일 북한 외무상이었던 박헌영이 유엔에 서한을 보내면서 국제적으로 알려지기 시작하였다. 서한은 '미군'이 후퇴하면서 신천을 비롯하여 황해도 전체에서 10만 명을 살해하였다는 내용을 담고 있다.[17] 이를 계기로 신천학살사건이 국제적으로 문제가 되면서 당시 진보적 국제단체들이 북에 조사단을 파견하였다. 1951년 5월에는 여성국제민주연합(Commission of the Women's International Democratic Federation, WIDF)이, 1952년 3월에는 국제민주법률가협회(Commission of International Association of Democratic Lawyers, CIAD)가 현지 조사를 벌였다.

국제민주법률가협회의 조사보고서에 쓰여진 일부 기록을 보자면 1950년 10월 18일 미군이 약 300명의 어린아이들을 포함 약 900명의 남녀를 동굴에 밀어 넣고 기름을 뿌리고 불을 질러 살해하였다. 또 10월 20일에는 100여 명의 아이들을 포함 약 500여 명의 남녀를 반공호에 수용하고 폭발물을 이용하여 살해하였다. 11월 중순에는 여성과 아이를 포함 약 500명의 사람들을 살해하였다. 이 보고서에는 생존자와 목격자의 증언을 원용해 '미군'을 가해자로 지목하고 있으며, 이때의 미군 지휘관 역시 해리슨이었다.

여성국제민주연합의 활동 보고서는 국제민주법률가협회의 그것보다

---

15 한화룡, 『전쟁의 그늘』, 포앤북스, 2015, 33~55쪽.

16 이신철, 「전쟁기 민간인 학살과 국가의 책임」, 『역사와 현실』 54, 한국역사연구회, 2004, 150~151쪽.

17 한화룡, 『전쟁의 그늘』, 포앤북스, 2015, 30쪽.

더 상세하게 현지 조사 과정과 결과를 기록하고 있다. 조사관들은 생존자들의 증언 내용이 너무나도 잔인하고 참혹해서 쉽게 믿을 수 없었다고 진술하고 있다. 그렇기에 더욱 '회의적인 태도'를 견지하며 증인들을 만나고 증거물들을 살폈으며, 보고서 작성시 구체적인 증거를 확인할 수 없는 주장들을 삭제하였다고 밝히고 있다. 이 보고서 역시 증인들의 절대다수가 가해자로 미군을 지목하였으며, 한국 군인을 가해자로 지목하는 경우가 있었으나 우익 청년 단체 등에서는 언급하지 않았다고 쓰여 있다. 김태우는 통역과정에서 우익 청년 단체에 대한 언급이 누락되었을 가능성은 있으나, 여성국제민주연합이 학살에 우익 청년단체가 개입하였다는 사실을 의도적으로 배제하였을 가능성은 낮다고 본다.[18]

위의 자료들과 보고서들을 토대로 보면 신천학살의 가해자는 미군이며, 치안대와 청년대가 학살에 참여하였다 하더라도 미군의 지휘를 받은 것이 거의 확실하다. 하지만 남측의 학자들은 당시 서부전선을 통해 평양으로 진격하던 미1기병사단과 미24사단은 학살이 시작된 17-18일에는 신천에 도달하지도 못했고, 미군 지휘관으로 지목했던 해리슨이라는 인물도 없었다는 이유로 학살 장면에 대한 생존자의 증언이 신빙성이 없다고 결론 짓는다. 그리고 이들은 2002년 4월에 방영되었던 〈MBC 특별기획 이제는 말할 수 있다. 제57회 망각의 전쟁-황해도 신천 사건〉과 각종 문헌을 통해 신천학살은 우익청년단체들에 의해 이루어졌다고 주장한다.

요컨대, 북측과 여성국제민주연합(WIDF), 국제민주법률가협회(CIAD)는 생존피해자의 증언을 토대로 미군을 가해자로 주장하는 반면 남측은 이 주장의 근거가 되는 증언의 신뢰성을 반박함으로써 가해자를 다르게

18 Taewoo KIM, "Frustrated Peace: Investigatory Activities by the Commission of the Women's International Democratic Federation (WIDF) in North Korea during the Korean War", *Sungkyun Journal of East Asian Studies(20)*, 2020, pp. 83~112.

지목하고 있다. 물론 북의 정권이 지향하는 거대서사(미국=원수)로 인해 생존자 개인의 경험적 기억이 언급되지 않은 것일 수 있다. 또는 미군 폭격에 대한 공포로 인해 학살 피해의 기억이 왜곡되었을 수도 있다. 하지만 앞서도 밝혔듯이 특히 WIDF의 조사관들은 회의적 입장에서 조사에 임했으며, 또 증거가 없는 증언은 배제하였다는 점에서 적어도 해당 보고서에 대한 면밀한 검토가 필요하며, 그 전까지는 역사적 실체에 대해서는 유보하는 것이 더 합리적으로 보인다.

오해해서는 안 되는 점은 가해자의 실체를 밝히지 말자는 것이 아니라는 것이다. 여기에서 정작 문제를 삼고자 하는 것은 남이든 북이든 오로지 가해자를 밝히는 데에만 초점을 맞춰 증언을 듣고 있다는 점이다. 사실상 남과 북은 당시 신천에서 실제로 학살이 일어났다는 점, 수많은 민간인들이 희생되었다는 점에 대해서는 공통적으로 인정을 하고 있다. 그렇지만 남과 북은 '가해자가 누구인가?'라는 물음을 증언에 돌려줄 뿐 그 외에는 관심이 없는 듯하다. 그것은 마치 기소된 피고의 유/무죄에만 관심을 가지고 '누가 유죄인가?'를 묻는 법정의 풍경을 닮아있다. 그 물음에 대한 대답 외에 실증되지 못하는 증인의 말은 판결에 영향을 미치지 못할 뿐만 아니라 부차적이고 심지어 무의미한 것이 된다.[19]

이는 프리모 레비도 말했듯이 생존자의 소명, 타인들에게 이야기하고 타인들을 거기에 참여시키는 것을 불가능하게 한다. '증언'은 생존자가 보았고 경험하였던 바를 객관적으로 전달하는 '목격으로서의 증언'(testimony-eyewitness)만이 있는 것이 아니다. 증언은 사건의 의미를 해석하여 말하는 '고백으로서의 증언'(testimony-confession)이라는 이중성을 지니고 있다. 그렇기에 증언을 목격으로서의 증언에 한정하고, 그 내용의 진위만

19 조르조 아감벤, 정문영 옮김, 『아우슈비츠의 남은 자들』, 새물결, 2012, 23쪽 참조.

을 사법적이고 실증주의적으로 따지는 것은 증인을 일방적인 물음에 답하는 수동적인 수취인으로 만들고 증인의 '고백'에 귀를 닫는 것이다. 이는 유용한 것만을 수집하고 그렇지 않은 것은 가차 없이 버려버리는 약탈자의 모습과 다르지 않다.

이 경우 증인과 청중 간의 소통을 기대하기는 어렵다. 그것의 목적이 오로지 가해자를 밝히는 데에만 있는 한 법정에서 그렇듯 가해자에게 판결을 내리고 피해자의 고통을 금전적 배/보상과 교환하면 그만이 될 가능성이 크다. 생존피해자의 권리 회복과 구제를 위한 지속가능한 논의와 장치 마련 역시 어렵다. 이는 일찍이 이행기 정의를 실천해왔던 아르헨티나에서도 그리고 오늘날 한국 사회에서도 한계로 지적되는 바이다. 그러한 한계를 넘어 ① 학살의 희생자와 피해자의 목소리가 사회에 전달되고 비극적인 사건이 인권침해의 역사였음이 '사회적 기억'이 되고, ② 이를 기반으로 피해자가 고통을 견딜 수 있는 지속적인 지원과 재발방지를 위한 사회적 장치를 마련하기 위해서는 증언의 '고백'을 진지하게 듣는 것이 필요하다. 따라서 요청되는 바는 사법적/실증주의적 듣기를 넘어 그들의 고통을 사회적으로 올곧이 들으려는 '듣기의 윤리'(ethics of listening)이다.[20]

그래서 신천학살 생존자의 증언을 다시 들어보고자 한다.

---

20 〈피해자 권리장전〉에서 피해자의 권리는 '정의에 대한 권리', '피해 회복에 대한 권리', '진실에 대한 권리'로 구성되어 있는데, 이때 '피해 회복에 대한 권리'를 실현할 수단으로 ① 원상회복 ② 금전배상 ③ 재활조치 ④ 만족 ⑤ 재발방지 보증이 포함된다. 특히 '만족'에는 "사실의 인정과 책임의 수용을 포함한 공식적 사과"의 내용이 있다.(United Nations, "Basic Principles and Guidelines on the Right to a Remedy and Reparation for Victims of Gross Violations of International Human Rights Law and Serious Violations of International Humanitarian Law", Resolution adopted by the General Assembly on 16 December 2005, p. 9.) 만약 신천학살 생존자가 자신들의 피해에 대해 미국으로부터 사과를 받아야 하는 이유가 있고, 그런 의도로 증언이 이루어진 것이라고 한다면 이는 '만족'의 권리 충족을 위해 진지하게 검토되어야 한다.

제 이름은 신천박물관 강사 주상원입니다. 제 나이는 쉰일곱입니다. 제가 당시 다섯 살이었습니다. 제가 원암리 화약창고로 끌려 온 것은 12월 6일 저녁 달밤이었다고 생각됩니다. 조국 해방 전쟁의 일시적 후퇴기를 지나 다시 원수 놈들을 몰아내는 시기였죠. 밤나물골이라 그러는데, 이곳 원암리 탄약창고에서 102명의 어린이가 무참히 학살되었습니다. 그리고 이 아래에 있는 창고에서는 400여 명의 우리 어머니들이 무참히 학살되었습니다.

전 그때 어머니 품에서 갈라져 어머니는 아래 창고로 끌려갔고, 저는 바로 이 창고에 갇혔습니다. 갇혀서 저는 바로 모서리에 가 있었습니다. 모서리에 포단이 있어서 추울 때니까 어린 마음에도 포단을 쓰고 있을 이런 생각이 떠올라서 가있었죠. 내가 저기 있으면서 보니까 미제 원수 놈들이 휘발유를 바로 이 창고 안에 들어와서 뿌렸습니다. 그리고 불망치는 바로 저기 가운데로 던져졌습니다. 공기 창문이 하나 있는데, 미제 원수 놈 한 놈이 그 바깥 둔덕에 올라서서 등을 구부리고 화약창고를 들여다보던 놈을 내가 이쪽 모서리에서 본 기억이 지금도 생생하지요.

바로 창고 안을 들여다보던 놈이 불망치를 던졌습니다. 불망치가 창고에 떨어지자마자 온 창고 안은 휘발유 불길이 창고 천정에 닿을 정도로 활활 올라갔죠. 살아서 움직이는 어린 아이들을 움직이는 불덩이가 됐습니다.

창고 바닥에서 뒹구는 어린 아이들, 저 구석에서 이 구석으로 이리 뛰고 저리 뛰고 울부짖는 어린 아이들…. 그 속에서도 나이가 좀 든 어린 아이들은 문으로 나오려고 하는데 문이 열리지 않자 서로 엎치고 겹치다가 문 앞에 무더기로 쌓였습니다. 나는 저 구석에서 어린 아이들의 피타는 울부짖음, 아우성 소리를 들으면서 저는 정신을 잃고 말았습니다. 질식됐던 거 같습니다.

시간이 흘러가 제가 깨어나 보니 창고 문이 여려져 있었습니다. 그래 저는 나가려고 하는데 아이들의 시체가 내려 누르고, 거기서 빠져 나오려고 애쓰던 생각이 납니다. 빠져 나오면서 보니 바로 앞에 새까맣게 타서 죽은 아이들이 천지에 깔려 있었습니다. 타서 죽은 아이들을 타고 넘다가 넘어졌습니다. 시체에 걸려 넘어진 거지요. 넘어져 가지고 네 발 걸음으로 아이들의 시체를 넘든 생각이 지금도 납니다.

이처럼 미군은 군인도 아닌 인민을 그것도 어린이, 어머니, 늙은이, 임산부까지 이렇게 처참하게 죽이는 이런 야만적인 만행을 하였습니다. 그래서 저는 증언자, 피해자, 복수자로서 미군은 인간 백정 살인마이고 두 발 가진 승냥이라는 것을 만천하에 고발합니다.[21]

3. '발화-응답'의 관계 맺음

'증언'의 어원적·해석적 의미들을 고려하면서 증언자의 말을 다시 들여다보자. 증언을 뜻하는 영어 testimony는 어원적으로 라틴어 'testis', 즉 "서로 경합하는 두 당사자들 간의 재판이나 소송에서 제삼자의 위치에 있는 사람"[22]에 '-mony'(행위, 결과·상태·동작을 나타내는 명사 어미)가 결합되어 파생된 용어이다. 증인을 의미하는 또 다른 라틴어 용어로는 supérstes가 있다. 이 용어는 'super'(-넘어, -초월하여)와 'sto'(서있는, 남은)가 합쳐져 "어떤 일을 끝까지 겪어낸 사람, 어떤 사건을 처음부터 끝까지 경험했고 그래서 그 일에 대해 증언할 수 있는" 생존자(survivor)를 의미한다. 그렇기에 생존자로서의 증인은 testis처럼 단지 목격하고 경험한 바를 객관적으로 말하는 제삼자가 아니다. 생존자는 사건과 가장 가까운 곳에 위치하는 당사자이면서 "어떤 사건에 대하여 그것의 의미를 헤아려보고 또 이를 감정적으로 극복해나가는 과정"[23]에 있는 증인이다.[24] 따라서 증

21 한화룡, 『전쟁의 그늘』, 포앤북스, 2015, 43~44쪽.

22 조르조 아감벤, 정문영 옮김, 『아우슈비츠의 남은 자들』, 새물결, 2012, 22쪽.

23 박진우, 「증언과 미디어-집합적 기억의 언술 형식에 대한 고찰」, 『언론과 사회』 18-1, 사단법인 언론과 사회, 2010, 57쪽.

24 '듣기의 윤리'가 사법적 판단과 결을 달리하는 지점은 바로 여기에 있다. 사법적 판단은 객관성, 확실성, 증명가능성을 따지고 증인의 기억을 구성하는 불확실성, 죽음,

언을 통해 말해지는 바는 단순히 과거의 기억일 수 없다. 증언의 기억은 발화의 맥락 속에 인식·판단을 통해 생산된 의미를 첨부하고 내면의 정념들을 녹여내면서 끔찍했던 과거를 지속적으로 대면하고 나름의 출구전략을 모색하는 과정 그 자체이다.

위에서 보았던 신천학살 생존피해자의 증언에서도 이러한 점들을 읽을 수 있다. 우선 증인은 스스로가 생존피해자임을 밝히고 학살의 날짜를 말하면서 사건 현장과의 시·공간적 근접성을 확인시킨다. 자신이 증언의 주체로서 자격이 있는 증인임을 말하는 것이다. 다음으로 그는 가해자를 미군으로 지목하고 미제원수놈, 백정 살인마, 승냥이 등과 같은 격노의 표현을 사용하면서, 시간순으로 '어머니와 분리→창고에 구금→미군 방화→탈출'로 사건의 경위를 진술한다. 즉, 증언의 대상들을 서사적으로 구성하고 있는 것이다. 그리고 마지막으로 스스로를 증언자, 피해자, 복수자로 규정하고 학살을 고발하고 복수를 다짐함으로써 그가 어떠한 목적에서 말을 하고 있는지를 명확하게 한다. 요컨대, 증언은 '증언의 주체'(누가 말하는가), 증언의 대상(무엇을 말하는가), 증언의 목적(왜 증언하는가?)이 복합되어 있는 발화인 것이다.[25]

그렇다고 증언이 일방적인 발화행위는 아니다. 증언은 결코 일방적이지 않다. 증인이 자신의 이야기를 하기 위해 섰을 때 그의 앞에는 그 이야기를 듣는 청중이 위치해 있다.[26] 증인은 그가 사건의 현장에서 살아남았

고통, 요구 등 논리적으로 양립불가능한 의미들에는 관심이 없다. 사법적 판단이 오로지 관심을 가지는 것은 누가 가해자이며 그에 따라 유죄를 선고하는 일이다. 나아가 더 문제가 되는 것은 이러한 사법적 판단은 판결 이후 사건이 '종결'된다는 점이다. 그렇지만 전시 학살과 같이 인도에 반하는 중대한 범죄는 그 소멸시효에 한정되지 않는 무한회귀의 파괴성을 지녔다는 점에서 증언의 종결이란 있을 수 없다.

25 박진우, 「증언과 미디어-집합적 기억의 언술 형식에 대한 고찰」, 『언론과 사회』 18-1, 사단법인 언론과 사회, 2010, 60~72쪽 참조.

26 서면을 통한 증언의 경우에는 그것을 읽는 청중이 있다.

다는 점에서 온전히 발화의 권위를 지니지 않는다. 오직 '청중 앞에 설 때' 자신의 이야기를 전달하는 증인의 자격이 충족된다. 이는 청중 없는 발화는 단순한 독백에 불과하기 때문이기도 하지만 생존피해자가 청중 앞에 선다는 것 자체가 그를 비극적인 사건에서 살아남은 생존피해자임을 인정하는 것이기 때문이다. 그가 피해자라는 점이 인정되지 않는다면 증언의 기회는 주어지지 않으며, 증인으로서의 이름을 획득하지 못한다. 증인의 맞은 편에 청중이 위치해 있다는 점을 전제한다면 청중과 마주 보면서 증인은 둘의 관계 안에서 비로소 증언의 주체가 되는 것이다. 따라서 증언은 곧 '관계적'인 것이다.

그렇다고 증언이 관계적이라는 것은 단지 증인이 청중과의 만남을 통해 주체가 된다는 의미에 그치지 않는다. 다시 위의 증언으로 돌아가 보자. 우리가 실증주의적 입장에서 서서 무미건조하게 증언으로부터 어떤 사실(fact)만을 읽어내려 하지 않는다면, 모친과의 분리[27]에서는 공포, 방화를 했던 미군의 모습에서는 불안, 불타며 죽어간 아이들의 울부짖음과 아우성 소리에서는 끔찍함, 새까맣게 타서 죽은 아이들의 모습에서는 비참함을 헤아릴 수 있다. 열거한 '공포', '불안', '끔찍함', '비참함'은 엄밀하게 보자면 우리가 가진 언어의 한계성으로 인해 필자가 자의적으로 표현한 감정어에 불과하다. 생존피해자의 증언을 헤아리면서 듣는다면, 청중을 날카롭게 할퀴고 가는 것은 어떤 감정[28] 언어들로 표현할 수 없는 정동(affection)일 것이다. 이때 증언을 들으면서 청중이 연루되는 곳은 로고스(언어)의 장소가 아니다. 오히려 그곳은 로고스가 상실되어 있다는 의미에서 비-장소(Non-Places)이다.

---

27 다른 증언에 따르면 미군은 아이와 부모가 함께 있는 것이 행복한 것이라는 이유로 강제로 분리시켰다고 한다(한화룡, 『전쟁의 그늘』, 포앤북스, 2015 참조).

28 감정은 느낌이 관념을 통해 표현되는 것이라는 점에서 이미 언어적이다.

하지만 그 비-장소는 증인의 편에서 일방적으로 전개된 것이 아니다. 청중이 증인의 언어들이 만드는 맥락 속에서 정동하였다면 그것은 어떤 힘에 사로잡히는 것이 되며, 증언이 이루어지는 세계로 열리는 것이 된다.[29] 그렇기에 이때 청중 역시 수동적인 위치에 있는 것이 아니라 비언어적인 해석을 통해 능동적으로 응답하는 자가 된다. 더구나 앞서 언급한 것처럼 증언이 생존피해자의 과거를 대면하면서 그 고통으로 부터의 출구전략을 찾는 수행 과정이라고 한다면 비-장소는 증인과 청중 둘 사이 어디쯤에선가 언어로 소통·합일되지 않지만 어울림(belonging)의 관계를 형성하고 그곳으로 증인과 청중이 추락하듯이 끌여들어가는 중력장(重力場)이다.[30] 따라서 증언이 수행하는 것(증언의 목적)은 단순히 기억으로 기록된 어떤 텍스트의 내용을 일방적으로 전달하는 것이 아니다. 그것은 증인과 청중을 횡단하면서 정동적 '발화-응답'이라는 둘의 '관계 맺음'이라는 사건을 낳는다. 하지만 여전히 사법적이고 실증주의적으로 증언을 읽는다면 이러한 발화-응답의 관계 맺음은 가능하지 않다. 오히려 그것은 생존피해자와의 관계 맺음을 거부하고 피해자를 고립시키는 결과를 낳을 수 있다.

---

29 브라이언 마수미는 다음과 같이 말한다. "'정동하고 정동되기'의 공식은 또한 원-정치적이다. 그 정의 안에는 관계가 포함되어 있기 때문이다. 정동하고 정동되기는 세계로 열리는 것이며, 세계 안에서 적극적[능동적]이 되는 것이며, 세계의 귀환 활동을 견디는 것이다. 이 개방성 또한 기본적인 것으로 간주된다. 이것은 변화의 선봉이다. 형성-중-인-사물들이 변형을 시작하는 것은 이 개방성을 통해서이다. 마주침들 속에서, 다시 말해, 사건을 통해 우리는 언제나 정동하고 정동된다. 정동적으로 변화한다는 것은 관계를 맺는 것이며, 관계를 맺는다는 것은 사건이 된다는 것이다."(브라이언 마수미, 조성훈 옮김, 『정동정치』, 갈무리, 2018, 13쪽).

30 브라이언 마수미, 조성훈 옮김, 『정동정치』, 갈무리, 2018, 44~45쪽.

4. 앙가주망의 실행으로서 집단기억

'듣기의 윤리'라는 측면에서 보았을 때 발화-응답의 관계맺음은 증인의 언어를 청중이 정동적으로 해석하는 동시에 서로가 비-장소의 세계에서 둘을 횡단하는 관계가 형성되는 사건이다. 그렇기에 그 청중은 수동적인 수취인도 아닐뿐더러 자신의 존재감을 탈취당하고 비대칭적으로 증인에게 종속되는 존재가 아니다. 그때 청중은 외존(exposition)[31]하면서 증인이 그렇듯 타인을 향해 존재하며 타인과의 관계에 존재한다. 어쩌면 둘이 만나는 비-장소에서 청중은 생존피해자의 고통에 공명하며 자신을 성찰하고 다시 분노와 좌절, 고통과 증오 등의 다양한 감정으로 자신을 표현할 수 있다. 또 청중은 사건에 직접적인 당사자는 아닐지라도 당사자성을 지니며 미래적인 참여를 기획하거나 실천할 수 있다. 그렇기에 발화-응답의 관계맺음은 종국적으로 어떤 구체적인 행위로 나아가지 않는다고 하더라도 "타자들과 더불어 공유되는 사회적 삶에 참여하는 것"이 된다. 사르트르의 용어를 빌려 말하자면 청중 또한 '듣기의 윤리'의 지평 위에서 앙가주망(Engagement)을 실행함으로써 "집합적으로 의미 있는 행위의 실천주체"가 되는 것이다.[32]

그 현실태 중 하나가 바로 사회적 기억으로서 '집단기억'(collective memory)이다. 더 정확하게 말하자면 가해자가 누구이든 지속적인 피해자의 회복과 권리 실현은 이루어져야 한다는 요구를 담지한 기억행위의 가능성이 열린다는 것이다. 그렇기에 이때의 집단기억은 피해자의 기억을 다수가 복사하듯 공유하는 것도 아니며 "개인주의적 원칙에 근거해

---

31 "여기서 외존의 ex는 한편에서 자신의 밖으로 열림이면서 동시에 실존적 자아 자체의 비동일성을 의미한다"(손영창, 「낭시의 공동체론에서 공동-존재와 그것의 정치적 함의」, 『哲學論叢』 82, 새한철학회, 2015, 289쪽).

32 김홍중, 「진정성의 기원과 구조」, 『한국사회학』 43-5, 한국사회학회, 2009, 15~16쪽.

집단구성원 개개인의 기억을 수집한 집합기억(collected memory)"과도 구분된다. 기억은 단순히 "사실을 담는 그릇이 아니라 의미를 생산하는 도가니"라는 점에서, 기억은 과거로 구성되어 있는 실체적 텍스트가 아니다. 집단기억은 현재에서 과거를 사회적 기억으로 '재-구성-하기'(re-member-ing)이며, 정체된 과거사의 보존이 아니라 일종의 기억 실천이다.[33]

그런 점에서 이때의 집단기억은 베네딕트 앤더슨이나 에릭 홉스봄이 민족 집단을 결속시키는 개념으로 사용하는 그것과는 구분된다. 이들의 집단기억 개념은 "집단의 소속감을 다지기 위한 과거재현"이자 "공동체가 스스로 상상의 공동체를 형성하는 데 필요한 추상적 준거틀"이라는 관점을 지닌다. 그런 관점에 따르면 근대에 태동한 '민족'은 상이한 종족집단을 신화적인 공통의 기억에 근거하여 단일한 계보를 지닌 집단으로 묶어내면서 형성된 것이다. 그들의 "집단기억은 한 집단이 시간 속에서 스스로 연속적인 실체로 인식하는 것을 뜻하는 동시에 연속성 인식의 표현이자 연속성 인식을 강화하는 노력"인 것이다. 이 역시 기억을 하나의 저장고로 보고, 집단기억을 집단의 정체성을 규정하는 하나의 수단으로 규정하는 도구주의적 관점이라 할 수 있다.[34]

반면에 이 글에서 말하는 집단기억은 실체론적이고 도구주의적 관점으로부터 벗어나 있다. 집단기억은 (관계-과정론적 관점에서 정의하자면) 특정

---

33 기억(memory)은 고대 그리스어 mermeros에 그 어원을 두고 있으며, "잃을 수 있는 어떤 것에 대한 주의(care for something losable)"라는 의미를 지닌다. 그래서 어원적으로 이해하였을 때 "기억은 원래 현존하는 것의 상실과 최초의 현존의 부재와 함께 나타나는 시초로의 돌아감을 의미한다"(정근식, 「한국에서의 사회적 기억 연구의 궤적: 다중적 이행과 지구사적 맥락에서」, 『민주주의와 인권』 13-2, 전남대학교 5.18연구소, 2013, 349쪽). 하지만 이러한 정의는 기억이 어떤 원형을 가지고 있으며 따라서 상실되거나 복원, 유지될 수 있는 하나의 텍스트로서 고정된 실체로 이해하게 하면서 기억의 동학적 측면을 간과하게 한다.

34 제프리 K.올릭, 강경이 옮김, 『기억의 지도』, 옥당, 2011, 147쪽.

한 서사양식으로 과거-현재를 재현하는 '관계망'이다.[35] 이는 하나의 장르로 분류되는 무용의 양식과 유사하다. 같은 장르라 할지라도 각각의 무용수들이 추는 춤은 재현(represent)만 가능할 뿐이다. 또한 어느 한 명의 무용수의 춤이 장르로 환원되지도 않는다. 마찬가지로 집단기억은 기억의 내용이 아니라 '어떠한 방식'으로 기억하며 그로부터 '어떠한 실천'을 해야하는지 준거틀을 제공한다.[36] 즉, 집단기억은 정치문화적 과정에서 의식적/무의식적으로 (제한으로서)'금기·금지'와 (명령으로서)'의무·책무'의 구속력을 작동시키는 일종의 문화적 구속인 것이다.[37]

이러한 점에서 앞서 말한 발화-응답의 관계맺음에서 앙가주망으로 이어지는 집단기억은 또다른 집단기억과 충돌할 가능성이 있다. 왜냐하면 한 사회의 집단기억은 단일한 것이 아니라 여러 집단기억 간에 경쟁하기 때문이다. 예컨대, 남측의 〈전쟁기념관〉이나 북측의 〈신천박물관〉은 전쟁과 관련하여 하나의 집단기억이 재현되는 공간이다. 그곳은 남북 각자의 입장에 따라 한국전쟁을 해석하면서 기억하는 공간이다. 그 공간은 반공 이데올로기 또는 반미 이데올로기에 적합한 기억(혹은 역사인식)과 그렇지 않은 기억을 제한한다. 그리고 상대방을 적대하는 것이 국민(혹은 인민)으로서의 당연한 의무/책무임을 명령한다. 하지만 분단국가주의적인 집단기억은 정작 전쟁의 참상을 강조하지만 폭력과 살상의 피해자는 중심부에서 배제된다. 그곳에서 오로지 강조되는 것은 상대측이 전쟁의 책임자라는 방식으로 기억하고 원한과 증오의 분단적대성[38]을 윤리적으

---

35 제프리 K.올릭, 강경이 옮김, 『기억의 지도』, 옥당, 2011, 57~153쪽.

36 물론 한 사회 내에서 집단기억은 하나만 있는 것이 아니다. 집단기억은 다수로 존재하며 상호간에는 프레임과 담론을 둘러싼 기억투쟁을 전개하기도 한다.

37 제프리 K.올릭, 강경이 옮김, 『기억의 지도』, 옥당, 2011, 48~76쪽.

38 분단적대성의 개념에 대해서는 김종곤, 「분단적대성의 역사적 발원과 감정구조」, 『통일인문학』 75, 건국대학교 인문학연구원, 2018을 참조.

로 내면화하는 것이다.

여기에서 듣기의 윤리에 바탕하여 형성된 집단기억이 더더욱 중요하다는 점이 드러난다. 그것은 분단국가주의적인 집단기억과 달리 피해자가 당시 어떤 위치에 있었든 그들이 남북의 공통적인 비극의 역사였던 전쟁의 피해자이자 전쟁 범죄의 희생자였다는 점이 서사의 핵심이 된다. 그리고 그로 인해 지금까지 상처를 치유하지 못하고 고통 속에 살아가는 사람이 있다면 그에 대한 책임은 가해자만이 아니라 그 역사를 공유한 우리 모두에게 있다는 점을 가능케 한다. 또한 역사적 진실을 왜곡하고 피해자성을 부정하는 일련의 부인(denial)이 피해자에 대한 또다른 인권침해로서 폭력이 된다는 점을 분명하게 하려는 노력으로 나아갈 수 있다.

5. 과거청산의 사회적 지지를 위하여

앞서 제기한 발화-응답의 관계맺음에 바탕한 앙가주망으로서의 집단기억이 중요한 이유는 그것이 곧 이행기 정의의 사회적 지지망을 확장하고 강화할 수 있기 때문이다. 사회적 지지망은 정치적이고 이데올로기적 논리에 따라 이행기 정의가 이루어지는 것을 방지하고 과거사를 왜곡하고 부인하는 행위를 용인하지 않는 정치문화(political culture)를 가능하게 하기 때문이다. 하지만 한국사회에서 진행되어온 지난 과거청산 사례들을 보면, 가해자를 밝히는 데에만 집중한 나머지 정작 중요한 피해자를 중심부에서 배제하는 결과를 낳기도 했다. 분명 그들의 이야기를 듣고 그들의 말을 여러 매체로 옮기고 있음에도 불구하고 과거청산이 진행될수록 그들이 전하는 고통은 더 소홀하게 다루어지거나 그것을 다루는 일이 진실규명 다음으로 미루어지는 것 같다. 물론 과거사의 특성상 폭력과 실상이 자행되던 그 시점에서부터 가해자는 진실을 은폐하고 그 이후에도 부인을 멈추지 않기 때문에 가해자의 책임을 밝히는 과업이 오랫동안 이루어질 수밖에 없다.

문제는 그 순간에도 피해자는 지속적으로 고통 속에 머물러야 할 뿐만 아니라 이행기 정의를 위한 동력으로서 사회적 지지의 확보마저 등한시된다는 점이다. 이것의 가장 본원적인 요인으로 이 글은 증언을 듣는 방식이 실증주의적이고 사법적으로 이루어왔기 때문이라고 지적하였다. 보았다시피 그것의 관심은 오로지 가해자가 누구인지를 밝히는 데에 있다. 그런 사회는 피해자가 가려지는 탓에 사건과 자신을 적극적으로 연결하지 못하며, 따라서 비극적인 역사적 사건의 해결을 우리들의 책임으로 짊어지는 윤리적 실천을 담보하기 힘들다. 그런 이유로 이 글은 증언에 대한 새로운 윤리적 지평으로서 '듣기의 윤리'를 제안하였으며, 그것이 곧 발화-응답의 관계맺음이라는 앙가주망의 실행으로 나아갈 수 있음을 보였다. 그리고 그러한 앙가주망 실행의 한가지 현실태로서 집단기억은 과거사의 부인을 금지시키고 피해자의 고통을 치유하고 그들이 재차 폭력에 노출되지 않도록 요구하는 정치문화를 형성한다는 점을 논의하였다.

이러한 맥락에서 보자면 지금 우리에게 필요한 것은 증언을 대하는 '듣기의 윤리'를 반복적으로 실천하고 훈련하는 것이다. 이미 우리는 수많은 과거사를 다루고 있으며 생존피해자들의 증언을 접하고 있다. 그런 만큼 통일 과정에서 증언을 이전과 다르게 듣는 방식이 절실히 필요하다. 과거에는 대체로 사건이 발생한 시공간에 한정된 증언(누가 어디서 누구를 죽였는가?)에 관심을 가졌다면 이제는 그들이 사건 속에서 경험한 고통과 또 사건 이후 자신의 고통을 안고 어떻게 살아왔는지에 귀를 기울이면서 생존피해자를 중심에 놓는 청중의 자세가 필요하다는 것이다.

프리모 레비는 『가라앉은 자와 구조된 자』에서 나치 친위대의 말을 기억하는 시몬 비젠탈(Sumon Wiesenthal)의 이야기[39]가 꿈이 되어 나타날 때의 감회를 다음과 같이 쓰고 있다. "집으로 돌아가 소중한 사람에게 자신이 겪은 고통들을 안도하면서 또 열정적으로 이야기하는 꿈, 그러나 믿어주지 않는, 아니 들어주지도 않는 꿈이다. 가장 전형적인 (그리고 가장 잔인한) 형태로는 상대방이 몸을 돌리고 침묵 속으로 가버린다."[40] 우리가 생존피해자의 증언을 들으면서 정작 그 안에 담지되어 있는 고통의 호소를 외면한다면 우리 역시 레비가 걱정하는 것처럼 그들에게 몸을 돌리는 것과 다르지 않을 것이다. '듣기의 윤리'가 지금 그리고 미래 통일한반도에서 요청되는 것은 밤마다 악몽 속에 살아가는 수많은 레비에게서 몸을 돌리지 않기 위함이다.

---

39 레비가 옮기고 있는 비젠탈의 이야기는 다음과 같다. "이 전쟁이 어떤 식으로 끝나든지 간에, 너희와의 전쟁은 우리가 이긴 거야. 너희 중 아무도 살아남아 증언하지 못할 테니까. 혹시 누군가 살아 나간다 하더라도 세상이 그를 믿어주지 않을 걸. 아마 의심도 일고 토론도 붙고 역사가들의 연구도 있을 테지만, 확실한 건 아무 것도 없을 거야. 왜냐하면 우리가 그 증거들을 너희와 함께 없애버릴 테니까. 그리고 설령 몇 가지 증거가 남는다 하더라도, 그리고 너희 중 누군가가 살아남는다 하더라도 사람들은 너희가 얘기하는 사실들이 믿기에는 너무도 끔찍하다고 할 거야. 연합군의 과장된 선전이라고 할 거고 모든 것을 부인하는 우리를 믿겠지. 너희가 아니라. 라거의 역사, 그것을 쓰는 것은 우리가 될 거야"(프리모 레비, 이소영 옮김, 『가라앉은 자와 구조된 자』, 돌베개, 2014, 9~10쪽).

40 프리모 레비, 이소영 옮김, 『가라앉은 자와 구조된 자』, 돌베개, 2014, 10쪽.

남북 이산가족 문제에 대한 코리언의 문학적 상상력과 치유의 길

박재인

1. '사람'을 나눈 분단의 문제

한반도 분단을 고찰하는 데에 있어서 빠질 수 없는 것이 '이산가족' 문제이다. 전쟁과 분단이 낳은 가장 뚜렷하고도 오랜 시간 상처로 남아 있는 문제가 바로 이것이며, 남과 북의 국가적 문제로 결부되어 있는 정치적 사안이기도 하다. 이산가족의 고령화에 따라 이 문제의 심각성이 희석되고 있는 것이 사실이지만, 분단 현실을 고찰하는 데 있어서 이산가족 문제를 고려하지 않는 일은 사실상 불가능하다. 이산의 고통은 사람의 통일을 가장 강력하게 정당화하고 지지하는 원천이 되며,[1] 다수를 통일에 긍정하도록 하게 하는 인도적이며 정서적인 근거가 되기 때문이다.

더불어 이산가족 문제에는 그 이면에서 '통일 이후'의 미래까지 담아내

---

1 김귀옥, 「이산가족의 범주화와 공동체 형성 방안」, 『역사문제연구』 19, 역사문제연구소, 2008, 313쪽.

고 있다. 여기에는 이산된 가족이 '만나야 한다'는 당위적 의식에서 나아가, '이산된 가족이 만나면 어떤 일들이 일어나는가'에 대한 문제를 동반하고 있기 때문이다. 이산가족들의 고통 속에는 가족이 함께 살 수 없다는 아픔뿐만 아니라 '만나서 발생하는 문제'들이 존재한다는 것인데, 이는 통일 이후 남북 주민이 감당해야 할 일상적 충돌과 갈등의 축소판이라고 할 수 있다. 즉, 남과 북이 자유롭게 만날 수 있는 평화시대가 도래하면, 한동안 떨어져 살았던 사람들이 감당해야 하는 새로운 문제들이 발생할 수 있으며, 또 그것은 남과 북의 주민들이 겪을 수 있는 갈등 문제이기도 하다는 것이다. 그래서 이 연구는 남북 주민이 평화롭게 공존하는 미래를 위한 예측적 논의를 위해서 '이산가족의 현실'을 살펴보고자 한다.

이산가족 범주에 대한 정의는 이를 둘러싼 문제의 세부를 확인하게 해준다. 〈남북 이산가족 생사확인 및 교류 촉진에 관한 법률〉(법률 제11775호, 2013)에 보면 "남북 이산가족"이란 이산의 사유와 경위를 불문하고, 현재 군사분계선 이남지역(이하 "남한"이라 한다)과 군사분계선 이북지역(이하 "북한"이라 한다)으로 흩어져 있는 8촌 이내의 친척·인척 및 배우자 또는 배우자이었던 자를 말한다. 이전 "1953.7.27.(휴전) 이전 북한지역에서 월남한 자와 남한지역에서 납북(월북)된 자의 당시 가족(통일부훈령 제334호 2조, 2003)"[2]이라는 정의에 비하여 더 넓은 범위로 분단에 의한 이산가족의 문제를 확장시켜 적용하고 있다. 이전의 법률적 정의는 이산가족 1세대 및 휴전 이전의 문제로만 한정하였다면, 이후의 개정은 분단의 역사성과 인간관계를 고려하고 있다.

여기에는 분단이라는 한반도의 역사가 현재 진행형이기 때문에 분단의 선 위에 혈연의 '나누어 끊김'도 계속해서 발생하고 있다는 논리가 반영되

2 양성은, 「이산가족의 정체성에 관한 탐색적 연구」, 『한국가족자원경영학회 학술대회 논문집』 2010년도 추계학술대회, 한국가족자원경영학회, 2010, 215쪽.

어 있으며, 분단시대에 발생하는 다양한 사태들을 복합적으로 고려하며 다양한 이산의 아픔을 함의한 형태로 변화되었다고 할 수 있다. 그래서 휴전 이후에도 계속 발생하는 가족 이산 문제, 즉 납·월북자와 북한이탈주민의 문제까지 포괄될 수 있으며, 이산1세대의 재결합에 따라 배우자 및 형제자매, 그리고 그 자녀세대의 신분관계에 대한 문제로 확장되었던 것이다.[3]

이렇게 보면 이산가족의 문제는 '지나가면 될 일', 세월의 흐름 속에서 잊혀지는 과거라고만 할 수 없다. 이산 트라우마는 그 가족들이 감당해야 한 고통이 되었으며, 자녀세대에게도 대물림되는 문제이기도 하다. 또 지금도 계속되고 있는 이산의 한 축인 탈북민들의 상황이나, 여전히 남북 분단으로 방문과 거주의 제한을 받고 있는 해외 디아스포라의 아픔도 분단이 낳은 이산 트라우마에 포괄될 것이다. 즉 분단으로 인한 가족 이산의 문제는 현재진행형이며, 이 연구 또한 이러한 광의의 범주로 접근하여 현재적인 문제에 집중하고자 한다.[4]

---

3 이산가족의 범주를 확장하여 바라보는 주장은 김귀옥에게서 시작되었다. 과거에는 이산가족으로 고려되지 않았던 비전향장기수, 남북자, 미송환군인, 월북자, 탈북민, 미귀환 남·북 공작원 등도 이산가족의 범주에 포함되어야 한다는 주장이 제기되었다. 이 연구로 '이산가족' 문제를 남북 분단의 복합적 실체로 접근하는 학적 성과가 본격화되었다고 할 수 있다(김귀옥, 『이산가족, '반공전사'도 '빨갱이'도 아닌... : 이산가족 문제를 보는 새로운 시각』, 역사비평사, 2004, 51~54쪽).

4 이산가족에 대한 연구는 탈냉전의 흐름 속에서 본격화 되었다. 이산가족의 발생이나 현황과 문제 진단, 교류확대 방안 등의 정책적 연구가 주를 이루었다. 그리고 본 연구에서 주목한 '가족관계 문제'로 접근하여, 통일이나 재결합 후 이산가족 처리 법적 문제에 대한 논의도 상당 수 발표되어, '가족 이산 이후에 벌어지는 갈등과 충돌'에 관한 고찰들이 계속되었던 것이다. 그리고 여기에 얽혀있는 가족주의 가치와 관계망에 관한 연구들과(김명혜, 「분단을 직접 경험한 가족연구 : 가족주의를 중심으로」, 서강대학교 대학원 석사학위논문, 1988; 이성희·김태현, 「월남이산가족의 가족주의와 사회적 지원망」, 『대한가정학회지』 31-4, 대한가정학회, 1993, 95~113쪽) 이산가족의 문제를 심리적 측면에서 접근하여 '남북이산가족들의 재결합 문제'를 질적으로 분석한 연구 등이 발표되었다(최연실, 「남북이산가족의 적응에 관한 질적 고찰 - 남한거주 이산가족을 중심으로」, 『한국가정관리학회지』 25-1, 한국가정관리학회,

그리고 이 연구는 이산가족 문제를 '문학적 형상화'를 통해 고찰하려고 한다. 문학은 사람들의 경험과 상상력이 녹아든 문화적 산물인데, 그 문학적 상상력에는 현실에 대한 고발의식과 더불어, 현실을 어떻게 감당할 것인가에 대한 사유의 지평이 담겨져 있기 때문이다. 사람들과 마주하는 일상에서 차마 다 할 수 없는 이야기들, 공식적 차원에서 미처 다루지 못한 이야기들, 일상언어로는 다 담아내지 못한 말들이 문학적 언어로 표현되고 있다는 것이다. 또한 문학의 '이야기(story)'로, 겉으로 드러난 현상 그 속에 살아 움직이고 사유하는 '사람'을 바라볼 수 있다. 이산이라는 문제에 고뇌하고 대응하는 주체를 중심에 두고 현상에서 한 단계 더 파고들어 사람들의 이야기를 살펴볼 수 있다는 것이다. 이러한 고찰은 통일의 당위성 차원에서 나아가 분단 때문에 사람들은 무엇을 상실해왔는지 그 실체를 확인하는 작업이 된다.

특히 이산가족 문학에서 중점적으로 살펴볼 사안들은 두 가지이다. 첫째는 문학적 상상력에 반영되어 있는 정서와 심리적 요소들이다. 공적 역사가 미처 다루지 못하는 분단 역사 속 사람의 정신세계를 살펴보면서, 이산이 남긴 트라우마뿐만 아니라 그 고통을 감내해온 사유의 길, 즉 상처받은 치유자가 만들어낸 치유의 길을 찾아보고자 한다. 또 두 번째는 1세대의 문제와 문제와 더불어, 주변과 자녀세대로 전이·대물림되는 문제들이다. 이산가족을 다룬 문학에는 당사자뿐만 아니라, 그 주변에도 전이·대물림되는 문제들이 나타난다. 거기에는 고통 받고 있는 당사자를 바라보는 사람들의 의식도 함께 제시되며, 이산가족 문제가 단순히 1세대의 고령화로 잊혀지고 지워질 일이 될 수 없다는 진실이 드러나 있기 때문이다. 그렇게 '낯선 가족에 대한 복합적인 감정과 심리적 혼란'을 보여주면

2007, 183~207쪽).

서, 향후 낯선 북녘사람들을 만나게 될 우리가 공감할 수 있는 정서적이고 심리적인 측면을 체감하게 한다. 그것은 또한 우리는 과연 낯선 이들을 '공동체'로 받아들일 수 있을지에 대한 선경험(先經驗)을 하게 하면서, 극복의 길을 안내하기도 한다.

2. 이산가족들은 다시 만나서 살 수 있을까

우리의 문학 속에서는 전쟁과 분단이 원인이 되어 가족이 이산되는 문제를 끊임없이 다루어왔다. 그 안에는 가족에 대한 그리움과 이산의 고통, 가족 복구 의지에 대한 '뜨거운' 이야기들이 반복되고 있었고, 한편으로는 '상봉'으로 확인된 '차가운' 현실을 꼬집어내는 냉철한 사유들도 담겨져 있었다.[5] 그래서 여기에서는 남과 북의 이산가족이 '상봉'하는 장면을 다룬 작품에 집중하면서, 이에 대한 남과 북, 중국 조선족의 '이산가족 문학'들을 살펴보고 그 문학적 상상력에 녹아든 인간 문제를 고찰하고자 한다.

5 이산 문제를 다룬 문학작품들에 대한 연구도 지속되어 왔다. 그 가운데, 이산가족 상봉의 희열 속에 내재된 차가운 현실을 그려낸 작품 연구들이 본 연구의 취지와 맞닿는다. 김승경은 1980년대 영화작품을 중심으로 이산가족 '찾기' 이면에 있는 서로 떨어져 다른 삶을 살아온 사람들이 그저 '혈연적 가족'이라는 이름으로 다시 만났을 때, '찾기'가 현실이 되었을 때 '살기'가 가능할 것인가의 문제의식을 논의하였다(김승경, 「1980년대 이산가족 영화에서 드러나는 가족주의 양상」, 『동아시아문화연구』 55, 한양대학교 동아시아문화연구소, 2013, 217~245쪽). 그리고 허민석은 이산가족찾기를 재현하는 텍스트들이 공동체의 (재)결합이라는 뜨거운 사건에서 공동체의 (재)분열이라는 차가운 현실에 도달하는 모순적인 현상을 분석하였다(허민석, 「1980년대 텔레비주얼 쇼크와 공동체 감각의 변화 : KBS 이산가족찾기(1983)에 대한 재현을 중심으로」, 『민족문학사연구』 74, 민족문학사학회·민족문학사연구소, 2020, 413~449쪽). 이상의 논의들은 이산가족 상봉에서 그 이면의 차가운 진실을 분석하고 있는 연구들에 해당하며, 본고 역시 이러한 관점을 토대로 남과 북, 조선족들의 소설을 살펴보고자 한다.

2.1. 만나자마자 이별

먼저 북녘의 작품들을 두고 보면, 대체로 이산가족의 고통을 절절하게 그려내면서도 통일에 대한 의지를 담은 이야기들이 있다. 이산의 고통을 다룬 작품들은 주로 1990년대에 발표되었다. 북한의 문학사적 흐름에서 이 작품들이 중요한 까닭은 1990년대 이후 '이산문학'이 과거 북한의 분단 소설에서 다뤘던 방식과 차이를 보인다는 점이다. 미국 제국주의에 대한 비난이나, 체제의 우월성을 강조하는 방식의 서술이 축소되었다. 사상교육적 목적보다는 이산가족의 아픔 자체에 주목하며 비극의 미학과 함께 인간적인 이해를 가능하게 한다는 점에서 우리와 공유할 수 있는 지점이 발견되기도 한다.

김명익의 「림진강」(1990)은 병을 고치러 남쪽으로 갔다가 돌아오지 못한 남편과 아들을 기다리는 어머니의 한을 그린 작품이고, 림종상의 「쇠찌르레기」(1990)는 조류학자인 주인공 할아버지가 남한의 조류학자 아들과 학술적 교류를 하지 못하는 현실을 그려내며 혈연의 자연성과 분단의 비극을 대조적으로 보여주고 있다.

그 가운데, 남대현의 「상봉」(1992)[6]은 월북하여 이산가족이 된 주인공이 남쪽 고향 친구를 만나 벌어지는 일을 다루며, '상봉'의 기쁨 이면에 존재하는 어두운 현실도 보여준다.

> 정녕 그 한순간을 기다리며 산다고 해도 과언이 아닐 자기였다. 감격에 겨워 몸부림칠 그 꿈 같은 상봉을 상상할 때마다 그는 저절로 온몸이 부르르 떨리군 했다.
>
> "이렇게 만났는데 또 헤여져야 하다니? 재호! 우린 왜 이렇게 살아야 하나. 엉? 북에 있던 내가 남에서 살고 남에 있던 자네가 북에 있으면서

---

6 김재홍·홍용희 편, 『그날이 오늘이라면』, 도서출판 청동거울, 1999, 203~231쪽.

서로 오가지도 못하니 말일세. 그래 우리가 무슨 죄를 지었다고……"

이 작품은 월북한 신문기자 주인공이 동해안 북한 항구로 피신한 남한 어선을 취재하러 갔다가 고향친구를 만나고, 상봉 후 헤어짐에 고통스러워한다는 내용을 담고 있다. 상봉 이전에는 그리움이 막연하게 여겨지지만 상봉 후에는 또 다시 이별해야 하면서 '분단'을 체감하게 된다는 것이 이 작품의 주요 내용이다.

> "우리가 아버지를 찾아 남으로 갈 때 아버진 우릴 찾아 다시 북으로 들어오셨단 말이네. 〈중략〉 재호! 난 아버지를 만났지만 이 사실을 어머니한테 알리기가 무섭네. 어떻게 알린단 말인가! 그 소식을 들으면 어머닌 아마…… 아버지를 찾아 다닐 땐 혹시 아버지가 돌아가시기라도 했으면 어쩌나 하고 불안했는데 정작 살아 계시는 아버지를 만나고 보니 이젠 도리여…… 참! 살아 있다는 게 이렇게 무서운 일로 될 줄이야……"
>
> 재호는 제정신이 아니였다. 마치 자기가 어떤 꿈을, 그것도 어떤 무시무시한 악몽에 시달리고 있는 것만 같았다. 〈중략〉 정녕 우린 왜 이렇게 살아야 하는가! 왜? 남편이 북에 있다는 것도 모르고 온 이남 땅을 다 찾아 헤매여야 하는 안해, 살아 있는 아버지련만 그 소식을 어머니에게 알리기조차 두려워해야 하는 아들
>
> "전 오늘에야 비로소 우리의 상봉이 어떤 것인가 하는 걸 알았습니다. 직접 겪어 보고서야 말입니다. 한마디로 말해 우리의 상봉은 제가 바라던 그런 감격이나 기쁨은 고사하고 도리여 슬픔이고 고통이라는 것입니다. 설사 만났다 해도 만난 기쁨보다 몇 배 더한 생리별의 아픔을 다시 겪지 않으면 안 되는 상봉이 아닙니까. 그래서 그토록 바라던 원이 새로운 한으로 맺히는 그런 상봉이지요. 결국 제가 바라는 그런 상봉이 아니였다는 걸 똑똑히 알았단 말입니다."

이 작품은 '만나자마자 이별'이라는 일시적인 상봉이 해결할 수 없는 이산 문제를 현실에 더욱 가깝게 그려내고 있다. 그러면서 남녘사람 영태는 전쟁 때 헤어진 아버지를 찾으러 남쪽으로 찾아간 가족들과 가족들을 찾으러 다시 북으로 들어간 아버지의 비극적 행로를 확인하면서 일평생 아버지를 그리워하는 어머니에게 이 사실을 알릴 수 없다고 체념한다. 작품은 이러한 비극을 "살아 있다는 게 이렇게 무서운 일", "무시무시한 악몽"으로 표현하며 이산가족 상봉으로 확인되는 분단의 고통을 여실히 드러낸다. 이산가족 상봉이 원(願)에서 한(恨)으로 급변하게 하는 "생이별의 아픔"을 전하고 있는 것이다.

북한문학에서 그려낸 이 문제는 이산가족 상봉을 경험한 당사자들의 입장을 잘 대변한다. 2000년 6·15남북공동선언 이후 남북 이산가족 상봉이 이루어지고, 다양한 경로로 이산가족 교류에 관한 노력이 지속되었던 가운데, 이산가족의 문제는 그 실망감과 분단 현실의 체감으로 이어진 사례가 적지 않다. '상봉'을 경험한 이산가족 당사자들은 실망, 통일에 대한 좌절[7]을 경험하고, 짧은 재회에 안타까움[8]을 토로하고 있으며, 만남의 고통과 어쩔 수 없는 결별의 당위성[9]에 낙담하게 된다고 또 다른 고통을 호소한다.

다큐멘터리 자료에 보면, 이산가족 상봉을 다녀온 한 할머니는 "비었던 마음이 가득 찬 것 같이 만남의 시간을 짧았지만은 기대는 더 길어졌어요. … (상봉 후) 헤어질 때는 산천이 무너지는 것 같데요."라고 하였다.

---

7 양성은, 「이산가족의 정체성에 관한 탐색적 연구」, 『한국가족자원경영학회 학술대회 논문집』 2010년도 추계학술대회, 한국가족자원경영학회, 2010, 215~216쪽.

8 최연실, 「남북이산가족의 적응에 관한 질적 고찰 - 남한거주 이산가족을 중심으로」, 『한국가정관리학회지』 25-1, 한국가정관리학회, 2007, 193쪽.

9 김귀옥, 「글로벌 시대 한국 이산가족의 정체성과 새로운 가능성」, 『사회와 역사』 81, 한국사회사학회, 2009, 131~168쪽.

또 다른 자료에서 납북된 아버지를 처음으로 만난 아들은 이산가족 상봉 이후 더욱 상처에 시달리는 고충을 토로하기도 하였다. 상봉 이후 계속 술에 의존하게 된다는 그는 이산가족들을 위한 기념관이 설립된다는 소식에 "시멘트 보고 절하라고요? 〈중략〉 달라질 게 있어요? 못 만나는데." 라며 회의적인 반응을 보이기도 하였다. 이러한 이산가족들의 발언은 일회성의 상봉이 근원적 해결이 되지 못한다는 사실을 확인시켜 준다.

2.2. 마음의 장벽을 확인하는 순간

다음, 이산 문제에 있어 빼 놓을 수 없는 주인공으로 코리언 디아스포라의 문학적 상상력도 살펴볼 수 있다. 이들의 이산 트라우마도 중요한 학적 과제이지만, 우선 남과 북의 이산 문제로 초점화 하자면, 이들의 시선은 특별한데 남북의 화해를 원하는 해외 코리언이면서도 그 어느 쪽도 아닌 객관화된 시선을 발견할 수 있다는 점이 그러하다. 분단된 한반도에서 벗어나 남과 북이 마주할 수 있는 '(해외)공간'으로서, 남과 북의 사람이 아닌 또 다른 입장에서, 남과 북의 사람들이 마주할 때 발생하는 일들을 제3자의 시선으로 조명해주는 특별함이 있다는 것이다.

먼저 김종운의 「고국에서 온 손님」(1985)[10]은 남녘과 북녘의 친구가 30여 년만에 '연변'에서 만나는 사건을 다룬다. 어릴 적 친구였던 두 사람은 6.25전쟁 중 적군으로 만나게 되었는데, 이때 인민군 장철은 포로로 잡힌 국군 남상호의 생명을 구해준다. 그리고 이들은 다시 남과 북이 아닌 '연변'에서 우연히 마주친 것이다.

> "여보, 아래층 하원장네 집에 한국에 사는 처남이 왔대요." 〈중략〉
> "허참, 이거 묘하게 됐군! 3층엔 조선손님이 오구 1층엔 한국손님이

---

10 김종운, 『고국에서 온 손님』, 흑룡강조선민족출판사, 1999, 1~282쪽.

왔다…"

장교장은 흥미있게 말했으나 장철은 불안해하였다.

'외국에 와서 친척들과도 말을 조심해야 하는데 혹시 그 사람을 만났다가 말이라도 걸면 어떤다?' 〈중략〉

"아주머니, 청하려면 제가 간 다음에 청하십시오. 전 절대로 그런 사람과 한자리에 앉을 수 없습니다!"

"시동생, 여긴 괜찮아요."

"여긴 괜찮아도… 전 안됩니다."

'한교실, 한책상에서 공부한 딱친구가 어째서 서로 적이 되었단 말인가? 저 놈도 잘사는 집에서 태여난 놈은 아닌데 어째서 우리의 적이 되었단 말인가? 어쩌면 하필 내 손에 포로가 되었나? 불쌍한 놈 같으니라고… 아니, 저 놈은 총을 들고 우리와 싸우던 적이 아닌가! 저 놈의 총알에 우리 전우들이 쓰러졌을지도 모른다.'

장철은 한때 함께 공부했던 유년시절의 친구이자, 전쟁 때 국군 포로였던 남상호를 만나게 되는데, 이때 장철의 마음을 붙잡는 것은 '두려움'이었다. 주변사람들이 여기(중국 연변)는 괜찮다고 달래도, 장철은 경계심을 놓지 않으며 억지로 적개심을 상기하고 마음을 다잡는다.

'지난날 남상호와 함께 저 유보도를 얼마나 많이 걸닐었던가! 그때 우리는 청춘의 끓는 피를 조국에 바치자고 서로 다짐하며 나어린 가슴들을 설레이지 않았던가? 그런데 지금 하나는 북에서 … 하나는 남에서 …'

그 얼마나 많은 사람들이 님을 그리며, 고향을 그리며, 나라를 그리며 이 노래를 불렀던가! 우리 백의동포들은 아직도 〈아리랑 고개〉를 다 넘지 못하였다!

장철은 회상에서 깨여났다. 그는 남상호를 단독으로 만나고 싶었다. 많은 것을 말해주고싶었고 많은 것을 물어보고싶었다. 그러나 그는 그렇게 하지 못하였다. 아직은 그렇게 할수 없었다…

결국 남상호와 마주하게 된 장철은 그와의 추억을 떠올리고 함께 분단의 상처를 공유하며 친구와 "단독으로 만나고" 싶어지지만, 끝내 "그렇게 하지" 못한다. 이렇게 작품은 북녘 사람 장철이 남녘 친구를 마주하였을 때, 반가움보다 두려움과 경계심에 흔들리는 심리를 묘사하고 있다. 분단 체제의 검열과 압박에서 끝내 헤어나오지 못하고 인간적인 소통을 막아버리며, '우리'라는 공동체로 포함할 수 없는 거리감과 경계심[11]을 그려낸 것이다.

이러한 문제의식은 후에 나온 작품에서도 계속되는데, 그것이 형제의 충돌로 비화되는 장면을 담은 작품이 있다. 리여천의 「비 온 뒤의 무지개」(1993)[12]는 연변에 살고 있는 조카의 도움으로 남과 북으로 이산되어 살고 있는 두 형제가 상봉하는 이야기이다. 만남을 주선한 조카는 6.25전쟁에 참전 후 총상 후유증으로 사망한 조선족 맏이의 아들이었고, 첫째 삼촌은 인민군이었던 이북 사람이었으며, 둘째 삼촌은 국군으로 참전한 남쪽 사람이었다. 주인공의 아버지를 포함하여 6.25전쟁에 각각 다른 입장으로 참전했던 이 세 형제는 전쟁의 고통 속에 빠진 남과 북, 그리고 조선족을 상징하고 있었다. 그리고 곧 분단의 문제를 여실히 보여주었다.

이들은 30년 만에 만나서 기뻐했지만, 결국 서로 다름을 확인하고 충돌하고 만다.

"뭐야, 너도 우리 조선을 깔보는거냐? 남조선은 뭐가 잘해서 미군을

---

11 임경순, 「'중국 조선족' 소설의 분단 현실 인식과 방향 연구 -고통을 넘어 연대성 모색하기-」, 『한중인문학연구』 37, 한중인문학회, 2012, 143쪽.

12 여기에서 제시한 소설 원문은 임경순, 「'중국 조선족' 소설의 분단 현실 인식과 방향 연구 -고통을 넘어 연대성 모색하기-」, 『한중인문학연구』 37, 한중인문학회, 2012, 129~155쪽에서 재인용하였다.

불러다 6.25전쟁을 벌리고 지금까지 남조선을 통치하게 하냐. 그리구 뭐 이라크에 군대를 파견한다구? 침략자를 돕는게 잘한 일이우? 동맹국이라구 나쁜짓도 같이 해야 한다우? 우리 배 곯어도 남의 식민지노릇은 안해!"

덕수한테 해다지 못하던 분풀이가 그만 동생이 불을 지피는 바람에 확 하고 당기고 말았다.

"형님, 남을 욕할게 뭐유? 백성들 배곯기면서 핵무기는 무슨 핵무기유? 6.25를 봐도 미군이 먼저 불질렀소? 이북이 먼저 불질하는 바람에 유엔군이 가입한거지요!"

"뭐 이북이 먼저 쳤다구? 남조선괴뢰도당이 먼저 전쟁을 도발하구두."

30년 만에 만난 형제는 왜 다투고 있는가? 형제는 경제적 수준의 차이에서부터 부딪히다가 결국 이념의 차이를 뾰족하게 드러내며 목소리를 높였다. 이 작품의 주인공에게 남과 북의 삼촌들은 아버지를 기억하게 하는 인물들이다. 그러나 그들은 한 형제라는 핏줄을 잊고 자신들의 "정치적 귀속"에 메여서 서로를 향해 적대적인 감정을 쏟아 놓고 있는 것이다. 서로의 '차이'를 체감한 형제의 갈등은 다름 아닌 이산가족들이 느꼈던 실망감과 같으면서도, 남북주민들이 만나서 겪게 될 분단사에 대한 기억의 충돌 현장을 보여주고 있기도 하다. 이렇게 남북 이산가족을 다룬 작품들에서는 상봉의 기쁨뿐만 아니라, '상봉'의 시간이 서로의 '차이를 확인하는 순간'이 될 수도 있다는 이산가족 문제의 실체를 반영하고 있었다.

실제 사례에서도 상봉의 순간에서 경험하는 부정적 감정은 이데올로기적 '차이'에서 비롯되는 경우가 많았다.

"말끝마다 수령님, 지도자 동지 하니 난 어찌해야 좋을지 모르겠었어. 어, 야하고는 이제 다시 만나도 같이 살 것나 싶은 거지… 마치 남이요…"[13]

위와 같이 이산가족 당사자들은 그리운 가족과 상봉하는 일을 두고 이데올로기 장벽을 외면할 수 없었다. 이런 문제들은 "통일 이후 겪을 혼란에 대한 두려움, 고향에 대해 낯선 감정, 이산가족원의 변화된 모습에 대한 두려움" 등을 생각하지 않을 수 없게 하며, 상봉을 두렵게 하는 요인으로 작용하기도 한다. 가족을 그리워하는 마음이 '반동'으로 몰릴 수 있거나 '친북' 논란에 휩싸이는 위험이 있었을 뿐만 아니라,[14] "반공 전력이 북쪽 가족에게 미칠 영향"[15]도 생각하면 이들은 헤어진 가족을 그리워만 하기 어렵기도 하다.

이러한 이데올로기 문제뿐만 아니라, 오랜 시간이 흐른 뒤에 만난 가족에게 느껴지는 낯섦도 부정적인 감정을 일으킨다.

> "그 사람은 예전의 그 사람이 아니요. 나는 남에서 아내 생각에 장가도 안 가고 마흔 넘어 할 수 없이 겨우 장가들었어요. 이야기도 없이 목석처럼 앉아 있는데 말이 막히고 가슴이 무너져 난 한동안 우느라고 아무 말도 못했지. 그런데도 그런 나를 묵묵히 쳐다봐요. 소 닭 쳐다보는 듯"[16]

이산가족 당사자 가운데 재상봉을 거부하는 경우가 종종 있는데, 그 이유를 사상 차이 때문(31.25%)이나, 여러 가지로 생소해서 정을 못 느낀다고(28.12%) 답했다.[17]

---

13 최연실, 「남북이산가족의 적응에 관한 질적 고찰 – 남한거주 이산가족을 중심으로」, 『한국가정관리학회지』 25-1, 한국가정관리학회, 2007, 193쪽.

14 김귀옥, 「이산가족의 범주화와 공동체 형성 방안」, 『역사문제연구』 19, 역사문제연구소, 2008, 343쪽.

15 최연실, 「남북이산가족의 적응에 관한 질적 고찰 – 남한거주 이산가족을 중심으로」, 『한국가정관리학회지』 25-1, 한국가정관리학회, 2007, 192쪽.

16 최연실, 「남북이산가족의 적응에 관한 질적 고찰 – 남한거주 이산가족을 중심으로」, 『한국가정관리학회지』 25-1, 한국가정관리학회, 2007, 193쪽.

17 신율, 「실증적 분석을 통한 이산가족 정책의 새로운 대안 모색」, 『평화학연구』 15-4,

이러한 친족에게 느끼는 낯섦은 이산가족의 자녀세대에 더욱 심각한 문제로 나타난다. 남한의 문학작품에서는 이산가족 상봉 이면에 드리워진 냉담한 현실을 포착한 작품이 다수 있는데, 그 가운데 「목마른 뿌리」(1996)[18]는 이산가족 2세대의 상황을 대변한다. 이 작품은 통일된 미래(2002년)에 대한 상상을 담고 있다. 남과 북이 자유롭게 오고가는 통일된 미래는 문학적 상상력으로 채워져 있지만, 북에 가족을 두고 온 아버지, 소설가인 '나'라는 인물 설정 등은 작가의 실제 삶의 모습을 담아내고 있다. 죽는 순간에도 북녘 가족을 그리워한 아버지, 그리고 북에 자신과 한 핏줄을 나눈 형제가 있다는 작가의 실제 상황이 미래에 대한 상상력을 발동시키면서도, 그 안에는 '북에 있는 또 다른 가족을 어떻게 받아들일 것인가'에 대한 실제적인 고민이 담겨져 있기도 하다.

> 우리들의 상봉은 내가 애초에 생각했던 대로 밋밋하기 그지없었다. 그러나 그건 하등 이상하게 생각할 것도 없는 일이었다. 그와 나는 사실 어떤 추억도 공유하고 있지 않기 때문이었다. 단 하루를 같이 살아본 적도 없고 이 자리가 초면이었으니. 게다가 서로 몇 십 년을 다른 체제에서 살아 온 게 아닌가? 다만 아버지라는 같은 뿌리에서 가지를 친 인생들이라는 점이 희미한 끈이라면 끈이었다.
>
> "옛말에 믿는 도끼에 발등 찍힌다고 한 핏줄이라고는 하지만 언제 어느 때 우리한테 해코지가 닥쳐올지는 아무도 모르는 일 아녜요? 그리고 당신 입만 떼면 같은 핏줄임을 강조하는데, 당신이 생전에 서로 얼굴을 한번 봤수, 아니면 이름 석 자나 들어봤수? 아, 안 그래요? 그렇게 떨어져서 오십 년 이상 일면식도 없이 지내다 이제야 처음 얼굴 맞댄 사람을 이렇게 덜컥 믿고 마음을 활짝 열어준단 말예요. 마음을 연다면 되레 그게 더 이상한 거 아녜요?"

한국평화연구학회, 2014, 165~186쪽.

18 김소진, 「목마른 뿌리」, 『신풍근 배커리 약사』, 문학동네, 2002, 1~453쪽.

작품의 주인공은 이복형제와 '상봉'하는 순간을 "밋밋"했다고 하며, "희미한 끈"으로 이어진 "어떤 추억도 공유하"지 않은 상대라고 말하고 있다. 이산가족 2세대나 당사자의 가족들이 느낄 수 있는 감정을 솔직하게 드러낸 장면이다. 그리고 주인공의 아내는 더욱 먼 거리에서 남편의 이복형제를 '북녘 사람'으로 바라보고 있는데, "핏줄"보다 더 강력한 적대감과 불신을 드러낸다. 이는 우리가 흔히 느끼는 '북'에 대한 감정과 다르지 않다. 즉 이산가족들은 어느 날 갑자기 찾아온 핏줄을 받아들이는 부담감과 함께, 분단이 만들어낸 '마음의 장벽'도 소화해야 하는 고충을 감당해야 하는 것이다.

한국사회는 이제 가족관계를 끈끈하게 묶어두었던 가족주의라는 전통적 가치가 희미해져버린 사회이다. 분단의 문제를 떠나서도, 이제는 개인의 자율성과 행복보다 가족을 먼저 생각하는 일을 더 이상 성스럽게 바라보지 않는다 해도 과언이 아니다. 이러한 상황에서 이산가족 당사자나 그의 가족들이 감당해야 하는 문제는 많은 고민에 빠지게 한다. '핏줄'이라는 가치가 낯섦과 불편함을 이겨낼 만한 효용성이 무엇인지에 대한 고민은 곧 분단의 벽 너머에 같은 뿌리를 둔 우리들의 문제이기도 하다.

2.3. 중혼이 빚어낸 가족 갈등

이산가족의 고통은 주변과 후세대로 확산되는 고통의 전이와 대물림 문제를 야기한다. 이산가족을 다룬 문학작품은 줄곧 이 문제가 당사자 개인의 고통에서 종결되는 단순한 사안이 아니라는 것을 공통적으로 보여준다. 앞서 소개한 「목마른 뿌리」 역시 중혼으로 벌어진 가족 갈등을 보여주고 있다.

북에서 찾아온 형님은 어머니의 유골을 들고 아버지의 산소를 찾아뵙길 바랐다. 죽어서라도 한 데 묻히고 싶다는 마지막 유언을 들어드리기 위해서였다. 이때 '나'의 어머니는 크게 노하며 거절한다.

> 저벅저벅 거실을 가로질러 현관문을 나선 어머니는 문 밖 에다 소금을 훌훌 뿌리며 나지막하게 뭐라고 중얼거렸다.
> "훠이, 동녘에 해가 뜨니 나쁜 기운이나 귀신은 물러가라, 물러가라, 물러가라!"
> 〈중략〉
> 어머니가 고개를 설레설레 흔들었다. 목소리에 노기마저 느껴졌다.
> "그 자리는 내가 죽으면 기어들어갈 자리지 딴 사람이 들어갈 자리가 아니라우."
> 〈중략〉
> 어머니는 강경하게 손사래를 흔들었다.
> "듣고 자시고 할 것도 없다니깐 그러네. 그럴 작정으로 우리를 찾았다면 매몰찬 말로 들릴진 몰라도 우리 서로 앞으론 더 못 보고 산다쳐도 어쩔 수 없는 일로 여기겠수다."

북에 또 다른 가족은 나의 어머니에게 남편의 또 다른 아내이고, 이들의 애달픈 바람은 어머니의 자리를 위협하는 '침범'으로 작용한다. 어머니의 강렬한 거부는 "매몰찬 말"로 들리기보다는 그간 어머니가 감내해야 했던 고통들을 떠올리게 한다. 주인공은 늘 북녘의 가족들을 잊지 못했던 아버지를 떠올리며, 어머니의 강경함을 대변하기도 한다. 이는 어머니의 남편이 나눠지는 가족이 균열되는 문제이기 때문이다.

이러한 피해의식은 배우자뿐만 아니라, 자녀세대들에게도 이어진다.

> 아버지가 북에 두고 온 아내의 이름. 그걸 아버지는 꺼져가는 생명을 붙들고 외쳐대는 중이었다. 나는 고개를 가로저었다.
> 〈중략〉
> 불행히도 아버지의 임종을 지켜본 사람은 아무도 없었다. 가슴 깊은 곳에 아버지에 대한 반항심이 은근히 자리잡고 있던 나는 밖으로 겉돌며

술만 마셔댔다.

〈중략〉

아버지가 남쪽에 마음의 뿌리를 내리지 못하는 한 그 아버지의 아들 인 난 철저한 서자에 머물 수밖에 없었다.

주인공은 숨을 거두는 순간에도 북쪽 아내를 잊지 못하는 아버지를 인정하지 못하고, "반항심"이 솟아올랐다고 기억한다. 또 "남쪽에 마음의 뿌리를 내리지 못한" 아버지에게 자신은 "철저한 서자" 신세였다고 고백한다. 남쪽 아들의 입장에서는 중혼이 야기한 충돌에서 일종의 서자 콤플렉스에서 벗어날 수 없는 소외감과 외로움을 느껴야 했던 것이다. 이처럼 남편을 공유한 두 어머니의 충돌은 한 아버지를 나누고 있는 두 형제의 불편함과 같은 모습이었다. 그리고 그것이 아버지의 외도나 비윤리적 행태 때문이 아닌 '분단' 때문에 벌어진 일이기 때문에 그런 아버지를 원망할 수도 없고, 그렇다고 원망스럽지 않을 수도 없는 일이었던 것이다.

이러한 중혼에서 비롯된 자녀세대까지 이어지는 가족 갈등은 실제 이산가족들이 경험하는 일이기도 하다. 남북이산가족 상봉 특집 〈이보오, 오랜만이오〉(2017) 다큐멘터리[19]에서는 이순규-오인세 부부 이야기를 다룬다. 오인세 할아버지는 19세 북에 납치되었고, 단 7개월의 결혼생활 후 그대로 헤어져 이순규 할머니는 아들을 홀로 키우며 65년 세월을 보냈다. 한평생 남편을 기다려온 이순규 할머니는 할아버지가 북에서 새로 가정을 꾸리고 다섯 남매를 낳고 살아왔음을 알게 된다. 이순규 할머니는 이산가족 상봉 자리에서 남편을 원망하지 않고 눈물을 보이지 않으며 다 이해한다는 반응을 보였다.

---

19 이 다큐멘터리는 통일부 UniTV에서 확인할 수 있다(https://unitv.unikorea.go.kr, 검색일 : 2021. 11. 12.).

"가슴에서는 주먹으로 두드리는 것마냥 그래요. 그런데도 눈물이 안 나와. … 그런데 가슴은 아파도 눈물은 안 나와. 가슴은 터질 것 같은데. … 내 마음이 저렇게 바다같이 넓으면 얼마나 좋겠냐고 그랬지." (이순규 할머니)

"사랑이라는 두 글자가 얼마나 넓은지 알아요? … 이봐요. 66년간을 살았는데 내 눈물이 다 말라 비틀어졌어." (이순규 할머니)

할머니는 후에 인터뷰를 통해 '상봉' 이후의 진실한 속내를 이야기했다. 가슴은 너무도 아프지만 눈물이 나오지 않는다며, 그 한을 삼켜낸 자신의 마음을 사랑과 바다로 표현했다. 전쟁 때문에 벌어진 비극에 누구를 원망할 수도 없으며, 다른 가정을 차린 남편의 입장까지 자신이 감당해야 할 운명이라고 체념한 모습이었다. 덧없이 기다려온 65년과 상봉 이후 그 덧붙여진 상처의 1년을 합한 66년의 고통은 '눈물'로도 다 담아낼 수 없는 것이었다.

할머니의 한은 아들의 한으로 대물림된다. 아들 오장균 씨는 평생 그리워한 아버지를 만나고 난 이후로 그 트라우마에서 벗어나지 못하고 고통스러운 나날을 보냈다고 한다. 그것은 단순히 아버지를 다시 보지 못한다는 그리움 이상의 감정이었다.

"아버지 스스로도 가고 싶었던 건지 아니면 배짱이 없어서 (도망을) 못 했던 건지. 아니면 결혼을 한 아내가 있다는 그 생각을 잊어버렸던 건지. 결과적으로 당신 때문에 피해 본 사람이 한두 명이냐. 어차피 제사도 모시는데 죽을 때 죽더라도 한번 (도망치려는) 시도는 해봤어야 하는 거 아니냐. 못했으니까 우리 아버지 어떤 면에서 나쁜 놈이야. 한 여자를 평생 희생시킨 게 좋은 사람이라고 할 수 없지."

오장균 씨는 마음 속의 응어리를 꺼내어 처음으로 아버지에 대한 원망을 표현했다. 죽기를 각오하고 가정을 지키러 돌아오지 못하였나는 의구심과 원망이었다. 오장균 씨는 이산가족 상봉 당시 아버지에게 깊은 그리움과 효도하고 싶은 마음을 전했는데, 여기에는 아버지까지 함께하는 온전한 가족에 대한 욕망이 담겨져 있었으며, 그 이면에는 아버지에 대한 원망과 가부장의 무책임에 대한 질책도 함께 숨겨져 있었던 것이다. 이처럼 이산가족의 상처에는 가족들의 고통과 당사자에 대한 원망이 함께 존재한다. 그렇기 때문에 더욱 북과 남으로 향한 당사자의 죄의식을 이해할 수 있다.

3. 문학적 상상력이 만들어낸 치유의 길

지금까지 살펴본 바처럼, 이산가족의 상봉을 다룬 코리언의 문학작품 속에는 그 기적에 대한 희열보다는 상봉이 확인시켜주는 분단의 비극을 냉정하게 그려내고 있었다. 그리고 그 고통의 실체를 고발하면서, 그 문제 제기를 시발점으로 앞으로 이끌어 가야할 치유의 길을 비춰주기도 한다.

먼저 살펴본 북녘 소설 「상봉」(1992)은 "그토록 바라던 원이 새로운 한으로 맺히는 그런 상봉"의 현실을 비판하며 마무리되고 있다. 그리고 그로부터 상기되는 극복의 의지가 드러나기도 한다.

> 하지만 재호는 왜서인지 그렇게만 여기고 싶지 않았다. 아니 그렇게만 여길 수가 없었던 것이다. 오늘의 상봉이 비록 괴로운 것이긴 했지만 그 괴로움 속에서 뭔가 새로운 것을 절감하지 않을 수 없었다. 그것이 뭔지 저로서도 찍어 말하기는 어려웠지만 슬픔이나 고통만이 아닌 그것을 초월하는 그 어떤 더없이 강렬하고도 절박한 것이 있었다. 〈중략〉
> 순간 그는 어떤 충격에 몸을 떨었다. 그것은 여태까지는 감각으로만 느끼던 것을 두 눈으로 똑바로 바라보면서 온몸으로, 심장으로 받아

안게 될 때 체험하게 되는 그런 비상한 충격이였다.

슬픔의 극단에서 주인공은 "그 어떤 더없이 강렬하고 절박한 것"을 이야기한다. 바로 이 비극을 종결할 수 있는 유일한 해결책인 통일에 대한 의지였다. 주인공은 이렇게 이산가족 상봉이 더하는 비극을 목도하면서 진정으로 깨달은 통일의 필요성을 이야기한 것이었다. 고통을 직접 마주할 때에 비로소 간절하게 "북남으로 자유로이 오가는 사람들의 모습"을 염원할 수 있다는 것인데, 이를 소설에서는 "온몸으로, 심장으로 받아 안게" 된 "비상한 충격"이라고 표현한다.

이렇게 북녘의 문학에서는 '이산'이라는 분단의 고통을 그려내며, '탈이데올로기' 방향으로 통일을 상상하게 한다. 그리고 사람을 위한 통일이 어떤 것인지 사유하게 하며, 평화 통일에 대한 정서적 공감대를 남과 북이 공유할 수 있다는 가능성을 보여준다. 또한, 아직 북한 문학에서 미처 다루지 못한 문제, 반복되고 중첩되고 있는 이산 트라우마에 대한 공감도 기대하게 한다.

한편 조선족 문학 「비 온 뒤의 무지개」(1993)에서는 남과 북을 대하는 조선족의 입장을 두 시선으로 나타낸다.

> "보다 싶이 남북통일은 우리 중국동포들이 하고 있다구요. 얼마나 좋은 한국 홍보예요. 한국에서 불법체류, 불법체류 하면서 벌어가는 달러를 아까워하지만 그들이 통일에 기여하는 그 가치는 어찌 몇 푼이 되는 달러로 계산할 수가 있겠어요. … 우리만큼 남북통일에 관심 갖고 힘쓰는 해외동포들이 어디 있어요? 안 그렇습니까?
>
> "(이북 사람들이) 충성을 람용하는 것이 딱 우리 문화대혁명 때 같다."

한 조선족이 남한의 물질주의적 분위기를 비판하고, 또 다른 조선족은 북한의 경직성을 비판한다. 서로에 대한 경쟁심과 이데올로기적인 반감으로 다투는 남과 북의 가족들을 두고, 남과 북에 대한 비판적 시선을 통해 분단을 지속시키는 '마음의 장벽'을 이야기한다. 분단 문제에 대한 객관적 거리감을 둔 성찰적 시각이라고 평가할 수 있다.

그리고 이 비판의식은 조선족, 자신들에 대한 것으로 심화된다.

> "이북이 지나치다는 줄 알면서도 왜 감히 말 못하우. 형님, 한국 욕하는 글 신문에서 나두 봤수. 왜 한국은 자본주의라고 욕할 수 있고 이북은 사회주의라고 욕하면 안 되는지"

> "중국에는 돈만 있으면 다"

북에 대한 비판의식을 거침없이 말하는 조선족 개잡이꾼 덕수는 어느 한 쪽으로 기울어진 조선족들의 편협성과 이기심을 꼬집으며, "중국에는 돈만 있으면 다"라는 타락한 자신과 중국사회도 냉철하게 평가한다. 한쪽으로 기울어진 분단적 사고가 조선족 사회에까지 영향을 미치고 있는 현실을 그려내고 있으면서, 한반도에 뿌리를 둔 코리언들이 모두 경험할 수 있는 분단 문제를 그대로 노출하기도 하는 것이다.

이렇게 남과 북의 형제가 상봉한 제3의 공간에서는 북측 형의 경직성과 남측 아우의 우월감이라는 문화적 마찰과 갈등이 '혈연의 정'보다 앞서 있는 모습이었다. 그리고 연변사람들의 이기심까지[20] 이 작품은 분단 현실이 고착화될 수밖에 없는 '마음의 장벽'을 고발하는 이야기였다. 그럼에도 고발에서 더 나아갈 수 있는 극복의 여지를 터주기도 한다. "민족이라는 사실만으로는 쉽게 극복할 수 없음을 보여주면서, 현실적인 통일 방안의 모색이 필요함을 비유적으로 강조" 하고, "조선족 사회가 남과

---

20 김호웅, 「"6.25"전쟁과 남북분단에 대한 성찰과 문학적 서사」, 『통일인문학』 51, 건국대학교 인문학연구원, 2011, 7~35쪽.

북의 중개자로서 중요한 역할을 감당해내야 한다는 당위성이 작품에 상징적"[21]으로 나타낸다는 점이 중요하다. 그리고 이 작품은 이산가족이 만나서 발생하는 문제인 '마음의 장벽'을 고발하면서, 그것으로 말미암아 다시금 강조되는 '만남과 소통의 필요성'을 확인하게 한다. 우리에게 진정으로 필요한 것은 '일시적인 상봉'에 그치는 것이 아니라, "반복적인 만남과 대화, 이해와 존중"이며 "혈육의 정에 바탕을 둔 통합의 실마리"[22]를 기대하게 하는 것이다.

북녘과 조선족의 작품에서 탈이데올로기적 만남의 길과 얼굴을 마주한 소통의 필요성을 상상하고 있다면, 남쪽 이산가족 이야기에서는 나에게도 결핍되었던 무언가를 상대를 통해 확인하면서 느껴지는 '연대의식'을 그려낸다. 김소진 작가의 「목마른 뿌리」는 앞서 논한 바와 같이 자전적 이야기에 이산가족 자녀세대의 통일에 대한 상상력이 담겨져 있다. 이산가족 1세대의 중혼 문제와 그로부터 고통 받은 자녀세대의 갈등을 다루고, 낯선 이를 가족으로 받아들여야 하는가라는 실존적 문제를 그려낸다. 그리고 마음의 장벽이 허물어져가는 과정을 보여준다.

> 그가 우는 모습을 지켜보면서 나는 처음에 어쩔 수 없이 가졌던 서먹했던 분위기가 많이 가셔졌음을 느꼈다. 왠지 모르게 내 핏줄 속에서 그와 내가 동일한 유전인자를 지녔다는 강한 혈연의식이 꿈틀거림을 감지하지 않을 수 없었다.
>
> 그러한 눈빛에서 난 그가 아버지에 대해 이중적인 애증(愛憎)의 감정을 지니고 있음을 눈치챘다. 조금만 미루어 짐작해보아도 그건 당연한

21 박경주, 「1990년대 이후 조선족 문학에 나타난 이중정체성의 갈등 탐구 -한국사회와의 교류를 주제로 한 작품에 주목하여-」, 『문학치료연구』 18, 한국문학치료학회, 2011, 185~215쪽.

22 김호웅, 「"6.25"전쟁과 남북분단에 대한 성찰과 문학적 서사」, 『통일인문학』 51, 건국대학교 인문학연구원, 2011, 31쪽.

귀결이 아니겠는가? 자신을 낳아준 아버지에 대한 어쩔 수 없는 혈육적 그리움에 앞서 또한 그 아버지로 인하여 북쪽 체제에서 변두리로 쫓겨나 허덕이며 살 수밖에 없는 멍에를 짊어져야 했던 그의 처지로서는 아버지에 대한 절절한 그리움이란 바로 절절한 원망에 다름 아니었을 터였다.

아버지가 남쪽에 마음의 뿌리를 내리지 못하는 한 그 아버지의 아들인 난 철저한 서자에 머물 수밖에 없었다. 젊은 시절 내내 내 가슴을 멍들게 하고 방황과 좌절의 폭음을 강요했던 그 서자의식 역시 나한테는 작지 않은 차꼬였음이 사실이었다. 그런 의미에서 그와 나는 동일한 피해자 입장에 설 수도 있었다.

마음의 벽을 허물기 시작한 것은 아버지의 산소 앞에서 통곡하는 형님을 바라보면서부터였다. 처음의 서먹함이 가시고, 주인공은 통곡하는 형님에게서 자신의 고통을 발견한다. 늘 북녘의 가족을 그리워하는 아버지로부터 방황과 좌절의 시간을 보냈던 그는 형님 또한 고통의 시간을 견뎌왔음을 깨닫는 것이었다. 북녘에서 아버지 없는 고난 속에, 월남인 가족으로서 사회적 제한과 억압을 받아왔을 형님의 삶을 이해하고, 형님 또한 아버지에게 애증을 느끼고 있을 것이라 확신한다. 두 사람이 "동일한 피해자"임을 인정하면서 그는 이전에는 느낄 수 없었던 '핏줄'과 같은 끈끈한 정을 느끼게 된다.

"이게 누구의 잘못이갔시요. 누구래 탓하갔시요…… 참으로 어릴 적부터 아바이 꿈이래 많이 꿨드랬시우…… 아바이랑 한이불 밑에서 잠이나 한번 씩씩 자봤으면 원이 없겠다가 내 평생 소원 아니드랬시요?…… 가슴에 박힌 못 이젠 곰삭았겠디요……"

"그래 됐어. 당신도 울고 싶으면 울어. 이게 우리 역사의 맨얼굴이야. 순 생채기투성이지. 아직 아물려면 멀었어."

딱 한 번 장흥을 지날 때쯤 그가 왼손을 들어 더듬거리더니 내 손을 붙잡아주었다. 나도 무슨 뜻인지 충분히 알고도 남았기에 힘주어 그의 손을 맞잡아주었다.

아버지 때문에 고통스러웠던 삶, 그리고 그런 아버지를 원망하면서도 탓할 수 없는 현실에서 두 사람은 강렬한 연대의식을 느끼며 두 손을 마주 잡는 것이었다.

"미안하긴 무스거…… 사실 내레 좀 성급했디, 아 안 그래 아우? 이쪽 저쪽 사정 좀 잘 톺아서리 순서와 조리 있게 일을 추진해야지 되는 건데 말이야. 기래두 오마니한테 아바이 계신 곳에 나들이라도 시킨 형용이니 기것도 괜찮은 거 아임둥?"

그리고 '중혼'으로 불거진 문제에 대해 서로의 입장을 이해하는 대화를 나눈다. 북쪽 가족의 입장을 이해하게 된 주인공이 어머니를 설득하겠다는 의지를 보이자, 북쪽 형님 역시 한 발 물러서서 자기 어머니의 마지막 소원이 남쪽 가족들에게는 부담이 되었을 수 있다고 이해한다. 그리고 성급한 침범은 "이쪽 저쪽 사정을 잘 톺아서리 순서와 조리 있게 일을 추진"한다는 배려로 선회되면서, 이들의 만남은 냉랭한 부담감에서 뜨거운 우애로 전환된다.

또 중요한 것은 주인공이 북쪽 형님과의 대화에서 자기 인생의 근원적인 고뇌를 해소할 수 있는 길을 제공받기도 한다는 점이다. 바로 아버지의 진심이었다.

"기때 아바이래 야속하게두 이렇게 말씀허셨지. 봇도랑 같은 눈물을 흘리시면서. 당신이래 북쪽을 발써 잊었다구 말이디. 저 어린것과 고생만 하는 에미를 보라면서 말이야. 그러니 함께 갈 수 없다고 하시며 가슴을 쥐어뜯었드랬다. 태섭아 부르시며, 엎드린 내 등을 쓰다듬으시면서리 이 아바이를 부디 용서하라고…… 기러시면서 차고 계시던 시계를 풀어주셨디. 혹, 아바이가 생각나면 시계라도 보라고……"

주인공은 북쪽 형님에게서 아버지가 다시 북쪽으로 돌아갈 수 있는 기회를 스스로 접은 사연을 듣게 된다. 통일 전, 형님은 북 당국의 지시에 따라 삼촌과 함께 남파 간첩이 된다. 그리고 마지막 과제로 월남한 아버지를 설득해 고향으로 돌아오게 할 예정이었다. 그러나 아버지는 남쪽의 자식과 아내를 두고 떠날 수 없다고 하며, 북녘의 큰아들에게 용서를 빈다. 이후 북으로 돌아간 형님은 월남 가족이라는 사회적 제한에서 벗어나 드디어 사회적 신분을 회복하게 된다.

이 사연을 알게 된 주인공은 평생 자신의 가슴 한 편에 맺혀있던 한을 풀게 된다. 평생을 북쪽에 마음을 둔 아버지의 등을 바라보며 소외감과 외로움을 느꼈던 주인공은 아버지의 등이 외면이 아니라 북녘 가족을 향한 죄의식이었다는 것을 깨닫게 된 것이다. 나에 대한 외면이 아닌 북쪽을 향한 죄의식이었다는 깨달음은 그 누구보다 '형님의 입장'을 통해서만이 확인되는 진실이기도 했다. 실제 만남을 통해서만이 아버지의 입장을 이해하고 이산 트라우마를 치유할 수 있는 길로 들어 설 수 있게 된 것이다.[23]

그리고 이어지는 형님의 말에서 아버지와 '온전한 화해'를 할 수 있게 된다.

"그땐 그렇게 말씀허시는 아바이레 얼마나 섭했던지…… 허지만서두 나중에 지켜보니 그거이 옳은 결정이라는 생각이 들었디. 그럴 수밖에 없었던 게, 철조망 이쪽 저쪽을 오간다고 해서 문제가 해결될 일도

23 이봉일·최현숙, 「김소진 소설에 대한 정신분석학적 연구」, 『국제한인문학연구』 11, 국제한인문학회, 2013, 161쪽, 149~170쪽.

> 아니고 퇭일에 일조를 하는 일도 아니겠고…… 내레도 만약 그런 처지라믄 기러케 했을 거이야, 아마도."

형님은 처음에는 아버지의 결정이 서운했지만, 시간이 지나면서 그 결정이 옳았다고 생각했다. 아버지가 철조망을 오간다고 해결될 문제도 아니고, 나라도 그러한 결정을 했을 것이라며 그것이 모두가 안전한 최선의 길이었음을 인정하는 것이었다. 남쪽에 남기를 결정한 아버지를 이해하는 형님을 바라보면서, 주인공 역시 그간 쌓여있던 한을 털어내었고, 비로소 아버지가 '분단의 벽에 서서 끝없이 고뇌한 애처로운 실존'임을 깨닫게 된다.

> "기거를 새삼 말하믄 무얼 하겠음? 타고난 핏줄인 것을…… 서로에게가 닿지 못해서 그 동안 얼마나 애달프고 목 마른 뿌리로 살아왔음둥? 이제는 그런 일 없어야 함둥!"

> 메마른 먼지바람이 나를 오랫동안 감싸 입술이 버썩버썩 말랐지만 난 갈증을 느낄 수 없었다. 단비를 잔뜩 머금은 나무의 뿌리처럼 내 몸안에서 뭔가 알 수 없는 축축함이 샘솟듯 힘차게 차오르는 느낌 때문이었다.

그리고 주인공은 가슴 한 편에 비워졌던 공간을 새로운 감정으로 채운다. 작가는 이데올로기와 아버지 때문에 상처받은 남과 북 형제들이 이렇게 서로 만나 그간 살아온 삶을 나누는 과정을 보내면서 바짝 말랐던 내면을 새로운 에너지로 채우는 결말을 제시한다. 이것은 아버지와의 온전한 화해일 뿐만 아니라, 북녘 가족과, 그리고 분단의 상처와의 화해였을 수도 있다.

실제 김소진의 부친은 함경남도 출신으로 6.25전쟁 때 월남한 실향민이다. 북쪽에 "고향 마을과 부모, 처자식을 뒤로하고 본의 아니게 혈혈단

신으로 밀려 내려온"[24] 아버지는 그의 소설 창작의 동력이 되었다. 그의 여러 작품에서는 아버지가 거제도 포로수용소에서 '남쪽'을 선택하는 순간이 담겨져 있는데, 그중 한 작품에서는 생존을 위한 선택이었음을 토로하는 아버지의 발언이 제시되기도 한다.

> "내는 한 번두 이 세상과 정직하게 맞서 본 적이 없드랬다. 거제도 포로 수용소에서 이북에 두 양주와 처자를 모두 두고 왔으면서도 끝내 이곳에 남겠다고 한 사람이 바로 이 비겁한 애비다. 몸뚱이가 산산히 부숴지는 한이 있더래두 한 번쯤 피하지 않고 운명이라는 것하고 말이지, 부닥쳐 보는 게 필요했을지도 모르는데 말이다."[25]

거제도 포로수용소에서 아버지가 직면했던 선택의 순간이 결국 "불확실성 속에서 살아남는 일에만 집중했던 아비의 모습"으로 표현되고 있는 것이었다. 선행연구에서는 이를 "전쟁과 분단의 시간을 견뎌온 삶, 살아남은 아버지에게서 발견되는 '평범성'"[26]이라고 분석하였는데, 이 '평범성'은 줄곧 아버지를 원망했던 근원이기도 했지만 오히려 그것은 아버지를 인간적으로 이해할 수 있는 근간이 되기도 하였다. 우리는 흔히 이런 상황 속에서 죽기를 각오하고 가족을 지켜낸 것이 아버지의 윤리인양 함부로 판단할 수도 있으나, 김소진 작가는 아버지의 '평범함'을 직면하면서 "'사랑'이나 '미움'이라는 언어로 충분히 형용할 수 없는 감정들"[27]을 지나 아버지를 애처로운 한 인간으로 바라보게 된 것이다. 비록 아버지의 고백

---

24 임유경, 「김소진 문학의 기원과 분단문학의 문화사적 전환」, 『한국학연구』 56, 인하대학교 한국학연구소, 2020, 92쪽.

25 김소진, 『장석조네 사람들』, 고려원, 1995, 134쪽.

26 임유경, 「김소진 문학의 기원과 분단문학의 문화사적 전환」, 『한국학연구』 56, 인하대학교 한국학연구소, 2020, 105쪽.

27 임유경, 「김소진 문학의 기원과 분단문학의 문화사적 전환」, 『한국학연구』 56, 인하대학교 한국학연구소, 2020, 117쪽.

으로 형상화되어 있지만, 이는 자녀 김소진의 깊은 이해에서 가능한 문학적 상상력이자 의혹과 원망 끝에 결국 아버지에 대한 '인간적인 이해'로 도달한 경지라고 할 수 있다. 아마도 김소진 작가는 아버지와 분단에 대한 고뇌를 문학으로 표출해내는 반복 과정을 통해 바로 이 깨달음에 도달하지 않았나 추측해 본다.

그리고 이러한 문학적 상상력은 마치 "죽을 때 죽더라도 한번 (도망치려는) 시도는 해봤어야 하는 거 아니냐"라고 했던 다큐멘터리 속 오장균씨의 의혹과 원망에 대한 답변 같기도 하다. 이렇게 1995년에 발표된 김소진의 작품에서는 2015년 이산가족 자녀세대의 서러움을 위로하듯 '아버지의 입장'을 전하고 있었다. 죽을힘을 다해 가족을 지켰어야 한다는 것이 아니라, '평범한 인간'이 할 수 있었던 생존 방법이었다는 '인간적인 이해'가 바로 당사자와 그의 가족들을 위로하고 치유의 길로 인도하는 문학의 선물이라고 할 수 있다.

4. '통일'을 상상하며, 우리는 낯선 이들을 '공동체'로 받아들일 수 있을까

이 연구에서는 이산가족 문제에 있어 그 안에서 살아 움직이는 '사람'을 발견하고, 분단의 비극 앞에 사람은 어디까지 나아갈 수 있는지를 그 사유의 지평을 따라가 보는 작업을 진행하였다. 특히 '상봉'으로 다시 확인된 이산가족 문제의 실체를 만나볼 수 있었다. 만나자 마자 이별해야 하는 가중된 고통과 낯섦과 경계심 등 분단이 막아놓은 마음의 장벽들, 그리고 당사자와 그의 가족들로 전이·대물림되는 이산 트라우마의 문제들까지 이산가족 상봉은 분단이 인간 삶을 나누어 끊어놓은 것이 무엇인지를 처절하게 깨닫게 하였다. 그러면서 남과 북, 조선족, 그리고 자녀세대에까지 이르며 다양한 입장과 감정에 몰두할 수 있게 하였다. 이를 통해 남북 분단에 얽혀진 코리언들이 경험하는 이산 트라우마를 입체적으로 바라볼 수 있었다.

그리고 이 문학적 상상력들은 이산가족의 현실을 고발하는 데에 멈추지 않고, 이산 트라우마에서 헤어나올 수 있는 위안과 치유의 길로 안내하기도 했다. 이 '문학의 선물'은 분단 극복의 탈이데올로기적 경로에서부터 얼굴을 마주한 소통의 필요성까지, 추상적 가치를 문학의 서사로 치환하여 한 사람, 한 사람의 이야기로 우리를 이해시킨다. 그 중에서 가장 중요한 것은 서로에 대한 '인간적인 이해'였다.

한 사람을 '인간적으로 이해하는 일'은 이산가족 상봉 후 일어나는 문제에서 꼭 필요한 윤리와 지혜이다. 이산가족 상봉은 우리 내면에 그리움이 만든 판타지가 존재했다는 점을 직면하게 하고, 접촉과 상봉의 시간은 그 판타지가 깨지는 순간이었다. 여기에 발생하는 새로운 문제들은 '가족'에 대한 판타지에서 벗어나는 일로부터 해결할 수 있다. '보수적 가족주의의 해체 필요성'이 무엇보다 이산가족 문제에서 절실히 요구된다는 것이다.

이산가족 1세대들이 평생토록 괴로워하는 '죄의식'의 근원은 보수적인 가족주의에서 야기된다. 그리고 그의 가족들이 감당해야 하는 낯섦과 현실적인 문제들 역시 전통적 가족주의 의식과 충돌된다. 이제는 보수적 가족주의에서 나아가, 죄의식과 가족복구의지를 구별하여 사유하는 지혜가 필요하다. 부계 중심의 가족주의 강요하면서 '가족 이산의 비극'을 아버지와 남편, 가부장 중심의 가족 문제로 인식하거나 강요해서는 안 되며, 당면한 문제를 역사적, 이산 트라우마의 치유적 안목으로 바라볼 수 있는 능력이 필요한 것이다. 김소진 작가가 이산가족 당사자인 아버지를 '평범한 사람'으로 볼 수 있게 된 그 과정이 바로 이산 트라우마의 치유를 시작할 수 있는 첫걸음이며, 보수적 가족주의에서 해방되어 분단 때문에 가족을 잃은 한 사람에게 진정한 위로와 치유를 가능하게 하는 힘이 될 것이라고 생각한다.

그리고 이산가족의 문제에서 가족을 독립적 집단으로 보고 고유의 기능을 찾는 것이 아니라, 개인-가족-사회의 인간적 결합에 대한 시선으로 확장할 수 있다. 남북 이산가족 문제는 우리 사회가 모두 참여해야하는 사회적 문제이며, 남을 넘어선 북으로 확장된 '가족공동체 의식'[28]을 취할 필요가 있다. 이러한 사안들은 다만 이산가족의 몫에 지나지 않고, 북을 마주한 우리에게도 적용된다.

얼마 전 남한주민이 북의 자녀에게 유산을 남긴 사례가 보도된 바 있다. 이에 많은 사람들은 불만을 표하며, 북에 전쟁자금을 대는 위험한 행위로 평가하기도 했다. 법적으로 허용된 사안이지만, 남한주민의 이러한 정서적 반응은 또 다시 얽혀지는 '분단의 문제'이기도 하다. 여기에는 이산가족 1세대가 끝내 풀지 못한 가족에 대한 그리움과 가족을 책임지지 못했다는 죄의식이 담겨져 있으며, 북의 자녀에 대한 상속은 '해원(解冤)'의 행위라고 할 수 있다. 이러한 사안들 역시 정서적 공감이 필요한 문제이고, '평범한 아버지'에 대한 인간적 이해는 이산가족들뿐만 아니라 우리 사회에도 요구되는 것이다.

그리고 이산가족 문제에는 특히 북과 관련된 것에 대한 적대적 감정도 고려해야 할 정서적 문제였다. 가령, 새로운 남북 이산가족의 주체인 탈북민의 경우로 보면, 이들은 한국사회에서 고향과 가족에 대한 그리움을 자유롭게 드러내기도 어려운 상황에 놓여있다. 그리고 이들의 목숨을 건 탈북 행위는 기회주의나 이기적인 행동으로 평가되기도 하고, 이데올로

---

28 김귀옥, 「이산가족의 범주화와 공동체 형성 방안」, 『역사문제연구』 19, 역사문제연구소, 2008, 313~354쪽.

기 평가에 늘 시달린다.

최근 한 소설에서는 탈북민과 남북 이산문제에 대한 문학적 상상력을 담아내고 있다. 『평양에서 걸려온 전화』(2019)[29]는 '혈연'으로서 북의 '사람'을 이해하는 결속력과 정서적 공감의 확대를 흥미로운 서사로 풀어내면서 동시에, 과거에서 현재까지 이어지는 이산의 고통을 고발한다.

> "핏줄이 뭔지./ 뭘까요./ 글쎄요./ 아직 전 모르겠어요."

> "그저 북한이 세상의 중심인 줄 알더라고요. 굉장히 확고하다 못해 악착같은 구석이 있었어요."

이 작품의 주인공은 애초에 할아버지의 이산 고통을 이해하지 못하고, 북에 대해서는 거부감을 지닌 젊은 세대로 등장한다. 그리고 그녀는 우연히 걸려온 한 통의 전화로 이상한 경험을 하게 된다. 그 전화는 과거 '1995년'에 '평양'에서 걸려온 전화였기 때문이다. 금기의 공간과 과거의 시간으로 연결시키는 '환상적 요소'를 통해 주인공은 1996년 평양에 사는 '설화'라는 인물과의 전화통화로 점점 '북녘'과 이산가족 문제에 몰입하게 된다.

그리고 주인공은 설화와 인간적인 교류를 지속하면서 먼저 '친밀성'을 구축하는 경험을 쌓게 된다. 그리고 사상문제로 위험에 빠진 설화 언니가 남쪽으로 탈북할 수 있도록 노력한다.

> "저는 2019년이에요. 근데 거기는 1996년이라고요. 게다가 상대는… 언니예요. 대체 설화 언니에게 무슨 일이 생겨서 그런 일이 벌어졌는지는 몰라도 제가 모른 체하면 언니가 위험에 처한다고요. 목숨이 걸린 일이었어요. 탈북자들 하는 얘기를 들어보면요. 그들 생사여탈권

29 고호, 『평양에서 걸려온 전화』, 도서출판 델피노, 2019, 1~360쪽.

은 아주 허무하고 어이없는 곳에서 아무렇게나 버려져 있다고요. 〈중략〉 언니가 나와의 통화를 들킨 것이고, 들켰다는 것은 언니가 현재 위험에 처해있다는 것. 그런 언니를 구하는 마지막 기회는 제 말 한 마디에 달렸다는 거죠."

'친밀성'을 먼저 구축한 인간관계에서 주인공은 설화 문제에 더 이상 부담감이나 경계심을 갖지 않으며, 설화를 안전하게 구출하는 일에만 몰두하게 되는 것이다. 그리고 곧 설화의 아버지가 할아버지가 죽는 날까지 그리워했던 북에 두고 온 가족임을 알게 된다.

이 작품은 낯섦과 북에 대한 '불편함'이라는 분단의 문제들이 이산가족 문제에 얽혀있는 상황을 보여주면서, 그 마음의 장벽이 어떻게 해소되어 '가족공동체'를 회복할 수 있는지 하나의 길을 제시한다. 그것은 인간적 이해에서 비롯된 '친밀성'이 먼저 형성되고 난 후 비로소 혈연적 연결이 확인되는 서사의 순서로 대변된다. 그리고 '평양에서 걸려온 전화'라는 판타지 요소로, 직접 나눈 '소통'의 과정으로 가능함을 보여준다. 그 평양에서 걸려온 전화는 '북'에 대한 낯섦과 불편함을 걷어낼 수 있는 '친밀성'을 확보하는 시간이며, 인간적 이해에서 시작된 '고통의 연대'를 가능하게 하는 요소였다. 그러면서 이 작품은 앞서 논의한 「목마른 뿌리」의 남북 형제가 보여주었던, 분단과 가족이산이라는 비극적 기억 함께 공유한다는 상호 연민과 유대감이며, 그것으로 가족공동체 의식이 새롭게 형성될 수 있다는 점을 보여준 것이다. 이것이 이산가족 자녀세대들이 상상하는 치유의 길이라고 할 수 있다.

우리의 가족과 이웃, 친구들도 북에 있을까? 남과 북의 문제에서, 가족적 연대 문화는 시대착오적인 낡은 의식으로만 치부할 수 없다. 죄의식이나 부담감을 야기하는 왜곡된 가족주의를 걷어내면, 통일한반도에서 '가족적 연대 문화'는 새로운 공동체의식으로 자리할 수 있다. 그리고 그것은 현재 분단체제가 끊어낼 수 없는 혈연으로 맺어진 연대와 소통의 연결점들이 될 수도 있다. 전쟁 및 분단의 상처를 공유한 역사공동체이자, 나의 가족이라는 가족공동체 의식이 더해질 때, "자신과 매우 다른 사람들을 '우리'의 영역에 포함시켜 볼 수 있는 능력"[30]인 '사람에 대한 이해와 공감'을 가능하게 할 것이다.

---

30 임경순, 「'중국 조선족' 소설의 분단 현실 인식과 방향 연구 -고통을 넘어 연대성 모색하기-」, 『한중인문학연구』 37, 한중인문학회, 2012, 150쪽.

제3부

조화로운 코리아:
코리언의 생활문화
충돌예측과 상생

북한의 "남녀평등"과 한국의 "여권신장" 비교

도지인

1. 서 론

미래의 통일코리아를 남북 구성원 모두가 더 인간적이고 평화로운 삶을 살기 위한 개혁과 혁신의 결과물로 구상한다면, 현재 남북의 젠더질서와 문화는 젠더평등을 위한 대대적인 개조가 필요하다. 젠더평등은 보편적인 인권, 민주주의, 평화, 지속가능한 개발의 관점에서 반드시 이루어야 할 과제다. 통일을 위해서 좁혀야 할 남북 사이의 수많은 생활문화적 갭 중에서 젠더평등은 특히 첨예한 쟁점이면서 극복하기 어려운 문제다. 역사적, 사회적, 그리고 정치적 차이로 인해서 양 체제 주민들 사이의 이해와 경험이 매우 상이하기 때문이다. 그러나 남북의 체제 수립과정에서 여성의 지위향상과 남녀평등을 위한 조치들이 결국은 분단개발주의의 속에서 가족의 강조로 이어졌고 이에 따라 사적/공적 영역에서 가부장제가 존속되면서 남북 여성들에게 공통적으로 가정의 속박이 강요되기도 했고, 여성들 스스로 가정의 속박을 인식하지 못하거나 하더라도 벗어날 수 있는 수단이 결여된 경우가 많았다. 이런 점에서 남북의 발전 경로에서 미래의 젠더평등을 위해서 극복해야하는 문제는 무엇이고 계승해야 할 것은 있는지, 그리고 남북여성과 남성이 함께 행복할 수 있는 젠더질서와 문화는 어떤 변화로 구성되어야 하는지 논의하고자 한다.

이 논의를 위해서 본 연구는 북한과 한국에서 체제 수립기 1950년대 중반부터 1960년대를 중심으로 수립된 "남녀평등"과 "여권신장"의 기원, 특징, 결과를 비교함으로써 남북의 각 체제와 주민들의 경험해서 도출할 수 있는 젠더평등의 발전요인과 제약요인을 검토한다. 북한에서는 조기에 남녀평등권법령이 발포되었지만, "봉건적 남존녀비"의 철폐와 여성의 노동계급화에도 불구하고 "사회주의적 남존녀비"가 존속되고 여성의 사회적 지위 향상이 수반되지 않았다. 한국의 경우 북한에서는 존재할 수 없는 성격의 여성 활동가와 운동가들의 활약으로 인해 "여권신장"이 아래로부터 추동되었지만, 해방 전부터 지배적이었던 현모양처 이상형이 경제사회적 발전에도 불구하고 존속되었다.

북한과 한국에서 공통적으로 체제 공고화 시기 경제발전의 경로가 가부장제를 완화하기 보다는 변형된 형태로 유지 강화하는 방식으로 전개되었다. 따라서 여성의 사회경제적 조건이 변화함에도 불구하고 기본적으로 남북에서 아내와 어머니로서의 역할은 국가와 가정의 운용에서 근본적 요인으로 간주되었다. 북에서는 "혁신적" 또는 "혁명적"이라는 수식어가 붙기는 하지만, 기본적으로 남북 모두 본질상 "현모양처"로 귀결되는 국가 담론상의 이상형이 위로부터 강요되고, 또 아래로부터 수용되었다.

물론 이는 해방 이후 남북 각 체제에서 해방 이전 식민지형 "현모양처"가 그래도 유지되었다는 의미는 아니다. 해방 이후 북한과 한국에서 식민지형 "현모양처"는 공통적으로 근대적 개조의 대상이 되었던 것은 주지의 사실이다. 북한에서는 여성 노동의 사회화로, 한국에서는 민주주의 이식으로 인해서 각 체제의 여성의 삶에는 유의미한 변화가 나타나기 시작했다. 그럼에도 불구하고 탈식민주의와 체제경쟁의 조건에서 "민족"과 "전통"은 이상적인 근대적 여성상을 규정하는데 큰 영향을 갖게 되었고, 한국전쟁 이후 여성의 사회 경제적 역할이 확대되고 여성의 교육수준이 제고되는 되는 가운데서도 전통적인 여성의 부덕과 모성에 대한 강조가 유지되었다. 북한에서는 해방 직후부터 여성의 사회적 역할을 강조하였고, 전쟁 이후 북한의 남성노동력 부족으로 인해 여성들의 사회적 노동이 대중화되었다. 한국에서는 전업주부 여성이 절대적인 비중을 차지했으나, 교육에서의 민주주의와 서구화의 영향이 나타났다. 이에 따라 남과 북은 각각 체제 안에서 근대적 한국/조선 여성의 이상을 다르게 규정하게 되었고 서로가 상대방 체제의 여성에 대해 가지는 인식도 경합적이고 배타적이었다. 그럼에도 불구하고 공통적으로 가족(주로 시부모, 남편, 아들)을 위해서 "희생"하는 "전통적" 여성을 이상적인 여성의 가치와 역할로 장려하는 데 있어서 비슷한 양상을 보였다. 남북 공통으로 순종적이고 희생적인 여성상의 장려가 분단국가주의를 뒷받침하는 논리로 작동하였다. 후술하는 장에서는 북한과 한국의 1950년대 중반에서 1960년대 전반을 걸쳐 정치, 경제, 사회의 근대화 과정에서 "현모양처" 이상형이 어떻게 분화하는지 살펴보고, 당시의 상황에서 이와 같은 변화가 여성의 지위 향상과 젠더평등에 가지는 영향과 결과를 검토한다.

2. “조선녀성”을 위한 “남녀평등”

2.1. “녀성해방”과 “봉건적 남존녀비”

정권 수립 후 “조선녀성”으로 명명된 북한 여성들은 1946년 발포된 남녀평등권법령의 시행 이후부터 봉건적 삶의 조건이 완전히 철폐되고 남성과 동등한 권리는 누리는 여성을 뜻한다.[1] 아울러 “조선녀성”은 여전히 전업주부형 현모양처 이데올로기가 지배적인 한국의 여성들과도 차별되는 사회적 조건과 지위를 갖게 되었다는 의미도 있었다.[2] 북한의 주장에 따르면, 1946년 발포된 남녀평등권법령으로 인해 “조선녀성”은 해방 이후에도 여전히 봉건적인 속박에 놓여있는 자본주의 한국의 여성에 대비해 대폭 강화된 정치적, 경제적, 그리고 사회적 권리를 누리게 되었다. 특히 한국전쟁 이후부터 여성이 급격히 노동계급화 되면서[3] “공장과 기업소에서, 건설장과 운수 부문에서 농촌과 어촌에서 학원 및 과학 예술 부문에서 창조적 열정과 애국적 헌신성을 발휘”하는 “사회주의 건설을 위한 투쟁에서 믿음직한 역군으로 나선 공화국 북반부 녀성”이 존재하게 되었다[4]. “조선녀성”은 이제 “평남도 개천군 광명 농업협동 조합 관리 위원

---

1 김재웅,「해방된 자아에서 동원의 대상으로: 북한 여성정책의 굴절, 1945-1950」,『한국사연구』 170, 한국사연구회, 2015, 389~428쪽; 박영자,『북한 녀자: 탄생과 굴절의 70년사』, 엘피, 2017; 박현선,「북한사회와 여성문제」,『역사비평』 2, 역사비평사, 1988, 65~81쪽; 박현선,『북한의 사회와 가족』, 한울아카데미, 2003, 53쪽.

2 해방 이후 북한에서는 여성노동의 사회화가 장려되었기 때문에 본 연구에서는 전업주부를 뜻하는 현모양처라는 용어는 한국의 여성을 지칭할 때 사용한다(김은경「1950년대 여학교 교육을 통해 본 ‘현모양처’론의 특징」,『한국가정과교육학회지』 19-4, 한국가정과교육학회, 2007, 137~151쪽). 북한에서는 해방 후 현모양처라는 표현이 한국에서처럼 일반적으로 통용되었다는 증거를 아직 찾아보기 어렵다.

3 박영자,『북한 녀자: 탄생과 굴절의 70년사』, 엘피, 2017, 283쪽.

4 〈3.8 국제 부녀절 기념 평양시 경축 대화에서 한 조선 민주 녀성 동맹 중앙위원회 위원장 박정애 동지의 보고〉,《노동신문》, 1956. 03. 08., 1면.

장,” “함흥 고무 공장 제화공” “금속 공업성 기술국 금속기사” “평양 제26인민학교 교원”과 같은 업무에 종사하면서 남성과 평등한 지위를 갖게 되었다.

“녀성들은 정치, 경제, 문화 모둔 부문에 남자와 동등한 권리로 참가하고 있다”[5]고 주장하는 가운데 특히 북한에서는 무엇보다도 여성의 노동계급화를 중심으로 “남녀평등”을 추진하였고, 이는 여성의 경제적 자립을 가져왔다. 따라서 “근로 녀성들 속에서 배출된 수많은 녀성 일군들은 국가 기관들과 과학, 문화, 예술, 보건, 교육 등 각 기관에서 남자들과 동등하게 일하고 있다”[6] 주장과 같이 “조선녀성”은 남성들과 동등하게 노동계급화 된다는 의미에서 남성과 평등한 지위를 가졌다. 김일성에 따르면 “녀성들을 로동에 참가시키는 목적은 또한 그들을 온갖 구속에서 완전히 해방하고 그들에게 실질적으로 평등한 사회적 지위를 보장해주자는 데 있다.”[7] 따라서 “가정에 파묻히는 녀성”은 이른바 “낡은 사상”에 젖은 여성, “과거 남편에게 의지하고 가정의 협소한 울타리 속에서 경제적 자립이란 생각도 못하던 우리 녀성”[8] “가정에 파묻혀 놀고 먹는 “유한 부인”생활이나 할 것을 꿈꾸면서 농촌을 떠나려는 낡은 사상에 물젖은 녀성” “가정에 숨어서 허송 세월하여 남편의 덕으로 할아 가려는 수치스러운 사람”[9]은 이제 정치적으로, 사회적으로 정당성을 완전히 상실한 존재가 되

---

5 〈공화국 녀성들은 사회주의 건설의 믿음직한 력량이다〉, 《노동신문》, 1959. 03. 08., 1면.

6 〈사회주의 건설에서 녀성들의 역할을 높이기 위한 사상 사업을 강화할 데 대해서-전국 녀성 열성자 회의에서 한 조선 민주 녀성 동맹 중앙 위원회 박정애 위원장의 보고〉, 《노동신문》, 1956. 03. 08., 3면.

7 박영자, 『북한 녀자: 탄생과 굴절의 70년사』, 엘피, 2017, 353쪽.

8 〈사회주의 건설에서 녀성들의 역할을 높이기 위한 사상 사업을 강화할 데 대해서-전국 녀성 열성자 회의에서 한 조선 민주 녀성 동맹 중앙 위원회 박정애 위원장의 보고〉, 《노동신문》, 1956. 03. 08., 3면.

었다.[10] 이러한 추세에 맞추어 1961년에는 전국에 7천 600여 개소의 탁아소와 4천 450개소의 유치원이 설립되었다.[11]

북한에서 정권수립 직후 추진된 "남녀평등"은 북한뿐만 아니라 사회주의 국가에서 전반적으로 시행된 것이다. 일반적으로 사회주의 체제의 정치적 특성상 인간의 해방, 여성의 해방은 아래로부터의 투쟁과 각성으로 성취되는 것이 아니라 전위당(vanguard party)에 복종함으로써 이루어졌다.[12] 그러나 체제수립기 당시 북한은 탈식민주의적 민족주의(post-colonial nationalism)와 분단의 영향에 놓여있었기 때문에 여성해방은 민족해방의 하위과제였고, 누가 더 정통성을 가지고 여성을 포함한 민족전체를 해방시켰냐의 문제를 가지고 한국의 정치지도자와 경쟁하는데 있어서 북한 지도자의 절대적인 우월성을 과시하면서 국내적으로도 배타적이고 유일한 정통성을 내세우는 과정에서 "녀성해방"과 "남녀평등"은 김일성의

---

9 〈녀맹 단체들의 사업 체계를 확립하며 사업 방법을 개선할데 대하여〉, 《조선녀성》, 1960년 7월호, 11쪽.

10 이에 비해 한국에서는 아직도 대다수 여성, 심지어 대졸여성도 사회적 지위를 가진 여성은 흔하지 않았고, 결국 전업주부로서의 "현모양처" 이상형이 유지되었다(박정희, 『이이효재: 대한민국 여성운동의 살아있는 역사』, 서울: 다산초당, 2019).

11 김옥순, 「후대들을 앞날의 공산주의 건설자로 교양 육성하기 위한 어머니들의 과업에 대하여」, 전국 어머니 대회에서 한 조선 민주 녀성 동맹 중앙위원회 제1부위원장 김옥순 동지의 보고 (1961년 11월 15일), 『전국어머니대회문헌집』, 조선녀성사, 1962, 12. 20., 53~58쪽.

12 사회주의에서 인민의 해방이 전위당에서 복종함으로써 성취된다는 특성 (Yurchak, 2015, p. 11)은 북한의 중공업 위주 군사화와 한국과의 체제경쟁의 맥락 속에서는 결과적으로 사적 및 공적 차원에서 남성의 우월적 지위를 존속시켰다(박영자, 『북한 녀자: 탄생과 굴절의 70년사』, 엘피, 2017, 273쪽). 하이디 하트만(Heidi Hartman)은 사회주의 맑시스트 체제에서 여성문제를 다루면서 페미니스트 문제를 루지 않은 경우가 많았음을 지적하였다(S. Kim 2013, 179 재인용). 젠더관계에서 나타나는 위계와 차이들을 해소, 통합하기 위해 여성을 남성과 동등한 주체로 위치시킴으로써 더 이상 젠더문제는 존재하지 않는 것으로 공식화한 것이 결국 여성과 남성이라는 사회적 관계의 차이를 제거함으로써 사회통합을 도모하고자 했고, 이는 "젠더-균질화 전략"(gender-homogenization strategies)으로 나타났다(조영주, 「북한의 '인민만들기'와 젠더 정치」, 『한국여성학』 29-2, 한국여성학회, 2013, 111~142쪽).

정치적 자산과 성과로 규정되었다. "남녀평등"은 해방 후 김일성의 "반봉건 반제 민주개혁"중 가장 대표적인 혁명 과업의 하나로써, 1946년에 시행된 토지개혁과 중요 산업 국유화 법령과 함께 조기부터 김일성의 가장 중요한 정치적 성과로 대표적 상징성을 갖게 되었다.[13]

물론 이에 대해서 1950년대와 1960년대의 공식 서술에는 차이가 있다. 특히 "남녀평등"을 추진한 주체에 대한 해석의 차이다. 1960년대 이전에는 "위대한 해방자 소련의 군대가 우리나라에서 악독한 일제 식민지 악랄자들을 구축한 후 조선 로동당과 인민 정권"[14] "우리나라에서 수립된 사회주의 제도" "사회주의 농업 집단화" "우리나라의 인민 민주주의 제도" "조선 로동당" "녀성들의 행복한 생활을 위한 우리 당의 정확한 정책과 김일성 동지를 수반으로 한 당 중앙 위원회의 현명한 령도"[15]와 같은 표

---

13 김일성을 여성해방운동가로 위치시기키 위해서 북한에서는 "녀성해방"의 기원을 일제 강점기 김일성의 항일무장투장에서 찾는다. 1936년 5월 5일 조국광복회 10대 강령의 일곱 번째 조항에는 "량반, 상민 기타 불평등을 배제하고 남녀, 민족, 종교등 차별 없는 인륜적 평등과 부녀의 사회상 대우를 제고하고 여자의 인격을 존중히 할 것"을 명시하였다. 이를 계승하여 여성조직으로는 1945년 11월 18일 박정애를 위원장으로 하는 북조선민주녀성동맹이 창립되었다. 이듬해 1946년 7월 30일에는 북조선임시인민위원회결정 제45호에 따라 총9개 조의 '북조선의 남녀평등권에 대한 법령'을 공포했다. 제1조는 "국가 경제 문화 사회 정치적 생활의 모든 령역에 있어서 녀성들은 남자와 같은 평등권을 가진다"는 것이다. 북은 "일본식민지정책의 잔재를 숙청하고 낡은 봉건적 남녀간의 관계를 개혁하고 녀성으로 하여금 문화적, 사회 정치적 생활에 전면적으로 참여시킬 목적"이라고 하며 남녀평등권법령의 목적을 분명히 명시하고 있다. 이어서 북조선민주녀성동맹은 1946년 9월 6일 기관지 월간잡지 《조선녀성》을 창간하였고, 10월16일에는 국제 민주여성연맹에 가입하였다. 1946년 5월 1차 대표자회 당시 북조선민주녀성동맹은 12개, 89군, 616면에 총 800,000회원이 있었다. 1946년 말 북의 여성인구는 6,000,000이었는데 여맹의 회원 수는 1,030,000으로 이는 여성인구의 20퍼센트에 달하는 규모였다. (Suzy Kim, "Revolutionary Mothers: Women in the North Korean Revolution, 1945-1950," *Comparative Studies in Society and History*, Vol. 52, No. 4, 2010, p. 750).

14 〈사회주의 건설에서 녀성들의 역할을 높이기 위한 사상 사업을 강화할 데 대해서-전국 녀성 열성자 회의에서 한 조선 민주 녀성 동맹 중앙 위원회 박정애 위원장의 보고〉, 《노동신문》, 1956. 03. 08., 3면.

15 〈공화국 녀성들은 사회주의 건설의 믿음직한 력량이다〉, 《노동신문》, 1959. 03. 08.,

현이 사용되었다.[16] 김일성 한 개인 (또는 그의 가족)으로 국한되지 않고, 초기에는 소련의 기여도도 명시되었음을 알 수 있다.

그러나 1960년대부터 분명하게 "김일성 동지" 한 개인이 "항일 무장 투쟁의 첫 시기부터 우리 나라 녀성 운동에 큰 의의를 부여하면서 혁명적인 녀성 단체들을 조직 지도하고 수 많은 녀성 혁명 투사들을 피양 육성" 하였으며 바로 "항일 무장 투쟁의 불길 속에서 조선 녀성 운동의 가장 빛나는 전통과 고귀한 경험이 이루어졌다"는 주장이 나타났다.[17] 여맹중앙위원회 부위원장 김옥순은 다음의 보고서에서 알 수 있듯이 북한에서 문제시하는 불평등은 "사회적" 차원으로, 이는 "봉건제도와 일본 제국주의 식민지 통치"에 기인한 것이지만 (남성의 지배나 차별은 등장하지 않음) "김일성 동지"의 항일무장투쟁으로 "녀성운동"이 획기적인 전환점을 맞게 되었다. 따라서 민족이 해방되면 "녀성해방"도 성취된다는 논리로 이어지는 것이다.[18]

> 우리나라에서 녀성운동은 봉건제도와 일본 제국주의의 식민지 통치로 인한 온갖 질곡 속에서 녀성들의 민족적 자각과 계급적 각성이 점차 높아짐에 따라 발생 발전하였으며 **특히 1930년대에 와서 비로서 정확한 로선을 따라 활발히 진전하게 되었습니다. 김일성 동지에 의하여 조직 전개된 항일 무장 투쟁은 우리 나라 민족 해방투쟁의 높은 단계에로**

1면.

16 "우리 조선 녀성들이 사회주의 건설에서 위훈을 떨치며 국내외적으로 영웅적 조선 녀성으로서의 높은 긍지와 영예를 지니게 된 것은 오직 김일성 원수를 수반으로 한 우리 당 중앙 위원회와 공화국 정부의 정당한 정책과 현명한 령도가 있었기 때문이다."

17 〈조선 민주 녀성 동맹 제 3차대회 우리의 영웅적 녀성들의 대회를 열렬히 축하한다〉, 《노동신문》, 1965. 09. 01., 1면.

18 〈조선 민주 녀성 동맹 제3차 대회에서 한 녀맹 중앙 위원회 김옥순 제 1부위원장의 보고-조선 민주 녀성 동맹 중앙 위원회 사업 총화에 대하여〉, 《노동신문》, 1965. 09. 02., 3~5면.

발전시켰을 뿐만 아니라 우리 나라 녀성 운동의 발전에서 획기적인 전환점으로 되였습니다….우리 나라에서의 민족해방투쟁과 공산주의 운동의 맑스-레닌주의적 강령에는 남녀의 차별없는 일률적 평등을 보장하며 녀성들의 사회정치적 지위를 높이고 인격을 존중히 할 것이라고 천명되여 있습니다. 김일성 동지께서는 항일무장투쟁시기에 "조선 녀성들이 해방되여 정치, 경제 사회 생활의 각 분야에서 진정한 자유와 권리를 쟁취하자면 봉건 **제도와 식민지 통치제도를 없애 버려야 하며 이것을 없애 버리려면 일본 제국주의 침략자들을 쫓아 내고 민족의 해방과 독립을 달성**하여야 합니다. 이를 위해서는 녀성들이 반일 민족해방 투쟁에 적극 참가하여 남자들과 함께 싸워야 합니다."라고 교시하시였습니다…김일성 동지께서는 항일 무장 투쟁 시기에 **우리 나라의 근로 녀성들을 비롯한 각계 각층의 애국적 녀성들을 단결시켜 민족해방 투쟁에 광범히 동원하기 위하여 부녀회를 비롯한 반일 녀성 단체들을 조직**하시고 그것을 강력한 혁명적 조직으로 장성 발전시키는 동시에 수 많은 녀성 혁명 투사들을 직접 교양 육성하시였습니다.(강조는 저자)

2.2. "사회주의적 남존녀비"의 존속

북한에 따르면, 전후 사회주의 건설을 통해서 여성해방의 물질적 조건이 향상되었으며, 사회주의 개조로 인해서 구시대의 산물인 여성의 종속, 또는 "남존녀비"가 극복되었다. 1958년 북한에서는 사회주의가 개조가 완료되었기 때문에 "녀성해방"과 "남녀평등"은 이미 모두 성취된 것으로 간주하였다. 이와 관련해 북한에서 남존녀비사상은 "남자를 존대하고 여자를 천대하는 착취사회의 반동적 륜리도덕관"이며 근절되어야 할 봉건 유교사상의 잔재로 규정되어있다.[19] 북한에서 "남녀평등"이 김일성의 정

19 그러나 그러한 주장과는 달리 실제적으로는 북한에서 남존여비관이 강하게 남아있는 것으로 알려지고 있다(임순희, 『북한여성의 삶: 지속과 변화』 해남, 2006, 35쪽;

치적 자산으로 직결되어있다는 점은 이미 이루어진 성과이기 때문에, "남존 녀비의 해독적 결과"는 사회주의제도와 집단 노동생활에 참여함으로써 극복되는 것이다.[20] 그러나 현실 북한의 생활세계는 "남존녀비"의 고정관념과 정형화된 성역할이 깊숙이 자리잡고 있다.[21]

"남존녀비"의 현실과 그것이 갖는 "남녀평등"과의 괴리[22]가 본 연구의 대상이 되는 이유는 (한국 또는 자본주의체제에 비교해서) 북한 젠더문화나 사회주의 젠더문화의 후진성이나 낙후성을 지적하기 위함이 아니다.[23]

『2021 북한인권백서』, 통일연구원 2021, 324~326쪽).

20 〈사회주의 건설에서 녀성들의 역할을 높이기 위한 사상 사업을 강화할 데 대해서-전국 녀성 열성자 회의에서 한 조선 민주 녀성 동맹 중앙 위원회 박정애 위원장의 보고〉, 《조선녀성》, 1957. 04. 12., 2쪽.

21 임순희, 『북한여성의 삶: 지속과 변화』 해남, 2006, 35쪽; 『2021 북한인권백서』, 통일연구원 2021, 324쪽; 박현선, 『북한의 사회와 가족』, 한울아카데미, 2003.

22 박경숙, 「북한 사회의 국가, 가부장제, 여성의 관계에 대한 시론」, 『사회와 이론』 21-1, 한국이론사회학회, 2012, 327~375쪽; 이미경, 「북한의 모성 이데올로기: 조선녀성의 내용 분석을 중심으로」, 『한국정치외교사논총』 26-1, 한국정치외교사학회, 2004, 389~419쪽.

23 구 사회주의 붕괴의 경험에 비추어 기존 학계의 시각은 북한체제의 내재적 결함, 장기적 침체, 그리고 잠재적 불안전성을 전제로 하므로 체제의 유지와 안정성의 요인들은 간과되었다. 그러나 이념적 편견에서 벗어나서 사회주의 고유의 독자적이고 다양한 근대성에 주목해야 한다는 논의가 구사회주의권 연구에서 최근 년간 활발하게 이루어지고 있는 점에 주목해야 한다. 이 논의에서 주장하는 것은 근대성이 "서구로부터 동구로 바이러스처럼 확산되는 것이 아니라, 많은 다양한 사람들의 참여로 이루어지는 세계적인 현상"이라는 것이다. 따라서 사회주의 사회들은 "서구로부터 뒤처지는 것이 아니라, 독자적인 근대적 환경의 중심들 (centers of a distinct kind of modern environment)"로 봐야 한다. (Michael Fidelis, "Pleasures and Perils of Socialist Modernity: New Scholarship on Post-war Eastern Europe," *Contemporary European History* 26(3), Cambridge University Press, 2017, p. 534). 북한연구도 이와 같은 "다수의 근대성(multiple modernities)"논의에 안에서 사회주의의 안정성 요인(stabilizing qualities of juche socialism)을 규명하여 사회문화 및 탈북민 연구의 균형성과 객관성을 더욱 높일 필요가 있다. 아울러 기타 사회주의 국가들과도 구분되는 북한의 사회주의의 특성을 고찰함으로써 냉전은 "전 세계적으로 진행되었으나 지역적으로는 다양한 사상과 관행의 체계(globally staged but locally diverse regime of ideas and practices)"였다는 것을 확인할 수 있다(Heonik Kwon, *The Other Cold War*, New York: Columbia University Press, 2010, p. 32).

보다 면밀한 분석을 요구하는 현상은 남녀평등권법령으로 인해 철폐된 "봉건적 남존녀비"가 사라진 이후 왜 "사회주의적 남존녀비"가 나타나는가 하는 문제이다. "봉건적 남존녀비"가 철폐된 대신에 "사회주의적 남존녀비"가 생겨났다는 본 연구의 해석은 북한의 여성정책이 처음에는 혁명적이고 해방적인 성격을 띠었으나 1960년대부터 역행(rollback) 또는 축소되었다는 기존연구의 입장과는 다소 차이가 있다 (반대한다는 의미는 아니다). 기존연구는 한국전쟁과 군사주의 산업화로 인해 해방적 성격이 "굴절"되었다고 본다.[24] 예를 들어서 "1960년대 들어서 어머니의 역할이 사회적 노동보다 더 중요해졌다"는 주장,[25] "한국전쟁과 군사화된 산업화가 남녀평등을 위한 해방 후 개혁들을 후퇴시켰다"는 해석이다.[26] 박영자에 따르면 "근대화 과정에서 국가 전략에 따라 필연적으로 발생할 수밖에 없었던 구조적 문제"로 인해서 "초기 사회주의 개혁 조치를 통해 양성평등을 실현하고자 했던 국가적 기획이 굴절되었다." 또 "김일성의 어머니 강반석 및 1970년대 세습 후계 구도가 잡히고 김정일의 어머니 김정숙을 모델로 하는 봉건적 여성상을 강제하는 정책"이 실시되었다.[27]

이와 관련해 본 연구의 주장은, 북한 사회주의의 고유한 역사와 정치경제적 특성에 기인한 "사회주의적 남존녀비"가 나타나는데, 이것은 남성의 지위를 우월하게 유지하고 여성의 지위를 열등하게 한다는 의도가 있다던가, 남성이 여성을 지배한다던가, 여성이 남성에게 종속된다는 의미가

24 김재웅, 「해방된 자아에서 동원의 대상으로: 북한 여성정책의 굴절, 1945-1950」, 『한국사연구』170, 한국사연구회, 2015, 389~428쪽; 박영자, 『북한 녀자: 탄생과 굴절의 70년사』, 엘피, 2017, 23쪽; 박현선, 「북한사회와 여성문제」, 『역사비평』 2, 역사비평사, 1988, 80쪽.

25 박현선, 「북한사회와 여성문제」, 『역사비평』 2, 역사비평사, 1988, 80쪽.

26 박영자, 『북한 녀자: 탄생과 굴절의 70년사』, 엘피, 2017, 272쪽.

27 박영자, 『북한 녀자: 탄생과 굴절의 70년사』, 엘피, 2017, 347쪽.

아니다. 주체사회주의에 남성과 여성이 함께 복무함에 따라 제도적으로 국가가 남성과 여성 각자에게 부과하는 공적/사적 지위에 대한 표현이며 동시에 남성과 여성이 스스로 수용하게 된 각자의 공적/사적 지위이다. 북한에서는 여성의 노동계급화와 가부장제적 가족의 쇠락에도 불구하고 여성의 사회적 지위가 향상되지 않은 예외주의가 발견되는데,[28] "사회주의적 남존녀비"는 한 징후로 볼 수 있다. 다시 말해서 사회주의 건설 과정에서 재구성되어 주민들의 인식과 언어 속에 뿌리깊이 자리한 "남존녀비"는 북한의 봉건주의, 가부장제, 또는 유교적 특성이 아니라 북한의 사회주의적 특성이다. "남존녀비"가 북한의 사회주의적 특성이라고 할 수 있는 이유는 다음과 같다.

첫째, 위에서 서술한 대로 북한에서 여성운동의 기원이 김일성의 항일무장투쟁으로 맞춰지고 이상적 여성상이 강반석과 같이 김일성의 항일무장투쟁을 지원한 여성으로 단일화되면서 기존의 젠더 질서와 정형화된 성역할이 이념적 정당성을 갖고 사회주의 건설을 뒷받침하게 되었다. 북한의 여성정책의 특성은 가부장제로 인한 진보적 녀성담론의 퇴보 그 자체가 아니라 (김일성의) 항일혁명투쟁 역사 속의 "조선의 어머니"가 혁명적 여성상의 유일한 모델로 단일화 되었고, 이 과정에서 여성의 전통적 부덕과 정형화된 성역할이 사회주의적 의무 또는 가치로 재탄생했다는 측면이다. 1958년 북한에서는 사회주의가 개조가 완료되었기 때문에 "녀성해방"과 "남녀평등"은 이미 모두 성취된 것으로 간주하였다. 이제 남은

---

28 박경숙, 「북한 사회의 국가, 가부장제, 여성의 관계에 대한 시론」, 『사회와 이론』 21-1, 한국이론사회학회, 2012, 327~375쪽; 남성욱, 「북한 여성과 통일한국의 양성평등과제」, 『통일전략』 17-3, 한국통일전략학회, 2017, 165~223쪽; 오유석, 「북한 사회주의 체제의 가부장제」, 『경제와사회』 49, 비판사회학회, 2001, 72~101쪽; 이미경, 「북한의 모성 이데올로기: 조선녀성의 내용 분석을 중심으로」, 『한국정치외교사논총』 26-1, 한국정치외교사학회, 2004, 389~419쪽.

과업은 이미 성취된 "녀성해방"과 "남녀평등"을 정확히 실천하지 못하는 사람들을 교양하여 전면적으로 여성을 혁명화하고 이를 안정적으로 관리하기 위하여 전사회적인 동의와 지지를 창출해 낼 수 있는 혁명적 여성상을 수립하는 것이었다. 이와 같은 사회적 필요성이 반수정주의 투쟁과 맞물리게 되면서 여성의 고정된 성역할이 다시 강조되었을 뿐만 아니라 이와 같은 전통적 역할이 사회주의적 의무로 재정의 되었다.

사회적 노동과 더불어 "조선녀성"을 혁명적으로 만들어 준 것은 그 여성이 김일성의 항일혁명투쟁에 참여했던 여성을 본받기 때문이다. 김일성의 항일혁명투쟁을 혁명역사의 유일한 전통으로 확립하게 되면서 여성운동의 기원도 "항일빨치산의 녀성운동 전통"으로 단일화 되었다. 북한에서 주체가 확립되는 과정에 상응하여 여성정책에서도 대체적으로 1950-1959년 사이에는 맑스-레닌주의를 답습하다가 1960년부터는 맑스-레닌주의를 탈피하면서 북한식 여성담론과 정치색을 모색하고 도입하였다. 그리고 1966년부터 강반석과 김성숙과 같은 "수령을 받들어 모신"여성을 강조하고 여성들에 대한 교육과 조직 생활을 일층 강화하였다. 이렇게 되면서 기존의 젠더 질서와 정형화된 성역할이 개조되어 이념적 정당성을 갖고 사회주의 건설을 뒷받침하게 되었다.

여기서 주목되는 것은 항일무장투쟁과 관련된 여성에 대한 서술 양상이 실제 무장투쟁 경험 그 자체를 중심으로 한다기 보다는, 김일성 영도하의 항일무장투쟁에 참여하고 있는 남편이나 아들을 지원(원호)하는 역할, 즉 그들의 부재를 대신하여 자력갱생의 공산주의 정신으로 무장하여 생계를 책임지고, 자녀들을 교양하고, 그리고 시부모를 봉양하는 역할에 초점이 맞투어 져있다는 것이다. 1966년부터 등장하는 "공산주의 어머니" 강반석, 그리고 1970년대부터 강조되는 "항일의 녀성영웅" "조선녀성운동의 탁월한 지도자" 김정숙은 늘 이와 같은 서사 안에서 혁명적 "조선

녀성"의 전형으로 자리잡았다. 이는 북한이 사회주의 가부장제, 또는 김일성 독재국가이기 때문이라기 보다는, 실제로 여성이 직접적으로 항일 무장투쟁을 한 여성이 당시 여성운동의 주류가 아니기 때문이다. 그러나 이는 여성이 애국심이 덜 해서리기 보다는, 또 약해서라기 보다는, 조선에 사는 여성들이 가정 밖의 어떤 일을 하는 것 자체가 일반적이지 않았기 때문이다.

김일성은 "예로부터 가지고 있는 재능 있고 지혜로운 조선 녀성들의 무궁무진한 창조력을 남김 없이 발휘하여 사회주의 건설에 이바지 하여야" 할 것임을 강조함으로써 혁명적 성취가 전통적 기반을 바탕으로 이루어져야 함을 역설하였다.[29]

> 특히 1930년 조선의 우수한 딸들은 김일성 동지가 지도하는 빨치산 대렬에서 직접 손에 무기를 잡고 함산 준령을 넘으면서 혹은 부녀회회원으로서, 지하에서 일제를 반대하여 불굴의 투쟁을 전개하였습니다. 우리의 조선 녀성들은 이와 같이 애국적 전통을 가지고 있을 뿐만 아니라 자식들을 훌륭하게 교양한 빛나는 전통을 가지고 있습니다. 또한 옛적부터 조선 녀성들은 가정에서 훌륭한 어머니와 안해로 되는 것을 자기의 미덕으로 삼아왔습니다…. 력사적으로 보아 자기 조국을 영웅적으로 수호한 애국자들이나 유명한 사람들도 모두 어머니들의 모성애에 의하여 양육되었으며 성장되었습니다.[30]

비슷한 맥락에서 여맹위원장 김옥순은 "예로부터 내려오는 미풍양속을 더욱 발전시키는 녀성"을 다음과 같이 묘사하였다: "겸손하고 례절이 바른 녀성으로서, 가정에서는 효성이 지극한 며느리로서, 현숙한 안해로

29 김일성, 「자녀 교양에서의 어머니들의 임무-전국 어머니 대회에서 한 연설 (1961년 11월 16일)」, 『전국어머니대회문헌집』, 조선녀성사, 1962, 81쪽.

30 〈3.8 국제 부녀절 기념 평양시 경축 대화에서 한 조선 민주 녀성 동맹 중앙위원회 위원장 박정애 동지의 보고〉, 《노동신문》, 1956. 03. 08., 1면.

서, 자애로운 어머니로서 인민들의 사랑과 존경을 받고 있습니다."[31] 1960년대부터 항일무장투쟁역사가 조선혁명의 유일한 전통이 되면서 이 모든 역할을 충실히 수행하는 공산주의자 여성의 가장 이상적인 혁명가 모델은 항일무장투쟁을 지원한 "어머니"로 고착화되었다.

둘째, 북한의 "가정공고화"원칙 하에서 기존의 젠더질서와 가족이 강화되어 "사회주의적 남존녀비"가 재구성되었다. 이와 관련해 1956년 협의이혼의 폐지는 북한의 "가정공고화"원칙의 가장 대표적 조치다.[32] 북한에서 협의이혼이 폐지된 1956년은 냉전역사에서, 북소관계에서, 그리고 북한 국내정치와 사회주의 체제성립사에서 하나의 중대한 전환점이 되는 시기였다. 사회주의 개조 완료가 선언된 1958년을 앞두고 북한은 흐르시초프의 탈스탈린화로 인해 자율성을 확보할 수 있었고 이로 인해서 소련의 저지와 반대를 피하면서 '혁명역사의 조선화'를 진행시키고 주체를 세우기 위한 반수정주의 투쟁을 가속화 할 수 있었다.[33] 그리고 반수정주의 안에서 우리 민족의 전통이 강조되면서 "조선녀성"의 전통적 부덕이 사회주의적 가치로 규정되었다. 이와 같은 전통적이면서도 사회주의적인 "조선녀성"의 혁명적 정체성은 가정 안에서 확립됨으로 협의이혼의 폐지를 통해서 이혼의 자유는 축소되었다. 북한에서의 이혼자유의 축소와 재판으로만 의한 이혼의 승인은 물론 그 자체로는 여자들만을 대상으로 한 것은 아니다. 그러나 국가 담론상의 "녀성해방"의 강조에도 불구하고 "남존녀비"의 현실이 지속 되고 있는 북한에서 "가정공고화"원칙을 우선시하

---

31 〈조선 민주 녀성 동맹 제3차 대회에서 한 녀맹 중앙 위원회 김옥순 제 1부위원장의 보고-조선 민주 녀성 동맹 중앙 위원회 사업 총화에 대하여〉, 《노동신문》, 1965. 09. 02., 2면.

32 조일호, 『조선가족법 : 조선민주주의 인민공화국 교육문화성비준』 (초판)-교육도서출판사, 1958.

33 Balazs Szalontai, *Kim Il Sung during the Khrushchev Era.* Washington D.C.: Woodrow Wilson Center Press, 2005, pp. 109-111.

면서 되도록 결혼이 유지되도록 독려하는 국가정책은 사회주의 "녀성해방"정책의 해방성을 제약하는 결과를 불가피하게 낳을 수밖에 없다.

북한은 경솔한 이혼 방지와 미성년자의 이익을 보호한다는 목적하에 1956년 3월 8일 내각결정 제 24호에 의하여 협의이혼제를 폐지하고 재판소의 판결에만 의해서 이혼할 수 있게 하였다. 1956년 3월 16일 사법상 규칙 제9호 "리혼사건 심리절차에 관한 규정"에서 구제적인 이혼제한 조치를 규정하고 협의이혼이 폐지됨으로써 이혼의 자유를 제한, 가정의 재강화를 고수하면서 가정을 통한 혁명을 도모하였다. 따라서 북한에서는 "리혼을 오직 재판절차에 의한 방법으로 해결하도록 규제" 한다고 밝히고 있다.[34] 북한에서 말하는 "재판절차에 의한 리혼"은 "당사자들이 재판기관에 민사소송을 제기하면 재판소가 당사자들의 주장사실과 과학적인 증거에 기초하여 리혼청구의 근거성과 합법성을 심의하고 리혼청구를 승인 또는 거부하는 판결을 내리는 리혼 방법"이다.[35] 1956년 3월 8일 내각결정 제24호《리혼등록수속을 일부 변경할데 대하여》를 채택함으로써 택함으로써 종전의 협의이혼제도를 폐지하고 오직 재판소의 판결에 의해선만 할수 있도록 조치를 취하였다.[36] 이러한 변화의 필요성에 대해서 해설서는 "이것은 결혼가족관계분야에서 광복지후와는 달리 리혼의 자유를 억압하는 현상과의 투쟁보다도 리혼의 자유를 람용하는 그릇된 편향과의 투쟁이 더욱 전면에 나선 사정과 관련되여있다"고 설명한다.[37]

---

34 『조선민주주의인민공화국 가족법제도: 조선사회과학학술집 373 법학편』, 사회과학출판사, 2013, 119쪽.

35 『조선민주주의인민공화국 가족법제도: 조선사회과학학술집 373 법학편』, 사회과학출판사, 2013, 119쪽.

36 『조선민주주의인민공화국 가족법제도: 조선사회과학학술집 373 법학편』, 사회과학출판사, 2013, 120쪽.

37 『조선민주주의인민공화국 가족법제도: 조선사회과학학술집 373 법학편』, 사회과학

1956년 협의이혼이 폐지되면서 가부장제가 해체될 수 있는 조건의 형성이 제도적으로 차단되었다. 이는 가부장제 때문이라기보다는, 주체 사회주의 건설과 유지의 작동원리와 속성이 남성우위의 사회질서와 가족생활을 존속시켰기 때문이다. 따라서 세대주 중심으로 가정생활이 이루어지고, 남편은 세대편은 세대주라고 불리며 자녀 문제를 비롯한 가정의 모든 일에 있어서 절대적 권위를 가지고 결정권을 행사하며, 법적 제도적 지원이 있다 해도 가사와 육아 등이 전적으로 여성의 책임 아래 있는 것이 북한 현실이 되었다.[38]

그렇다면 이혼에 있어서 남녀가 동등한 권리를 가진다는 획기적인 조치가 왜 봉건적 가족 관계를 청산하지 못했는가? 이것은 1946년 남녀평등권법령이 현실과의 괴리가 크다거나, 사회주의 일반적 특성으로 선언적인 또는 상징적인 의미를 가졌다는 점에 대한 문제 제기가 아니다. 남녀가 평등하고 여성이 해방되었는데도 고정화된 성역할의 변화가 없고 "사회주의적 남존녀비"가 재구성된 이유는 남녀평등권법령의 대상은 "봉건적 남존녀비"에 한정되어있었기 때문이다. 즉 결혼에 있어서 매매혼, 강제혼과 같은 봉건시대의 유습을 청산하는 것이다. 혼인과 가족에 관한 규정을 담고 있는 1946년 7월 30일 "남녀평등권에 관한 법령"은 전문에서 "장구한 봉건적 인습과 일본제국주의의 착취에 의해 무권리 상태에서 이중 3중으로 압박을 받아온 조선녀성을 정치, 경제, 문화, 가정생활을 불평등으로부터 해방하고 남자와 동등한 권리를 향유케 하는데 목적이 있다"고 밝히면서 제 5조에 자유결혼과 이혼의 권리를 규정하였다.[39]

출판사, 2013, 120쪽.

38 『북한 가족법 주석』, 법무부, 2015, 173쪽.

39 일반적으로 사회주의 국가의 남녀평등의 이념의 한가지로서, 결혼과 이혼의 자유를 보장함으로서 협의이혼제도를 인정하고 또한 이혼의 절차를 간편하게 하는 등

이는 다음과 같은 "행정절차에 의한 리혼"에 대한 해설서에서 찾아볼 수 있다. (협의의혼을 뜻하는) "행정절차에 의한 리혼"은 "예외적 사례"로서 1946년 9월 14일에 채택된 남녀평등권에 대한 법령시행시책에서 이혼사건을 행정절차에 의한 방법으로 해결할수 있는 경우로 예견되었다.[40]

> 행정절차에 의한 리혼에서는 리혼에 대한 합의가 당사자들의 진정한 의사라는것만 확인되면 리혼의 근거를 필요로하지 않는 것이다....그러나 이것은 어디까지나 광복후 리혼문제가 주로 과거로부터 물려받은 **낡은 봉건적결혼**의 구속에서 벗어나려는 녀성들의 자주적요구에 의하여 제기되었던 사정과 관련된다. 리혼에 대한 당사자들의 합의를 전제로하는 행정절차에 의한 리혼방법은 결혼생활분야에서 천대와 멸시를 받아온 근로녀성들을 낡은 **봉건적구속으로부터 해방하기 위한** 중요한 조건으로 되었다.[41].....협의리혼에서는 당사자들의 진정한 협의가 있는 경우에는 그 근거에 관계없이 리혼을 승인하였다. **이러한 제도는 물론 당시로서는 매우 정당하였다. 그러나 강제결혼, 매매결혼이 영영 사라진 오늘의 환경에서 리혼의 이러한 조건이 없어졌다.**[42] (강조는 저자)

남녀평등권법령의 실시로 여성에 대한 봉건적 억압이 철폐되었다는 주장의 주된 의미는 매매혼과 강제결혼이 없어졌다는 뜻이다. 1958년 가족

조치를 취하게 된다(김선욱 외, 『북한여성의 지위에 관한 연구-여성관련 법 및 정책을 중심으로』, 한국여성개발원, 1992, 140쪽).

40 『조선민주주의인민공화국 가족법제도: 조선사회과학학술집 373법학편』, 사회과학출판사, 2013, 119쪽.

41 북한에서는 강제결혼, 매매결혼과 같은 봉건적인결혼관계가 영원히 사라지고 모든 공민들에게 결혼의 자유가 보장되었기 때문에 이혼에 있어 이러한 조건은 없어졌다고 주장한다(『조선민주주의인민공화국 가족법제도: 조선사회과학학술집 373법학편』, 사회과학출판사, 2013, 119쪽; 『북한 가족법 주석』, 법무부, 2015, 213쪽).

42 『조선민주주의인민공화국 가족법제도: 조선사회과학학술집 373법학편』, 사회과학출판사, 2013, 120쪽.

법해설서는 다음과 같이 설명한다.

> **부모나 주위 사람들의 타산에 의하여 결혼이 홍정되여 강제된다거나 본인 자신들의 리기적 동기 기타의 물질적 고려가 결혼에서 본질적 모멘트로 될 기초가 기본적으로 소멸한 것이다.** 오늘 우리에게 있어서 압도적 대다수의 가족은 완전히 자유롭고 자원적인의사에 의하여 맺어지는 결혼을 기초로 하여 형성된다. 결혼에 있어서는 누구의 강제나 간섭도 용납될 여지가 없게 되였으며 오직 본인 쌍방의 완전한 자원적 결합만이 유일하게 합법적인 것으로 되었다. 그와 동시에 재산이 많고 적은 사정, 가문이나 지위가 높고 낮은 등의 사정도 결혼의 기초로 될 수 없으며 그 어떠한 것도 남녀 쌍방의 참된 애정을 대신하는 것으로 될 수 없다. 자기 **생활의 주인이 된 남녀들 사이에서 공동적 로력과 공동적 사업에 기초하여 발생하는 호상 리해와 친의에 토대를 둔 호상 애정이 그들의 결혼을 성립시키며 존속시키는 기초로 된다.**[43] (강조는 저자)

물론 1950년대의 상황에서 이 정도만 해도 여성에 대해서 상당한 해방적인 효과를 가졌던 것은 부인할 수 없다. 그러나 남녀평등권법령으로 봉건제의 유습은 파타했으나 가정공고화원칙을 바탕으로 한 협의이혼의 폐지와 같은 조치로 사회주의 가족이 강화되면서 결과적으로 "사회주의적 남존녀비"가 재구성되었다. 사회주의 체제 공고화를 위한 가정공고화는 1950년대 중반부터 전개된 반수정주의 운동과 유일사상체계의 수립에 따라 여성에 대한 해방적 효과를 억제하였다.

"리혼"을 재판에 의해서만 할 수 있다는 규제가 또다시 강화된 1990년은 냉전종식과 사회주의체제전환 및 장기간 경제침체와 같은 배경속에서 북한 사회주의가 쇠락으로 접어든 시기 였다.[44] 따라서 1990년 10월 24

---

43 조일호, 『조선가족법』, 교육도서출판사, 1958, 14~15쪽.

일 조선민주주의 인민공화국 가족법 제20조로 이혼을 재판에 의해서만 하도록 규제한 당시는 가정공고화의 필요성이 주체사회주의의 쇠락으로 인해서 더 크게 제기된 것으로 보인다.[45] 그렇기 때문에 "리혼을 당사자들의 의사에만 맡기지 않고 재판의 방법으로 해결하도록 한 조치는 우선 경솔한 리혼, 무근거한 리혼을 막고 가정을 공고히 하도록 함으로써 온 사회를 화목하고 단합된 사회주의대가정으로 되게"하고자 하였다.[46] 이와 같은 이혼에 대한 국가적 간섭은 사실상 이혼의 자유에 대한 커다란 제약이 되고 있다. 이에 상응해 북한의 "사회주의적 남존녀비"는 고난의 행군 이후에도 존속되었다.

---

44 이혼소송규정(1999)은 이혼을 미리 막을 데 대한 국가정책을 기본내용으로 하고 기 때문에 이혼을 예방하기 위한 이혼소송규정을 북한은 자신들의 고유한 특징이라고 선전한다. 이혼소송규정의 주요 내용은 아래와 같다. 이혼소송을 제기하는 당사자는 이혼소송상담을 변호사에게 하여야 하고, 이혼소송상담은 당사자들을 참가시키고 진행하는데 있어 필요에 따라 당사자들을 따로 상담할 수 있으며, 이혼사건의 관계자들을 참가시킬 수 있다. 소재불명자, 정신병자, 노동교화형을 받고 있는 자를 대상으로 하는 상담은 한편 당사자와 하도록 한다. 이혼소송상담은 공개적으로 조직할 수 있는데 거기에는 당사자와 그 부모, 자녀, 친척과 소속 기관, 기업소·단체의 책임일군, 거주지역 주민행정기관일군 등 필요한 대상자를 참가시킬 수 있다(『북한 가족법 주석』, 법무부, 2015, 200쪽).

45 이혼 방지를 위해 이혼재판신청시 비용을 물리고 또 이혼 성립시 더 많은 비용과 당적 제재를 가함 이혼 사유로는 상대방의 부정, 상대방의 가족학대, 상대방의 반혁명성에 의한 의혼의 의뢰가 많다는 것이 귀순자의 증언 상대방의 성분문제나 반혁명성등의 경우 이혼이 쉽게 허락되나 무자식, 고부갈등은 잘 받아들여지지 않는다고 한다(김선욱 외. 『북한여성의 지위에 관한 연구-여성관련 법 및 정책을 중심으로』, 한국여성개발원, 1992, 144쪽).

46 『조선민주주의인민공화국 가족법제도: 조선사회과학학술집 373 법학편』, 사회과학출판사, 2013, 120쪽.

3. 한국의 근대화와 여권신장

3.1. 국가재건의 기초로서의 가정과 현모양처

북한에서 협의이혼이 폐지된 1956년은 김일성이 주체를 처음으로 공식제기한 이후 반수정주의 투쟁을 통해 혁명성에 점차 전통적 가치들이 결합되고 있던 시기였다. 한국에서는 미국문화의 유입으로 인한 가부장제의 위기가 전통적 부덕을 다시 소환하게 만들었다. 가부장제로 억압당하고 있던 여성의 입장에서는 여권신장의 의미로 받아들여질 수 있을만한 일인 '여성법률상담소'가 동년 8월 25일 여성문제연구원 안에 탄생했다. 이 상담소는 북한이 강반석 우상화를 본격화하기 시작하는 1966년 '가정법률상담소'로 이름을 바꾸어 1989년까지 37년간 지속된 가족법 개정 운동의 요람이 된다.

단순 비교만 하자면, 북한에서는 "남녀평등"이 국가와 당의 아젠다인데 반에서 한국의 "여권신장"은 민간 여성계 지도자와 지식인의 아젠다이다. 한국에서는 북한과 다르게 "여권신장"은 특정 정치인의 자산으로 규정되기 보다는 자생적 여성운동가와 지식인들이 주체적으로 추진한 아젠다였다. 예를 들어서 여성문제연구소의 설립을 주도한 이태영과 같은 인물은 여성운동을 인간해방운동이라고 고백하면서 "이브의 해방은 곧 모든 이의 해방"이라는 신념을 실천했다.[47] 이에 비해 북한에서는 유일사상체계가 수립되는 과정에서 김일성의 정치적 정당성 확립과 분리된 자생적인 여성해방운동은 이론적으로도 현실적으로도 가능하지 않았다. "조선녀성"해방운동의 지도자로서의 강반석의 자격은 김일성과의 관계로부터 우선적으로 파생하는 것이다. 이와 같이 김일성 가계혁명화와 북한의

47 이태영, 『이태영 인생론: 여성으로 태어나서』, 어문각, 1987, 2~4쪽.

혁명역사 안에서 공인된 단일 이상형이 위로부터 강제되지는 않았기 때문에 한국에서는 이론적으로는 다양한 여성상이 성장할 수 있었다. 그러나 민간 여성운동의 점차적인 확대에도 불구하고 여성의 주된 임무와 위치를 가정 안에서 인식하는 관습은 여전히 지배적이었다. 경제발전에 따라 여성의 사회진출도 확대되고 교육 수준이 향상되는데도 불구하고 전업주부형 현모양처는 부동의 이상적 여성상이었다. 여성은 "일단 결혼하면 양처현모로써 국가에 이바지하여야"했다.[48]

해방 후 미군정은 민주주의 이념에 입각하여 남녀평등권 보장을 위한 일환으로 여성의 교육제도를 확대하였다. 1946년 9월 16일에 우리나라 역사상 최초의 여성관련 행정부서인 '부녀국'이 설치되었고, 이러한 여성정책기구의 영향으로 여성의 취학률 및 진학률이 해방 전에 비해 현저히 증가하였으며 1949년 교육법에 의해 역사상 처음으로 여성과 남성이 동등한 교육의 기회를 보장받게 되었다.[49] 당시 미군정청 부녀국장이었던 고황경과 같은 여성계 지도자들은 기혼 여성의 법적 행위능력을 부정하고 남편의 허가를 받도록 한 처의 무능력제도, 축첩이 이혼의 사유로 인정되지 않았던 이혼법, 그리고 여성의 간통만 처벌하고 남성에 대해서는 처벌하지 않았던 불평등한 간통죄 등의 개정의 필요성을 제기하였다.[50] 해방 후 민주주의 구현을 위해 국가는 근대적이고 평등한 교육을 지향했고, 이와 같은 맥락에서 식민지 시기 여성에 대한 교육에서 강조되었던 삼종지도, 정절, 순종과 같은 봉건적 규범은 자취를 감추게 되었다.

---

48 김은경, 「1950년대 여학교 교육을 통해 본 '현모양처'론의 특징」, 『한국가정과교육학회지』 19-4, 한국가정과교육학회, 2007, 137~151쪽.

49 김윤경, 「1950년대 미국문화의 유입과 여성의 근대경험:최정희의 『끝없는 낭만』을 중심으로」, 『비평문학』 34, 한국비평문학학회, 2009, 53쪽.

50 소현숙, 「1956년 가정법률상담소 설립과 호주제 폐지를 향한 기나긴 여정」, 『역사비평』 113, 역사문제연구소, 2015, 73쪽.

그러나 여성 교육에서도 합리적 가사설계자인 '근대적'주부상은 여러 전통적 가치들을 구현하는 여성으로 설정되었다.[51] 이는 1950년대 한국 전쟁 이후 사회경제적 조건들이 낳은 가부장제의 위기와 관련해서 생각해야 한다. 전후 1950년대가 여성의 지위에 대해서 가지는 의의는 여성들이 전통적인 종속성과 수동성을 벗어나 특히 "경제활동을 통해 고정된 성역할에서 벗어나 가족의 부양을 책임지고 미래를 위해 주체적이고 적극적으로 행동하는 첫 번째 세대"가 탄생했다는 것이다.[52] 전후 여성들의 경제적 여건과 역할이 변함에 따라 여성들은 유한 마담, 취업여성, 양공주, 여대생 등이 다양한 역할을 하게 되었다. 이와 같이 기존의 전통적 여성상과 다른 새로운 지위를 가진 여성들을 전후 1950년대 "아프레걸"로 통칭했는데, 이 용어는 중립적인 의미에서 해방 후 미국문화를 접한 근대적 여성이라는 뜻보다는 서양식 문화를 무분별하게 추종하여 타락한 여성이라는 부정적 의미가 컸다.[53]

서구식 뷰티, 자유연애 등 서구화된 생활양식을 동경하거나 향유하고, 소비의 새로운 주체로 거듭난 여성들의 존재, 아울러 성매매와 혼혈아과 같은 문제는 가부장제에 대한 위협으로 인식되었다. 이에 대해 보수적인 남성들은 "도의재건"을 표방하며 위협받는 가부장제를 회복시키고 존속시키고자 하였다.[54] 전후 50년대 여성들의 경제활동이 증가하고 미국 문화가 급속하게 유행하자 개별 가부장의 물리적이고 직접적인 강제가 예전과 같이 용이 하지 않았다. 이 상황에서 가부장제가 유지되기 위해서는 여성에 대한 내적 규율로서의 유교 윤리와 정신이 강조되어야 했다.[55]

---

51 김은경, 「1950년대 여학교 교육을 통해 본 '현모양처'론의 특징」, 『한국가정과교육학회지』 19-4, 한국가정과교육학회, 2007, 137~151쪽.

52 이하나, 「전쟁미망인과 자유부인」, 『한국현대 생활문화사 1950년대』, 창비, 2016, 76쪽.

53 이하나, 「전쟁미망인과 자유부인」, 『한국현대 생활문화사 1950년대』, 창비, 2016, 76쪽.

54 이하나, 「전쟁미망인과 자유부인」, 『한국현대 생활문화사 1950년대』, 창비, 2016, 76쪽.

남성중심 가부장제 하의 한국은 서구화로부터 "전통"을 구해내야 했고, 이를 위해서 여성의 합당한 역할을 다시 가족과 가정 안에서 설정되었다.[56]

전후 1950년대 가부장제의 위기를 맞는 남성 중심의 한국사회에서 "현모양처" 이념이 여성 계몽의 모델로 강조되었다. 『여원』과 같은 여성잡지는 서구 문화, 미국 문화에 빠져 있는 여성들에 대한 내용이 많았고, "현모양처"이념은 이들이 각성하고 전통적 부덕을 회복하기를 요구하는 계몽적 이상형이었다.[57] 전후 1950년대에는 여러 사회문화적 장치를 통해 "현모양처" 이념이 국가적으로 강려되고, 강조되고, 재생산 되었다. 신사임당, 논개, 허난설헌과 같은 인물을 현대 여성의 모범으로 설정하고 이승만 대통령 탄신일, 공자만강일, 개천들 등에 "열녀"나 "효부"를 표창했다. 심지어 대통령이 직접 "단아한 몸가짐을 가져 조상으로부터 물려받은 미풍을 살려야 한다"고 역설하였다.[58] 표면적으로 이는 북한에서 모든 여성에게 강반석의 모범을 따라 남편, 자식, 그리고 시부모를 섬기라고 한 것과 다르지 않다. 차이는 신사임당이 정치적 상징성이 없다는 것과 반면 강반석은 그 정치적 상징성 자체로 "여성해방"의 모델로 설정되었다는 것이다. 1950년대는 현모양처 이념에 귀속되지 않는 부류들을 배타적으로 위계화(직장여성, 아프레게르, 윤락여성, 전쟁미망인, 식모, 여차장등에 대한 통합과 배제)하면서 공고화되고 가정의 신성화가 수립되었다.[59]

---

55 김은경, 「1950년대 여학교 교육을 통해 본 '현모양처'론의 특징」, 『한국가정과교육학회지』 19-4, 한국가정과교육학회, 2007, 137~151쪽.

56 김은경, 「한국전쟁 후 재건윤리로서의 전통론과 여성」, 『아시아여성연구』 45-2, 숙명여자대학교 아시아여성연구소, 2006, 18쪽.

57 김현주, 「1950년대 여성잡지 여원과 '제도로서의 주부'탄생」, 『대중서사연구』 13-2, 대중서사학회, 2007, 387쪽.

58 김은경, 「한국전쟁 후 재건윤리로서의 전통론과 여성」, 『아시아여성연구』 45-2, 숙명여자대학교 아시아여성연구소, 2006, 23쪽.

3.2. 경제개발의 보조자로서의 현모양처

박정희 정권은 이른바 "선건설 후통일"의 기치를 앞세우면서 1962년 제1차 경제개발 5개년 계획을 출발점으로 하여 국가 주도의 강력한 경제개발정책을 펼쳤다. 아울러 경제성장 중심의 경제개발론에 민족중흥과 정신근대화운동을 강조하는 이데올로기적 변혁을 부가하여 이른바 '조국근대화'프로젝트를 실행했다. 이를 정당화하기 위해 경제적 자립을 통한 정치적 자주성과 "민족주체의식을 먼저 확립하고 그 위에 자유민주주의를 재건한다"는 주체성의 우선을 강조하였다.[60] 북한에서 동시기 이루어지는 주체의 강조와 반수정주의 투쟁이 전통을 혁명으로 재정의하고 "사회주의적 남존녀비"를 재질서화 하여 "혁명적 현모양처"를 탄생시켰듯이, 박정희의 '조국근대화' 프로젝트도 여성을 "선건설 후통일"의 보조자로 위치시켰다.

그러나 이 역시 남성이 여성을 지배한다거나, 여성이 남성에게 종속된다는 의미보다는, '조국 근대화' 프로젝트 역시 가정을 바탕으로 국가가 재건되고 이상적인 여성이란 '국가재건의 보조자로서 가정의 재건'을 이룩할 수 있는 여성이기 때문이다.[61] 특히 남성이 산업 역군으로 전력을 다할 수 있도록 하는 전통미를 바탕으로 한 "내조"담론이 강조되었고, 이와 같은 인식에서 절대적 성역할의 구분이 강조되고 재생산되었다. 예를 들어서 "무풍지대같이 순탄하고 평화스런 부부생활을 위해서라면 여성의 희생도 아름답다"던가 "안정되고 평화로운 가정이란 남성은 가정경

---

59 김현주, 「1950년대 여성잡지 여원과 '제도로서의 주부'탄생」, 『대중서사연구』 13-2, 대중서사학회, 2007, 412쪽.

60 이효재, 『분단시대의 사회학』, 한길사, 1985, 297쪽.

61 최경희, 「1960년대 초기 여성잡지에 나타난 여성의 '교양화' 연구」, 『현대소설연구』 49, 한국현대소설학회, 2012, 403쪽.

제를 책임지고 여성은 가정살림에 전념하는 것이 이상적" 이라던가, "여성의 사회진출은 아내와 어머니의 직분을 해치지 않는 범위 내에서 가능한 것"이라는 주장이다.[62] 아내가 내조해서 남편을 "출세시킨다"는 사고방식이 적극적으로 장려되었다.[63] 이상록(2107)에 따르면 내조담론은 "자기 기업과 노동자 자신의행복을 동일하게 인식하도록 하고, 남편의 출세를 나(아내)의 행복으로 삼아야 한다는 이 행복 공유의 담론은 '의무'로서 그 공유가 관계지어지고, 이 의무의 수행과정에서 계급적·성별적 위치와 역할을 요구한다는 점에서 흥미로운 통치기술 담론"이었다.[64] 국가주의를 내면화한 이상적 롤모델로 신사임당에 대한 기념도 1960년대 중반부터 본격화되었다.[65]

그러나 냉전개발주의에 최적화된 근대적 현모양처 이데올로기가 지배적이었다고 하더라도 근대화 프로젝트에 기인한 가부장제의 재질서화는 여성계의 도전과 비판에 직면하였다. 여성계는 지속적으로 가족법의 민주화를 제기하였다. 이효재가 지적한 대로, "호주 상속제도는 타성의 양자를 허용하지 않고 남편의 아들을 반드시 낳아바쳐야 하는 것을 강요함으로써 여성들을 노예화하며 남성들의 외도와 성적 횡포에도 참고 견뎌야 하는 부덕을 강요"한다는 점을 여성들 스스로 인식하고 바꾸려고 한 것이다.[66] 여성에 대한 교육확대와 경제진출은 민간의 여성인권운동을

62 최경희, 「1960년대 초기 여성잡지에 나타난 여성의 '교양화' 연구」, 『현대소설연구』 49, 한국현대소설학회, 2012, 393쪽.

63 이상록, 「산업화시기 출세성공 스토리와 발전주의적 주체 만들기」. 『인문학연구』 28, 인천대학교 인문학연구소, 2017, 71쪽.

64 이상록, 「산업화시기 출세성공 스토리와 발전주의적 주체 만들기」. 『인문학연구』 28, 인천대학교 인문학연구소, 2017, 71쪽.

65 권오헌, 「유신체제의 신사임당 기념과 현모양처 만들기」, 『The Journal of Korean Culture』 35, 한국어문학국제학술포럼, 2016, 80쪽.

66 이효재, 『분단시대의 사회학』, 한길사, 1985, 297쪽.

탄생시켰으며, 이들의 자생적인 노력으로 여권신장의 틀이 잡혀가기 시작했다. 1956년 8월 25일 창설된 여성법률사무소는 한국 최초의 민간 법률구조법인으로, 그 창립 취지문에는 그 창립 취지문에서 "여성이 완전한 한 인격으로서 권리를 누릴 수 있도록" "안으로는 여러 여성들의 법률상의 제 문제에 응하고" "밖으로는 민법전의 제정에 힘쓸 것"이라고 선언했던 데서도 드러나듯이, 시초부터 여성운동을 염두에 두고 창립되었고 오랫동안 법률구조와 더불어 평등한 가족법 제·개정운동의 중심에 서 있었다[67] 「대한여학사협회」「대한어머니회」「대한가정학회」「YWCA연합회」「대한기독교여자절제회연합회」「여성문제연구회」등 여섯 여성단체는 1962년 8월 말 민법(민법(民法))개정을 앞두고 여성의 권리를 유린한 몇 가지 법조문의 개정, 삭제를 국가재건 최고회의에 요구 건의하였다.[68]

한국전쟁과 전후에 발생한 급격한 사회변화 속에서 '가정의 파괴'라는 말이 운위될 정도로 가족의 모습은 크게 변모되고 있었다. 전후 혼란 속에서 나타난 가정파탄과 가정불화는 상대적으로 취약한 위치에 있던 여성들에게 더 큰 타격으로 다가왔다.[69] 이태영이 1964년 가정법원 구내로 법률상담을 이전하면서 내담자 수가 급격히 증가했고, 남성 내담자들도 늘어났다. 초창기 한 해 150~400건 정도 하던 상담건 수는 1964년 3천여 건, 1965년 5천 2백여 건, 1966년 6천 5백여 건으로 격증하였고, 1970년대 후반에는 9천여 건을 넘어섰다. 2~3%에 불과하던 남성 내담자 역시 1964년을 기점으로 증가하여 1967~68년에는 28%를 기록하였다.[70]

67 소현숙, 「1956년 가정법률상담소 설립과 호주제 폐지를 향한 기나긴 여정」, 『역사비평』 113, 역사문제연구소, 2015, 73쪽.

68 〈진정한 남녀평등권을〉, 《조선일보》, 1962. 08. 07., 2면.

69 소현숙, 「1956년 가정법률상담소 설립과 호주제 폐지를 향한 기나긴 여정」, 『역사비평』 113, 역사문제연구소, 2015, 76쪽.

70 소현숙, 「1956년 가정법률상담소 설립과 호주제 폐지를 향한 기나긴 여정」, 『역사비

1966년 조선일보 보도에 따르면 여자가 고객의 전부로 여겨왔던 가정 법률 문제상담에 있어 남자고객이 해마다 늘어나는 경향을 보이며 8월 설립 열돌을 맞는 가정 법률상담소(소장 이태영변호사)의 10년 통계에 의하면 8년째까지는 97%를 웃들던 여자고객이 최근2년 동안에 75%로 줄었다고 보도했다. 8년째까지 겨우 2%였던 남자고객이 24%를 넘어섰다. 여자가 상담자일 때 학력은 초등학교 졸업이 으뜸(30·9%)인데 그 상담의 상대방인 남자의 학력은 대학졸업이 으뜸(52·5%)이다.[71] 또 남자가 상담자일 때 고졸이 으뜸(21·9%)인데 그 상대방인 여자의 학력은 국졸이 45·4%로 가장 많다. 즉 학력차가 가져오는 가정파탄이 많다는것을 말해주며 이 혼인관계의 피해자는 남자일 경우 고졸이, 여자일 경우 국졸이 많음을 알 수 있다. 여자상담자의 상대남자 직업이 무직이 많고, 다음 회사원인 점, 그리고 여성상담자의 직업 가운데 무직 다음에 장사하는 여인이 많다는 점이 이채롭다고 보았다. 기사는 "아무튼 가정에서 여러모로 손해만 받게 마련이던 여권이 10년 동안 약간 향상했음을 이 통계에서 엿볼 수가 있었다"고 보도했다.[72] 이혼상담의 증가를 "여권 향상"으로 기술하고 있음이 눈에 띈다.

아울러 또 흥미로운 논조는 당시의 이혼 증가 원인이 "전통의 굴레 벗어" 난 "부정원인"이 으뜸인데, 남성이 아닌 여성의 부정이 늘어나고 있으며, "심지어 남성이 아닌 여성이 혼인빙자간음죄로 기소를 당하는 경우"까지 있다며 개탄하는 내용이다.[73] 1965년 1월부터 3월까지 통계에 따르면 여성의 간통 및 성범죄가 5백8건으로, 전 범죄의 2%밖에 되지 않는데

평』 113, 역사문제연구소, 2015, 76쪽.

71 〈남자손님이 많아진 가정법률상담소〉, 《조선일보》, 1966. 08. 28., 4면.

72 〈남자손님이 많아진 가정법률상담소〉, 《조선일보》, 1966. 08. 28., 4면.

73 〈전통의 굴레 벗어 이혼사건 중 부정원인이 으뜸〉, 《조선일보》, 1965. 08. 15., 3면.

도 기사는 "여성해방을 오해한 일부 여성들의 해이, 또는 타락된 정조관으로의 변화"를 지탄했다.[74]

상술한 내용을 바탕으로 정리하자면, 한국에서 "여권신장"은 특정 정치인과 결부된 정치적 자산이 아니라 민간 차원에서 여성계의 주도로 확대되었다. 냉전 개발주의는 여권신장에 대해서 억압적인 효과를 가졌지만, 동시에 일부 여성들이 가부장제와 현모양처 이데올로기에 대한 저항을 가능하게 하는 사회변화와 물적 기반을 가능하게 하기도 했다. 대표적으로 이태영, 이효재, 이희호 등이 활약한 1952년 창설된 여성문제연구원과 1966년 가정법률상담소를 들 수 있다. 해방 이후 확대되고 1960년대 경제성장을 배경으로 가속화된 여성의 고등교육과 사회진출은 여권신장 운동을 촉진시켰고, 무엇보다도 민주화 운동 안에서 여권신장과 남녀평등 의식이 성장할 수 있는 사회적, 철학적, 그리고 종교적 공간이 있었다. 이들은 국가담론을 장악하고 대중적으로도 무리 없이 수용되었던 현모양처 이데올로기와 가부장제의 폐단에 대해 사회적 인식을 제고하고 문제들을 시정하기 위해 노력했다. 그러나 여성지도자들 조차도 넘어설 수 없는 현모양처 이데올로기의 영향력 하에서 대다수 일반 여성들은 전업주부로써 근대화, 산업화, 재건의 보조자로 성공하기를 강요받으면서 남편내조과 자식교육을 자신의 주체적인 삶과 분리시키지 못했다.

4. 결 론

해방 후 체제 공고화와 경쟁의 배경 속에서 북한과 한국에서는 "남녀평등"과 "여권신장"을 위한 중대한 변화들이 일어났다. 그러나 북한의 사회

74 〈전통의 굴레 벗어 이혼사건 중 부정원인이 으뜸〉, 《조선일보》, 1965. 08. 15., 3면.

주의 건설과 한국의 조국 근대화가 공통으로 가정을 기본 단위로 설정하고 어머니로서, 아내로서, 며느리로서 가정을 돌보고 책임지는 역할을 혁명적(북한의 경우) 또는 근대적(한국의 경우)인 것으로 재정의했기 때문에 북한에서도, 한국에서도 절대적 성역할과 성별 위계가 고착화 되었다. 한국의 경우 이효재가 지적했듯이 "분단을 유지하려는 보수세력이 남존여비의 전통적 이데올로기와 부계가족에 예속된 지위를 합법화시킴으로써, 여성이 인격적 평등을 누릴 수 있는 민주사회로의 발전을 억압했다."[75] 북한의 경우 사회주의 일반 원리상의 여성해방이 김일성의 "남녀평등"으로 전유되면서 "사회주의적 남존녀비"의 특성을 갖게 되었다.

결국 체제의 차이를 막론하고 북한과 한국의 젠더문화와 질서는 탈가부장제에 있어서 한계를 보였다. 그렇다면 앞으로 이를 어떻게 극복할 것인가 하는 문제가 통일코리아의 젠더평등을 구상하는데 핵심적인 과제가 될 것이다. 체제를 막론하고 여성과 남성이 모두 행복한 삶을 누리기 위해서 결혼의 자유, 그리고 가정 안에서의 역할에 대한 경직성과 중압을 벗어나야 한다. 이를 위해서는 여성도 남성도 충분한 경제적 자립을 길러야 하고 일정 수준의 교육도 받아야 한다. 사상적 대립을 넘어 탈가부장제와 젠더평등을 함께 논할 수 있는 남북사이의 대화와 교류를 지속적으로 추진하고 가운데 함께 지혜를 모색해야 할 것이다.

---

75 이효재, 『분단시대의 사회학』, 한길사, 1985, 296쪽.

남북의 식생활 전통 인식과 보호 정책

전영선

1. 들어가는 말

이 글은 남북의 식생활 문화에 대한 전통 인식과 보호 정책을 비교하여 통일 과정에서 발생할 수 있는 충돌을 예측하고 통합의 방향을 제시하는 데 목적이 있다. 식생활 문화는 민족적 특색과 지향이 가장 잘 반영되는 분야의 하나이다. 식생활은 단순한 먹거리를 넘어 시대의 정치, 경제, 사회, 역사가 반영된 종합적인 문화의 산물이기 때문이다. 남북에서 식생활 문화는 남북이 공유한 반만년 역사의 공통 자산으로 인식되었다. 정상회담을 비롯한 남북의 만남은 공통의 먹거리를 통해 남북의 공통성을 확인하기도 하였다.

남북의 식생활은 김치, 된장, 간장을 비롯한 많은 점에서 공통성을 확인할 수 있다. 동시에 차이점도 있다. 남북의 식생활은 과거로부터 온전하게 이어진 것은 아니다. 분단 이후 산업화와 체제의 차이로 인한 일상의 식생활은 달라졌다. 남한에서 음식은 전쟁 이후 미국으로부터 밀가루가 대량으로 들어오면서 식단에서 밀가루 음식에 차지하는 비중이 높아졌고, 경제성장에 따라서 육류소비가 늘어나면서 빠르게 서구화가 진행되었다.

북한에서도 음식문화, 먹거리 문화가 변하고 있다. 고난의 행군으로 대표되었던 시기에는 먹거리 자체가 부족하여 숱한 희생자를 내기도 하였다. 그러나 고난의 행군 이후 경제가 조금씩 회복되면서 식생활 여건이 개선되면서 다양한 먹거리와 먹거리 문화가 생겨나기 시작하고 있다. 김정은 체제에서 식량은 경제의 주공 전선으로 먹는 문제를 최우선 과제로 설정하고 식량문제 해결을 위한 농업정책을 추진하고 있다. 이와 함께 새로운 먹거리 자원을 발굴하고, 북한에서 생산되는 자원을 활용한 상품을 개발하면서 식품 산업, 관광자원으로서 주목하고 있다. 김정은 체제가 시작된 2012년부터 '비물질문화유산'에 대한 법적 보호를 강화하였다.[1] 식생활 문화를 장려하기 위한 '전국요리경진대회'를 비롯한 분야별 요리 경연, 지역별 요리 대회를 개최하면서, 지역 음식을 발굴하였다. 발굴된 음식 문화 중에서 우수한 문화에 대해서는 '국가비물질유산'으로 지정하고 있다.

북한이 추진하는 식생활 문화전통 발굴과 보호, 산업화는 남한과 일맥상통한다. 남한에서는 1960년대 민족문화 보존 차원에서 식생활 문화 보호 정책을 추진하였다. 전통음식으로서 한식이 다시 주목받은 것은 식품

---

1 '비물질문화유산'은 2012년 새로 제정한 「문화유산보호법」에서 사용한 용어로 남한의 무형문화재에 해당한다. 북한의 문화재보호 정책은 유형문화재인 '물질문화'와 무형문화재인 '비물질문화'를 구분하여 이루어졌다. 무형문화재를 비롯하여 비물질문화에 대해서는 '현재적 의미'에 중점을 두고 '발전적 계승'을 강조하였다. 반면 유형문화재에 해당하는 '물질문화'는 '보호'에 중점을 두고 진행하였다. 북한에서 문화재보호와 관련한 입법 조치가 이루어진 것은 1994년 「문화유물보호법」이었다. 법의 명칭에서 알 수 있듯이 '문화유물'을 보호하기 위한 법률이었다. 비물질문화유산에 대한 법적 보호 조치는 김정은 시기인 2012년 「문화유산보호법」에 이르러 법체계로 정비하였다.

산업이었다. 한식이 새로운 한류로 주목받으면서, 세계화를 추진하였다. 한식의 세계화는 대한민국의 이미지를 높였을 뿐만 아니라 경제적으로도 주목되었다. 한식은 대한민국을 상징하는 문화상품으로 외교적인 역할도 단단히 하고 있다. 식생활 문화 보호와 진흥을 위해 무형문화재로 지정하거나 명장(名匠), 명인 인증제도를 도입하였다.

남북의 식생활 문화에 대한 긍정적인 평가, 적극적인 발굴과 국가 차원의 보호는 정책적인 유사점이 있다. 그러나 남북이 계승하고 보존하고자 하는 구체적인 대상에서는 차이가 있다. 전통에 대한 해석, 현대화 과정에 대한 인식, 대표적인 식생활로 평가하는 가치 기준이 다르기 때문이다. 이러한 차이는 남북의 식생활 문화 이해와 소통, 통합의 과정에서 충돌을 예견케 한다. 이 연구에서는 남북의 식생활 문화의 공통성을 모색하는 과정으로서 북한의 식생활 문화에 대한 인식과 보호 정책을 살펴보고, 남북의 식생활 문화 충돌을 예측하고 방안을 제시하고자 한다.

2. 북한의 비물질문화유산 정책

북한에서 민족문화 정책은 물질문화와 비물질문화에 대한 정책이 구분된다. 물질문화에 대해서는 광복 직후부터 보호 조치가 있었다. 반면 비물질문화유산은 법적인 보호보다는 학문적인 영역으로 진행되었다.[2]

비물질문화에 대한 인식과 평가가 달라진 것은 2000년 이후이다. '애국주의 교양 사업'으로서 민족문화 유산에 대한 올바른 태도가 강조되었다. "민족문화유산을 통한 교양사업은 우리 선조들이 창조한 물질적 및 정신적 재부를 가지고 근로대중에게 사회주의적 애국주의와 계급의식을

2 북한의 문화유산 정책과 관리에 대해서는 정창현, 「북한의 문화유산 정책과 관리체계」, 『통일인문학』 53, 건국대학교 인문학연구원, 2012 참고.

높여주는 중요한 사업"으로 평가되면서 김정일의 정치적 업적과 연관되었다.[3] 김정일 사망 이후에는 '김정일 애국주의'의 하나로서 민족문화 유산을 잘 보존하고 관리할 것이 강조되었다.

비물질문화유산에 대한 법적 체계가 갖추어진 것은 김정은 체제가 시작된 2012년이었다. 2012년에 제정된 「문화유산보호법」은 '문화유산'에는 그 명칭에서 알 수 있듯이, 「물질문화보호법」에서 규정한 '물질문화' 뿐만 아니라 '비물질문화'를 포함하여 보호하기 위한 법이었다. 「문화유산보호법」은 「문화유물보호법」의 보호 대상이었던 '문화유물'을 '문화유산'으로 확대한 것이다. 법의 보호 범위가 '유물'에서 '유산'으로 바뀌면서, '물질문화'에 더하여 '비물질문화'가 법적 보호의 대상이 되었다. 법적 보호 대상 문화재의 영역을 유형문화재와 기념물을 중심으로 하는 '유물'과 무형문화재와 정신적 산물이 포함된 '문화유산'으로 확장한 것이다.

2012년 「문화유산보호법」을 제정하면서, 비물질문화유산의 발굴, 고증, 심의, 등록, 보호, 관리를 체계적으로 구성하였다. 2012년 8월에는 민족유산보호지도국에 비물질문화유산보호 사업을 전문을 담당하는 '민족유산보호지도국'을 신설하였다. 법 개정으로 비물질문화유산의 범위가 확장되면서 교육성, 문화성, 보건성, 체육성, 사회과학원과 중앙위원회 및 시군 인민위원회에 관련 기구와 직제가 생겨났다. 김일성종합대학, 김형직사범대학, 장철구평양상업종합대학, 각 도의 사범대학과 교원대학에서도 민족문화유산에 대한 교육을 진행하고 있다. 비물질문화유산 등록 사업도 매년 보호 대상을 확대하여 등록하고 있으며, 세계유산의 등록을 위한 작업도 적극적으로 추진하고 있다.[4]

---

3 「민족문화유산을 통한 애국주의교양을 강화하자」, 『민족문화유산』 2001년 3호, 사회과학출판사, 2001.

4 〈민족의 전통을 고수하고 후세들에게 전달 - 활발히 벌어지는 비물질문화유산보호

2012년 「문화유산보호법」은 2015년 「민족유산보호법」으로 확장되었다. 김정은은 2014년 10월 24일 조선로동당중앙위원회 책임일군들과 한 담화 「민족유산보호 사업은 우리 민족의 력사와 전통을 빛내이는 애국사업이다」를 통해 민족유산의 의미를 강조하였다. 김정일의 단군릉 개건 20년(1994년 10월 29일)을 즈음하여 발표한 이 담화는 김일성, 김정일의 민족문화유산 보호 정책을 이어받는 것을 주요 내용으로 한다.[5]

김정은의 담화는 2015년 「문화유산보호법」으로 이어졌다. 「민족유산보호법」을 제정한 것도 비물질유산의 확대와 적극적 이용이 목적이었다. 이후 2019년에 「민족유산보호법」을 개정하면서 전설과 신화, 전통예술과 전통의술, 사회적 관습과 예식 및 명절 행사, 자연, 우주와 관련한 지식과 관습, 전통수공예 기술까지 비물질문화의 영역으로 보호하기 시작하였다.[6]

북한이 사용하는 '비물질(문화)유산'은 2012년 「문화유산보호법」을 제정하면서부터 사용하기 시작한 용어이다. '비물질(문화)유산'은 물질문화에 대응하는 용어로 'non-physical heritage'의 번역어이다. 1982년 유네스코 산하에 '비물질유산처'(section for the non-physical heritage)를 설치하면서 사용한 용어이다. 북한에서는 문화유산을 '우리 인민의 유구한 역사

사업〉, 《로동신문》, 2018. 3. 26.

5 김정은, 〈민족유산보호사업은 우리 민족의 력사와 전통을 빛내이는 애국사업이다 - 조선로동당 중앙위원회 책임일군들과 한 담화(2014년 10월 24일)〉, 《로동신문》, 2014. 10. 30.

6 〈최근년간 성과 이룩하고 있는 비물질문화유산보호활동〉, 《조선신보》, 2018. 11. 20.: "주체101(2012)년 8월에 비물질문화유산보호사업을 맡은 행정기구가 나온 이후 중앙과 각 도, 시(구역), 군에 이르기까지 비상설민족유산보호위원회가 조직되여 비물질문화유산들에 대한 발굴고증과 심의평가사업이 정기적으로 진행되고 있다. 결과 현재까지 100여개의 대상들이 발굴수집되여 국가 및 지방비물질문화유산으로 등록되였으며 대황소상전국민족씨름경기, 전국민족음식전시회, 전국농업근로자들의 농악무경연 등이 진행되여 민족의 향취를 짙게 풍기고있다."

와 찬란한 문화전통이 깃들어있는 나라의 귀중한 재부'로 규정한다.

「문화유산보호법」 제2조에서 규정한 비물질유산에는 "력사적 및 예술적, 학술적 가치가 큰 언어, 구전문학, 무대예술, 사회적 전통 및 관습, 각종 례식과 명절 행사, 자연과 사회에 대한 지식, 경험, 전통적인 수공예술, 의학, 민족료리, 민속놀이 같은 것이 속한다"고 하였다. 「문화유산보호법」에서 규정한 '비물질유산'의 개념은 「민족유산보호법」에서도 그대로 이어지면서, 대상이 확대되었다.

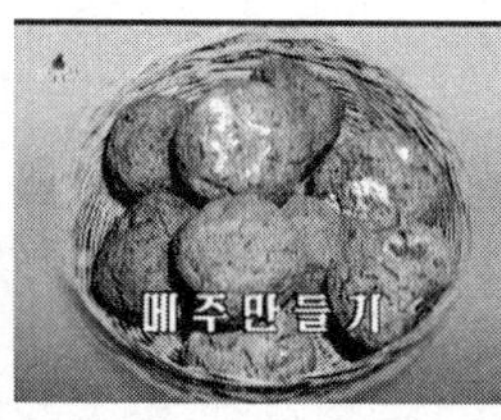

〈그림 1〉 민족 식품 토장을 소개한 북한의 방송물

2015년 7월에 제정한 「민족유산보호법」에서는 "비물질문화유산에는 구전전통과 표현, 전통예술, 사회적 관습과 례식 및 명절행사, 자연과 우주와 관련한 지식과 관습, 전통수공예 같은 것"으로 규정하였다. '민속놀이'를 포함하여 '자연과 사회에 대한 지식, 경험'이 반영된 것을 비물질문화유산에 포함하였다. 이로써 북한의 '비물질문화유산'은 남한의 무형문화재 규정과 거의 같아졌다.[7]

비물질유산의 보호와 관련하여 주목하는 것은 세계문화유산 등재이다. 북한 2012년에 조선민요 〈아리랑〉을, 2013년에 '김치담그기 풍습'을 인류무형문화유산으로 신청을 하였다. 2014년이 '민요 〈아리랑〉'을, 2015년에

7 우리의 「문화재보호법」에서는 민속문화재는 "의식주, 생업, 신앙, 연중행사 등에 관한 풍속이나 관습과 이에 사용되는 의복, 기구, 가옥 등으로서 국민 생활의 변화를 이해하는 데 반드시 필요한 것"이다.

'김치담그기 풍습'을 등재하였다. 2015년 「민족유산보호법」을 개정하면서 세계문화유산 등재 조항을 신설하여 '세계유산 등록'을 위한 구체적인 계획을 세우도록 규정하였다. "중앙민족유산보호지도기관에서는 "우리나라의 우수한 물질유산과 비물질유산, 자연유산들을 세계유산으로 등록하기 위한 활동을 계획적으로 전망성 있게 진행하여야 한다"고 함으로써 적극적인 등재신청 활동을 규정하였다.[8] 2018년에는 남북이 별도 신청하였던 '씨름'을 협력을 통해 공동등재하였다. 이어 2019년에는 '조선옷 차림 풍습'의 등재를 신청하였다.

3. 북한의 식생활 문화전통 인식과 보호 정책

3.1. 북한의 식생활문화 인식

비물질문화유산 정책에서도 확인되는 것은 식생활 전통에 대한 긍정적인 평가이다. 민족문화에 대한 자부심은 음식문화에도 이어진다. 일반적으로 '전통음식'이라고 하면, 우리 민족의 생활 여건에 가장 알맞게 창안하여 우리 전통문화와 함께 발전되어온 한국인의 음식이다. 구체적으로는 왕실음식, 양반가의 음식, 서민의 음식, 향토요리를 통틀어 말한다.

북한의 경우에는 왕실이나 양반가의 음식보다는 인민들의 생활문화를 중심으로 한 민족문화에 주목한다.[9] 전통요리에 대해서도 '민족요리'로

---

8 권혁희, 「북한의 비물질문화유산 정책의 변화와 특성」, 『통일정책연구』 28-1, 통일연구원, 2019, 220~221쪽 : "주로 2015년 이후 지정 건수가 급증했는데 이 시기는 북한이 2012년 제정된 문화유산보호법을 2015년 민족유산보호법으로 개정한 시기이며, 비물질민족유산의 세부 구분을 유네스코 무형유산협약의 구분과 동일하게 개편하는 등 이 분야에 대한 정책의 관심도가 매우 높았던 시기라고 할 수 있다."

9 북한에서는 사회주의 하에서 민족문화가 발전할 수 있다고 본다. 부르주아 지배하의 민족문화는 "민족주의 독소로써 대중을 중독시키며 부르죠아지의 지배를 공고화하

〈그림 2〉 북한의 먹거리 방송

규정하고 장려한다. 민족요리에 대한 북한의 평가는 매우 긍정적이다. 민족요리에는 문화적으로 오랜 활동을 통해 형성된 고유한 역사와 전통이 있다고 평가한다.[10] 북한에서는 민족음식은 일상음식, 특별음식, 지방음식으로 구분한다. 민족요리의 우수한 원리는 다섯 가지로 설명한다.

첫째, 동물성재료와 식물성재료를 적당히 배합한다. 전통적인 부식물의 대부분은 집짐승이나 산짐승, 물고기와 같은 동물성재료와 남새, 산나물, 바다나물 등 식물성재료의 적절한 배합으로 조리된 것이라는 것이다.

둘째, 다섯 가지 맛을 서로 조화시켜 고유하고 독특한 맛을 낸다. 신맛, 매운맛, 쓴맛, 단맛, 짠맛을 가리켜 '5미' 라고 한다. 짠맛과 신맛, 신맛과 쓴맛, 쓴맛과 단맛, 단맛과 매운맛, 매운맛과 짠맛이 밀접한 관계를 가지고 서로 보충하면서 조선 료리의 고유하고 독특한 맛을 낸다는 것이다. 김치는 신맛과 짠맛이 조화된 것이고, 고추장은 매운맛과 단맛이 배합된 것이다.

셋째, 다섯 가지 맛이 서로 억제하는 성질을 이용하여 맛의 원리로 이

려는 목적을 가진, 그 내용에 있어서 부르죠아적이며 형식에 있어 민족적인 문화라면, 프로레타리아트 독재 하에서의 민족문화는 사회주의와 국제주의 정신으로 대중을 교양하려는 목적을 가진, 내용에 있어서 사회주의적이며 형식에 있어 민족적인 문화"가 된다는 것이다. 『조선로동당의 문예정책과 해방후 문학』, 과학원출판사, 1961, 53쪽.

10 방경찬, 〈민족의 향기가 넘쳐나게〉, 《로동신문》, 2021. 4. 11. : "위대한 령도자 김정은동지께서는 다음과 같이 교시하시였다. 《민족음식을 적극 장려하고 발전시켜야 합니다.》"

용한다는 것이다. 쓴맛은 매운맛에, 매운맛은 신맛에 의하여 억제된다. 그리고 신맛은 쓴맛에 억제되여 맞춤한 음식 맛이 얻어진다. 우리 인민들은 이러한 원리를 잘 리용하여 여러 가지 민족음식을 만들어 먹었다.

넷째, 유사한 것으로 유사한 것을 보충하였다. "사람의 해당 장기의 쇠약을 그에 맞게 짐승들의 장기로 보충하면 해당한 장기의 쇠약을 막으며 장수할 수 있다. 그래서 사람들은 머리가 쇠약해졌을 때에는 짐승의 골수를 먹었고 폐, 심장, 간 등을 튼튼히 하기 위해 짐승의 허파, 염통, 간 등으로 료리를 만들어 먹었다"는 것이다.

다섯째, 건강에 유익하게 음식을 만들었다는 것이다. 아무리 좋은 맛을 내는 재료라고하여도 맛을 억제하여 장기를 보호하도록 하였다.[11]

민족문화에 대한 자긍심은 음식문화, 즉 민족요리에 대한 긍정으로 이어진다. '조선 민족은 인류의 문화발전에 커다란 기여를 한 슬기롭고 재능 있는 민족이며, 자기의 고유한 식생활풍습을 창조하고 자랑찬 전통을 이룩한 민족"이라고 하면서, 민족 음식에 대해서는 자연지리적 조건과 지역적 특성, 우리 민족의 체질과 성격뿐만 아니라 기호와 도덕이 반영되어 있다고 평가한다.[12]

또한 식생활 규범이 오랜 세월을 두고 지켜지면서 하나의 풍습이 되었다고 평가한다. 식생활과 관련한 예절은 다음과 같이 설명한다. 첫째, 웃어른을 위한 공경이 반영되어 있다. 어른들에게 밥이나 국, 찬을 먼저 담아드렸고, 천천히 식사할 수 있도록 독상을 차렸으며, 색다른 음식이 생길 때도 먼저 대접하였다. 식사할 때에도 웃어른이 먼저 수저를 둔 이후에 아래 사람들이 들었다. 둘째, 식사할 때 수저나 그릇 소리를 내지

11 〈전통적인 민족음식 료리 원리〉, 《로동신문》, 2010. 1. 31.

12 과학백과사전종합출판사, 『조선의 민속전통 1: 식생활풍습』, 과학백과사전종합출판사, 1994, 서론.

않았다. 셋째, 식사 때 손님에게 성의를 다해서 후하게 대접하였다. 넷째, 식사를 위생적으로 깨끗하게 하였다.[13]

3.2. 북한의 비물질유산으로서 식생활 문화

북한은 「문화유산보호법」을 근거로 주요 문화유산을 '국가비물질유산'을 등록하기 시작하였다. 2012년 8월 민요 〈아리랑〉을 '비물질민족유산 국내목록' 제1호로 등록한 이후로 국가 비물질문화유산 목록을 확대하였다.[14] 북한이 지정한 국가급 비물질문화유산 등록한 식생활 문화는 다음과 같다.

'김치담그기풍습', '막걸리담그기', '장담그기', '평양랭면', '신선로', '감홍로양조기술', '떡국만들기', '단군술양조기술', '동지죽풍습', '록두지짐풍습', '백화술 양조법', '쑥떡만들기', '오갈피술 양조방법', '수정과', '자라요리', '약밥', '함경도 단고기장', '함흥 농마국수', '맹태매운탕', '숭늉', '감주담그기', '전골', '추어탕', '두부앗기', '이강고양조기술', '문배주 양조기술', '고려약음식료법', '자라내기', '건뎅이(곤쟁이)젓담그기'

국가등록 비물질유산은 2012년 시작된 이후 해마다 숫자가 증가하고 있다. 북한이 지정한 국가 비물질문화유산 목록과 등재 연도는 접근하는 자료에 따라서 차이가 있기는 하지만 가장 많은 것은 음식문화이다.[15]

---

13 〈고상한 식사례절〉, 《로동신문》, 2018. 3. 4.

14 〈민족의 전통을 고수하고 후세들에게 전달 - 활발히 벌어지는 비물질문화유산보호사업〉, 《로동신문》, 2018. 3. 26. : "비물질문화유산에 대한 보호사업이 활발히 벌어지는 속에 조선에서는 민요 〈아리랑〉, 김치담그기풍습, 장담그기풍습, 치마저고리차림풍습, 씨름, 평양랭면 등 지금까지 100여개의 유산을 발굴 고증하여 국가 및 지방 비물질문화유산으로 등록하였다. 지난해만도 가야금제작기술, 저대제작기술, 숭늉, 백자제조술, 회령오지제조술, 전골, 김주를 비롯한 30여개에 달하는 유산들이 비물질문화유산으로 등록하였다."

15 권혁희, 「북한의 비물질문화유산 정책의 변화와 특성」, 『통일정책연구』 28-1, 통일

북한이 국가비물질문화유산으로 지정한 음식문화는 다음과 같이 구분할 수 있다.

첫째, 전국적인 분포를 가진 일상음식이다. 전통음식을 대표하는 '김치담그기풍습', '장담그기'를 비롯하여 '평양랭면', '록두지짐풍습', '수정과', '자라요리', '맹태매운탕', '숭늉', '전골', '추어탕', '두부앗기', '자라내기', '건뎅이(곤쟁이)젓담그기' 등이 있다.

김치나 간장이나 된장 같은 장류는 두말할 필요도 없는 전통음식이다. 겨울이 시작되면 김장을 하고 겨울이 끝날 무렵에는 장을 담갔다. 김장과 장(醬)은 조선시대 가정의 가장 중요한 생존 의례였다. 콩은 한반도를 원산으로 하는 드문 작물로 일찍부터 각종 장음식이 크게 발전하였다. 콩으로 만든 장은 두 가지로 나뉜다. 하나는 메주를 만들어 간장과 된장을 분리해 먹는 장기 숙성장과 단기간에 담가 먹는 청국장이 있다.[16]

대중적으로 널리 알려진 음식으로는 평양냉면이 있다. 18~19세기에 평양에는 이미 냉면집이 있었고, 1910년대 후반부터 한여름에도 얼음을 구할 수 있게 되면서 계절을 가리지 않은 음식이 되었다. 1925년 1월에 결성된 평양의 '면옥노동조합'에 참여한 냉면집 직원만 100명이 넘었다고 한다.[17]

연구원, 2019, 220쪽 : "북한의 비물질문화유산 중 괄목할만한 성장을 보이는 분야가 음식문화 분야이다. 비물질문화유산 등록제도가 시행된 첫 해와 다음 해에 즉시 '김치만들기, 막걸리 담그기, 장 담그기, 평양랭면'이 등록되었다. 이후 관련 북한의 문헌과 관련보도들에 의하면 '쑥떡만들기, 록두지짐풍습, 과줄가공법, 동지죽풍습, 오갈피술 양조방법, 단군술 양조기술'이 등록되었으며, 2017년 1월에는 '수정과', '자라요리', '약밥', '신선로', '함경도 단고기장(보신탕)', '함흥 농마(감자녹말)국수'가 5월에는 명태매운탕, 숭늉이 등록되었다. 2018년에는 '추어탕'과 '고려약 음식요법', '건뎅이젓 담그기', '자라내기' 등이 추가되어 음식관련 분야가 20% 이상인 것으로 추정된다."

16 박정배, 『한식의 탄생』, 세종서적, 1992, 135쪽.

17 주영하, 『음식을 공부합니다』, 휴머니스트출판그룹, 2021, 125쪽.

추어탕도 한반도 어디서나 먹었던 음식이다. 추어탕은 지역에 따라서 요리방식이 달랐다. 크게 보면 형태를 유지하는 것과 형태를 없애는 방식이다.[18]

둘째, 명절과 관련한 절기 음식이다. '떡국만들기',[19] '동지죽풍습', '쑥떡만들기', '약밥' 등이다. 전통문화를 강조하면서 민족성을 드러내는 민족 음식이다. 명절이 되면 조선옷을 입고 조선 요리를 먹으면서, 민족 고유의 민족문화를 지켜가야 한다고 강조한다.

셋째, 전통주 유산이다. '막걸리담그기', '감홍로양조기술', '단군술양조기술', '백화술 양조법', '오갈피술 양조방법', '감주담그기', 이강고양조기술', '문배주 양조기술' 등이다. 전통주와 함께 주목을 끄는 것은 막걸리이다. 북한에서 막걸리는 전통적인 제조 방식을 정확하게 따르기보다는 다양한 알콜도수로 다양한 첨가물을 넣어 제작한다.[20]

---

18 박정배, 『한식의 탄생』, 세종서적, 1992, 96쪽: "서울식은 미꾸라지 형태를 유지하는 것이 기본이었다. 반면 지방에서는 미꾸라지의 형태를 없애는 것이 일반적이다. 경상도에서는 미꾸라지를 푹 끓여 낸 국물에 배추 우거지를 넣고 산초로 맛을 낸 추어탕을 먹고, 남원으로 대표되는 전라도식은 미꾸라지를 푹 고아 형태를 없애는 점은 경상도식과 비슷하지만 푸성귀, 시래기, 된장, 파, 들깨즙을 넣고 마지막에 산초로 매운맛을 내는 것이 큰 특징이다."

19 떡국은 원래 서울 지역의 설날 음식이었는데, 전국을 대표하는 음식으로 자리 잡았다. 주영하, 『음식을 공부합니다』, 휴머니스트출판그룹, 2021, 212쪽.

20 〈막걸리 만드는 방법〉, 《로동신문》, 2009. 7. 12.: "먼저 흰쌀을 깨끗한 물로 씻고 3시간 동안 물에 불구었다가 물기를 찌운 다음 로라 분쇄하고 즉시 누룩균을 원료량의 0.2%되게 접종한다. 이때 상대습도가 90%이상, 실내온도가 30℃ 되는 누룩배양실에서 36~48시간 배양한다. 누룩배양과 동시에 효모를 배양한다. 배양된 누룩에 물과 효모배양액을 두어 1차 담그기를 한다. 이것을 17~22℃의 온도에서 48시간정도 발효시킨 다음 2차 담그기를 한다. 이것을 22~25℃의 온도에서 매일 한 번씩 교반해주면서 5일 동안 발효를 진행한다. 발효가 끝나면 거르기장치를 리용하여 걸러내며 그 후 제품규격의 기술적 지표에 맞게 알콜농도를 조절하면서 단맛을 조성한다. 이때 막걸리의 품종별 특성에 맞게 맛과 향기조절물질들을 첨가할 수 있다. 그 다음에 다시 거르기를 진행하고 60℃에서 20분 동안 살균하며 0~4℃의 랭동실에 보관한다. 병이나 일정한 용기에 밀폐포장할 때에는 65℃에서 20분 살균한 다음 제품으로 낼 수 있다."

북한에서 막걸리는 식당별로 각기 다른 맛을 낸다. 막걸리 경연대회도 진행한다. 북한 언론도 "수도의 여러 식당들에서는 저마다 막걸리를 만들어 시민봉사를 진행하고 있다"고 소개한다.[21] 막걸리 경연대회에서 우수한 평가를 받는 것은 막걸리의 고유한 맛과 향기, 산미를 살리면서도 발효기일을 단축하고 생산성을 높이는 새로운 막걸리 생산기술을 도입하였다는 문수식당의 막걸리이다.[22] 문수식당 막걸리와 함께 북한에서 호평을 받는 막걸리는 락원백화점에서 생산하는 락백막걸리, 강계막걸리, 삼일포막걸리 등이다. 락원백화점에서 생산하는 락백막걸리는 흰쌀막걸리와 강냉이막걸리, 검은찹쌀막걸리를 기본으로 한다.[23]

넷째, 지역 음식이다. '함경도 단고기장', '함흥 농마국수' 등의 지역 음식을 발굴하여 국가비물질유산으로 지정하였다. '함경도 단고기장'은 함경도 지방의 보신탕이다. 단고기장은 우리 인민들 속에서 삼복철의 몸보신에 좋은 보신탕, 영양음식으로 널리 알려진 전통적인 민족음식"[24]이다. 단고기장을 만드는 방법은 지방에 따라 약간씩 차이가 있는데, 함경도지방에서는 소금을 썼고, 전라도, 경상도지방에서는 단고기장에 남새와 산나물, 밀가루를 풀어 넣어 국물을 걸죽하게 만들었다고 하면서 단고기가 광범위하게 즐겼던 민족요리라는 점을 강조한다.

---

21 〈술, 맥주보다 막걸리 - 민족전통음식을 즐기는 풍조〉, 《조선신보》, 2009. 8. 10.

22 〈술, 맥주보다 막걸리 - 민족전통음식을 즐기는 풍조〉, 《조선신보》, 2009. 8. 10.

23 〈북한 애주가들이 즐겨 찾는 락백막걸리〉, 《통일뉴스》, 2010. 8. 9.: "락백막걸리는 알콜 성분이 다른 지방의 막걸리보다 높은 편인 '락백'막걸리는 한 고뿌(컵) 쭉 들이키고 나면 정신이 쩡하게 들고 절로 마음이 흥그러워진다. 희뿌여면서도 누르끼레한 빛이 도는 강냉이막걸리는 풋강냉이 맛과 닦은강냉이의 고소한 맛이 서로 어울려 무엇이라 표현하기 힘들 정도의 감칠맛으로 단연 사람들의 각광을 받고 있다."

24 황철민, 〈으뜸가는 삼복철보양음식 - 단고기장〉, 《로동신문》, 200 9. 7. 12.

3.3. 북한의 식생활문화 진흥 정책

북한에서 식생활 문화를 발굴하고 보호하는 일반적인 방식은 요리경연대회이다. 비물질문화유산으로서 민족 요리를 발굴하고 개발하는 것도 요리경연대회가 큰 몫을 한다. 북한의 주요 명절을 계기로 요리경연대회, 요리기술경연, 전시회 등이 진행된다. 요리경연대회에는 옥류관, 청류관을 비롯한 주요 식당과 평양호텔, 창광산호텔, 관련 기관에서 참가하여 주제에 맞게 각종 요리를 선보인다.[25]

식생활 문화를 발굴하는 대표적인 사례가 '전국민족음식전시회'이다. 인민봉사총국을 비롯한 중앙기관들과 각 도 급양봉사단위들에서 선발된 150여 개 단위의 요리사 600여 명이 참가했을 정도로 대규모의 이벤트로 전국민족음식전시회에 출품된 음식의 절반 정도는 국가비물질문화유산 품목일 정도로 식생활 전통을 발굴하는 중요한 역할을 한다.[26]

이 외에도 '김치담그기' 경연을 비롯하여 '막걸리경연', '감주경연', '미꾸라지요리경연'처럼 각 분야의 요리경연대회를 통하여 적극적으로 민족음식을 발굴하고 있다.[27] 요리 경연은 한편으로 북한의 식생활 환경이 개선되었다는 것을 보여주는 효과도 있다. 대표적인 요리로 미꾸라지요리 경연이다. 미꾸라지는 식생활 문제 해결의 하나로 적극적으로 양식을

---

25 「민족료리기술발전을 추동한 의의 깊은 계기 - 제9차 광명성절 료리기술경연장을 돌아보고〉, 《로동신문》, 2019. 2. 19.

26 권혁희, 「북한의 비물질문화유산 정책의 변화와 특성」, 『통일정책연구』 28-1, 통일연구원, 2019, 221쪽.

27 김성룡, 「나날이 발전하는 우리의 음식문화〉, 《로동신문》, 2017. 12. 31. : "건강과 병 치료에 좋은 미꾸라지에 대한 사람들의 관심이 더해지고 있는 속에 평성시에서 진행된 전국미꾸라지료리경연은 미꾸라지료리가공방법을 더욱 발전시키고 봉사활동에 적극 구현하기 위한 급양봉사단위들의 경쟁열의를 고조시키는 중요한 계기로 되었다. 또한 려명거리의 료리축전장에서 진행된 평양시안의 봉사단위들과 가정주부들의 김치경연을 통하여 나날이 발전하는 우리 인민의 전통적인 김치담그기방법과 김치담그기풍습에 대한 사회적관심이 얼마나 높은가 하는 것을 잘 보여주었다."

장려하였다. 평양을 비롯하여 전국에 ‘미꾸라지 양어기지’가 생겨났고 생산능력이 늘어나면서, 비물질유산으로 ‘추어탕’을 지정한 것을 계기로 미꾸라지를 이용한 요리경연대회가 개최된 것이다.[28]

〈그림 3〉 민족요리와 막걸리를 소재로 한 예술영화 〈설풍경〉

북한에서 전통 식생활 문화를 발굴하고 보호하는 방식은 남한의 식생활문화 보존과 유사하다. 남한에서 식생활 문화를 포함하여 전통 문화를 발굴하고 보호하는 계기가 된 것은 1962년 1월에 공포된 「문화재보호법」이다. 「문화재보호법」에 의해 1964년 12월 7일 중요무형문화재 제1호 종묘제례악 지정을 시작으로 국가 지정 무형문화재 등재가 시작되었다.[29]

---

28 「양어와 료리를 이렇게 발전시키니 얼마나 좋은가 - 평양시 미꾸라지료리경연장을 돌아보고〉, 《로동신문》, 2019. 5. 18.

29 장성숙, 「국가민족주의 담론 하 한국춤의 발전양상고찰(1961～1992)」, 『한국무용연구』 29-2, 한국무용연구학회, 2011, 125~126쪽 : “문화재 보호법은 정부가 역사적, 예

※출처: 대동강식료무역회사의 팸플릿

〈그림 4〉 북한의 국주(國酒) '평양소주'

전국적인 차원에서 민족의 우수한 문화를 발굴하기 위한 '전국민속예술경연대회'가 개최되었다. '전국민속예술경연대회'는 국민에게 민속예술을 보급·선양하고 민속을 발굴하고 중요무형문화재 지정을 촉진하는 계기가 되었다.[30]

북한의 전통식생활과 관련하여 주목하는 것은 평양소주이다. 평양소주는 북한의 국가상징의 하나인 국주(國酒)이다. 북한은 2015년 국가상징의 하나로 국주를 지정하였다. 북한의 국주는 평양소주이다. 세계적으로 이름난 술이 있어도 술을 국가상징으로 지정한 것은 매우 이례적인 일이다. 국가별로 이름난 술이라는 의미로 명주(名酒) 또는 '대표 술'이라고 하지, 국가상징이라고 하지 않는다.[31]

그러나 북한에서는 대중주인 평양소주를 국주로 지정하고, 북한의 주요 대외 사이트를 통해 적극적으로 홍보하고 있다. 평양소주는 대동강식

술적 또 학술적 가치가 큰 무형 문화유산 중 소멸되거나 변질될 위험성이 많은 것을 선별하여 이를 보호하기 위하여 국가의 중요무형문화재로 지정하였다. 이 과정에서 민속춤, 정재, 탈춤, 무속춤, 농악 등 다수의 전통춤이 한국 전통춤 유산 발굴 작업과 정부 주도의 민족 문화 진흥 사업에 고취되어 문화재로 지정되었다. 이 과정에서 민속춤, 정재, 탈춤, 무속춤, 농악 등 다수의 전통춤이 한국 전통춤 유산 발굴 작업과 정부 주도의 민족 문화 진흥 사업에 고취되어 문화재로 지정되었다."

30 윤덕경, 「한국 전통춤 전승과 보존에 관한 현황과 과제」, 『한국무용연구학회』 28-2호, 한국무용기록학회, 2010, 61~62쪽.

31 이지순·이무경·전영선, 『국가상징의 문화적 형상과 북한의 브랜드 전략』, 통일연구원, 2021, 56쪽.

료공장에서 생산하는 희석식 소주이다. 국가비물질문화유산으로 지정한 전통주를 제외하고, 희석식 소주를 국가상징으로 지정하였다. 대외적으로는 대중주인 '평양 소주'브랜드 경쟁력을 높이고, 브랜드 위상을 높이려는 전략으로 파악된다.[32]

4. 남북의 식생활문화 전통 인식 차이

4.1. 문화유산 정책의 지향성 차이

북한은 우리 민족이 오랜 역사를 통해서 '민족의 고유하고 우수한 전통'을 잘 지켜오면서, '반만년의 유구한 역사와 우수한 문화전통'을 가진 민족이라고 평가한다. 세계적으로도 우수한 문화를 가진 민족이라는 것은 '고대의 철제도구와 청동도구, 고구려무덤벽화와 고려자기, 첨성대, 금속활자와 금속제 측우기, 거북선' 등의 찬란한 민족문화를 이루었다. 무형문화에서는 '슬기롭고 용감하며 불의를 미워하고 정의와 진리를 사랑하며 도덕의리를 귀중히 여기는 예의도덕', '우리의 식생활과 밀착되어 오래전부터 전해 내려오고 있는 민족음식', '설, 정월대보름, 한가위와 같은 민족명절', '백의민족으로 대변되는 민족옷차림', '조선화, 조선민요, 조선무용, 미술전통과 같은 문화예술', '그 민족의 역사와 전통이 반영되어 있는 민족어' 등이 민족문화를 구성하고 표현하는 요소로 꼽는다. 그중에서도 음식문화는 다른 민족과 구분되는 특징적이면서도 우수한 문화로 오늘날에도 적극적으로 잘 유지되고 있는 대표적인 문화로 강조한다.

---

32 이지순·이무경·전영선, 『국가상징의 문화적 형상과 북한의 브랜드 전략』, 통일연구원, 2021, 58쪽.

북한이 민족문화유산 보호를 강조하는 이유의 하나는 정치적인 목적도 있다. 민족유산보호 사업은 "선조들이 이룩한 귀중한 정신적 및 물질적 유산을 계승 발전시켜 민족의 력사와 전통을 고수하고 빛내이기 위한 애국"사업이다.[33] 민족유산 보호 사업은 민족유산에 대한 김일성과 김정일이 지도와 지침에 따른 결과이다. 그렇기 때문에 민족의 역사와 문화에 대해 잘 알고, 우수한 민족문화를 지켜가는 것은 수령의 유훈을 이어가는 사업이자 애국자의 기본 조건이다. "자기 나라의 력사와 풍습과 문화를 잘 알고 그에 대한 옳은 태도를 가짐으로써만 민족적긍지와 자부심, 열렬한 조국애를 가질수 있"다고 보기 때문이다. 그러므로 "모든 부문, 모든 단위들에서는 민족문화유산에 대한 옳은 태도를 가지고 그를 통한 교양사업에 깊은 관심을" 가져야 한다고 교양한다.[34]

북한이 강조하는 민족문화유산 교양 사업은 '수령 위대성 교양'으로 연결된다. "명승지들과 국보적 의의를 가지는 력사유적들마다에는 백두산절세위인들의 거룩한 자욱과 령도업적이 아로새겨져"[35] 있기에 민족유산을 교양하는 것은 곧 정치 교양 사업이 된다. 사회주의 혁명과 건설 과정에서 수령이 어떻게 민족의 역사와 문화를 어떻게 계승하고 발전시켰는가를 교양함으로써, "민족문화유산을 계승발전시키는 과정에 이룩한 고귀한 성과들은 민족의 만년재보에 깃들어있는 수령의 사상리론의 정당성과 생활력, 령도의 현명성을 구체적인 현실로 보여줌으로써 민족성원들

---

33 김정은, 〈민족유산보호사업은 우리 민족의 력사와 전통을 빛내이는 애국사업이다 - 조선로동당 중앙위원회 책임일군들과 한 담화(2014년 10월 24일)〉, 《로동신문》, 2014. 10. 30.

34 민족문화유산과 애국주의 교양에 대해서는 「민족문화유산을 통한 애국주의교양을 강화하자」, 『민족문화유산』 2001년 3호, 과학백과사전출판사, 2001 참고.

35 김정은, 〈민족유산보호사업은 우리 민족의 력사와 전통을 빛내이는 애국사업이다 - 조선로동당 중앙위원회 책임일군들과 한 담화(2014년 10월 24일)〉, 《로동신문》, 2014. 10. 30.

로 하여금 자기 수령의 위대성을 실생활체험을 통해 보다 폭넓게 깊이 체득할수 있게 한다"는 것이다.[36] 문화유산 발굴과 보호를 통해 '지도자에 대한 신뢰, 체제에 대한 충성'의 내면화로 활용하는 것이다.[37]

4.2. 식생활 문화유산의 정통성 기준 차이

권혁희는 남북에서 진행되는 음식문화의 문화유산화 과정에 대해 공통점과 차이점을 지적한다. 북한 민족 음식을 '비물질문화유산'으로 지정하는 과정은 남한에서 1988년을 전후하여 추진한 향토음식의 산업화 과정과 유사하다고 평가한다. 하지만 비물질문화유산화 과정은 전혀 다른 맥락 속에서 이루어지고 있다고 지적한다. 북한에서의 음식문화 전통을 '일상의 전승성'에 맞추어 있다는 것이다. '단군술'양조기술과 같이 특정인에 의해 개발되고 진흥된 사례도 있지만 '명태매운탕'이나 '숭늉'처럼 특정인으로 지정할 수 없는 음식이 대부분이라는 것이다.[38]

이러한 차이는 민족문화에 대한 해석과 의미 차이에서 비롯한 것이다. 북한에서 높이 평가하는 문화유산은 '진보적이고 인민적인 문화'이다. 문화란 '문화를 생성한 계급의 관점과 이익을 벗어날 수 없'기 때문에 모든 문화는 필연적으로 계급성을 갖는다는 입장이다. 문화는 필연적으로 특정한 계급의 입장을 대변, 지지, 옹호하게 된다'는 입장이다. 북한은 노동계급의 이익을 대변하는 당의 원칙과 맞물려 인민 대중 중심의 민족문화

---

36 「민족문화유산을 통한 어버이수령님의 위대성 교양을 강화하자」, 『민족문화유산』 2004년 3호, 과학백과사전출판사, 2004.

37 이현주, 「북한집단주의 정치사회화의 심리적 요인에 관한 연구」, 『북한연구학회보』 15-2, 북한연구학회, 2011, 304~305쪽.

38 권혁희, 「북한 전통문화의 문화유산화 과정과 주민 일상의 변화 – 비물질문화유산 지정과 주민 생활문화의 변화를 중심으로」, 『현대북한연구』 24-3, 북한대학원대학교 심연북한연구소, 2021, 97~98쪽

를 강조하는 것이다.

'무엇을 문화재로 지정하느냐'는 문제는 전통문화를 해석하는 남북의 차이가 크다. 남북의 식생활 전통을 기준이 다르고 식생활에 대한 평가에서 차이가 나기 때문에 정통성을 인정할 때는 상당한 충돌이 예상된다. 예컨대 명인이나 명장을 평가하는 기준을 정해야 하는 문제는 국제적인 표준을 정하는 문제만큼 복잡하다.[39]

북한은 지배 계층의 문화가 아닌 인민의 민족적 정서를 기준으로 한다. 이런 점에서 북한 입장에서는 "남한이 1964년에 지정한 국가무형문화재 제1호 종묘제례악은 봉건 왕조 조선의 최상위 지배 계급이 비과학적인 귀신을 숭배하는 행위를 최고의 가치가 있는 것을 보고 지정한 것이며, 비인민적이며, 봉건적인 유산 잔재일 뿐이다."[40] 식생활 전통으로 본다면 1971년 국가무형문화재 제38호로 지정된 "조선왕조 궁중음식"은 북한의 기준에서 본다면 의미가 크지 않다.

4.3. 민족문화의 주체화와 세계화의 차이

북한의 문화정책은 '주체적인 사회주의적 민족문화 건설'에 있다. 사회주의적 민족문화 건설은 1949년 10월 15일의 김일성의 교시 「민족문화유산을 잘 보존하여야 한다」를 통해서 원칙으로 제시된 이후 유지되고 있는 원칙이다. 문화는 민족을 중심으로 발전하기 때문에 민족마다 고유한 문화를 갖고 있다는 것이다. 문화의 보편성, 문화의 세계주의를 강조

39 〈'제과 명장' 자기들 멋대로 쓰고 돈거래도... 국가·지자체 유사 명장에 소송 걸어야〉, 《경기일보》, 2021.8.21.(http://www.kyeonggi.com/news/articleView.html?idxno=2376503) (검색일: 2022.1.22.)

40 배인교, 「북한의 전통음악관련 무형유산의 전승과 남북한 협력 방안」, 『무형유산』 7, 국립무형유산원, 2019, 37쪽.

하는 것은 현대 부르주아 이론가들의 '반동적인 견해'에 불과하다고 주장한다.[41] 민족문화를 잘 알고 지켜나가는 것도 민족문화를 지키지 못하게 되면 제국주의자들의 사상문화적 침투를 이겨낼 수 없다고 본다.[42]

이런 관점에서 민족문화의 가치를 평가한다. 북한이 민족문화와 관련하여 사용한 수식어는 순수와 관련한 것이 많다. 대체로 '깨끗함', '순결함', '맑고 부드러움', '우아함', '고상함', '자연스러움', '조화로움', '세련됨', '아름다움', '선명하고 간결함', '유연하고 명료함' 등의 수식어가 자주 붙는다. 북한도 "북과 남, 해외의 온 겨레는 하나의 피줄을 이어받은 단군의 후손들이라고 하시면서 온 겨레가 민족중시의 립장에서 력사문제에 대한 공통된 인식을 가지며 민족문화유산과 관련한 학술교류도 많이 하여"야 한다고 강조한다.[43] 실제적으로 남북 협력이 잘 진행된 분야의 하나도 민족문화유산과 관련한 분야이다.

그러나 현재 남북 문화의 지향은 차이가 있다. 민족문화의 순수성을 강조하는 북한의 지향과 달리 남한에서 민족문화는 국제화를 지향하면서 퓨전화되었다. 이는 식생활에서도 두드러지게 차이가 난다. 남북의 식생활 문화는 상당한 차이가 있다. 북한은 민족을 정치의 기본 단위로 강조하였다. 특히 1980년대 중반 이후 민족을 북한식 사회주의 체제를 이루는 정체성의 핵심으로 규정하면서 민족문화를 정치적으로 활용하였다.

---

41 〈제국주의의 사상문화적침투를 배격하자〉, 《노동신문》·《근로자》 공동사설, 1999. 6. 1.

42 〈제국주의의 사상문화적 침투책동을 짓부셔버려야 한다〉, 《로동신문》, 2018. 1. 20.: "제국주의자들은 사상문화적 침투작전이 비용을 적게 들이면서도 군사작전을 초월한 효과를 얻을 수 있다고 떠벌이면서 각종 선전수단들을 통하여 저들의 썩어빠진 반동사상문화를 대대적으로 류포 시키고 있다. 특히 미국을 비롯한 제국주의자들은 다른 나라들을 침략하는 데서 〈유연한 실력〉 사용에 대해 특별히 강조하고 있다. 저들의 피를 전혀 흘리지 않으면서도 손쉽게 다른 나라들을 정복하자는 것이다. 그 중의 하나가 바로 반동적인 사상문화의 침투이다."

43 〈국가비물질문화유산 - 단군제례〉, 《로동신문》, 2017. 10. 3.

2000년 이후 국가를 내세웠고, 김정은 체제에서는 '우리 국가제일주의'를 국가 아젠다로 하였다. 하지만 '주체의 사회주의 국가'의 정체성은 확고하다. 북한은 주체성을 확인하는 징표로서 문화에서 순수성을 유난히 강조하는데, 식생활 문화에서도 이러한 순수함을 강조한다. 반면 남한의 식생활은 경제성장에 따른 식단의 변화와 외식산업으로 세계화가 자연스럽게 진행되었다.

5. 남북교류 협력 방안과 과제

민족문화유산은 과거의 유산이자 미래의 문화자산이다. 한민족의 문화는 오랫동안 한반도를 근간으로 오랜 역사 속에서 형성되었다. 하나의 민족문화 전통을 이어받은 남북은 민족 문화유산을 공동으로 잘 보존하여 후손들에게 물려주어야 할 의무가 있다. 민족의 문화정체성을 형성하는 의, 식, 주 생활문화는 분단 80년을 바라보는 현재에도 여전히 가장 강력한 공통성으로 작동한다. 특히 식생활문화는 지난 2018년 남북정상회담에서 냉면이 화제가 되었던 것처럼 문화적 공통성을 확인하는 가장 분명한 지표의 하나이다.

북한에서도 민족문화의 전통을 보존하려는 노력은 이어졌다. 김정은 체제가 시작된 2012년 이후 비물질유산을 발굴하였는데, 비물질유산 중에서 식생활 문화가 다수 포함되어 있다. 남한에서는 1960년대 「문화재보호법」을 비롯한 민족문화진흥 정책으로 한식의 표준화를 진행하였다. 1990년대 이후로는 한식의 산업화를 추진하여 식품산업으로서 한식을 육성하였다. 전통 식생활 문화는 산업으로서 역량을 높여가고 있다. 한류바람을 타면서 또 다른 한류로서 'K-food' 바람을 일으키고 있다.

남과 북에서 진행하고 있는 전통식생활 문화유산에 대한 가치 평가와 산업화 정책은 상당히 비슷한 점이 있다. 그러나 김정은 체제에서 진행하고 있는 비물질문화유산보호 정책은 '우리 국가제일주의'를 기반으로 한다. 민족에서 국가로의 위상을 정립하는 과정에서 국가성에 무게를 두고 있다. 민족문화의 발굴과 보전을 최고지도자의 애국과 연결한 정치 교양사업으로 진행한다. 또한 민족문화를 바라보는 시각에서도 차이가 있다. 신선로 같은 요리를 국가 비물질문화로 지정하기도 하였지만 우수한 민족문화는 '명태매운탕', '숭늉' 같이 인민대중에 초점이 맞추어져 있다. 따라서 궁중요리나 사찰음식 등은 전통문화의 범주에서 소외되어 있다.

이는 통일 과정에서 민족문화의 정통성을 규정하고 가치를 평가하는 기준에서의 갈등 충돌을 예상케 한다. 통일 과정에서 불거질 수 있는 생활문화의 충돌은 적극적인 교류와 협력을 통해서 해소할 수 있다. 민족문화를 규정하고, 정통성을 인정하는 문제는 하나로 통일해야 하는 정치적인 단일성과는 다른 문제이다. 대한민국 내에서도 식생활문화와 관련하여 국가에서 인정하는 명인, 명장은 다양하다. 고용노동부에서 지정하는 '대한민국명장'이 있고, 농림축산식품부에서 지정하는 '대한민국식품영인'이 있고, 해양수산부에서 지정하는 '수산식품명인'이 따로 있다. 기관도 여러 곳이다. 한국식품명인, 대한민국식품명인, 한국명인, 글로벌케이푸드, 전통가공식품, 전통식품명인 등으로 다양하다.

생활문화의 전통을 유지하면서, 시대에 맞추어 새로운 산업으로 이어가는 노력과 함께 다양한 방향으로의 산업화가 동시에 진행되어야 한다. 통일 과정에서는 기준와 방향이 논의되어야 한다. 정책적인 논쟁이나 정치적 상황에 따라서 추진 여부가 결정되어서는 안 된다. 이를 위한 남북 사이의 합의와 협력이 필요하다. 남북이 공동으로 장기적인 '기본 계획'을 수립하고, 공유하여야 한다. 기본계획에 따라서 문화유산에 대한 교류

협력의 범위, 추진 단계, 구체적인 방법이 결정될 수 있다.[44] 남북 문화유산 교류협력은 남북관계를 포함하여, 통일로 가는 과정에서 필요한 전문성이 필요한 분야이다. 기본 계획의 주체를 분명히 하고 전담체계로 추진되어야 한다.[45]

식생활 문화를 비롯하여 남북이 생활문화에서 교류협력을 위해서는 다음과 같은 과제가 필요하다.

첫째, 북한 문화유산에 대한 정확한 정보 수집이 우선으로 필요하다. 식생활 전통에 대한 기록과 현황에 대한 상호 협력이 필요하다. 둘째, 문화유산에 대한 공동 발굴조사 사업의 확대이다. 적극적인 교류를 통해 민족전통의 문화를 발굴하고 교류사업을 진행해야 한다. 셋째, 관련 분야의 교류협력을 기획하고 추진할 수 있는 인적 인프라를 체계적으로 구축해야 한다. 넷째, 개성공단이나 접경지에 식생활 문화 전통을 위한 연구와 산업화의 클러스터 구축 등의 방안이 필요하다.

---

44 남북 문화유산 교류협력의 기본 계획을 수립하고, 운영하는 주체와 관련하여 2005년에 국회에서 추진되었던 「남북사회문화교류 진흥에 관한 법률」이 사례가 된다. 2005년 국회의원 22명의 명의로 발의된 「남북사회문화교류 진흥에 관한 법률」은 남북 사이에 사회문화교류 진흥과 관련한 내용이 포함되어 있었다. 제출된 법안은 통일부 내 남북사회문화교류진흥위원회 설치, 남북사회문화교류진흥원의 설립, 남북사회문화교류진흥 사업의 지원, 관련 전문인력 양성기관의 지정 등을 주요 골자로 하였다. 이 법은 임기만료로 폐기되었고, 이후 사회문화교류와 관련한 논의는 미진한 상황이었다.

45 2013년 제출된 정상우 외의 『남북 문화교류 진흥을 위한 법제 연구』에서는 남북문화교류 기본계획의 수립 주체로 문화체육부장관을 지정하였다. 『남북 문화교류 진흥을 위한 법제 연구』는 남북 문화교류 진흥을 위한 법제 연구로 '문화교류의 지속과 민족문화 공동자산의 진흥을 위'해서는 새로운 법체계가 필요하다고 주장한다. 민족문화 공동 자산의 진흥을 위한 "목적, 정의, 국가와 지방자치단체의 책무, 다른 법률과의 관계, 기본 계획, 연도별 시행계획, 남북 문화교류의 특례, 남북 문화교류위원회, 설립등기, 실태조사, DB 구축, 민족공동 문화자산에 대한 이해증진, 진흥원, 문화콘텐츠 생산 지원 등, 남북 문화교류 활동의 지원, 국제기구를 통한 문화교류, 경비지원 등의 규정을 제시"하였다. 이에 대해서는 정상우 외, 『남북 문화교류 진흥을 위한 법제 연구』, 문화체육관광부, 2013 참고.

남북의 농업협동화 경험과 통일농업의 미래
: 남의 협업농장과 북의 협동농장을 중심으로

정진아

1. 머리말

일제시기까지 봉건적인 지주-소작제도 하에 놓여있던 농민들은 해방 후 남북에 각각 농지개혁과 토지개혁이 시행되면서 자기 땅을 가진 자작농이 되었다.[1] 그러나 인구밀도가 높고 농업인구가 많았기 때문에 분배된 땅은 협소했고, 농민들의 삶은 윤택해지지 못했다.[2] 전쟁으로 인한 생산기반의 파괴, 잉여농산물 도입 등으로 생산력 발전 또한 난관에 부딪혔다. 남북은 농민의 영세성을 극복하고 농업생산력을 급속히 발전시키

1 북의 토지개혁 과정에 대해서는 김성보, 『남북한 경제구조의 기원과 전개-북한 농업체제의 형성을 중심으로』, 역사비평사, 2000을, 남의 농지개혁 과정에 대해서는 김성호 외, 『농지개혁사 연구』, 한국농촌경제연구원, 1989를 참조할 것.

2 농지개혁 후 남의 농가당 농지면적은 0.75정보, 북은 1.3정보에 불과했다. 북의 토지개혁과 남의 농지개혁에서는 자경하지 않는 5정보와 3정보 이상의 토지와 농지를 개혁의 대상으로 삼았다. 이때 상한선 5정보와 3정보는 농민이 자가소비를 하고 남는 식량을 가지고 소비하고, 재투자함으로써 확대재생산을 할 수 있는 기준이었다.

기 위한 방안으로서 협동화를 통한 농업구조 개혁의 길을 추구했다. 하지만 남북이 선택한 방향은 달랐다.

북한은 사회주의 국가건설을 표방하는 가운데 사회주의적 농업협동화를 추진했다.[3] 그것은 계획경제에 부응하고 경공업에 원료공급을 하며 도시 노동자에 대한 식량 배급을 하기 위해 생산과 분배 협동에 주안점을 둔 국가적인 협동농장 시스템이자,[4] 국가 주도의 집단농업체제였다.[5] 남한 역시 자본주의 국가건설을 표방하면서도 영세 소농구조의 문제를 근본적으로 해결하기 위한 방안으로서 협업농장 모델을 검토하고 실험했으나, 관 주도의 협업농장 실험은 조기에 실패로 돌아갔다. 다만 민간에서 생산과 판매뿐 아니라 경영 협동에 주안점을 둔 협업농장이 제한적, 자율적으로 추진되었을 뿐이다.[6]

북의 협동농장이 생산력 증진의 길을 생산·유통·분배의 계획화, 공동화에 두었다면, 남의 협업농장은 생산력 증진의 길을 민간 자율의 공동생산과 판매 및 공동경영에 두었다. 본격적인 산업화를 앞둔 남북이 영세 소농체제의 극복과 농업생산력 증진을 위해 선택한 협동농장과 협업농장

---

3 김승준, 『우리나라에서의 농촌 문제 해결의 력사적 경험』, 조선로동당출판사, 1965, 116~123쪽.

4 김승준, 『우리나라에서의 농촌 문제 해결의 력사적 경험』, 조선로동당출판사, 1965, 189~191쪽.

5 북한의 협동농장 실태에 대해서는 정은미 『북한의 국가중심적 집단농업과 농민 사경제의 관계에 관한 연구』, 서울대학교 사회학과 박사학위논문, 2006; 남성욱, 『현대 북한의 식량난과 협동농장 개혁』, 한울아카데미, 2004 참조.

6 남한에서 실험된 관 주도 협업농장에 대해서는 정진아, 「1960년대 이후 농업경영을 현대화하기 위한 실험들-협업농장을 중심으로」, 『통일인문학』 87, 건국대학교 인문학연구원, 2021을, 민간 협업농장 사례에 대해서는 정진아 위의 논문과 김소남, 「1970년대 원주 그룹의 전답복구사업과 협업농장 사례 연구」, 『한국근현대사연구』 72, 한국근현대사학회, 2015; 김영미, 「1960년대 민간 협업농장의 경험과 자산-경기도 화성지역 화남협업농장을 중심으로」, 『동방학지』 191, 연세대학교 국학연구원, 2020; 김소남, 「1960~1970년대 증평협업농장의 설립과 운영과정 연구」, 『동방학지』 197, 연세대학교 국학연구원, 2021을 참조할 것.

모델은 현재 성과와 한계점을 동시에 노정하고 있다. 남한은 농업인구의 감소와 고령화, 지역의 소멸, 공동체성의 파괴, 기후와 생태의 위기, 개방농정의 문제에 봉착하고 있고, 북한은 주체농법의 문제와 식량위기에 직면하고 있다. 이는 남북이 추진해온 성장지상주의적 농업근대화의 문제에서 비롯된 것이다. 따라서 통일 농업의 미래는 남북의 자본주의, 사회주의 농업근대화의 경험에 기반한 경제협력에 머물러서는 안 된다. 지속가능한 발전이라는 목표에 따라 기후위기에 대응하고, 사람과 생태를 살리는 새로운 패러다임을 만들어감으로써 한반도에 지속가능한 평화를 만드는데 기여해야 할 것이다.

이 논문에서는 영세 소농구조를 청산하고 대농화를 통한 농업생산력 발전을 추구한 북한의 협동농장과 남한의 민간주도 협업농장 경험을 비교, 검토하는 가운데 통일 농업의 미래를 전망해보고자 한다. 2010년대 들어서면서 홍성지역에 젊은 협업농장이 발족했고, 사회적 농업을 실현하기 위한 농장들이 곳곳에 자리 잡았다. 점점 가족농이 불가능해지는 시대에 젊은 층을 중심으로 새로 생겨나고 있는 협업농장 실험은 주목할 만한 현상이지만 아직 성과를 논하기에는 이르다. 그러므로 이 논문에서는 1960년대 시작되어 50여 년의 협업농장 운영 경험을 축적하고 있는 '증평협업농장'을 대상으로 북한 협동농장과의 비교 연구를 진행하고자 한다. 국가 차원에서 대대적으로 추진한 북의 협동농장과 민간이 증평지역에서 소규모로 운영한 남의 협업농장을 비교 대상으로 삼는다는 것은 적절하지 않을지도 모른다.[7] 하지만 영세 소농구조의 개혁이라는 동

---

7 분단 이후 남북의 협동조합 체제의 차이에 대해서는 이경란, 「한국 근현대 협동운동의 역사와 생활협동조합」, 『역사비평』 102, 역사문제연구소, 2013, 53~54쪽을 참조할 것. 그는 북의 협동농장과 남의 농협이 모두 국가기관화되었다고 평가했다(이경란, 「한국 근현대 협동운동의 역사와 생활협동조합」, 『역사비평』 102, 역사문제연구소, 2013; 이경란, 「1950년대 농업협동조합 법 제정과정과 농업협동체론」, 『해방후

일한 문제의식에서 출발해서 대농화, 협동화의 방식을 지금까지 유지하고 있는 남의 협업농장과 북의 협동농장을 비교, 검토하는 작업은 첫째, 영세 소농구조를 개혁하고자 한 남북의 농업모델이 갖는 특징을 이해하는 데 도움을 줄 것이다. 둘째, 남북 농업협동화 경험이 갖는 공통점과 차이점을 이해하는 계기가 될 것이다. 셋째, 남북의 경험을 성찰하는 가운데 통일 농업의 미래를 탐색해볼 수 있을 것이다.

남북은 영세 소농구조의 문제를 근본적으로 해결하기 위해 협동농장, 협업농장이라는 농업협동화의 길을 선택했고, 오랜 기간 자신들의 경험을 축적해왔다. 이글에서는 남북 농업협동화의 역사적인 경험을 반추하고 한계를 극복하는 가운데 협동화를 통한 통일 농업의 미래를 전망해보고자 한다. 이는 화해협력과 남북연합 단계의 농업모델을 만들어가고자 하는 시도이자, 공존과 상생의 조화로운 코리아의 단초를 놓는 작업이 될 것이다.

2. 남한 협업농장 실험과 운영

2.1. 관 주도 협업농장의 추진과 실패

1949년 농지개혁이 단행되었음에도 불구하고 1950년대 내내 한국의 농업경영은 악화되었고, 농어촌에는 고리채가 누적되었다. 잉여농산물 도입으로 저곡가정책이 유지되는 가운데 개별화된 영세 소농 구조로는 이에 대응할 수 없었다. 자본 부족, 과소 소득, 기술 정체 등 빈곤의 악순환을 구조적으로 조장하고 있는 영세경영을 해소하고 농업 생산구조를 획기적으로 변화시킬 수 있는 방안이 필요했다. 1963년 1월 농업

사회경제의 변동과 일상생활』, 혜안, 2009, 224쪽).

전문가들로 꾸려진 농림부 농업구조정책심의회는 협업경영을 대안으로 제시했다.[8]

이에 농림부는 1963년 경기도 광주협업개척농장, 전라북도 운장산협업개척농장, 전라남도 백운산 협업개척농장, 경상북도 박달 협업개척농장, 경상남도 대리 협업개척농장 전국 5개 지구에 시범 개척농장을 설치했다. 시범 개척농장은 영세농민을 산지로 이주시켜 개척사업에 종사하도록 하고 연중무휴의 다각영농을 실현함으로써 농업경영의 영세성을 극복하는 것이 가능한가를 탐색하기 위한 농림부의 야심 찬 실험이었다. 하지만 농림부의 시범 개척농장은 교통문제, 인화문제, 경영문제 등 총체적인 문제에 부딪혔다. 우선 시장과의 거리를 고려하지 않은 산지 개척은 운송비 과다, 판로개척의 어려움 등으로 농가의 채산성을 악화시켰다.[9] 의욕과 가치관의 편차가 다양한 생면부지의 사람들을 폐쇄적인 공간에 모아놓고 고된 생산과 생활을 감내하도록 하자 내부 갈등이 끊이지 않았고, 입주자의 탈퇴와 퇴장이 반복되었다.[10] 생산기술과 경영능력의 부족, 방만한 운영으로 농장은 부실을 면치 못했고, 대부분의 농장들이 정부 보조금과 농협 융자에 의존한 운영을 하는 등 자생성을 상실했다.[11] 정부와 지자체의 과도한 개입과 간섭도 문제였다. 결국 농림부 시범개척농장은 1970년대 초반 모두 문을 닫았다.[12]

---

8 농업구조정책심의회, 「농업구조 개선책」, 의안번호 제146호, 1963. 01. 31.

9 운장산농장은 진안까지 22km, 백운산농장은 광주 5km, 순천 28km, 박달농장은 경주 22km, 대리농장은 양산 13km, 부산 45km였다(농협조사부, 「협업농업경영실태조사보고서」, 『농협조사월보』 110, 농업협동조합중앙회, 1966, 31쪽). 광주농장만 시장까지의 거리가 가까웠다.

10 농림부, 「1964년도 협업개척농장사업종합보고서』, 1964, 30·34·42쪽; 농림부, 「1965년도 협업개척농장사업종합보고서』, 1965, 32~33쪽.

11 농협조사부, 「협업농업경영실태조사보고서」, 『농협조사월보』 110, 농업협동조합중앙회, 1966, 35쪽.

한편, 충청북도는 농업의 영세성과 불합리성을 시급히 타개하고 장기적인 미래농업에 대처하기 위하여 협업농업육성 6개년계획을 수립하고 도내에 96개의 협업농장을 선정, 지원했다.[13] 이 지역의 농민들은 1정보 이하의 영세농이 70%를 점했다. 대부분 미맥을 위주로 하는 단작형 전업농민이었지만, 농지가 산간에 집중되어 있어 생산성도 낮았다. 이러한 취약성을 극복하기 위해 충청도가 나선 것이다. 충청북도의 협업농장 실험에는 농민들이 자발적으로 참여했다. 농업경영이라는 측면에서 본다면, 연중무휴의 다각영농을 실현한다는 환상에서 벗어나 농장의 업종을 주작물, 주잠업, 주축산, 주특작물 등으로 집중함으로써 산지의 특성과 채산성을 고려한 현실적인 복합영농으로 발상을 전환해나갔다.[14] 이는 상업성이라는 측면에서도 농민에게 유리한 선택이었다. 농민들은 협업농장을 운영하는 과정에서 자활과 민주주의의 원리를 체득해갔다.[15]

관 주도의 협업농장 실험은 농업협동조합의 작목반으로도 계승되었다. 리동조합이 규모의 경제를 실현하기 위해 읍면 단위로 통합하면서 농민들과의 연계가 느슨해지자 농협은 새마을운동의 말단기구이자 농협의 기층조직으로서 작목반을 활용하고자 했다.[16] 농협은 상품작물을 재배하는 농가에 농사기술과 경영기법을 지도했고, 농민들은 개인적으로 시도하기 어려운 기술과 경영에 대한 노하우를 전수받았다. 공동생산과

---

12 〈빚에 몰린 모범농장 농협서 경매 수속〉, 《매일경제》, 1969. 02. 14; 〈농림관계 비영리법인, 3월 중에 30개 정비〉, 《매일경제》, 1972. 07. 11.

13 농업경영연구소, 『농업근대화의 협업농업 활용방안 조사연구』, 농촌진흥청, 1969.

14 김효영, 「충청북도 지사 인사」, 『협업농업육성 쎄미나보고서』, 1969, 17쪽; 유용기, 「협업농업 실시의 계획과 실제」, 『협업농업육성 쎄미나보고서』, 1969, 98~102쪽.

15 충청북도·한국정경연구소, 「토의내용」, 『협업농업육성 쎄미나 보고서』, 1969, 297~314쪽.

16 진흥복, 「쌀 작목반의 조직·운영 및 경제성에 관한 조사연구」, 『농협의 쌀 협업생산과 공동판매에 관한 조사연구』, 농협조합초급대학 부설 농협문제연구소, 1975, 9쪽.

공동구판매, 공동출하 등으로 생산력을 높이고 소득도 증대할 수 있었다.[17] 함께 농사를 짓는 과정에서 민주주의적 운영과 연대에 대한 의식도 강화되었다. 하지만 농협은 신용 대출과 기술 지도, 유통 전반에 대한 막강한 영향력을 행사하면서 농민들을 통제하고자 했고, 이 농민들의 자율적인 성장을 가로막는 요소였다.[18]

2.2. 민간협업농장의 설립과 운영

관에 의한 협업농장 실험이 추진되고 실패를 거듭하는 가운데 다른 한편에서는 민간 협업농장이 하나둘 생겨나기 시작했다. 대표적인 협업농장이 증평협업농장이다. 증평협업농장은 1968년 10월 괴산의 국회의원 안동준의 구상으로 시작되었다.[19] 안동준은 공화당 국회의원으로서 1964년 2월 18일 농업기본법을 발의하는 등 농업구조 개선 문제에 특별한 관심을 가진 인물이었다.[20] 그는 법안 발의에 그치지 않고 1965년 5월 이스라엘의 키부츠와 모샤브를 방문한 후, 자신의 지역구인 괴산군 증평읍에 협업농장을 건설할 계획을 세웠다. 그가 세우고자 한 협업농장은 농공단지 구상의 일환이었다.[21] 이에 그는 가발공장과 협업농장 설립을 지원하는 한편, 경상북도로 배치될 계획이었던 제37사단을 증평에 유치하고 괴산수력발전소 건설에도 앞장섰다.[22]

---

17 최동근, 「농협의 작목반조직에 관한 연구」, 건국대학교 경제학과 석사학위논문, 1991, 42·45~46쪽.

18 한국기독교사회문제연구원, 『한국의 농업 개발 모델에 관한 연구』, 1982, 7쪽.

19 이재봉(증평영농조합법인 대표) 인터뷰, 증평영농조합법인 사무실, 2021년 8월 31일; 안건일(안동준 의원 아들) 인터뷰, 충주 중산고등학교 이사장실, 2021년 9월 9일.

20 안건일 인터뷰, 충주 중산고등학교 이사장실, 2021년 9월 9일.

21 안병출(증평협업농장 총무) 인터뷰, 증평협업농장 사무실, 2021년 8월 31일.

22 안건일 인터뷰, 중산고등학교 이사장실, 2021년 9월 9일.

그가 구상한 것은 이스라엘과 같은 반공 지역경제공동체였다. 그는 남한 면적의 1/5, 인구는 1/11밖에 안 되는 조그마한 나라 이스라엘이 기후와 토양의 불리함을 극복하고 농업 발전에 성공하고 아랍과의 전쟁 속에서도 반공자유주의 국가의 단단한 기틀을 다지고 있다는 점에 각별한 흥미를 가졌다.[23] 그는 이스라엘이 세계 반공자유주의 국가의 전진기지가 될 수 있었던 이유가 노동자, 농민이 잘살 수 있는 확고한 경제기반이 있기 때문이라고 생각했다. 따라서 자신의 지역구에 이스라엘과 같은 풍요로운 반공 이상촌을 만들고자 했다.[24]

협업농장 건설은 안동준이 11,201평을 농장에 기증하고, 국가가 하천부지 30,291평을 무상으로 임대하면서 급물살을 타기 시작했다. 농지개혁법의 규정에 따라 당시 농민은 3정보 이상의 농지를 소유할 수 없었기 때문에[25] 약 14.5정보의 농장소유지는 괴산군수 앞으로 등기를 했다. 실정법의 한계에 따른 고육지책이었다.[26]

농지가 확보되자 농장원 모집에 착수했다. 괴산군수 명의의 공문을 마을별로 발송해서 사람들을 추천받았고 소식을 듣고 온 사람들의 입주신

23 안동준, 「서언」, 『기적의 나라 이스라엘』, 교학사, 1966, 2쪽.

24 초창기 증평협업농장의 이름도 증평협업이상촌이었다(증평협업농장, 「괴산지구 농공 협업 단지 및 증평 협업(이상)촌 설계도」, 1968 참조).

25 「농지개혁법」(법률 제31호, 1949. 6. 21 제정, 1949. 6. 21 시행) 관련 조항은 다음과 같다. 제5조 농가가 아닌 자의 농지는 정부가 매수한다. 제6조 농가로서 자경 또는 일가당 총면적 3정보 이내의 소유농지는 매수하지 않는다. 제17 일체의 농지는 소작, 임대차, 위탁경영 행위를 금지한다[법제처 국가법령정보센터(https://www.law.go.kr/), 검색일 2022. 01. 21]. 이는 곧 3정보 이외의 농지는 농지개혁법에 따라 일체의 소유권을 인정하지 않는다는 의미였다.

26 소유권 문제는 이후에도 대출과 계약 등에서 협업농장의 안정화를 저해하는 요인이었다. 김병태는 이러한 문제를 해결하기 위해 농업협업화를 위한 법인체의 토지소유에는 소유한도를 제한하지 말고 개별농가에는 계속 3정보 상한선을 고수할 것을 주장했다(김병태, 「농지제도와 농업생산-현행 농지제도와 농업경영형태의 변화의 불가피성」, 『농업경영정책연구』 2-1, 한국농업정책학회, 1974 참조).

청을 받았다.[27] 1968년 11월에는 입주신청자를 대상으로 협업농에 대한 일반 교육과 야마기시 공동연찬회를 실시했다. 그 중 10가구만을 받아들여 1969년 3월 25일 입주가 시작되었다.[28] 농장원들은 대부분 토지와 재산이 없고 궁핍한 사람들이었다.

입주 후 농장원들은 계사와 돈사를 건축하고 주택·교육관·창고·탁아소를 건립했다. 특히 농장의 사활이 걸린 경지정리사업에 주력했다. 박토를 옥토로 바꾸기 위해 남녀 구분 없이 모두가 달밤에 나가서 자갈을 주웠고, 농사를 짓고 남는 것이 있으면 모두 흙을 사서 논에 채워 넣었다. 하지만 자갈밭을 일군 논에 물을 대는 것도, 모를 심는 것도 쉽지 않았다.[29]

고된 농장일과 식량조차 자급하지 못하는 상황을 버티지 못하고 탈퇴하는 사람들이 다수 발생하자, 농장원들은 건국대 농업문제연구소에 농장에 대한 경영진단과 개선방안에 대한 자문을 구했다. 건국대의 김병태와 이우재는 유인호와 더불어 협업화 문제의 대표적인 이론가였고,[30] 건국대 농업문제연구소는 1969년 과학기술처의 지원을 받아 전국에 산재한 32개의 농장의 실태를 점검한 후 협업농장의 개념과 유형을 분류하고 유형별로 모범정관과 회계조직 방법을 상세하게 정리해두었다. 농장이

---

27 백귀순, 「협업농민의 경제행위에 관한 일 고찰」, 서울대학교 인류학과 석사학위논문, 1985, 12쪽.

28 임상택, 「증평 새마을 협업농장」, 『농촌현실과 농민운동』, 민중사, 1984, 308~309쪽.

29 김덕수(농장원) 인터뷰, 증평영농조합법인 사무실, 2021년 8월 31일; 이재봉 인터뷰, 증평영농조합법인 사무실, 2021년 8월 31일.

30 김병태와 이우재의 협업화론에 대해서는 김병태, 「농업생산기술의 발전과 이에 조응되는 경영형태」, 『건농』 3, 건국대학교 농과대학 연합학회, 1970; 김병태, 「농지제도와 농업생산-현행 농지제도와 농업경영형태의 변화의 불가피성」, 『농업경영정책연구』 2-1, 한국농업정책학회, 1974; 김병태, 「농업협업화의 문제점」, 『운중 김병태 저작집 Ⅱ-평론·시론편』, 백산서당, 1992; 김병태, 「농업의 기계화에 필요한 경영형태와 사회경제제도」, 『한국 농업의 구조와 농촌현실』, 문학예술사, 1985; 이우재, 「협업의 형태와 기능」, 『한국 농업의 구조와 농촌현실』, 문학예술사, 1985 참조.

필수적으로 갖추어야 할 각종 장부와 서식도 마련해놓았다.[31]

이러한 노하우를 바탕으로 건국대 농업문제연구소는 농장의 운영실태를 진단한 후 증평협업농장에 대한 개선안을 내놓았다. 첫째, 출자와 노동의 기여도에 따른 분배방식을 채택할 것, 둘째, 생산과 경영은 공동으로 하되 생활은 각 가구별로 할 것, 셋째, 정관과 운영기구, 생활 세칙을 확립할 것이 그것이었다.[32] 농장원들은 건국대 농업문제연구소의 권고에 따라 1971년 정관을 제정하고 대표와 총무, 감사, 영농부장, 축산부장, 원예·기계·구판·창고 담당 등으로 역할을 짜임새 있게 조직했으며, 생산과 경영은 공동으로 하되 생활은 각 가구별로 하는 협업방식으로 전환했다.[33]

농장원들은 고지식할만큼 정관과 규약을 충실하게 지켰다. 농장운영의 모든 사항은 계획서, 출납장부, 출자금원장, 자산대장, 수입장 지출장, 비품대장, 작업일지, 생산 및 판매대장, 총수확량 대장, 차입금대장, 현물대장, 적립금대장, 생산비원장, 비료대장, 출자이익배정장, 총계정원장, 가족대장, 수지예산서 등의 각종 장부에 꼼꼼히 기록했다. 장부는 농장원들에게 투명하게 공개되었다. 매달 가구별로 일정한 금액의 생활비를 지급하고 매일 매일의 노동시간을 계산해서 연말에 수익을 배분했다. 전년도 결산보고와 신년도 사업계획 및 세입세출 예산안은 연초의 총회에서 심의에 붙였다. 야마기시 연찬의 방식에 구애되지 않고 불만사항이나 갈등이 발생하면 이를 해소하기 위해 수시로 내부 연찬을 개최해서 서로에 대한 이해의 폭을 넓혔다.[34]

---

31 건국대학교 한국농업문제종합연구소, 『수출증대, 농공병진을 위한 농업 재편성 계획(제1년차 연구)』, 과학기술처, 1969 참조.

32 백귀순, 「협업농민의 경제행위에 관한 일 고찰」, 서울대학교 인류학과 석사학위논문, 1985, 12쪽.

33 백귀순, 「협업농민의 경제행위에 관한 일 고찰」, 서울대학교 인류학과 석사학위논문, 1985, 25~26쪽; 송동흠, 「한국농업의 협업화에 관한 연구-사례연구를 중심으로」, 건국대학교 경제학과 석사학위논문, 1994, 30쪽.

이러한 과정을 거치면서 1977년 이후 농장은 안정을 찾기 시작했다. 정관이 제정되고 경지정리가 어느 정도 궤도에 올랐으며, 현실적인 문제들이 조금씩 진전을 보았고 연찬을 통해 공동생활에 대한 이해가 높아졌기 때문이었다. 개별영농이 금지되었기 때문에 모두 농장경영에 집중했고, 농장의 성장과 발전이 농장원의 삶을 윤택하게 할 것이라는 믿음이 확산된 것도 농장의 안정화에 기여했다. 1977년부터 전국 일반 농가의 농업소득률은 떨어졌지만, 증평협업농장의 농업소득률은 급상승했다. 1981부터는 농가소득 면에서도 전국 일반 농가의 1.5배 이상의 수익을 올렸다.[35] 소득이 안정화되면서 농장에 대한 만족도가 높아지고, 농장을 빨갱이 취급하던 지역민들도 부러움의 시선으로 농장을 바라보았다.[36]

소득이 안정화된 데에는 영농 합리화가 한몫했다. 농장원들은 처음에는 소, 돼지, 닭을 키우고, 참깨, 옥수수, 야콘, 호박, 가지 등 할 수 있는 모든 밭농사 부문에 손을 댔다. 콩나물공장도 운영했다. 하지만 경험치가 쌓이면서 소규모 작황으로는 수지타산을 맞출 수도, 수입농산물과 경쟁할 수도 없다는 사실을 깨달았다. "단순화시켜서 집중적으로 해야 한다"는 자연스러운 깨달음 속에 채산성이 없는 부문은 과감히 정리하고,[37] 경쟁력 있는 논농사와 양계에 집중했다.[38] 계분을 활용한 퇴비는 쌀의 유기농 인증을 유지하고 지력을 확보하는데 큰 효과가 있었다. 특히 양계는 증평협업농장의 핵심 소득원이었다. 풀무원이 전국의 야마기시 양계

34 증평협업농장, 「증평협업농장 회의록」, 1984~1987; 안병출 인터뷰, 증평영농조합법인 사무실, 2021년 8월 31일.

35 백귀순, 「협업농민의 경제행위에 관한 일 고찰」, 서울대학교 인류학과 석사학위논문, 1985, 36쪽, 증평협업농장과 일반 농가의 농업소득률과 농가소득 비교.

36 이재봉·안병출·김덕수 인터뷰, 증평영농조합법인 사무실, 2021년 8월 31일.

37 안병출 인터뷰, 증평영농조합법인 사무실, 2021년 8월 31일.

38 이재봉·안병출 인터뷰, 증평영농조합법인 사무실, 2021년 8월 31일.

농가 8곳과 연계해서 유정란 사업을 시작하면서 판로가 열렸다.[39] 계란을 제때 납품할 수 없을 정도로 수요가 늘어나자 농장은 축사를 확대했고, 지금은 두레생활협동조합에 35%, 한살림에 65%의 계란을 납품하고 있다.

한편, 1990년 4월 7일 제정된 '농어촌발전특별조치법'은 증평협업농장에 새로운 활로를 열어주었다. 정부는 '농어촌발전특별조치법'을 통해 영농조합법인과 위탁영농회사를 육성하고자 했다.[40] 1991년 증평협업농장은 법인 등록을 하면서 증평영농조합법인으로 탈바꿈했다.[41] 그동안 증평협업농장은 소유권 문제를 해결하기 위해 법인화를 추진했으나 관련법의 미비로 달성할 수 없었다. 1990년 관련법이 개정되자 증평협업농장은 영농조합법인으로 변신을 꾀했다. 1994년에는 농장원들이 1억 4천만 원을 출자해서 '증평협업위탁영농'이라는 위탁영농회사도 차렸다.[42]

농장의 많은 식구들을 먹여 살리기 위해 채산성에 대해서 늘 고민해왔던 이들은 면적이 넓고 사람이 많다는 이점을 이용해서 일찍이 기계화를 추진했다. 1995년부터는 기계를 이용해서 10만 평을 위탁 경영함으로써 고소득을 올렸다. 친환경농법에도 적극적이어서 야마기시 농법을 유지하고 있는 양계 외에도 쌀농사를 우렁이농법으로 짓고, 증평군이 조례를 제정하여 무상급식에 친환경농산물을 공급하도록 하자 여기에도 적극 참

39 이재중 인터뷰, 증평영농조합법인 사무실, 2021년 8월 31일.

40 유병규, 『지역 영농조합법인의 경영활성화 방안 연구』, 대구경북개발연구원, 1997, 8쪽. 1994년 농지법이 통과되면서 위탁영농회사는 농업회사법인으로 명칭을 변경했다.

41 송동흠, 「한국농업의 협업화에 관한 연구-사례연구를 중심으로」, 건국대학교 경제학과 석사학위논문, 1994, 30쪽. 안병출에 따르면 농어촌발전특별조치법을 통해 영농조합법인이 합법화되는 과정에서 증평협업농장의 정관과 규약 등 증평협업농장의 사례가 적극적으로 반영되었다(안병출 인터뷰, 증평영농조합법인 사무실, 2021년 8월 31일).

42 증평협업농장, 「증평협업위탁영농합명회사 총칙」, 1994.

여하고 있다.[43] 분업화·특성화·기계화로 노동강도가 크게 완화되어 농장원들이 고된 노동에서 해방되었음에도 불구하고 고소득을 올리고 있다는 사실은 사망으로 인한 인원의 감소, 농장원들의 고령화에도 불구하고 증평협업농장이 유지되는 동력이 되고 있다.

3. 북한 협동농장의 건설과 변화

3.1. 농업협동화의 추진과 완성

1946년 추진된 토지개혁은 봉건적인 지주-소작관계를 철폐했다. 국가는 그간 지주가 담당했던 종자, 축력과 농기구 등을 지원함으로써 영세소농 구조의 불안정성을 뒷받침했다.[44] 북한정권은 농민의 토지소유욕을 충족시킴으로써 정권의 정치적 지지기반을 확대하고, 농업생산력을 현저히 발전시킬 것으로 기대했다. 그러나 전쟁 이후 농업생산 기반의 붕괴와 빈농층의 확대는 농업생산력의 하락을 가져왔고, 토지개혁으로 농촌의 중심이 되었던 중농층은 큰 폭으로 감소했다. 빈농층이 급증했고 농민의 대다수는 재생산이 곤란한 수준으로 내몰렸다.

전쟁 이후 본격적인 체제경쟁에 돌입하게 된 상황에서 "소농 경리하에서는 증대하는 공업의 요구를 충족시킬 수 없고 농업과 공업의 균형발전이 불가능하다"는 의견이 조선로동당 내에서 제기되었다. 1954년 11월 조선로동당 중앙위원회 전원회의는 민주기지로서의 농촌을 강화하고, 급속히 성장하는 공업과의 균형을 이루며, 농촌에 부족한 노동력과 축력 부족의 문제를 해결하기 위해 농업협동화를 본격적으로 추진할 것을 결

43 안병출 인터뷰, 증평영농조합법인 사무실, 2021년 8월 31일.

44 최병현, 『조선농업사』 3, 농업출판사, 1990, 42~44쪽.

정했다.[45]

북한의 농업협동화는 빠른 속도로 추진되었다. 1958년 8월, 북한은 농업협동화의 완성과 사회주의로 단계로의 진입을 선언했다.[46] 협동화는 완성되었지만, 사회주의 단계에서 농촌을 어떻게 발전시킬 것인가 하는 것이 북한정권의 고민이었다. 전인민적 소유로 전환한 공업과 달리 농업은 아직 협동적 소유에 머물고 있었고,[47] 농업과 공업의 생산력 격차는 좁혀지지 않고 있었다.[48]

1959년 1월 열린 전국농업협동조합대회에서 채택된 농업협동조합의 기준규약(잠정)은 협동적 소유에서 전 인민적 요소를 대폭 늘릴 것을 결정했다.[49] 조합원 개인이 소유했던 생산수단과 토지를 모두 조합의 공동소유로 이전하고, 개인 부업의 기반인 텃밭과 약초 재배, 동물 사육을 최소화하고자 했다.[50] 개인의 소비 수요를 조합에서 공급하도록 했고, 주택, 탁아소, 유치원, 학교 및 구락부, 민주선전실 등의 교육과 문화, 후생

---

45 북한의 농업협동화 논의와 추진 과정에 대해서는 김성보, 『남북한 경제구조의 기원과 전개: 북한농업체제의 형성을 중심으로』, 역사비평사, 2000 참조.

46 한전종, 〈우리나라 농촌에서 사회주의 집단 경리의 승리〉, 《로동신문》 1958. 09. 03; 〈우리나라에서의 사회주의적 농업협동화의 승리와 농촌경리의 금후 발전에 대하여-전국농업협동조합대회에서 한 김일성 동지의 보고〉, 《로동신문》, 1959. 01. 06.

47 사회주의적 소유는 생산수단의 소유형태에 따라 국가가 소유하는 '전 인민적 소유'와 사회협동단체가 소유하는 '협동적 소유'로 나뉜다. 국가 소유는 전체 인민의 소유로서 대상에 제한이 없고, 협동단체 소유는 협동경리에 들어가 있는 근로자들의 집단적 소유로서 협동단체는 토지, 농기계, 배, 중소공장, 기업소를 소유할 수 있다[통일법제데이터베이스, 조선민주주의인민공화국 사회주의헌법(2012. 04. 13)(http://www.unilaw.go.kr, 검색일 2022. 01. 22)].

48 1960년 총생산액에서 공업과 농업이 차지하는 비율은 농업이 23.6%, 공업 57.1%였다(조선민주주의인민공화국 국가계획위원회 중앙통계국, 『1946~1960 조선민주주의인민공화국 인민경제발전통계집』, 국립출판사, 1961, 24쪽).

49 〈전국농업협동조합대회에서 농업협동조합 기준규약(잠정)에 대한 박정애 동지의 보고〉, 《로동신문》, 1959. 01. 10 참조.

50 김승준, 『우리나라에서 농촌문제 해결의 력사적 경험』, 조선로동당출판사, 1965, 184쪽.

활동 또한 조합에서 담당하도록 했다.[51] 이는 생산·소비·공급과 개인생활을 모두 집단생활 속에서 이루어지도록 한 조치였다.

농업협동화 이후 북한 협동조합의 향방에 지침이 된 것은 레닌의 「협동조합에 관하여」였다. 레닌은 사회주의를 실현하는 데 있어 농민에 대한 기술혁명과 문화혁명을 각별히 강조했다. 그는 문화혁명을 통해 농민들의 의식 수준을 높일 것을 강조했고, 이를 위해서는 물질적 토대로서 기술의 발전과 기계화, 전기화를 추진해야 한다고 주장했다.[52] 소련의 모델을 수용하고자 한 북한은 기술·문화혁명을 추진하는 한편, 사상혁명을 우선하는 북한식 농업협동화의 모델을 만들어가기 시작했다.

3.2. 사회주의 농촌테제와 협동농장 체제의 구축

북한이 사회주의 농업체제 구상에서 소련 모델을 수용하는 데서 한 걸음 더 나아가 사상혁명을 우선하는 북한식 농업모델을 만들고자 한 것은 북한이 표방한 자립적 민족경제 노선과 깊은 관련이 있다. 북한은 1961년 제4차 당대회를 통해 본격적인 사회주의 공업국가를 실현하고 '자립적 민족경제'를 달성하고자 했다.[53] 이때 생산력 발전을 선도하는 공업과 노동자의 모습에 반해 정체를 겪고 있는 농업과 농민의 문제는 자립적 민족경제 건설을 저해하는, 극복해야 할 선결과제로 지목되었다.[54]

---

51 〈전국농업협동조합대회에서 내각부수상 김일 동지의 토론〉, 《로동신문》, 1959. 01. 09.

52 V. I. 레닌 외 지음, 윤수종 편·해설, 『농업협동화론-레닌과 부하린의 논의를 중심으로』, 새길, 1991, 182~192쪽; 김창진, 『사회주의와 협동조합운동-혁명 전후 러시아의 국가와 협동조합 1905~1930』, 한울, 2008, 89~96쪽 참조.

53 북한의 자립경제 개념에 대해서는 홍승은, 『자립경제리론』, 사회과학출판사, 1987, 25~48쪽 참조.

54 김일성, 「조선로동당 제4차 대회에서 한 중앙위원회 사업총화 보고」, 『김일성 저작

김일성은 이를 해결하는 방안으로서 1964년 '사회주의 농촌테제'를 발표함으로써 북한 농업의 로드맵을 제시했다.[55] 사회주의 제도를 공고하게 하고 농업생산력을 고도로 발전시키며, 점차 도시와 농촌의 차이 및 노동자와 농민의 계급적 차이를 없애 농민을 농업노동자화하는 것이 그것이었다.[56] 이를 실현하기 위해서 첫째, 사상혁명을 중심으로 기술혁명과 문화혁명을 철저히 수행하고, 둘째, 농민에 대한 노동계급의 지도와 농업에 대한 공업의 도움과 농촌에 대한 도시의 지원을 백방으로 강화하며, 셋째, 농업에 대한 지도와 관리를 공업의 선진적인 기업 관리 수준에 접근시키고 협동조합적 소유를 전 인민적 소유에 접근시킨다는 기본원칙이 제시되었다.

지금까지는 도시와 농촌의 차이가 소유형태의 차이에서 비롯되었다고 생각했다면, 사회주의 농촌테제에서는 소유형태뿐 아니라 관리방법의 낙후성이 도시와 농촌의 차이를 낳는다고 간주했다.[57] 김일성은 집단화된 사회주의 협동조합을 공업과 마찬가지로 기업적인 방식으로 지도해야 한다고 판단했다. 변화의 핵심은 군협동농장경영위원회가 '기업적' 지도를 통해 생산에서 분배에 이르기까지 전일적인 계획을 수행하도록 함으로써 협동조합적 소유의 분산성, 산만성, 비조직성을 극복하는 데 있었다.[58]

집 15(1961.1~1961.12)』, 조선로동당출판사, 1981, 214쪽.

55 사회주의 농촌테제가 등장하는 배경에 대해서는 정진아, 「북한 사회주의 농촌테제의 등장 배경」, 『사학연구』 123, 한국사학회, 2016 참조.

56 김일성, 「우리나라 사회주의 농촌문제에 관한 테제」, 『김일성저작집 18(1964.1~1964.12)』, 조선로동당출판사, 1982, 197쪽.

57 최중삼, 「《우리나라 사회주의 농촌문제에 관한 테제》는 도시와 농촌 간의 차이 소멸에 대한 맑스-레닌주의 리론의 창조적 발전」, 『경제연구』 2, 1964, 조선민주주의인민공화국 사회과학원 경제연구소, 5쪽.

58 리명서, 「협동적 소유의 전 인민적 소유에로의 접근 문제」, 『경제연구』 2, 1964, 조선민주주의인민공화국 사회과학원 경제연구소, 15~17쪽; 김승준, 『우리나라에서 농촌문제 해결의 력사적 경험』, 조선로동당출판사, 1965, 292쪽.

사회주의 농촌테제를 완성하는 과정에서 농업성-도농촌경리위원회-군협동농장경영위원회-리협동농장관리위원회-리협동농장의 일원적인 농업 지도체계가 갖추어졌다.

소유관계에서도 결정적인 변화가 있었다. 개편된 리협동조합은 분산된 소집단이 아니라 평균 300호의 농호와 500여 정보(150만 평)의 농경지를 가진 집단화된 협동조합이었다. 김일성은 집단화된 협동조합을 1962년부터 '협동조합'이 아니라 '협동농장'으로 명명하기 시작했다.[59] 협동조합적 소유를 전 인민적 소유로 접근시켜야 한다는 문제의식 속에서[60] 농촌 공간은 트랙터와 자동차 등 물질 기술적인 수단을 통해서 공업과 연결되었고,[61] 수리화, 기계화, 전기화, 화학화가 체계적으로 추진되는 '협동농장'으로 변모해갔다.

소유와 관리방식을 변화시킨다고 하더라도 대규모가 된 농장체제 아래서 개별 농민들이 집단주의에 부응하는 한편, 농업노동에 적극적으로 참가하도록 하는 것은 쉬운 일이 아니었다. 이를 해결하기 위한 방안으로서

---

59 김일성이 '협동농장'이라는 용어를 처음 사용한 것은 평안남도 당 및 농촌경리부문 일군협의회에서 한 연설에서부터였다(김일성, 「군협동농장경영위원회를 더욱 강화시킬 데 대하여」, 『김일성저작집 16(1962.1~1962.12)』, 조선로동당출판사, 1982, 515쪽). 김소영에 따르면 협동농장이라는 명칭은 1957년 9월 10일 강원도 평강군 신정리 원신농업협동농장에 대한 보도에서 처음 등장했다, 1957년부터 협동농장과 협동조합이라는 명칭이 혼재되다가 1962년 10월 24일 평양시 리현협동조합에 대한 언급을 끝으로 협동조합이라는 명칭은 사라지고 협동농장이라는 이름이 정착했다(김소영, 『경제위기 이후 북한 농업부문의 계획과 시장』, 북한대학원대학교 박사학위논문, 2017, 35쪽).

60 리명서, 「협동적 소유의 전 인민적 소유에로의 접근 문제」, 『경제연구』 2, 1964, 조선민주주의인민공화국 사회과학원 경제연구소, 11쪽; 김철제, 「두 소유의 유기적 결합은 협동적 소유의 전 인민적 소유에로의 전환의 가장 정확한 길」, 『경제연구』 2, 1965, 조선민주주의인민공화국 사회과학원 경제연구소, 10쪽.

61 농기계와 자동차를 상업적 유통망을 통해 구입한다면 공업과 농업, 노동자와 농민의 차이가 더 벌어질 수 있다는 이유로 공업의 농업에 대한 직접적인 지원이 강조되었다(김철식, 「농촌문제 해결에서 농업에 대한 사회주의 공업의 적극적 방조」, 『경제연구』 2, 1964, 조선민주주의인민공화국 사회과학원 경제연구소, 23~24쪽)

1960년 '작업반우대제'와 1965년 '분조관리제'가 도입되었다. 작업반 단위로 성과를 보장함으로써 집단주의를 체현하도록 하고, 10~25명으로 구성되는 집단생활의 말단 세포인 분조에 토지와 농기계, 농기구, 노동력을 고착시킴으로써 농업생산에 대한 책임성을 높이도록 한 조치였다.[62] 대농 시스템이 가질 수 있는 미비점을 소농 시스템으로 보완하는 방식이었다.

3.3. 주체농법과 식량난 이후의 협동농장

1960년대까지 북한 협동농장의 과제가 전인민적 소유와 관리방식의 도입을 통해 사회주의 농업구조를 실현하는 데 집중되었다면 1970년대 협동농장의 화두는 식량증산이었다. 1970년대 들면서 남북의 냉전이 식량전쟁으로 비화했기 때문이다. 쌀의 자급자족은 체제 우월성을 상징하는 핵심지표가 되었다.[63] 급속한 산업화와 자립경제를 달성하기 위해서도 식량자급은 갈급한 문제였다.[64] 1972년 세계적인 이상기후로 1973년 세계곡물시장이 크게 요동치고 세계가 식량위기를 겪자,[65] 북한은 외부적인 요인에 흔들리지 않고 자립경제를 달성할 수 있는 북한만의 해법을 만들고자 했다. 1973년 김일성은 "쌀은 곧 공산주의"라는 구호를 내걸고 식량 증산에 총력전을 펼치기 시작했다.[66] 이른바 '주체농

62 오대호, 『협동농장관리운영경험』, 사회과학출판사, 1989, 140~142쪽; 림기범, 『우리식 농촌문제 해결의 빛나는 경험』, 농업출판사, 1992, 104~117쪽.

63 김성조, 「냉전의 쌀 '통일'과 농업생산의 공간」, 『역사와 실학』 73, 역사실학회, 2020 참조. 북한이 주체농법으로 식량전쟁을 치르고자 했다면, 남한은 통일벼 보급과 전국적인 증산체제 구축으로 식량전쟁을 치르고자 했다.

64 림기범, 『우리식 농촌문제 해결의 빛나는 경험』, 농업출판사, 1992, 139쪽.

65 김태호, 「"통일벼"와 증산체제의 성쇠: 1970년대 "녹색혁명에 대한 과학기술사적 접근」, 『역사와 현실』 74, 한국역사연구회, 2009, 123쪽.

66 리철희, 『식량문제해결경험』, 사회과학출판사, 1986, 4쪽.

법'의 시작이었다.

주체농법은 농경지를 집약적으로 이용하여 단위당 수확량을 높이는 데 핵심이 있었다. 이에 기계화에 적합하도록 경지정리를 하는 한편, 농지 확보를 위해 16° 이상의 비탈진 논밭을 다락밭으로 만드는 작업이 집중적으로 추진되었다. 다각적 농업을 포기하고 식량증산이라는 목표에 맞게 쌀과 수확성이 높은 옥수수를 밭 주작물로 전환하면서 쌀, 옥수수 단작화가 이루어졌다. 단위당 수확고를 최대한 끌어올리기 위해 밀식 재배와 비료 다투 농법도 추진되었다. 그 결과 북한의 정보당 수확고는 1979년, 최고점인 7.2톤에 도달했다.[67]

그러나 1980년대 후반 사회주의권이 몰락하면서 비료, 농약, 석유 등 농업자재와 에너지 공급난이 심화되고 1990년대 연속적인 자연재해로 인해 농업생산량이 급감하면서 북한은 극심한 식량난에 봉착했다.[68] 식량난은 외부적인 요인뿐 아니라 밀식재배와 비료 및 살충제 다투로 인한 지력 저하, 다락밭 조성으로 인한 토사 유실, 쌀과 옥수수 단작화로 인한 도열병 및 문고병 발생 등 주체농법의 한계로부터 초래된 것이었다.[69]

식량난은 북한정권의 체제위기를 심화시켰다. 북한정권은 식량문제 해결을 인민의 생활 안정뿐 아니라 제국주의자들의 고립 압살 책동을 분쇄하기 위한 일차적인 사업으로 간주했다.[70] 김정일은 김일성이 주창한

---

67 리철희, 『식량문제해결경험』, 사회과학출판사, 1986, 29~37쪽.

68 400만 톤 정도로 알려졌지만 황장엽에 따르면 1996년 북한의 실제 농업생산량은 평년작의 절반도 안되는 210만 톤에 불과했다고 한다(황장엽, 『어둠의 편이 된 햇볕은 어둠을 밝힐 수 없다』, 『월간조선사』, 2001, 264~265쪽). 정은미는 북한의 농업이 고비용, 고에너지형의 생산방식을 채택하고 있다는 점에서 불안한 요소가 잠재하고 있었다고 지적했다. 고비용, 고에너지를 투입할 수 없는 상황이 되면 생산력이 급속히 감소할 수밖에 없다는 것이다(정은미 『북한의 국가중심적 집단농업과 농민 사경제의 관계에 관한 연구』, 서울대학교 사회학과 박사학위논문, 2006, 298~299쪽).

69 김성훈·김치영 공저, 『북한의 농업』, 비봉출판사, 1997, 55~56쪽; 부경생, 「북한의 식량문제 : 해결할 수 없을까?」, 『북방농업연구』 6, 1999, 북방농업연구소, 60쪽.

주체농법에서 문제가 되어온 밀식재배와 옥수수 단작화를 과감히 포기하고, 각 농장의 기후와 토양조건에 맞는 적지적작과 이모작, 감자혁명, 밭벼·콩·감자·밀·수수로 작물생산을 다변화함으로써 농업 생산구조를 개선하고자 했다.[71] 김정은 시대에는 경제제일주의를 표방하고, 농업에서도 실리주의가 한층 강조되면서 분조관리제 강화로 나아가고 있다.[72] 수령의 유훈을 재해석할 수 있는 권위를 가진 지도자의 언술을 통해서 변화를 추동하고 있는 것이다.[73]

주목할만한 변화는 2004년 분조의 규모를 줄이는 새로운 분조관리제를, 사회주의농촌테제 50주년인 2014년에는 포전담당책임제를 협동농장에 공식적으로 실시했다는 점이다. 특히 새로이 추진된 포전담당책임제는 3~5명의 농민에게 포전을 맡겨 생산의욕을 높이는 방법으로서 농장원들은 농지를 책임지고 경영하고, 연말의 결산분배도 성과에 따라 차등적으로 지급받게 되었다.[74] 사실상 도급제의 적용이었다. 이는 농민들의 주체성과 책임성을 높여 식량위기를 극복하고 식량증산을 이루는 효과를 가져오고 있다.

---

70 사회과학원 경제연구소, 『일군들을 위한 경제지식』 2, 사회과학출판사, 2007, 45~46쪽.

71 사회과학원 경제연구소, 『일군들을 위한 경제지식』 2, 사회과학출판사, 2007, 53~59쪽.

72 김명철, 『현실적 요구와 분조관리제 운영 개선』, 농업출판사, 2016, 24~30쪽. 김명철은 분조관리제를 실시하는 과정에서 실리를 보장하는 원칙을 지켜야 한다고 언급하면서, 분조관리제 강화야말로 김정일 애국주의 열풍을 세차게 불러일으켜서 사회주의 강성국가 건설의 관건이자, 인민생활문제 해결의 생명선인 농업생산을 끊임없이 늘릴 수 있는 방법이라고 강조했다(김명철, 『현실적 요구와 분조관리제 운영 개선』, 농업출판사, 2016, 24쪽)

73 유재의는 지도자가 적극적으로 김일성 시대의 정책을 재해석할 경우 더 큰 폭의 개혁도 가능할 것이라고 전망했다(유재의, 「북한농업체계에서 '분조관리제'의 변화가 갖는 정치적 의미-중국 농촌개혁과 비교」, 서강대학교 정치외교학과 석사학위논문, 2002, 69쪽).

74 김광남, 『분조관리운영참고서』, 사회과학원, 2015, 48~50쪽; 정창현, 〈정창현의 '김정은시대 북한읽기' (40) 농업 분조장 대회와 포전담당제〉, 《통일뉴스》, 2014. 02. 03.

4. 남의 협업농장과 북의 협동농장 비교

4.1. 농장의 조직과 생산

북한의 협동농장은 농업계획위원회-농업위원회-도농촌경리위원회-군협동농장경영위원회-리협동농장-작업반-분조의 체계로 구성되어 있다. 북한의 리 협동농장은 300~500호로 규모가 크며 구래의 자연부락이 작업반을 이루고 있다. 작업반의 규모는 70~80명 정도이다. 농산작업반이 농산과 축산을 담당하고, 채소와 과수는 별도의 작업반이 운영된다. 분조는 서로를 잘 이해하고 합심해서 농사를 지을 수 있는 생산의 기본단위이자, 집단생활 단위이다. 분조는 작업반 안의 생산 및 노력 단위로서 10~25명 규모로 조직된다.[75] 이에 비하면 남한의 협업농장은 상층의 조직적인 연계 없이 단위 협업농장만 존재하고, 협업농장의 구성원들이 생산과 분배, 경영을 모두 책임진다. 내부에 영농, 축산, 기계부가 있어서 일정한 역할분담을 한다.[76] 협업농장의 규모는 20명 정도로 북한의 분조 규모이다.

대농화를 지향하면서도 남북은 대농화를 완벽히 구현할 수 없는 한계를 가지고 있었다. 생산 규모가 작고 기계화의 수준이 낮아 집약적 노동을 통해 생산력 향상을 추구해야 한다는 점 때문에 국가적으로 협업농장을 건설한 북한 역시 대농화 시스템과 소규모 생활단위 조직인 분조 운영을 병용할 수밖에 없었다. 대농화는 기층 단위의 책임성을 떨어뜨리며 농민들을 수동적인 존재로 만들기 쉽기 때문이다.[77] 남한의 협업농장 역

---

75 오대호, 『협동농장관리운영경험』, 사회과학출판사, 1989, 20~24쪽.

76 증평협업농장, 「증평협업농장 회의록」, 1984~1987.

77 대농 시스템이 갖는 근본적인 문제에 대해서는 쓰노 유킨도, 『소농-누가 지구를 지켜왔는가』, 녹색평론사, 2003 참조.

시 소규모로 조직되었다. 생산뿐 아니라 생활까지 공동으로 해야 하는 협업농장의 특성상 농장원들이 긴밀한 관계를 유지할 수 있는 농장의 규모는 중요한 문제였다.[78] 협동농장의 분조와 소규모 협업농장 조직은 대농화가 갖는 규모의 경제 논리를 극복하고 농민들이 생산에 대한 자율성과 책임성을 가질 수 있는 유력한 방안이었다.

북한의 협동농장은 농업계획위원회-농업위원회-도농촌경리위원회-군협동농장경영위원회-협동농장-작업반-분조라는 일원화된 계획과 생산 시스템을 전 국가적으로 구현했다. 남한의 협업농장은 농장 단위에서지만 계획적인 영농을 추진했다. 남북의 농장은 개인농가가 갖는 무계획성과 비조직성을 극복했다는 중요한 성과를 갖는다. 하지만 북한의 협동농장은 꽉 짜인 조직의 압력 속에서 농민의 자율성이 발현될 수 있는 여지가 부족했다. 남한의 경우 협업농장이 화학비료 다투의 정부정책에 대응해서 친환경농법과 유기농화를 선진적으로 실험하는 공간이 되었지만, 북한의 협동농장에서는 주체농법에 반해 농장원들이 밀식재배와 토지 산성화의 문제를 제기할 수 없었다. 식량난 시기에는 농민들이 생존압력을 극복하기 위해서 뙈기밭 등 과도한 개간의 주체가 되기도 했다.

남한 협업농장의 중요한 성과는 농장원들이 공동생산과 공동분배를 넘어 공동경영의 주체가 되었다는 점이다. 북의 협동농장에서는 농장원들의 생산자로서의 성격이 강조되었지만, 남의 협업농장에서 농장원들은 자신을 단지 생산자로서 규정하는데 머물지 않고 유통과 판매 및 경영을 책임지는 존재로서 주체화해나갔다. 북한이 농장원들을 농업노동자로서 간주한 데 반해, 남한은 소소유자의 특징을 갖는 농민의 고유한 특성을

---

78 1969년 증평협업농장 설립 당시 교육을 받은 사람은 136명이었지만 그중 15명만 선발했고, 이후 10가구로 정리되었다(백귀순, 「협업농민의 경제행위에 관한 일 고찰」, 서울대학교 인류학과 석사학위논문, 1985, 12쪽).

인정하고 소소유자가 갖는 분산성과 비조직성의 한계를 자율적인 협동과 연대를 통해 극복하고자 했기 때문이다. 하지만 남한 농업의 구조적인 문제를 일개 농장이 극복하기란 쉽지 않았다. 특히 개방체제 하의 저렴한 수입농산물과의 경쟁에서 농장 단위의 대응력이 갖는 한계가 분명했다. 이것이 의미 있는 성과에도 불구하고 남의 협업농장이 확장성을 갖지 못했던 이유이다.

4.2. 농장의 생산물 유통

북한 협동농장의 농민들은 결산 분배를 통해 현물과 현금을 받는다. 농장원들은 현물로 받은 농산물을 국가에 수매하고 남는 것이 있으면 농민시장에 내다 판다.[79] 농민시장에 판매하는 농산물은 분배 몫과 더불어 30~50평 정도의 개인 텃밭에서 생산되는 농산물이다. 농민들은 텃밭에 환금성 높은 작물을 재배해서 시장에 판매함으로써 부족한 현금 수입을 충당한다. 일부 농산물의 시장 판매는 농민들이 소비생활에 필요한 현금 소득을 마련할 수 있는 통로이다.[80] 그럼에도 불구하고 배급체제가 기본인 북한사회에서 1990년대 초반까지 농민시장은 활성화되지 못했고, 농민들의 농산물 판매도 활발하지 않았다. 농산물의 유통 역시 국가수매가 주를 이루었고, 농민들의 자유 판매는 제한적이었다. 그러나 식량난이 발생하자 농민들은 텃밭에 식량작물을 심고 자가소비를 제외한 대부분의 농산물을 시장에 판매하기 시작했다. 식량위기가 오히려 농민들의 시장

79 농민시장은 1958년 창설되었다. 김일성은 농민시장을 "협동농장들의 공동경리와 협동농민들의 개인부업경리에서 생산된 농산물과 축산물의 일부를 농민들이 일정한 장소를 통하여 주민들에게 직접 파는 상업의 형태"로 규정했다(김일성, 『사회주의경제의 몇.가지 리론문제에 대하여』, 조선로동당출판사, 1969, 24~25쪽).

80 정은미, 『북한의 국가중심적 집단농업과 농민 사경제의 관계에 관한 연구』, 서울대학교 사회학과 박사학위논문, 2007, 298쪽.

이용을 활성화하는 계기가 된 것이다.[81] 2002년 7.1경제관리개선조치 이후 국가의 농민시장 관리가 강화되었지만, 분조 단위의 농산물 처분권이 늘고 농민시장이 부족한 식량을 융통할 수 있는 효과적인 유통망으로 작용하고 있기 때문에 시장을 통한 농민의 농산물 판매는 앞으로도 확대될 것이다.

남한의 협업농장은 초기에는 생산물 중 쌀은 정부 수매에 응하고 남는 것은 시장에 내다 팔았고, 채소류와 계란은 농장원들이 무작정 장터에 나가서 판매하는 방식을 취했다. 생산과 분배는 조직적으로 했으나, 유통은 주먹구구식이었던 셈이다. 1980년대 들어오면서 생산물 유통에 있어서도 체계를 갖추기 시작했다. 양계 분야는 소수 눈비산마을의 소개로 풀무원에 계란을 납품하게 되면서 안정적인 판매망을 확보했다. 풀무원의 급신장과 더불어 시장 수요가 급증하면서 계사도 확대했다. 한때 풀무원의 횡포에 반발해서 자체 브랜드를 개발하고 판로를 개척하고자 했으나 시장의 냉담한 반응으로 포기했다. 지금은 한살림과 두레생활협동조합을 통해서 안정적인 판매망을 구축하고 있다.[82] 민간의 협업네트워크를 통해 농장운영의 지속성을 보장받을 수 있었던 셈이다. 쌀 분야는 충청북도의 친환경 급식사업에 적극적으로 대응하면서 판로를 확보하고 있다. 영농조합법인으로 전환한 후에는 쌀 위탁생산을 통해서도 많은 수익을 올리고 있다. 코로나19로 급식 물량이 줄어들면서 위기에 봉착하기도 했으나, 증평군과 군내 학교들과 협력해서 학교급식을 학생들에게 농산물꾸러미로 공급하는 등 적극적으로 판로 개척에 나서고 있다.[83]

---

81 정은미, 『북한의 국가중심적 집단농업과 농민 사경제의 관계에 관한 연구』, 서울대학교 사회학과 박사학위논문, 2007, 299쪽.

82 이재중·안병출 인터뷰, 증평영농조합법인 사무실, 2021년 8월 31일.

83 증평협업농장의 안병출 총무는 군내 4,300여 명의 학생들에게 학교급식을 친환경 농산물꾸러미로 공급하고 품목별 생산자의 판로를 확보한 점을 인정받아 2020년 농림

4.3. 노력일 평가와 분배

농장운영에서 가장 중요한 것은 노력일 평가라고 할 수 있다. 이는 농민들의 이해관계가 걸린 첨예한 문제이기 때문에 남북 모두 노력일 평가를 철저하게 한다. 북한은 가장 힘들고 어려운 일인 밭 갈기, 써레질, 모내기, 김매기, 추수 등을 비롯한 기본 영농작업에 중점을 두고 노력일을 평가한다. 영농작업은 8개 급수, 뜨락또르 작업은 6개 급수의 구분이 있다. 연간 의무적으로 공동노동에 참가해야 하는 일수는 남자 290일, 여자 260일로 못 박아 두었다. 노력일 평가는 평가조에서 담당한다. 평가조는 분조장과 책임성과 농사경험이 풍부하며 대중의 신망이 높은 농장원 2~3명으로 구성된다. 이들은 매일 작업현장에서 하루 작업을 총화해서 개인별로 노력일을 평가하고, 이를 반드시 본인들에게 알려주어 확인을 받는다. 분조는 개인별 노력일을 10일에 한 번씩 노력일평가계산서에 종합해서 작업반에 제출한다. 협동농장 관리위원회는 작업반의 일별 노력일 정리대장을 검토해서 월노력일 계산장을 정리하며, 월에 한 번씩 이를 공시한다.[84] 노력일 평가에 대한 이중 삼중의 공시체계를 통해 평가를 투명화하고, 노력을 고무하도록 한 조치였다.

남한의 협업농장에서도 노력일 평가는 민감한 문제였다. 보수와 직결되는 문제였기 때문에 때로는 갈등을 낳기도 했다. 1980년 정관에 의하면 성인 남자 1일 8시간을 10점으로 정하고 능력치에 따라 가감했다. 노동력 평가는 매일 하지만, 6개월에 한 번씩 운영위원회에서 비밀투표로 공정하게 결정하여 총회에 보고한다는 조항이 있다. 이를 통해 당시 노동력 평가에서 갈등이 있었음을 미루어 짐작할 수 있다. 1970년 시행

축산부장관상을 수상했다(《충청일보》, 2020. 12. 30).

84 오대호, 『협동농장관리운영경험』, 사회과학출판사, 1989, 105~106쪽; 김광남, 『분조관리운영참고서』, 사회과학원, 2015, 52~53쪽.

세칙에 의하면 구성원은 330일의 의무 노동일수를 채워야만 한다. 1일 중 4시간 이상 노동에 참가하지 않으면 노동평가를 받을 수 없었고, 3일 이상 무단으로 농장작업에 불참할 때는 연말 결산에서 2배 일수의 노동평가를 지분에서 공제하는 벌칙이 있었다.[85]

노력일은 매일 평가되었지만 결산분배는 연말에 한다. 북한에서 분배는 분조 단위로 하는데 현물분배를 기본으로 하면서도 현금분배를 결합한다. 현물분배에서는 국가에 의무적으로 수매해야 하는 몫을 제하고 농장원의 노동일수와 노력일에 따라 현물로 계산해서 분배한다. 현금분배는 분조의 수입실적에서 생산비와 토지사용료를 뺀 나머지를 계산해서 확정한다. 개별 농장원의 현금분배 몫은 해당 분조의 1 노력일당 현금분배 몫에 해당 농장원의 연간 노력일을 곱한 금액이다.[86] 최근 들어 평균주의를 배제하고 노력에 따른 정당한 대우가 강조되고 있다. 결산분배에서는 순 수입의 20~30% 범위 내에서 공동기금을 조성하는데, 공동기금은 건설투자와 보수자금, 씨앗, 영농물자, 사회문화기금, 탁아소, 유치원 운영 자금으로 쓰인다.[87]

노동의 결과 만으로 분배를 하는 북한과 달리 남한의 증평협업농장은 출자, 노동투하량, 경영 참가의 세 가지 기준에 따라 분배를 한다. 먼저 조세공과금, 자재와 외부노임, 출자금 이자를 공제한 후, 작업일지를 근거로 1년간 노동일수를 합계하고 노임을 곱한다. 8시간 노동은 10점, 4시간 노동은 5점이고, 4시간 미만의 노동에는 점수가 없다. 법정적립금, 후생기금, 교육기금은 공동으로 적립한다. 1975년부터는 출자, 노동, 경영에 3 : 3 : 4의 비중을 두고 순이익금의 15% : 15% : 20%에 해당하는

85 임상택, 「증평 새마을 협업 농장」, 『농촌현실과 농민운동』, 민중사, 1984, 314~317쪽.
86 김광남, 『분조관리운영참고서』, 사회과학원, 2015, 94~101쪽.
87 오대호, 『협동농장관리운영경험』, 사회과학출판사, 1989, 116~120쪽.

금액을 기여도에 따라 배분했다.[88] 북한의 협동농장이 노동결과에 따른 분배만 하는 이유는 농장원을 노동자로 간주하기 때문이다. 반면 남한의 협업농장이 개인 자산인 출자를 고려하고, 경영에 따른 분배를 함으로써 책임성을 강조한 것은 소소유자이자, 경영자로서 농장원을 위치 지었기 때문이다. 한편, 북한 협동농장의 의무 노동일수에 비해 남한 협업농장의 의무 노동일수가 40일(남자 기준)이나 많다. 북한의 협동농장이 전 국가적인 시스템인 데 반해, 남한의 협업농장은 농장원의 공동노동과 협력이 전적으로 운영의 성패를 좌우하기 때문이다.

4.4. 농장의 운영

다수의 농민이 참여하는 협업·협동농장이 원활히 운영되기 위해서는 민주적 운영을 보장하고, 농민들 협력과 연대 아래 농장을 안정화하기 위한 조치들이 마련되어야만 한다. 이를 위한 남북 농장의 방안은 다음과 같다.

첫째, 농민들이 합의하고 따를 수 있는 정관과 규약을 만들었다. 북은 협동농장 규약을 통해 농장의 당면 과업과 전망, 목표를 밝히는 한편, 농장의 관리운영 원칙과 방법을 명시했다. 뿐만 아니라 협동농장의 주인인 농장원의 의무와 권리, 농장원의 자격과 가입절차, 생산과 분배에 이르는 모든 절차와 원칙들을 정관과 규약에 명시했다. 북한은 1955년 '농업협동조합기준규약(잠정)'을 처음 만들었고, 1959년 전국농업협동조합대회에서 '농업협동조합기준규약(잠정)'이 채택했으며, 1971년 9월에는 협동농장의 새 기준규약을 제정했다. 각 농장의 규약은 국가가 만든 협동

88 백귀순, 「협업농민의 경제행위에 관한 일 고찰」, 서울대학교 인류학과 석사학위논문, 1985, 40~44쪽.

농장기준규약을 엄격히 준수하도록 했지만 만든 다음에는 반드시 농장원 총회 혹은 대표자회의에서 토의하여 채택하도록 했다.[89] 남한의 협업농장 역시 정관과 규약을 마련해두었다. 여기에는 출자금액, 운영기구, 분배비율뿐 아니라 구성원들의 가입과 탈퇴, 자격규정, 의무와 권리, 이를 위반했을 때의 징계 등이 명시되었다.[90] 북이 기준규약을 국가에서 마련한 후 농장원 총회에서 토의하는 방식을 취했다면, 남은 농민들의 자율적인 의사결정 속에서 합의에 따라 정관과 규약이 마련되고 검토되었다.

둘째, 농장운영 전반에 대한 공개의 원칙을 수립했다. 농장의 운영상태를 공개하는 것은 농장사업에 주인답게 참가할 수 있는 전제로서 강조되었다. 북한은 농장의 운영상태를 공개하는 데 있어서 농장원들이 관심 갖는 문제를 구체적으로 알려주는 것을 기본으로 하되, 특히 노력일과 농장의 재정형편, 수입과 지출 내역은 반드시 공개하도록 했다.[91] 남한의 협업농장에서도 농장운영의 모든 사항은 계획서, 출납장부, 출자금원장, 자산대장, 수입장 지출장, 비품대장, 작업일지, 생산 및 판매대장, 총수확량 대장, 차입금대장, 현물대장, 적립금대장, 생산비원장, 비료대장, 출자이익배정장, 총계정원장, 가족대장, 수지예산서 등으로 정리되어 장부에 꼼꼼히 기록했고, 장부는 언제든지 농장원들이 열람할 수 있는 곳에 비치하여 농장원들에게 투명하게 공개되었다.[92]

셋째, 총회와 회의를 정례화함으로써 농장원들의 의사결정 구조를 만들고자 했다. 농장원 총회는 농장의 최고 결정기관으로서 중요한 모든 문제를 토의하고 결정하는 자리였다. 북한에서는 농장총회와 대표자회를

89 오대호, 『협동농장관리운영경험』, 1989, 사회과학출판사, 10~11쪽.

90 백귀순, 「협업농민의 경제행위에 관한 일 고찰」, 서울대학교 인류학과 석사학위논문, 1985, 27~29쪽.

91 오대호, 『협동농장관리운영경험』, 사회과학출판사, 1989, 15쪽.

92 안병출 인터뷰, 증평영농조합법인 사무실, 2021년 8월 31일.

분기에 한번 이상씩 진행하도록 했고, 전체 농장원의 1/3이 총회 또는 대표자회의 소집을 요구할 때에는 즉시 총회 또는 대표자회를 소집하도록 했다.[93] 총회에서는 지도자의 교시를 철저히 관철하기 위한 방안과 농장의 제반 문제들을 논의했다. 총회와 대표자회가 분기별로 개최된다면, 분조 단위로는 5일 작업배치안을 만들고 10일 생산 및 재정총화를 하는 것을 규범화했다. 10일 생산 및 재정총화에서는 작업계획 수행성과를 검토하고 노력일을 평가하며 유상유벌안을 결정해서 작업반에 보고하고 분조일지에 기록하도록 했다.[94] 분조 단위의 총화는 농업생산의 실제적인 문제를 논의하는 자리였지만, 총회와 대표자회는 주로 수령의 교시와 정책 관철에 맞추어짐으로써 국가의 목표가 협동농장과 개인에게 강조되는 구조였다. 남한의 협업농장에서 총회는 매년 연초에 개최되었다. 총회에서 농장원들이 전원 참석하여 전년도 결산보고를 하고, 새해의 사업계획과 세입세출안을 심의했다. 농장 업무를 관장하는 운영위원회와 매월 농장원들이 참가하는 정기회의에서는 현안을 토의하고 민주주의적으로 의사를 결정했다.[95] 야마기시 연찬 등 외부의 교육방식에 의존하지 않고 농장원들 내부의 불만사항이 있을 때는 수시로 연찬을 개최하여 자신들에게 맞는 논의구조를 만들어갔다. 수시로 개최된 연찬은 농장원들 내부에 생길 수 있는 오해와 불만을 조기에 불식시키고 농장원들 사이의 인화와 끈끈한 연대의식, 공동체성을 강화하는 역할을 했다.

---

93 오대호, 『협동농장관리운영경험』, 사회과학출판사, 1989, 13쪽.

94 김광남, 『분조관리운영참고서』, 사회과학원, 2015, 81~87쪽.

95 증평협업농장, 「증평협업농장 회의록」, 1984~1987.

5. 통일 시대의 농업협동화 모델 구상

5.1. 북한의 식량문제 해결 지원

북한의 식량문제가 아직 해결되지 않았기 때문에 남북이 농업 협동화를 통해 축적해온 경험을 나누는 출발점은 북한의 식량문제 해결을 위한 지원으로부터 시작해야 한다. 북한은 2009년부터 500만 톤 수준의 식량 생산 수준을 유지하고 있지만,[96] 아직 필요량으로 추정되는 650만 톤 생산에는 미치지 못하고 있다.[97] 북한은 남한과 국제사회에 농업생산력 회복에 필요한 비료와 농약, 농기계를 지속적으로 요구하면서도, 일본·캐나다 등을 시찰하면서 북한농업을 친환경 유기농으로 전환하는 방법을 다각적으로 검토하고 있다.[98] 특히 2013년 제정된 재생에네르기법에서는 북한의 재생에너지 진흥과 지속가능한 발전에 대한 적극적인 지향과 의지를 엿볼 수 있다.[99] 남한은 개방농정에 대한 대응으로, 북한은 에너지 부족에 대한 대안으로 친환경 농업에 대한 지향을 강화하고 있다. 북한 식량문제를 친환경 유기농업의 방향으로 해결해가는 방안은 남북이 농업 위기를 극복하면서 북한 식량문제를 해결해갈 수 있는 유력한 방안이 될

96 〈"FAO, 북 3-4년내 식량 자급자족할 가능성이 있어" 〈조선신보〉〉, 《통일뉴스》, 2016. 12. 15.

97 장경호·안경아, 「통일농수산사업단의 남북 공동영농사업-추진과정과 과제」, 『KERI 북한농업동향』 12-3, 한국농촌경제연구원, 2010, 22쪽.

98 宮塚利雄, 「북한농업시찰단에 비친 북한농업 및 식량문제의 실태」, 『북방농업연구』 5, 북방농업연구소, 1998, 101~102쪽; 김성훈, 「남·북한 농업협력의 과제와 전망-멈춰서는 아니 될 한반도 평화프로세스」, *J. Agriculture & Life Sciences*, 38-3, 경상대학교 농업생명과학연구원, 2004, 46쪽.

99 북한의 재생에너지 진흥과 지속가능한 발전에 대한 관심과 정책적 진화과정에 대해서는 윤석준, 「한반도의 지속가능한 평화를 위한 '그린뉴딜' 남북경협: 재생에너지 분야 남북협력 방안을 중심으로」, 『평화학연구』 21-4, 한국평화연구학회, 2020, 143~146쪽 참조할 것.

것이다.

일례로 남한이 남아도는 축산분뇨를 산림 및 농업부산물과 섞어서 국제 규격의 비료를 만들어 북한에 제공하고, 북한이 화학비료라는 고에너지 투입 농업 대신 최소 에너지 투입을 하는 유기농으로의 전환을 통해 생태순환의 유기농법을 실현해나가는 방식을 생각해볼 수 있다. 쌀 오리농법과 우렁이농법, 야마기시 양계 등 협업농장의 친환경농업의 경험을 북한의 협동농장과 공유한다면 북한의 농업 발전에도 더욱 효과적으로 대응할 수 있을 것이다. 이를 통해 식량지원을 넘어서 환경과 생태, 인간이 공존하는 지속 가능한 통일 한반도의 농업을 남북이 함께 고민해나갈 수 있을 것이다.[100]

농기계 지원도 필요하다. 북한은 대대적인 자연개조사업을 통해 농지 정리와 수리화를 추진했기 때문에 농기계를 사용하기에 적합한 환경이지만, 농기계의 노후화와 에너지 부족으로 인해 효율이 극히 떨어진 상태다. 이는 곧 증산의 걸림돌로 작용하고 있다. 2001년 우리민족서로돕기운동이 농기계 지원사업을 했을 때 북한이 선호한 것은 경운기와 이앙기, 콤바인과 더불어 쟁기, 분무기, 양수기, 트레일러 등의 부속작업기였다. 남한의 농기계는 고장이 없고 힘과 효율이 좋다는 점에서 호평을 받았다.[101] 특히 한국산 이앙기는 모를 심을 때 30cm 간격으로 심게 되어 있어 20cm 간격을 고집하는 주체의 밀식농법에 위배되지만, 가시적인 성과가 나자 북한은 남한식 이앙법을 확대 실시하겠다는 입장을 공개적

---

100 김성훈, 「남·북한 농업협력의 과제와 전망-멈춰서는 아니 될 한반도 평화프로세스」, *J. Agriculture & Life Sciences*, 38-3, 경상대학교 농업생명과학연구원, 2004, 46~47쪽; 박승옥(한겨레두레공제조합연합회 공동대표), 〈북한 인민들은 왜 굶어죽었을까〉, 《프레시안》, 2011. 08. 02.

101 〈이용선 청와대 시민사회수석, 우리민족서로돕기운동 대표 인터뷰〉, 《한국농기계신문》, 2018. 07. 02.

으로 표명했다.[102] 북한 밀식재배의 문제를 기술협력을 통해 자연스럽게 해결하고, 남한 농기계 산업의 활로를 모색하는 방식이다.

이러한 성과를 토대로 남북은 2005년 평안남도 강서군 금성뜨락또르 공장 내에 '우리민족·금성·동양 농기계공장'을 설립하여 9월 말 콤바인 50대, 2006년 2월 콤바인 1200대를 조립, 생산한 바 있다. 남북합작회사를 설립해서 '민족적 농기계'를 자체 생산하고, 이를 중국에도 수출하자는 것이 농기계공장의 설립 목표였다.[103] 남북의 농기계합작회사 설립과 운영은 한편으로는 북한의 농업생산력을 높여 식량위기를 극복하는데 크게 기여할 뿐 아니라, 다른 한편으로는 농기계 수출을 통해 남북 농기계 산업 발전에도 기여할 것이다.

5.2. 남북연합의 다양한 농업모델 창출

북한의 농업생산력 회복을 위한 긴급한 요구가 해소되고 나면, 통일농업의 미래를 열어가기 위한 본격적인 남북연합 농업모델 창출의 길로 나아가야 한다. 남북연합의 통일농업을 열어나가기 위해서는 다양한 성공모델의 창출을 통해 남북 주체 모두 통일농업의 미래에 의욕과 희망을 가질 수 있도록 하는 것이 중요하다. 성공의 경험들이 축적된다면 남북관계의 부침에 의해 통일농업을 위한 사업이 잠시 중단된다고 하더라도 이후에도 사업을 이어갈 수 있는 정서적 토대가 마련될 것이다.

단기적으로 가능한 사업으로는 남북 간의 계약재배를 들 수 있다. 남한이 수입에 의존하고 있는 잡곡과 한계 생산에 봉착한 특용작물 등의 개발

---

102 김성훈, 「남·북한 농업협력의 과제와 전망-멈춰서는 아니 될 한반도 평화프로세스」, *J. Agriculture & Life Sciences*, 38-3, 경상대학교 농업생명과학연구원, 2004, 45쪽.

103 〈〈인터뷰〉 윤여두 동양물산 부회장(現 우리민족서로돕기운동 상임대표)〉, 《농축산기계신문》, 2018. 05. 08.

을 북한의 토지와 노동력을 활용해서 시험 재배하고, 남한이 계약재배에 필요한 영농자재와 기술을 제공하는 방식이다.[104] 기후변화로 인해 농작물의 생산의 북방한계선이 갈수록 올라가고 있기 때문에 남한에서 생산했던 작물 중 현재 북한 생산이 유리한 부분에 남북 협력을 강화하는 방법을 추진해볼 수 있다. 남의 자재와 기술, 북의 토지와 노동력이라는 장점을 융합할 수 있는 방법이다. 이 과정에 농업기술과 인적교류를 통한 본격적인 농업 공동프로젝트의 기반도 마련할 수 있을 것이다.

다음으로는 중장기적인 발전으로 나아갈 수 있는 사업을 추진해야 한다. 2021년부터 전국농민회총연맹이 경기도에 제안해서 연천지역에서 추진하고 있는 '남북농업통일공동경작지' 사업이 그 전범이 될 수 있다. '남북농업통일공동경작지'는 4.27 판문점 선언에도 불구하고 남북관계가 진척이 없는 상황에서 전국농민회총연맹이 "종전을 선언하고 정전협정을 평화협정으로 전환하며 항구적이고 공고한 평화체제를 구축한다"는 판문점 선언의 정신을 구현하고자 추진하는 사업이다.[105]

전국농민회총연맹은 장기적으로 남북의 농민이 함께 농사지을 수 있는 경작지를 남북의 접경지역에 조성함으로써 항구적이고 공고한 평화체계를 만드는 작업을 구상했다. 전농은 연천의 군남댐 부근에 댐 건설로 인해 더 이상 경작을 하지 못하는 8만 평의 부지가 있다는 사실을 파악하고, 경기도에 이 땅을 임대했다. 농사는 연천군 농민들이 8천 평을 경작하고, 전농 전국지부의 회원들이 나머지 지역의 농사를 책임지는 방식을 취하고 있다.

---

104 김영윤, 「북한 협동농장의 운영 실태와 개편 방향」, 『통일경제』 2001. 5·6, 현대경제연구원, 50쪽.

105 〈〈인터뷰〉 11일 '통일경작지 모내기'하는 박홍식 전농 의장-"통일경작지를 남북 농산물 교류 공간으로"〉, 《통일뉴스》, 2021. 06. 09.

전농은 단순한 남북통일 경작지가 아니라 종자부터 농업 전반에 대한 정보교류와 미래농업에 대한 논의의 장으로서 통일경작지를 만들어가고자 한다. 개인 농지가 아니고 전농의 전국 9개 지부가 공동경작을 추진하고 있으므로 '남북농업통일공동경작지'에서 협업농장 모델을 적용해볼 수 있을 것이다. 또한 남북농업통일공동경작지를 북한의 협동농장과 구조적 친연성이 있는 협업농장 모델로 설계한다면 미래 북한과의 교류에 대비할 수 있을 것이다.

통일농수산사업단이 일구었던 '농업+경제개발구 거점 모델'도 다시 시도해볼 수 있다.[106] (사)통일농수산은 2000년 남의 농업계가 북의 협동농장관리위원회와 함께 북한농업의 기본 생산단위인 협동농장의 생산성을 올려 북한 식량난을 근본적으로 해결하자는 목표를 가지고 출범했다. 통일농수산사업단의 영농사업은 금강산과 개성지역의 협동농장을 대상으로 추진되었다. 2005년부터 2007년까지 3개년계획으로 고성군 소재 삼일포 협동농장과 금천리협동농장 및 주변 협동농장을 대상으로, 2007년부터 2009년까지 3개년간 송도리협동농장을 대상으로 공동영농사업이 진행되었다.

이 사업을 통해 논농사와 밭농사에서 30% 이상의 식량증산 효과를 거두었고, 북한에는 생소한 온실 농기계, 양돈의 기반을 마련했으며, 남한에서 재배환경이 점차 불리해지고 있는 인삼과 과수를 북한에서 시험 재배하는 성과를 거두었다. 금강산지역의 공동영농사업을 통해서는 향후의 발전 가능성을 타진할 수 있었다. 2005년 누적관광객이 100만 명을 넘으면서 관광객 식사에 필요한 식자재 시장이 열렸기 때문이었다.[107] 금강산

106 통일농수산의 사례에 대해서는 장경호·안경아, 「통일농수산사업단의 남북 공동영농사업-추진 과정과 과제」, 『KEI 북한농업동향』 12-3, 한국농촌경제연구원, 2010에 자세히 소개되어 있다.

지역의 협동농장들은 이 시장을 뒷받침할 배후지로서 최적화된 곳이었다. 금강산관광이 재개되고, 이 지역에 공동영농사업을 다시 재개한다면 농장원들은 소득증대 효과를 얻고, 관광지는 안정적인 식자재를 공급받을 수 있는 이점을 가질 수 있을 것이다. 또한 개성지역은 식재료 납품, 식품가공원료 공급 나아가서 남북협력에 의한 농식품 수출품목을 육성할 수 있는 가능성도 가지고 있다. 따라서 이 모델은 북한이 향후 거점으로 개발하는 경제도시의 배후지역에서 농업생산성을 끌어올리고, 협동농장 단위에서 지역별 협력 거점을 구축하는 등 남북이 공동으로 참여하는 방식의 개발모델로 확대해나갈 수 있을 것이다.

이러한 성과를 통해 남북의 신뢰관계가 구축된다면 장기적으로는 남북이 협업농장과 협동농장의 경험을 활용해서 합영농장을 운영해볼 수 있을 것이다. 이때 '남북농업통일공동경작지'처럼 DMZ지역을 활용한 통일농업 모델 창출은 매우 중요한 의미를 갖는다. 이는 4.27 판문점 회담의 정신을 되살려 남북의 접경지역인 DMZ지역을 남북이 두 국가로서의 실체를 인정하고 평화의 가치를 실현하며 남북연합의 통일농업을 수행하는 공간으로 재구성해나가는 작업이다. 이는 또한 "과정으로서의 통일을 촉진하는 전제조건을 창출"하는 작업이자, "통일된 국가가 평화국가로서의 발전지향"을 가진다는 점을 분명히 하는 과정[108]으로서 한반도 평화체제를 구축하는 실제적인 과정이 될 것이다. 통일국가는 남과 북이 "공통의 무엇"을 만들어가는 과정을 통해서 새롭게 생성되는 것이기 때문이다.[109]

107 〈대북제재에도 찾을 수 있는 '남북 신통상'의 길〉, 《프레시안》, 2020. 01. 11.

108 정영철, 「한반도의 '평화'와 '통일': 이론의 긴장과 현실의 통합」, 『북한연구학회보』 14-2, 북한연구학회, 2010, 201쪽.

109 박영균, 「남북의 통일원칙과 통일과정의 기본가치-민족과 평화」, 『시대와 철학』 25-2, 한국철학사상연구회, 2014, 141쪽.

이 과정에서 자본과 기술은 남이, 노동력은 북이 제공하는 개성공단의 방식을 넘어설 필요가 있다. 이윤 창출을 최우선으로 하는 남한 자본의 논리와 노동 중심의 북한의 작업장 문화가 잦은 충돌양상을 보였고,[110] 남북의 이해관계가 충돌했기 때문이다. 기금은 국제펀드, 남북교류협력기금, 지자체 지원금, 모금 등의 다양한 재원을 모아 남북협력기금으로 조성하고, 실무추진체에서 사업을 위탁 대행하며 기금투자자들이 모니터링과 사업평가를 하는 방식을 고려해볼 수 있다. 운영은 남북이 한 곳에서 공동생산을 해야 한다는 부담을 버리고 합영농장 산하에 협업농장과 분조를 병존시키는 방식도 검토해볼 수 있을 것이다. 이때 각자의 경험을 강요하는 것이 아니라 견학, 참관 등을 통해서 양자가 배우고 선의의 경쟁을 하며 논의하는 시스템을 마련하는 것이 중요하다. 이렇게 남북의 협업농장과 협동농장이 쌓아 올린 성과를 인정하는 가운데 새로운 길을 개척할 수 있다면 합영농장은 남북연합의 새로운 통일농업 모델로 자리매김하게 될 것이다.

마지막으로 제언하고자 하는 것은 기후위기에 대한 남북의 공조이다. 최근 남북에는 산불이 빈발하고 있고 기후온난화에 대한 경각심이 높아지고 있다. 이는 자연재해이지만, 자원과 환경의 착취에 기반했던 남북 경제의 위기를 반영하는 것이기도 하다. 따라서 기후위기에 대한 공조는 자연재해에 대한 공동대응이라는 차원이 아니라, 자원과 환경의 착취에 기반했던 기존의 성장중심적 패러다임을 근본적으로 성찰하는 가운데 한반도에 지속가능한 발전과 평화를 정착시키기 위한 새로운 패러다임으로의 전환을 모색하는 방향으로 나아가야 할 것이다.

110 임지훈, 「상호의존에 따른 남북 근로자의 협력-신뢰형성 연구」, 『분단생태계와 통일의 교량자들』, 한국문화사, 2017, 198~203쪽 참조.

6. 결 론

현재 남북은 모두 농업위기를 경험하고 있다. 남한은 농업인구의 감소와 고령화, 지역의 소멸, 공동체성의 파괴, 기후와 생태의 위기, 개방농정 등 자본주의 농업근대화의 한계를 경험하고 있고, 북한은 주체농법의 문제와 식량위기 등 사회주의 농업근대화의 한계에 맞닥뜨리고 있다. 이는 남북이 추진해온 성장지상주의적 농업근대화의 문제에서 비롯된 것이다. 우리는 남북이 경험해온 자본주의, 사회주의 농업근대화의 문제를 성찰하는 가운데 농업개혁의 새로운 패러다임 속에서 통일농업의 틀을 짜야 한다. 그렇지 않으면 통일농업은 화해와 협력이라는 미명 아래 남북 농업의 위기를 확대재생산하는 과정이 될 것이기 때문이다.

따라서 통일농업의 방향은 자연과 인간이 공존하는 가운데 한반도 농업의 지속가능성을 보장하는 방향이 되어야 할 것이다. 그런 의미에서 통일농업은 남북 농업의 개혁 과정이 되어야 한다. 우선 규모의 경제 실현과 인간의 일방적인 자연개발을 통한 생산력 증진이라는 관점에서 지속가능한 농업[111]과 인간과 자연의 공존과 공생이라는 패러다임으로 통

---

111 유정규는 자원의 재생산을 가능하게 하고, 농약 및 화학비료의 투입량을 최소한으로 억제하여 자원과 환경을 보전하면서도 일정한 생산력과 수익성을 확보하고 보다 안전한 식료생산에 기여하고자 하는 농업을 '지속적 농업'으로 규정하고, 이것이 단지 화학물질의 사용을 중단하거나 유기농업을 하는 것이 아니라 "농업 시스템의 전환"이라는 점을 강조했다(유정규, 「환경문제의 심화와 지속가능한 농업발전을 위한 정책과제」, 『한국유기농업학회지』 6-2, 한국유기농업학회, 1998, 46~47쪽). 한편, 전국농민회총연맹은 2008년부터 신자유주의에 맞서 각 마을과 지역에서부터 새로운 흐름을 만들어가는 방향으로서 지속가능한 농업, 국민농업, 통일농업을 표방하고 있다[한도숙(전국농민회총연맹 신임의장), 「신자유주의 맞설 대안으로 지속가능한 '국민농업' 추진」, 『민족21』 84, 민족21, 2008, 72~73쪽]. 한국농어촌사회연구소 심포지움에서 황의동 역시 새로운 30년을 위한 대안으로서 지속가능한 농업을 표방하면서 '협동'과 '공유'라는 사회적 가치를 전면화하고 농업사회와 산업사회의 문제를 지역과 농업의 재구조화로 극복할 것을 제창했다(한국농어촌사회연구소, 『신자유주의 세계화와 농민층 분화, 그 양상과 과제』, 2020년 한국농어촌사회연구소 연례 심포지움

일 농업의 방향을 전환할 필요가 있다. 즉, 통일농업은 분단 이후 남북이 구축해온 경험 속에서 위기를 벗어날 수 있는 지혜를 모으고 전 한반도를 시야에 넣는 가운데 통일의 미래를 설계하는 과정이 되어야 한다.

이때 주목되는 것이 남의 협업농장과 북의 협동농장이다. 남의 협업농장과 북의 협동농장은 분산적이고, 비계획적이며 영세한 농업의 문제점을 극복하고 농민의 생활 안정을 위해 계획적인 공동생산, 농기계의 공동이용, 농산물 공동판매, 공동분배 등 협동적 영농을 통해 대농 경영의 유리성을 추구하면서도 소농의 주체성과 탄력성을 일정하게 결합시켜 왔다. 북한은 전 국가적인 시스템을 통해 협동농장을 안정적으로 유지해왔지만 강고한 국가체제가 농민들의 주체성과 유연성을 억제했다. 남한의 협업농장은 민간 협업네트워크 속에 들어가면서 활로를 찾았지만, 농장원의 협동 외에 농업생태계 및 정책의 변화가 뒷받침되지 못하면서 확장성을 갖지 못했다.

남북의 농장은 이러한 한계에도 불구하고 계획적인 생산과 발생하는 문제에 대한 집단적 대응, 노동력의 조직적인 사용과 선도적인 기계화를 통해 생산력 증가를 일궈낸 경험을 가지고 있다. 체제운영의 차이로 인해 계획의 수준과 농민 자율성, 시장 대응방식 등에서 근본적인 차이를 갖지만, 양자의 차이에도 불구하고 남의 협업농장과 북의 협동농장은 생산과 분배 운영방식에 있어서 다소의 친연성을 가지고 있다. 또한 최근 남북의 정권은 제한적이지만 각자가 처한 농업위기를 타개하기 위한 방안으로서 환경과 생태를 고려하고 사회적 농업을 지원하는 방향으로 정책을 추진하고 있다.

지료집, 2021. 01. 22, 104쪽).

이러한 경험을 바탕으로 남북의 교류협력을 추진할 필요가 있다. 지금까지 통일농업을 이야기하는 다수의 논자들은 남북 교류협력의 전제조건으로서 협동농장 시스템의 변화를 전제했다. 그러나 북한 농업의 핵심기반이 협동농장이고, 농업생산물의 90%가 협동농장에서 생산되고 있으므로 북한정권이 협동농장 시스템을 근본적으로 변화시키면서까지 남북 교류협력에 나설 가능성은 매우 낮다고 할 것이다. 또한 남북의 교류협력과 통일이 한쪽의 경험을 부정하고 한쪽의 경험을 일방적으로 강요하는 것이 아니라 상생과 공존의 길을 함께 찾아가는 과정이라고 한다면, 남의 협업농장과 북의 협동농장 경험을 활용하고 한계를 극복하는 가운데 통일 농업의 미래를 적극적으로 탐색해갈 필요가 있다. 이를 통해 우리는 남북이 합의한 화해협력과 남북연합의 단계를 가장 성과 있게 보여줄 수 있는 통일농업의 모델을 만들어갈 수 있을 것이다.

참고문헌

| 참고문헌 |

제1부 통일 이후, 가치 충돌 양상에 대한 예측적 대안 연구

남북의 가치충돌 양상에 대한 예측적 연구 1: 혈연공동체

강동완·박정란, 『사람과 사람: 김정은 시대 '북조선 인민'을 만나다』, 너나드리, 2016.

고유환 외, 『북한의 사회변동과 혼종성 1: '주체사회'의 모호한 경계들』, 한울아카데미, 2021.

권헌익·정병호, 『극장국가 북한』, 창비, 2013.

김갑식·오유석, 「고난의 행군과 북한사회에서의 의식의 단층」, 최완규 엮음, 『북한 도시의 위기와 변화』, 한울아카데미, 2006.

김근식, 「북한의 실리사회주의와 체제변화」, 『북한연구학회보』 11-2, 북한연구학회, 2007.

김기봉, 「북한에 대한 일상사연구의 가능성과 의미」, 박순성·홍민 엮음, 『북한의 일상생활세계: 외침과 속삭임』, 한울아카데미, 2010.

김기화, 「쉼터 거주 경험이 있는 북한이탈주민의 남한사회 적응에 대한 연구」, 『교육문화연구』 22-5, 인하대학교 교육연구소, 2016.

김병로, 『북한, 조선으로 다시 읽다』, 서울대학교출판문화원, 2016.

김석향, 「1990년 이후 북한주민의 소비생활에 나타나는 추세 현상 연구: 북한이탈주민의 경험담을 중심으로」, 『북한연구학회보』 16-1, 북한연구학회, 2012.

김은영·김경미·홍욱화, 「북한의 가족생활」, 민족화해협력범국민협의회 편, 『북한주민의 일상생활과 대중문화』, 도서출판 오름, 2003.

김종원, 「북한이탈주민의 재이주: 남한주민의 정치 인식을 중심으로」, 『글로벌정치연구』 12-1, 한국외국어대학교 글로벌정치연구소, 2019.

김창근, 「북한이탈주민의 남한사회 적응과 통일교육」, 『윤리연구』 80, 한국윤리학회, 2011.

김창희, 「북한 사회의 시장화와 주민의 가치관 변화」, 『한국동북아논총』 52, 한국동북아학회, 2009.

노귀남, 「시장이 움직인 북한여성의 길: 시장, 경쟁과 욕망, 북한여성」, 홍민·박순성 엮음, 『북한의 권력과 일상생활: 지배와 저항 사이에서』, 한울아카데미, 2013.
민희, 「북한이탈주민의 사회적응: 정서적 상태, 소셜 미디어 이용 그리고 남한생활 만족도」, 『정보화정책』 25-2, 한국정보화진흥원, 2018.
박경숙, 『북한사회와 굴절된 근대: 인구, 국가, 주민의 삶』, 서울대학교출판문화원, 2014.
박민철, 「북의 생활세계에 나타난 가치관의 균열과 변화양상 연구 1: 혈연공동체」, 『통일인문학』 87, 건국대학교 인문학연구원, 2021.
박민철·도지인, 「FGI 방법을 활용한 북한이탈주민의 가치관 연구: 그 필요성과 방법 및 의의를 중심으로」, 『통일인문학』 79, 건국대학교 인문학연구원, 2019.
박민철·도지인, 「북한의 '부부관'과 그 변화양상: 북한이탈주민 'FGI(Focus Group Interview)'를 중심으로」, 『통일연구』 24-1, 연세대학교 통일연구원, 2020.
박순성·고유환·홍민, 「북한 일상생활연구의 방법론적 모색」, 박순성·홍민 엮음, 『북한의 일상생활세계: 외침과 속삭임』, 한울, 2010.
박영균, 「북의 국가담론: 봉건적 가부장에서 젠더화된 민족국가로」, 『시대와 철학』 31-4, 한국철학사상연구회, 2020.
박현선, 『현대 북한사회와 가족』, 한울아카데미, 2003.
박형중·정세진, 「'고난의 행군'과 북한주민의 일상생활 변화」, 민족화해협력범국민협의회 편, 『북한주민의 일상생활과 대중문화』, 도서출판 오름, 2003.
서울대학교 통일평화연구원, 『북한주민 통일의식 2016』, 2017.
서재진, 『또 하나의 북한사회: 사회구조와 사회의식의 이중성 연구』, 나남, 1995.
신원식·배지철, 「북한이탈주민의 한국사회 적응에 대한 인식 유형」, 『사회과학연구』 17-3, 동국대학교 사회과학연구원, 2010.
양문수·이우영, 「남북한주민 마음의 비교: 물질주의와 개인주의에 대한 정량적 분석」, 『북한연구학회보』 20-1, 북한연구학회, 2016.
염유식·김여진, 「북한이탈주민의 사회연결망 형성과 유형에 대한 근거 이론 연구」, 『한국사회학』 45-2, 한국사회학회, 2011.
유시은·오경자·정안숙·전우택, 「북한이탈주민의 의식 변화에 대한 질적 연구-남한 입국 3년 된 북한이탈주민들을 대상으로-」, 『통일연구』 16-2, 연세대학교 통일연구원, 2012.

윤미량, 「여성의 위상과 역할」, 북한연구학회 편, 『북한의 여성과 가족』, 경인문화사, 2006.
이기영·성향숙, 「탈북자 가족 구성원의 가족관계 인식에 관한 조사연구: 탈북자 가구주 및 그 배우자의 인식을 중심으로」, 『한국사회복지학』 47, 한국사회복지학회, 2001.
이기춘·나종연, 「북한이탈주민의 북한과 남한에서의 소비생활경험 연구」, 『소비자정책교육연구』 3-2, 한국소비자정책교육학회, 2007.
이도희·박희정, 「북한이탈주민의 남한사회 적응경험에 대한 현상학적 연구」, 『한국사이코드라마학회지』 23-1, 한국사이코드라마·소시오드라마학회, 2020.
이미경, 「탈북여성과의 심층면접을 통해서 본 경제난 이후 북한여성의 지위변화 전망」, 『가족과 문화』 18-1, 한국가족학회, 2006.
이용희, 「북한 시장화가 주민 가치관 변화에 미친 영향」, 『통일전략』 20-1, 한국통일전략학회, 2020.
이우영, 「북한체제 내 사적 담론 형성의 가능성: 공적 담론 위기를 중심으로」, 『현대북한연구』 11-1, 북한대학원대학교, 2008.
이재경·조영주, 「선군 시대 북한의 여성과 가족」, 이화여자대학교 통일학연구원 편, 『선군시대 북한 여성의 삶』, 이화여자대학교출판부, 2010.
이정민, 「광복 70년에 생각하는 분단 70년-북한이탈주민을 통해 본 남북한 가치관의 차이」, 『지식의 지평』 19, 대우재단, 2015.
정순화·임정하, 「남북한 가족가치관의 비교고찰」, 『인간발달연구』 21-4, 한국인간발달학회, 2014.
조정아·임순희·정진경, 『새터민의 문화갈등과 문화적 통합 방안』, 한국여성개발원·통일연구원, 2006.
채정민·이종한, 「심리학적 관점에서의 남북한 문화이질성: 북한이탈주민의 심리적 적응을 중심으로」, 『한국심리학회지: 사회문제』 10-2, 한국심리학회, 2004.
최봉대, 「탈북자 면접조사방법」, 경남대학교 북한대학원 엮음, 『북한연구방법론』, 도서출판 한울, 2003.
최완규·노귀남, 「북한주민의 사적 욕망」, 『현대북한연구』 11-2, 북한대학원대학교, 2008.
통일부, 「2021년도 북한이탈주민 정착지원 시행계획」, 2021.5.

한성훈,『인민의 얼굴: 북한 사람들의 마음과 삶』, 돌베개, 2019.
한재헌,「개별화-전체화의 혼종양식으로서 북한의 '집단주의': '북한 사회의 개인화' 연구를 위한 서설」,『개념과 소통』 25, 2020.
함택영·구갑우,「북한의 공(公)과 사(私): 이론화를 위한 비교」,『현대북한연구』 11-2, 북한대학원대학교, 2008.
홍 민,「북한 시장일상생활연구: 그로테스크와 부조리극 '사이'에서」, 박순성·홍민 엮음,『북한의 일상생활세계: 외침과 속삭임』, 한울, 2010.

남북의 가치충돌 양상에 대한 예측적 연구 2: 사회공동체

김누리 편저,『머릿속의 장벽』, 한울, 2006.
김상철,「독일 통일 후 구 동독지역의 사회정책과 사회통합」,『질서경제저널』 22-2, 한국질서경제학회, 2019.
김영신·박지영,「소비자 소외감, 물질주의가 충동구매에 미치는 영향」,『한국가정관리학회지』 24-3, 한국가정관리학회, 2006.
김종철,「한국어교육에서 한국문화교육의 쟁점과 전망」,『국어교육』 133, 한국어교육학회, 2010.
문화체육관광부,『2019년 한국인의 의식·가치관 조사 결과보고서』, 갤럽, 2019.
박권일,「한국의 능력주의 인식과 특징」,『시민과 세계』 1-39, 참여연대 참여사회연구소, 2021.
박영균,「북의 국가담론: 봉건적 가부장에서 젠더화된 민족국가로」,『시대와 철학』 31-4호, 한국철학사상연구회, 2020
박영균,「북의 생활세계에 나타난 가치관의 균열과 변화양상 연구 2: 사회공동체」,『통일인문학』 87, 건국대학교 인문학연구원, 2021.
박영균,「통일의 녹색비전과 남북의 생태도시협력」,『시대와 철학』 28-1, 한국철학사상연구회, 2017.
양해만·조영호,「한국의 사회경제적 변화와 탈물질주의」,『한국정치학회보』 52-1, 한국정치학회, 2018.
에리히 프롬, 강주헌 옮김,『자기를 위한 인간』, 나무생각, 2020.
에리히 프롬, 김석희 옮김,『자유로부터의 도피』, 휴머니스 출판그룹, 2020.
윤소천,「대한민국 대학생들의 남북한 사회가치 인식 비교-Schwartz 가치척도를 중심으로」, 『통일연구』 30, 연세대학교 통일연구원, 2016.
이민아·송리라, 「소득, 물질주의와 행복의 관계」, 『한국인구학』 37-4, 한국인구학회, 2014.
이형종, 「마음의 연대를 위한 공감의 실천: 북한이탈주민의 '공감경험'에 대한 분석을 통해」, 『문화와 정치』 6-3, 한양대학교 평화연구소, 2019.
전우택, 『사람의 통일, 땅의 통일: 통일에 대한 사회정신학적 고찰』, 연세대학교출판부, 2007.
전태국, 『사회통합과 한국 통일의 길: 내적 장벽을 넘어서』, 한울, 2013.
전혜빈·박혜경, 「사회 계층에 따른 가치 차이: 자기 참조 가치 대 문화 참조 가치」, 『한국심리학회지: 문화 및 사회문제』, 24-4, 한국사회심리학회, 2018.
정진원, 「북한이탈주민에 대한 한국인의 태도 결정요인」, 『사회과학연구』 30-1, 충남대학교 사회과학연구소, 2019.
조용호, 「외국인을 위한 한국문화교육, 무엇을 어떻게 가르칠 것인가?」, 『한국고전연구』 29, 한국고전연구학회, 2014.

남북합의문의 의의와 남북 가치충돌 해소 방향

김신정, 「남북합의 지속성 저해요인 연구」, 동국대학교 대학원 북한학과 박사논문, 2017.
김연철, 「냉전과 탈냉전기 남북대화 전략의 비교: 7·4, 기본합의서, 6·15를 중심으로」, 『통일문제연구』 43, 통일문제연구소, 2005.
김창희, 「한반도 평화정착과 4·27 판문점 선언」, 『한국정치외교사논총』 40-1, 한국정치정보학회, 2018.
김형기, 『남북관계 변천사』, 연세대학교 출판부, 2010.
임동원, 『피스메이커』, 중앙books, 2008.
임을출, 「지속가능한 남북관계 발전조건: '4·27 판문점 선언'을 중심으로」, 『통일정책연구』 27-1, 통일연구원, 2018.

제2부 코리언의 정서적 유대와 사회공동체 형성 방안

코리언의 제사문화 속 본향의식을 통한 정서공동체 형성 방안

1. 자료

강정원 외, 『중앙아시아 고려인 전통생활문화: 카자흐스탄』, 민속원, 2017.

건전가정의례준칙(제정 1999. 8. 31 대통령령 제16544호), 제5장 제례.

서울대학교 북한민속연구단, 『북한의 생활문화 아카이브』, 일상의례-제례, 2019.

조선사회과학원 민속학연구소, 『우리 민족의 전통적인 생활문화와 풍습 11-가정의례』, 평양; 사회과학출판사, 2006.

조선사회과학원 민속학연구소, 『조선민속조사자료-관혼상제』, 미간행 복사본, 2006.

천수산, 『중국 조선족 풍속』, 북경; 민족출판사, 2008.

『국조보감』

『예기』

2. 논저

건국대학교 통일인문학연구단, 『코리언의 생활문화』, 선인, 2012.

건국대학교 통일인문학연구단, 『통일인문학-인문학으로 분단의 장벽을 넘다』, 알렙, 2015.

고정자, 「자이니치코리안의 음식문화에 관한 고찰-조상숭배의례 음식을 중심으로-」, 『제14차코리아학국제학술토론회자료집』, 국제고려학회, 2019.

권희영·Valery Han·반병률, 『우즈베키스탄 한인의 정체성연구』, 한국정신문화연구원, 2001.

김계숙. 「家族主義·祭禮意識·祭禮行禮가 祭禮滿足에 미치는 影響-旣婚男女의 忌祭祀를 中心으로-」, 성신여자대학교 대학원 박사학위논문, 2008.

김일성, 「학생들을 사회주의, 공산주의 건설의 참된 후비대로 교육교양하자(교육부문 일군들앞에서 한 연설, 1968년 3월 14일)」, 『김일성전집』 40, 조선로동당출판사, 2001.

김종군, 「북한의 상제례 문화의 전통과 현대적 변용」, 강정원 편, 『북한의 민속』, 민속원, 2020.

도민재, 「유교 제례의 구조와 의미-기제를 중심으로」, 『동양철학연구』 42, 동양철학연구회, 2005.
선희창, 『조선의 민속』, 평양; 사회과학출판사, 1991.
이 욱, 「조상제사의 의미와 기억의 의례화」, 『국학연구』 19, 한국국학진흥원, 2011.
이숙인, 「주자가례와 조선 중기의 제례문화-결속과 배제의 정치학-」, 『정신문화연구』 103, 한국학중앙연구원, 2006.
이순형, 『사할린 귀환자』, 서울대학교출판부, 2004.
이영춘, 『차례와 제사』, 대원사, 1994.
이유숙, 「재일 코리안 사회 속의 제사의 변용과 "한"의 분석」, 『한일민족문제연구』 22, 한일민족문제학회, 2012.
이유숙, 「재일교포 사회에서의 '제사'의 변용과 계승문제 고찰」, 『원불교사상과종교문화』 77, 원광대학교 원불교사상연구원, 2018.
조선사회과학원 민속학연구실, 주강현 해제, 『조선민속풍습』, 서광학술자료사, 1992.
최규홍, 「祖上祭祀에 대한 哲學的考察」, 성균관대학교 대학원 박사학위논문, 2016.
하정현, 「유교 기제사의 구조와 의미」, 『종교문화비평』 14, 한국종교문화연구소, 2008.
'[달라지는 차례·제사 의식] "다들 바쁜데 … 제사 한꺼번에" 25%', "중앙일보", 중앙일보사, 2005.09.16. https://www.joongang.co.kr/article/1681614#home (검색일: 2021.11.09.)
'안산시 고려인 동포들, 한식날 합동 차례 지내', "재외동포신문", 2021.04.06. http://www.dongponews.net/news/articleView.html?idxno=43888(검색일: 2021.11.14.)
유래상식 청명절의-유래[좌충우돌 한국생활 - 아름다운 미래를 향하여] https://cjdthdrhtps.tistory.com/entry(검색일: 2021.11.08.)

통일 이후 과거청산을 위한 '듣기의 윤리'

김종곤, 「분단적대성의 역사적 발원과 감정구조」, 『통일인문학』 75, 건국대학교 인문학연구원, 2018.

김홍중, 「진정성의 기원과 구조」, 『한국사회학』 43-5, 한국사회학회, 2009.
박진우, 「증언과 미디어-집합적 기억의 언술 형식에 대한 고찰」, 『언론과 사회』 18-1, 사단법인 언론과 사회, 2010.
박찬승, 『마을로 간 한국전쟁』, 돌베게, 2021.
브라이언 마수미, 조성훈 옮김, 『정동정치』, 갈무리, 2018.
손영창, 「낭시의 공동체론에서 공동-존재와 그것의 정치적 함의」, 『哲學論叢』 82, 새한철학회 2015.
이신철, 「전쟁기 민간인 학살과 국가의 책임」, 『역사와 현실』 54, 한국역사연구회, 2004.
이재승, 「화해의 문법-시민정치의 관점에서-」, 『민주법학』 46, 민주주의법학연구회, 2011.
정근식, 「한국에서의 사회적 기억 연구의 궤적: 다중적 이행과 지구사적 맥락에서」, 『민주주의와 인권』 13-2, 전남대학교 5.18연구소, 2013.
정병준, 「한국전쟁기 남한 민간인 인명피해 조사의 유형과 특징」, 『한국문화연구』 14, 이화여자대학교 한국문화연구원, 2008.
제프리 K.올릭, 강경이 옮김, 『기억의 지도』, 옥당, 2011.
조르조 아감벤, 정문영 옮김, 『아우슈비츠의 남은 자들』, 새물결, 2012.
프리모 레비, 이소영 옮김, 『가라앉은 자와 구조된 자』, 돌베개, 2014.
한화룡, 『전쟁의 그늘』, 포앤북스, 2015.
Commission of International Association of Democratic Lawyers, “Report on U.S. Crimes in Korea”, 31st March 1952.
Melson, Robert, “Theoretical Inquiry into the Armenian Massacres of 1894-1896”, Comparative Studies in Society and History 24(3), 1982.
Taewoo KIM, “Frustrated Peace: Investigatory Activities by the Commission of the Women's International Democratic Federation (WIDF) in North Korea during the Korean War”, Sungkyun Journal of East Asian Studies(20), 2020.
United Nations, “Basic Principles and Guidelines on the Right to a Remedy and Reparation for Victims of Gross Violations of International Human Rights Law and Serious Violations of International Humanitarian Law”, Resolution adopted by the General Assembly on 16 December 2005.)

고호, 『평양에서 걸려온 전화』, 도서출판 델피노, 2019.
김귀옥, 「글로벌 시대 한국 이산가족의 정체성과 새로운 가능성」, 『사회와 역사』 81, 한국사회사학회, 2009.
김귀옥, 「이산가족의 범주화와 공동체 형성 방안」, 『역사문제연구』 19, 역사문제연구소, 2008.
김귀옥, 『이산가족, '반공전사'도 '빨갱이'도 아닌...: 이산가족 문제를 보는 새로운 시각』, 역사비평사, 2004.
김명혜, 「분단을 직접 경험한 가족연구 : 가족주의를 중심으로」, 서강대학교 대학원 석사학위논문, 1988.
김소진, 「목 마른 뿌리」, 『신풍근 배커리 약사』, 문학동네, 2002.
김소진, 『장석조네 사람들』, 고려원, 1995.
김승경, 「1980년대 이산가족 영화에서 드러나는 가족주의 양상」, 『동아시아문화연구』 55, 한양대학교 동아시아문화연구소, 2013.
김재홍·홍용희 편, 『그날이 오늘이라면』, 도서출판 청동거울, 1999.
김종운, 『고국에서 온 손님』, 흑룡강조선민족출판사, 1999.
김호웅, 「"6.25"전쟁과 남북분단에 대한 성찰과 문학적 서사」, 『통일인문학』 51, 건국대학교 인문학연구원, 2011.
박경주, 「1990년대 이후 조선족 문학에 나타난 이중정체성의 갈등 탐구 -한국사회와의 교류를 주제로 한 작품에 주목하여-」, 『문학치료연구』 18, 한국문학치료학회, 2011.
신 율, 「실증적 분석을 통한 이산가족 정책의 새로운 대안 모색」, 『평화학연구』 15-4, 한국평화연구학회, 2014.
양성은, 「이산가족의 정체성에 관한 탐색적 연구」, 『한국가족자원경영학회 학술대회논문집』 2010년도 추계학술대회, 한국가족자원경영학회, 2010.
이봉일·최현숙, 「김소진 소설에 대한 정신분석학적 연구」, 『국제한인문학연구』 11, 국제한인문학회, 2013.
이성희·김태현, 「월남이산가족의 가족주의와 사회적 지원망」, 『대한가정학회지』 31-4, 대한가정학회, 1993.
임경순, 「'중국 조선족' 소설의 분단 현실 인식과 방향 연구 -고통을 넘어 연대성 모색하기-」, 『한중인문학연구』 37, 한중인문학회, 2012.

임유경, 「김소진 문학의 기원과 분단문학의 문화사적 전환」, 『한국학연구』 56, 인하대학교 한국학연구소, 2020.

최연실, 「남북이산가족의 적응에 관한 질적 고찰 - 남한거주 이산가족을 중심으로」, 『한국가정관리학회지』 25-1, 한국가정관리학회, 2007.

허민석, 「1980년대 텔레비주얼 쇼크와 공동체 감각의 변화 : KBS 이산가족찾기(1983)에 대한 재현을 중심으로」, 『민족문학사연구』 74, 민족문학사학회·민족문학사연구소, 2020.

통일부 UniTV, 남북이산가족 상봉 특집 〈이보오, 오랜만이오〉(https://unitv.unikorea.go.kr, 검색일: 2021.11.12.).

제3부 조화로운 코리아: 코리언의 생활문화 충돌예측과 상생

북한의 "남녀평등"과 한국의 "여권신장" 비교

1. 단행본

김선욱 외, 『북한여성의 지위에 관한 연구-여성관련 법 및 정책을 중심으로』, 한국여성개발원, 1992.

김옥순, 「후대들을 앞날의 공산주의 건설자로 교양 육성하기 위한 어머니들의 과업에 대하여」, 전국 어머니 대회에서 한 조선 민주 녀성 동맹 중앙위원회 제1부위원장 김옥순 동지의 보고 (1961년 11월 15일), 『전국어머니대회문헌집』, 조선녀성사, 1962.

박영자, 『북한 녀자: 탄생과 굴절의 70년사』, 엘피, 2017.

박현선, 『북한의 사회와 가족』, 한울아카데미, 2003.

이태영, 『이태영 인생론: 여성으로 태어나서』, 어문각, 1987.

이하나, 「전쟁미망인과 자유부인」, 『한국현대 생활문화사 1950년대』, 창비, 2016.

이효재, 『분단시대의 사회학』. 한길사, 1985.

임순희, 『북한여성의 삶: 지속과 변화』, 해남, 2006.

조일호, 『조선가족법 : 조선민주주의 인민공화국 교육문화성비준』 (초판)-교육도서출판사, 1958.

『2021 북한인권백서』, 통일연구원 2021.
『북한 가족법 주석』, 법무부, 2015.
『조선민주주의인민공화국 가족법제도: 조선사회과학학술집 373법학편』, 사회과학출판사, 2013.

2. 논문

권오헌, 「유신체제의 신사임당 기념과 현모양처 만들기」, 『The Journal of Korean Culture』 35, 한국어문학국제학술포럼, 2016.
김윤경, 「1950년대 미국문화의 유입과 여성의 근대경험: 최정희의 『끝없는 낭만』을 중심으로」, 『비평문학』 34, 한국비평문학학회, 2009.
김은경, 「1950년대 여학교 교육을 통해 본 '현모양처'론의 특징」, 『한국가정과교육학회지』 19-4, 한국가정과교육학회, 2007.
김은경, 「한국전쟁 후 재건윤리로서의 전통론과 여성」, 『아시아여성연구』 45-2, 숙명여자대학교 아시아여성연구소, 2006.
김재웅, 「해방된 자아에서 동원의 대상으로: 북한 여성정책의 굴절, 1945-1950」, 『한국사연구』 170, 한국사연구회, 2015.
김현주, 「1950년대 여성잡지 여원과 '제도로서의 주부'탄생」, 『대중서사연구』 13-2, 대중서사학회, 2007.
남성욱, 「북한 여성과 통일한국의 양성평등과제」, 『통일전략』 17-3, 한국통일전략학회, 2017.
박경숙, 「북한 사회의 국가, 가부장제, 여성의 관계에 대한 시론」, 『사회와 이론』 21-1, 한국이론사회학회, 2012.
박현선, 「북한사회와 여성문제」, 『역사비평』 2, 역사비평사, 1988, 65~81쪽.
소현숙, 「1956년 가정법률상담소 설립과 호주제 폐지를 향한 기나긴 여정」, 『역사비평』 113, 역사문제연구소, 2015.
오유석, 「북한 사회주의 체제의 가부장제」, 『경제와사회』 49, 비판사회학회, 2001.
이미경, 「북한의 모성 이데올로기: 조선녀성의 내용 분석을 중심으로」, 『한국정치외교사논총』 26-1, 한국정치외교사학회, 2004.
이상록, 「산업화시기 출세성공 스토리와 발전주의적 주체 만들기」, 『인문학연구』 28, 인천대학교 인문학연구소, 2017.

조영주, 「북한의 '인민만들기'와 젠더 정치」, 『한국여성학』, 29-2, 한국여성학회, 2013.
최경희, 「1960년대 초기 여성잡지에 나타난 여성의 '교양화' 연구」, 『현대소설연구』 49, 한국현대소설학회, 2012.

3. 신문

〈3.8 국제 부녀절 기념 평양시 경축 대회에서 한 조선 민주 녀성 동맹 중앙위원회 위원장 박정애 동지의 보고〉, 《노동신문》, 1956. 03. 08.
〈사회주의 건설에서 녀성들의 역할을 높이기 위한 사상 사업을 강화할 데 대해서-전국 녀성 열성자 회의에서 한 조선 민주 녀성 동맹 중앙 위원회 박정애 위원장의 보고〉, 《노동신문》, 1956. 03 08.
〈사회주의 건설에서 녀성들의 역할을 높이기 위한 사상 사업을 강화할 데 대해서-전국 녀성 열성자 회의에서 한 조선 민주 녀성 동맹 중앙 위원회 박정애 위원장의 보고〉, 《조선녀성》, 1957. 04. 12.
〈공화국 녀성들은 사회주의 건설의 믿음직한 력량이다〉, 《노동신문》, 1959. 03. 08.
〈조선 민주 녀성 동맹 제 3차대회 우리의 영웅적 녀성들의 대회를 열렬히 축하한다〉, 《노동신문》, 1965. 09. 01.
〈조선 민주 녀성 동맹 제3차 대회에서 한 녀맹 중앙 위원회 김옥순 제 1부위원장의 보고-조선 민주 녀성 동맹 중앙 위원회 사업 총화에 대하여〉, 《노동신문》, 1965. 09. 02.
〈녀맹 단체들의 사업 체계를 확립하며 사업 방법을 개선할데 대하여〉, 《조선녀성》, 1960년 7월호.
〈진정한 남녀평등권을〉, 《조선일보》, 1962. 08. 07.
〈남자손님이 많아진 가정법률상담소〉, 《조선일보》, 1966. 08. 28.
〈전통의 굴레 벗어 이혼사건 중 부정원인이 으뜸〉, 《조선일보》, 1965. 08. 15.

4. 외국문헌

M. Fidelis, "Pleasures and Perils of Socialist Modernity: New Scholarship on Post-war Eastern Europe," Contemporary European History 26(3), Cambridge University Press, 2017.

S. Kim, Everyday Life in the North Korean Revolution, Ithaca, Cornell University Press, 2013.

S. Kim, "Revolutionary Mothers: Women in the North Korean Revolution, 1945-1950," Comparative Studies in Society and History, 52(4), Cambridge University Pres, 2010.

H. Kwon, The Other Cold War, New York: Columbia University Press, 2010.

B. Szalontai, Kim Il Sung during the Khrushchev Era. Washington D.C.: Woodrow Wilson Center Press, 2005.

북한의 식생활 전통 인식과 보호 정책

〈'제과 명장' 자기들 멋대로 쓰고 돈거래도… 국가·지자체 유사 명장에 소송 걸어야〉, 《경기일보》, 2021.8.21.(http://www.kyeonggi.com/news/articleView.html?idxno=2376503) 검색일: 2022.1.22.

〈고상한 식사례절〉, 《로동신문》, 2018. 3. 4.

〈국가비물질문화유산 - 단군제례〉, 《로동신문》, 2017. 10. 3.

〈너도나도 제빵 '명장'…'대한민국명장' 진짜는 14명뿐〉, 《SBS》, 2021.11.3. https://news.sbs.co.kr/news/endPage.do?news_id=N1006521743&plink=ORI&cooper=NAVER&plink=COPYPASTE&cooper=SBSNEWSEND, 검색일: 2022.1.22.

〈막걸리 만드는 방법〉, 《로동신문》, 2009. 7. 12.

〈민족료리기술발전을 추동한 의의 깊은 계기 - 제9차 광명성절 료리기술경연장을 돌아보고〉, 《로동신문》, 2019. 2. 19.

「민족문화유산을 통한 애국주의교양을 강화하자」, 『민족문화유산』 2001년 3호, 과학백과사전출판사, 2001.

「민족문화유산을 통한 어버이수령님의 위대성 교양을 강화하자」, 『민족문화유산』 2004년 3호, 과학백과사전출판사, 2004.

〈민족의 전통을 고수하고 후세들에게 전달 - 활발히 벌어지는 비물질문화유산보호사업〉, 《로동신문》, 2018. 3. 26.

〈북한 애주가들이 즐겨 찾는 락백막걸리〉, 《통일뉴스》, 2010. 8. 9.

〈술, 맥주보다 막걸리 - 민족전통음식을 즐기는 풍조〉, 《조선신보》, 2009. 8. 10.

〈양어와 료리를 이렇게 발전시키니 얼마나 좋은가 - 평양시 미꾸라지료리경연장을 돌아보고〉, 《로동신문》, 2019. 5. 18.
〈전통적인 민족음식 료리 원리〉, 《로동신문》, 2010. 1. 31.
〈제국주의의 사상문화적 침투책동을 짓부셔버려야 한다〉, 《로동신문》, 2018. 1. 20.
〈제국주의의 사상문화적침투를 배격하자〉, 《노동신문》·《근로자》 공동사설, 1999. 6. 1.
〈최근년간 성과 이룩하고 있는 비물질문화유산보호활동〉, 《조선신보》, 2018. 11. 20.
『조선로동당의 문예정책과 해방후 문학』, 과학원출판사, 1961.
과학백과사전종합출판사, 『조선의 민속전통 1: 식생활풍습』, 과학백과사전종합출판사, 1994.
권혁희, 「북한 전통문화의 문화유산화 과정과 주민 일상의 변화 - 비물질문화유산 지정과 주민 생활문화의 변화를 중심으로」, 『현대북한연구』 24-3, 북한대학원대학교 심연북한연구소, 2021.
권혁희, 「북한의 비물질문화유산 정책의 변화와 특성」, 『통일정책연구』 28-1, 통일연구원, 2019.
김정은, 「민족유산보호사업은 우리 민족의 력사와 전통을 빛내이는 애국사업이다 - 조선로동당 중앙위원회 책임일군들과 한 담화(2014년 10월 24일)〉, 《로동신문》, 2014. 10. 30.
김종엽, 「80년대의 먹거리 문화, 삼겹살과 양념통닭」, 『한국현대생활문화사 1980년대』, 창비, 2016.
박상희, 「북한의 "정치적 풍경화" 연구: 기억과 망각의 정치적 장치」, 『통일인문학』 88, 2021.
박영정, 「북한의 무형문화유산 정책 동향 연구」, 『무형유산』 7, 국립무형유산원, 2019.
박정배, 『한식의 탄생』, 세종서적, 1992.
방경찬, 〈민족의 향기가 넘쳐나게〉, 《로동신문》, 2021. 4. 11.
배인교, 「북한의 전통음악 관련 무형유산의 전승과 남북한 협력 방안」, 『무형유산』 7, 국립무형유산원, 2019.
윤덕경, 「한국 전통춤 전승과 보존에 관한 현황과 과제」, 『한국무용연구학회』

28-2, 한국무용기록학회, 2010.
이지순·이무경·전영선, 『국가상징의 문화적 형상과 북한의 브랜드 전략』, 통일연구원, 2021,
이현주, 「북한집단주의 정치사회화의 심리적 요인에 관한 연구」, 『북한연구학회보』 15-2, 북한연구학회, 2011.
장성숙, 「국가민족주의 담론 하 한국춤의 발전양상고찰(1961~1992)」, 『한국무용연구』 29-2, 한국무용연구학회, 2011.
정상우 외, 『남북 문화교류 진흥을 위한 법제 연구』, 문화체육관광부, 2013.
정영철, 「북한의 '우리 국가제일주의' - 국가의 재등장과 '체제 재건설'의 이데올로기」, 『현대북한연구』 23-1, 북한대학원대학교 심연북한연구소, 2020.
정은숙, 『막걸리 이야기』, 살림출판사, 2012.
정창현, 「북한의 문화유산 정책과 관리체계」, 『통일인문학』 53, 건국대학교 인문학연구원, 2012.
주영하, 『음식을 공부합니다』, 휴머니스트출판그룹, 2021.
황철민, 「으뜸가는 삼복철보양음식 - 단고기장」, 《로동신문》, 2009. 7. 12.

남북의 농업협동화 경험과 통일농업의 미래: 남의 협업농장과 북의 협동농장을 중심으로

1. 남한 자료

건국대학교 한국농업문제종합연구소, 『수출증대, 농공병진을 위한 농업 재편성 계획(제1년차 연구)』, 과학기술처, 1969.
농림부, 「1964년도 협업개척농장사업종합보고서」, 1964.
농림부, 「1965년도 협업개척농장사업종합보고서」, 1965.
농업경영연구소, 『농업근대화의 협업농업 활용방안 조사연구』, 농촌진흥청, 1969.
농업구조정책심의회, 「농업구조 개선책」, 의안번호 제146호, 1963. 1. 31.
농협조사부, 「협업농업경영실태조사보고서」, 『농협조사월보』 110, 농업협동조합중앙회, 1966.
증평협업농장, 「괴산지구 농공 협업 단지 및 증평 협업(이상)촌 설계도」, 1968.
증평협업농장, 「증평협업농장 회의록」, 1984~1987.

증평협업농장, 「증평협업위탁영농합명회사 총칙」, 1994.
충청북도·한국정경연구소, 『협업농업육성 쎄미나 보고서』, 1969.
한국기독교사회문제연구원, 『한국의 농업 개발 모델에 관한 연구』, 1982.

2. 북한 자료

김광남, 『분조관리운영참고서』, 사회과학원, 2015.
김명철, 『현실적 요구와 분조관리제 운영 개선』, 농업출판사, 2016.
김승준, 『우리나라에서의 농촌 문제 해결의 력사적 경험』, 조선로동당출판사, 1965.
김일성, 『사회주의경제의 몇.가지 리론문제에 대하여』, 조선로동당출판사, 1969.
리철희, 『식량문제해결경험』, 사회과학출판사, 1986.
림기범, 『우리식 농촌문제 해결의 빛나는 경험』, 농업출판사, 1992.
사회과학원 경제연구소, 『일군들을 위한 경제지식』 2, 사회과학출판사, 2007.
오대호, 『협동농장관리운영경험』, 사회과학출판사, 1989.
최병현, 『조선농업사』 3, 농업출판사, 1990.
홍승은, 『자립경제리론』, 사회과학출판사, 1987.

김일성, 「군협동농장경영위원회를 더욱 강화시킬 데 대하여」, 『김일성저작집 16(1962.1~1962.12)』, 조선로동당출판사, 1982.
김일성, 「우리나라 사회주의 농촌문제에 관한 테제」, 『김일성저작집 18 1964.1~1964.12)』, 조선로동당출판사, 1982,
김일성, 「조선로동당 제4차 대회에서 한 중앙위원회 사업총화 보고」, 『김일성저작집 15(1961.1~1961.12)』, 조선로동당출판사, 1981.
김철식, 「농촌문제 해결에서 농업에 대한 사회주의 공업의 적극적 방조」, 『경제연구』 2, 조선민주주의인민공화국 사회과학원 경제연구소, 1964.
김철제, 「두 소유의 유기적 결합은 협동적 소유의 전 인민적 소유에로의 전환의 가장 정확한 길」, 『경제연구』 2, 조선민주주의인민공화국 사회과학원 경제연구소, 1965.
리명서, 「협동적 소유의 전 인민적 소유에로의 접근 문제」, 『경제연구』 2, 조선민주주의인민공화국 사회과학원 경제연구소, 1964.
최중삼, 「《우리나라 사회주의 농촌문제에 관한 테제》는 도시와 농촌 간의 차이 소멸에 대한 맑스-레닌주의 리론의 창조적 발전」, 『경제연구』 2, 조선민주주의인민공화국 사회과학원 경제연구소, 1964.

〈우리나라에서의 사회주의적 농업협동화의 승리와 농촌경리의 금후 발전에 대하여-전국농업협동조합대회에서 한 김일성 동지의 보고〉, 《로동신문》 1959. 01. 06.
〈전국농업협동조합대회에서 내각부수상 김일 동지의 토론〉, 《로동신문》 1959. 01. 09.
〈전국농업협동조합대회에서 농업협동조합 기준규약(잠정)에 대한 박정애 동지의 보고〉, 《로동신문》 1959. 01. 10.
한전종, 〈우리나라 농촌에서 사회주의 집단 경리의 승리〉, 《로동신문》 1958. 09. 03.

3. 논저

김병태, 「농지제도와 농업생산-현행 농지제도와 농업경영형태의 변화의 불가피성」, 『농업경영정책연구』 2-1, 한국농업정책학회, 1974.
김성보, 『남북한 경제구조의 기원과 전개-북한 농업체제의 형성을 중심으로』, 역사비평사, 2000.
김성조, 「냉전의 쌀 '통일'과 농업생산의 공간」, 『역사와 실학』 73, 역사실학회, 2020.
김성호 외, 『농지개혁사 연구』, 한국농촌경제연구원, 1989.
김성훈, 「남·북한 농업협력의 과제와 전망-멈춰서는 아니 될 한반도 평화프로세스」, J. Agriculture & Life Sciences, 38-3, 경상대학교 농업생명과학연구원, 2004.
김성훈·김치영 공저, 『북한의 농업』, 비봉출판사, 1997.
김소남, 「1960~1970년대 증평협업농장의 설립과 운영과정 연구」, 『동방학지』 197, 연세대학교 국학연구원, 2021.
김소남, 「1970년대 원주 그룹의 전답복구사업과 협업농장 사례 연구」, 『한국근현대사연구』 72, 한국근현대사학회, 2015.
김소영, 『경제위기 이후 북한 농업부문의 계획과 시장』, 북한대학원대학교 박사학위논문, 2017.
김영미, 「1960년대 민간 협업농장의 경험과 자산-경기도 화성지역 화남협업농장을 중심으로」, 『동방학지』 191, 연세대학교 국학연구원, 2020.
김영윤, 「북한 협동농장의 운영 실태와 개편 방향」, 『통일경제』 2001. 5·6, 현대경제연구원.
김창진, 『사회주의와 협동조합운동-혁명 전후 러시아의 국가와 협동조합 1905~1930』, 한울아카데미, 2008.
김태호, 「"통일벼"와 증산체제의 성쇠: 1970년대 "녹색혁명에 대한 과학기술사적 접근」, 『역사와 현실』 74, 한국역사연구회, 2009.
남성욱, 『현대 북한의 식량난과 협동조합 개혁』, 한울아카데미, 2004.
박영균, 「남북의 통일원칙과 통일과정의 기본가치-민족과 평화」, 『시대와 철학』 25-2, 한국철학사상연구회, 2014.
백귀순, 「협업농민의 경제행위에 관한 일 고찰」, 서울대학교 인류학과 석사학위논문, 1985,
부경생, 「북한의 식량문제 : 해결할 수 없을까?」, 『북방농업연구』 6, 북방농업연구소, 1999.
송동흠, 「한국농업의 협업화에 관한 연구-사례연구를 중심으로」, 건국대학교 경제학과 석사학위논문, 1994
쓰노 유킨도, 『소농-누가 지구를 지켜왔는가』, 녹색평론사, 2003.
안동준, 『기적의 나라 이스라엘』, 교학사, 1966.
유병규, 『지역 영농조합법인의 경영활성화 방안 연구』, 대구경북개발연구원, 1997.
유재의, 『북한농업체계에서 '분조관리제'의 변화가 갖는 정치적 의미-중국 농촌개혁과 비교』, 서강대학교 정치외교학과 석사학위논문, 2002.
유정규, 「환경문제의 심화와 지속가능한 농업발전을 위한 정책과제」, 『한국유기농업학회지』 6-2, 한국유기농업학회, 1998.
윤석준, 「한반도의 지속가능한 평화를 위한 '그린뉴딜' 남북경협 : 재생에너지 분야 남북협력 방안을 중심으로」, 『평화학연구』 21-4, 한국평화연구학회, 2020.
이경란, 「1950년대 농업협동조합 법 제정과정과 농업협동체론」, 『해방후 사회경제의 변동과 일상생활』, 혜안, 2009.
이경란, 「한국 근현대 협동운동의 역사와 생활협동조합」, 『역사비평』 102, 역사문제연구소, 2013.
임상택, 「증평 새마을 협업농장」, 『농촌현실과 농민운동』, 민중사, 1984.

임지훈, 「상호의존에 따른 남북 근로자의 협력-신뢰형성 연구」, 『분단생태계와 통일의 교량자들』, 한국문화사, 2017.
장경호·안경아, 「통일농수산사업단의 남북 공동영농사업-추진과정과 과제」, 『KERI 북한농업동향』 12-3, 한국농촌경제연구원, 2010.
정영철, 「한반도의 '평화'와 '통일': 이론의 긴장과 현실의 통합」, 『북한연구학회보』 14-2, 북한연구학회, 2010.
정은미 『북한의 국가중심적 집단농업과 농민 사경제의 관계에 관한 연구』, 서울대학교 사회학과 박사학위논문, 2006.
정진아, 「1960년대 이후 농업경영을 현대화하기 위한 실험들-협업농장을 중심으로」, 『통일인문학』 87, 건국대 인문학연구원, 2021.
정진아, 「북한 사회주의 농촌테제의 등장 배경」, 『사학연구』 123, 한국사학회, 2016.
정창현, 〈정창현의 '김정은시대 북한읽기' (40) 농업 분조장 대회와 포전담당제〉, 《통일뉴스》, 2014. 02. 03.
진흥복, 「쌀 작목반의 조직·운영 및 경제성에 관한 조사연구」, 『농협의 쌀 협업생산과 공동판매에 관한 조사연구』, 농협조합초급대학 부설 농협문제연구소, 1975.
최동근, 「농협의 작목반조직에 관한 연구」, 건국대학교 경제학과 석사학위논문, 1991.
한국농어촌사회연구소, 『신자유주의 세계화와 농민층 분화, 그 양상과 과제』, 2020년 한국농어촌사회연구소 연례심포지움 자료집, 2021. 01. 22.
한도숙, 「신자유주의 맞설 대안으로 지속가능한 '국민농업' 추진」, 『민족21』 84, 민족21, 2008.
황장엽, 『어둠의 편이 된 햇볕은 어둠을 밝힐 수 없다』, 월간조선사, 2001.
宮塚利雄, 「북한농업시찰단에 비친 북한농업 및 식량문제의 실태」, 『북방농업연구』 5, 북방농업연구소, 1998.
V. I. 레닌 외 지음, 윤수종 편·해설, 『농업협동화론-레닌과 부하린의 논의를 중심으로』, 새길, 1991.

4. 인터뷰

김덕수(증평영농조합법인 구성원) 인터뷰, 증평영농조합법인 사무실, 2021년 8월

31일.
안건일(안동준 의원 아들) 인터뷰, 충주 증산고등학교 이사장실, 2021년 9월 9일.
안병출(증평영농조합법인 총무), 증평영농조합법인 사무실, 2021년 8월 31일.
이재봉(증평영농조합법인 대표) 인터뷰, 증평영농조합법인 사무실, 2021년 8월 31일.

| 논문 출처 |

- 박민철의 글은 『통일인문학』 89, 건국대학교 인문학연구원, 2022에 「남북의 가치충돌 양상에 대한 예측적 연구 1: 혈연공동체」라는 제목으로 실렸던 글이다.
- 박영균의 글은 『통일인문학』 89, 건국대학교 인문학연구원, 2022에 「남북의 가치충돌 양상에 대한 예측적 연구 2: 사회공동체」라는 제목으로 실렸던 글이다.
- 이병수의 글은 『통일인문학』 89, 건국대학교 인문학연구원, 2022에 「남북합의문의 의의와 남북 가치충돌 해소방안」이라는 제목으로 실렸던 글이다.
- 김종군의 글은 『인문과학연구』 제71집, 강원대학교 인문과학연구소, 2021에 수록한 「분단 극복을 위한 코리언의 정서공동체 형성 방안 -제사문화 속 본향의식을 중심으로-」를 수정·보완한 것이다.
- 김종곤의 글은 『통일인문학』 88, 건국대학교 인문학연구원, 2021에 「통일이후 과거청산을 위한 '듣기의 윤리'」라는 제목으로 실린 글을 일부 수정한 것이다.
- 박재인의 글은 『통일인문학』 88, 건국대학교 인문학연구원, 2021에 「남북이산가족 문제에 대한 코리언의 문학적 상상력과 치유의 길」을 수정·보완한 것이다.
- 도지인의 글은 『통일인문학』 89, 건국대학교 인문학연구원, 2022에 「북한의 "남녀평등"과 한국의 여권신장 비교」라는 제목으로 실렸던 글이다.
- 전영선의 글은 『통일인문학』 89, 건국대학교 인문학연구원, 2022에 「북한의 식생활 전통인식과 보호 정책」이라는 제목으로 실렸던 글이다.
- 정진아의 글은 『통일인문학』 89, 건국대학교 인문학연구원, 2022에 「남북의 농업협동화 경험과 통일농업의 미래-남의 협업농장과 북의 협동농장을 중심으로」라는 제목으로 실렸던 글이다.

| 저자 소개 |

박민철 건국대학교 통일인문학연구단 및 대학원 통일인문학과 교수

한국 현대철학을 전공했다. 한국근현대 사상사와 통일인문학, 통합적 코리아학의 방법론과 주제, 탈북민 가치관 등을 연구하고 있다. 주요 논문으로는 「통일의 동력으로서 민족이라는 새로운 환상체계」, 「한반도 분단극복과 생태주의의 결합」, 「FGI 방법을 활용한 북한이탈주민의 가치관 연구」, 「동학·천도교 사상의 '모던적(modern)' 징후」, 「식민지 조선의 역사철학 테제: 박치우의 운명론」 등이 있다. 저서로는 『텍스트로 보는 근대한국』, 『길 위의 우리철학』, 『한국지성과의 통일대담』, 『통일인문학』등이 있다.

박영균 건국대학교 통일인문학연구단 및 대학원 통일인문학과 교수

정치·사회철학을 전공했다. 통일인문학의 패러다임과 민족공통성 연구방법론에 관한 연구를 거쳐 남북의 가치관 비교 및 통일의 인문적 비전에 관한 연구를 진행하고 있다. 논문으로는 「통일론에 대한 스피노자적 성찰」, 「분단의 트라우마에 관한 시론적 성찰」, 「분단의 아비투스에 관한 철학적 성찰」 등이 있으며, 저서로는 『코리언의 역사적 트라우마』, 『통일한반도의 녹색비전: 생태-평화 철학과 녹색협력』, 『복수의 민주주의와 인권국가 구현방안』, 『통일한반도의 헌법적 이념과 구현방안』(이상, 공저) 등이 있다. 아울러 DMZ를 활용한 공간 치유 프로그램으로, "ROAD 人 DMZ"라는 인문 여행용 앱을 개발하는 작업을 수행하기도 했다.

이병수 건국대학교 통일인문학연구단 및 대학원 통일인문학과 교수

한국 현대철학을 전공했다. 그동안 한국근현대사상사, 북한 주체사상, 남북한 민족주의 비교연구, 통일과 보편적 가치의 연관 등에 대한 연구를 수행해왔다. 주요논문으로 「한국근현대철학의 사상사적 이해」, 「북한 철학의 패러다임 변화와 사상적 특징」, 「민족공통성 개념에 대한 성찰」, 「남북 민족주의 가치관의 이중성」, 「한반도 통일과 인권의 층위」, 「한반도 평화실현으로서의 적극적 평화」등이 있다.

김종군 건국대학교 통일인문학연구단 및 대학원 통일인문학과 교수

국문학을 전공했다. 연구 관심분야는 남북한 문학예술 분야의 통합, 코리언의 민속 및 정서 통합, 역사적 트라우마 치유 방안 등이다. 주요 논문으로 「통합서사의 개념과 통합을 위한 문화사적 장치」, 「북한의 현대 이야기문학 창작원리 연구」, 「코리언의 혼례 전통 계승과 현대적 변용」, 「남북 주민의 정서소통 기제로서 대중가요」등이 있으며, 저서로는 『고전문학을 바라보는 북한 의 시각』(3권), 『고난의 행군시기 탈북자 이야기』, 『남북이 함께 읽는 우리 옛이야기』 등이 있다.

김종곤 건국대학교 통일인문학연구단 HK연구교수

사회심리철학을 전공했으며 「'역사적 트라우마'에 대한 철학적 재구성」으로 박사학위를 받았다. 연구 관심분야는 코리언의 역사적 트라우마와 그 치유방법론이다. 주요 논문으로는 「분단폭력 트라우마의 치유와 '불일치'의 정치」, 「통일문화의 세 가지 키워드: 분단문화, 헤테로토피아, 문화-정치」, 「분단국가주의에 맞선 주체로서 '문학가': 류연산의 〈인생숲〉을 바탕으로」, 「기억과 망각의 정치, 고통의 연대적 공감: 전상국의 소설 〈아베의 가족〉, 〈남이섬〉, 〈지뢰밭〉을 통해 본 통합서사」등이 있다.

박재인 건국대학교 통일인문학연구단 HK연구교수

문학치료학(고전문학)을 전공했으며 현재 건국대학교 통일인문학연구단 HK연구교수로 있다. 현재 문학치료학 방법론으로 통일교육 및 역사적 트라우마 치유에 대한 연구를 진행하고 있다. 『탈북민을 위한 문학치료』, 『청소년을 위한 통일인문학』, 『초등학생이 꼭 알아야 할 통일 이야기 - 렛츠 통일』이라는 저서와 함께, 「서사적 상상력과 통일교육」, 「분단역사에 대한 통합서사적 상상력과 통일교육」, 「구술생애담으로 본 다산문화에서 피임문화로의 전환과 코리언 여성들의 삶」 등의 학술논문을 발표하였다.

도지인 건국대학교 통일인문학연구단 및 대학원 통일인문학과 교수

북한의 문화사와 외교사를 연구하고 있다. 통일인문학연구단의 국제협력팀장으로서 영문학술지 S/N Korean Humanities의 편집주간을 맡고 있다. 고려대

학교 정치외교학과(학사), 하버드대학교 동아시아학과(석사), 북한대학원대학교(박사)를 졸업하고 고려대학교, 서강대학교, 서울대학교에서 북한사, 남북관계사, 동아시아냉전사 등을 강의했다. 주요논문으로는 「냉전기 미소 음악교류로 본 남북문화교류 모델 제안: 1958년 차이코프스키 음악대회의 시사점」, 「1960년대 한국의 중립국 및 공산권 정책 수정에 대한 논의」, "North Korean Independence in Unification Policy and Sino-North Korean Relations," 저서로는 『북한학의 새로운 시각들: 열가지 질문과 대답』, 『대중가요속 통일인문학』, 『탈분단의 길: 생활 속 민주주의와 인권』, 『분단생태계와 통일의 교량자들』이 있다.

전영선 건국대학교 통일인문학연구단 HK 연구교수

고전문학을 전공했다. 남북의 소통을 통한 한반도 평화 시대를 희망하며, 분단 극복과 평화, 북한의 문화정책, 북한 사회문화, 남북문화 소통을 주제로 연구와 활동을 하고 있다. 『NK POP: 북한의 전자음악과 대중음악』, 『북한의 체육정책과 체육문화』, 『북한에서 여자로 산다는 것』, 『김정은 리더십 연구』, 『글과 사진으로 보는 북한의 사회와 문화』, 『영상으로 보는 북한의 일상』, 『북한의 언어-소통과 불통 사이의 남북언어』, 『북한의 정치와 문학: 통제와 자율사이의 줄타기』, 『영화로 보는 통일 이야기』, 『북한 애니메이션(아동영화)의 특성과 작품세계』 등의 저서가 있다.

정진아 건국대학교 통일인문학연구단 및 대학원 통일인문학과 교수

한국현대사 전공자로서 연세대학교에서 이승만정권의 경제정책론 연구로 박사학위를 받았다. 해방 이후 남북의 주민들이 만들어가고자 한 국가, 사회, 개인의 모습에 관심이 많다. 특히 그 속에서 살았던 사람들의 생활문화와 병리현상에 관심을 갖고 있다. 최근에는 국가담론과 생활세계를 통해 남북주민, 코리언 디아스포라의 삶과 문화를 이해하고자 한다. 주요 저서로는 『문화분단』, 『역사학의 시선으로 읽는 한국전쟁』, 『분단생태계와 통일의 교량자들』, 『탈분단의 길: 생활속 민주주의와 인권』, 『사회주의는 북한 사람들을 어떻게 변화시켰나』 등이 있다.